U0840193

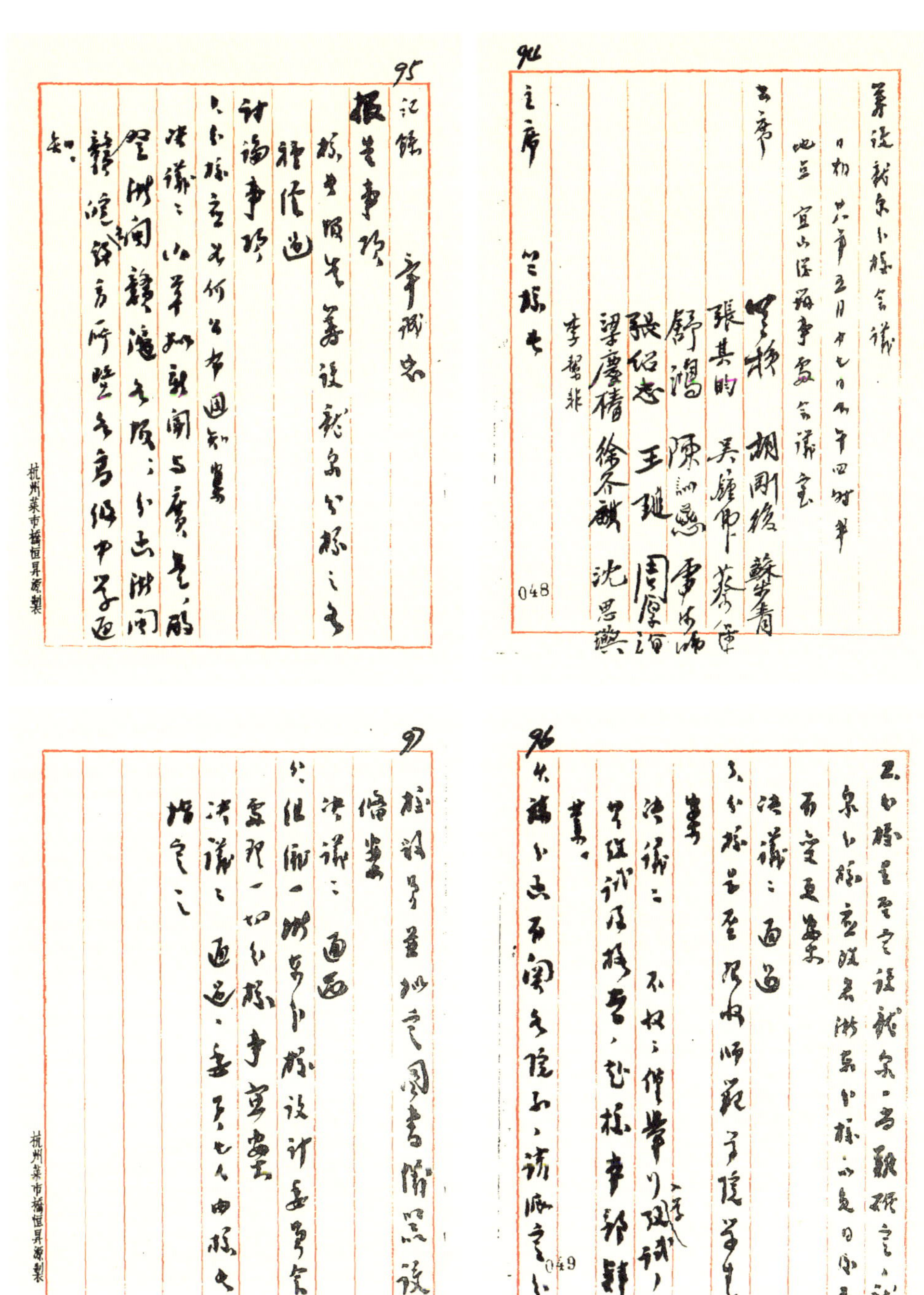

筹设国立浙江大学龙泉分校会议记录（1939年5月17日）

陈训慈（1901—1991），浙江慈溪人。1939年10月至1940年8月任浙江大学浙东（龙泉）分校第一任主任。

郑晓沧（1892—1979），浙江海宁人。1940年8月至1943年8月任浙江大学龙泉分校第二任主任。

路季讷（1889—1984），江苏宜兴人。1943年8月至1945年12月任浙江大学龙泉分校第三任主任。

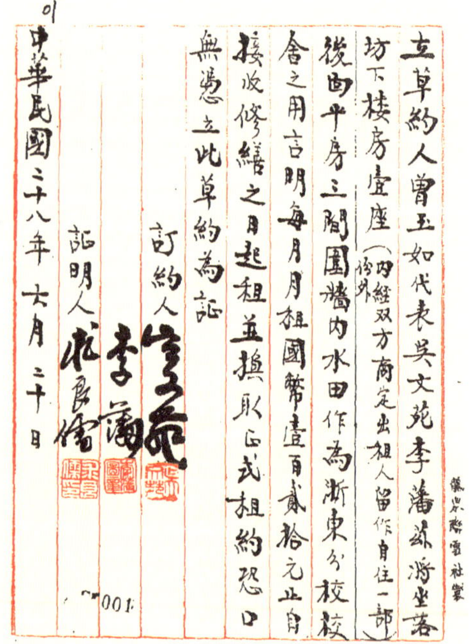

立草約人曾玉如代表吳文苑李藩蘇將坐落
坊下樓房壹座（內經双方商定出租人留作自住一部份外）
後面平房三間圍牆內水田作為浙東分校校
舍之用言明每月月租國幣壹百貳拾元正自
接收修繕之月起租並換取正式租約恐口
無憑立此草約為証

訂約人

李藩

証明人

中華民國二十八年六月二十日

校舍租约（1939年6月20日）

曾家大屋（建于1932年）

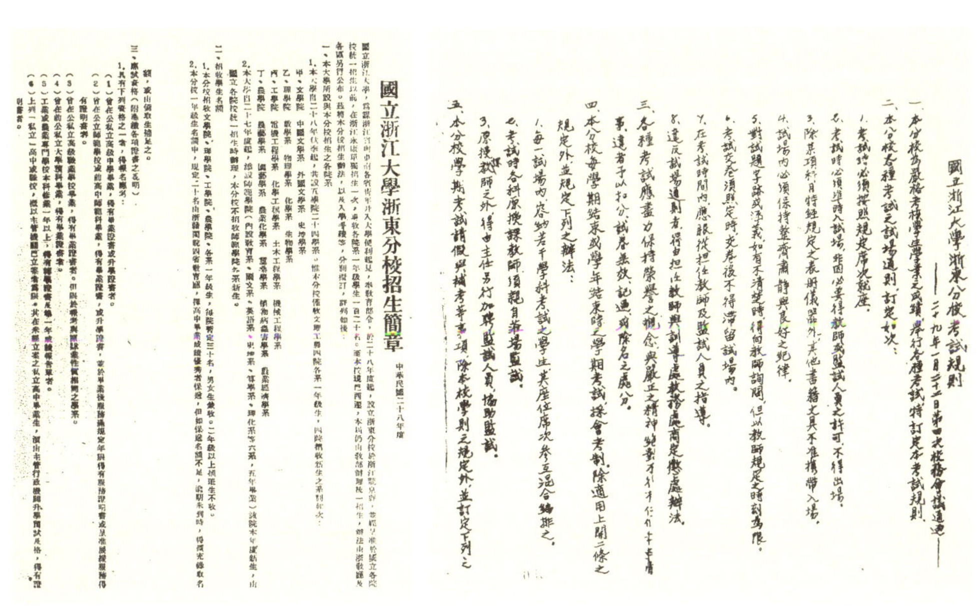

國立浙江大學浙東分校招生簡章

中華民國二十八年度

國立浙江大學，爲謀浙江暨鄰近各省青年升入大學便利起見，承教育部令，於二十八年度起，設立浙東分校於浙江龍泉縣，並經呈准於國立各院校統一招生以前，在浙江永康單獨招生一次，專收各院系一年級學生一百二十名。至本校現已西遷，本屆仍由教部訂理統一招生，辦法由浙教部及各區另行公布。茲將本分校招生辦法，以及入學手續等，分別擬訂，詳列如後：

一、本大學所設與本分校招生之各院系

1.本大學自二十八年秋季起，共設五學院二十四學系。惟本分校僅收文理工農四院各系一年級生，四院暫收新生之系別如次：

甲、文學院　中國文學系　外國文學系　史地學系

乙、理學院　數學系　物理學系　化學系　生物學系

丙、工學院　電機工程學系　化學工程學系　土木工程學系　機械工程學系

丁、農學院　農藝學系　園藝學系　農業化學系　蠶桑學系　植物病蟲害學系　農業經濟學系

2.本大學自二十七年度起，添設師範學院（內設教育系、國文系、英語系、史地系、算學系、理化系等六系，五年畢業）該院本年度新生，由國立各院校統一招生時辦理，本分校不招收師範學院各系新生。

二、招收學生名額

1.本分校招收文學院、理學院、工學院、農學院，各系一年級生，每院暫定三十名，男女生兼收。二年級以上插班生不收。

2.本分校一年級生名額中，規定二十名由浙贛閩皖四省教育廳，擇高中畢業成績優秀者保送，但如保送名額不足，或期未到時，得撥充錄取名額，或由備取生補足之。

三、應試資格（附繳各項證書之説明）

1.具有下列資格之一者，得報名應考：

（1）曾在公私立高級中學畢業，得有畢業證書或升學證書者。

（2）曾在公立師範學校或前高中師範科畢業，得有畢業證書，或升學證書，並於畢業後服務滿規定年限得有服務證明書或呈准展緩服務得有證明書者。

（3）曾在公私立高級職業學校畢業，得有畢業證書者。但限於報考與原科性質相同之學系。

（4）曾在前公私立大學預科畢業，得有畢業證書者。

（5）工業或農業專門學校本科修業一年以上，得有轉學證書及第一年成績報告單者。

（6）上列一私立一高中或職校，概以未曾被勒令停辦或已立案備案者爲限。其在未經立案之私立高中畢業生，須由未曾行政機關升學甄試及格，得有證明書者。

国立浙江大学浙东分校二十八年度招生简章（部分）(1939 年 7 月）

國立浙江大學浙東分校考試規則

——二十九年一月二十二日第四次校務會議通過——

一、本分校爲嚴格考核學生學業之成績，舉行各種考試，特訂定本考試規則。

二、本分校各種考試之試場通則，訂定如次：

1.考試時必須按照規定席次就座。

2.考試時必須準時入試場，非因必要得教師或監試人員之許可，不得出場。

3.除某項科目特經規定之表册儀器外，其他書籍文具不准攜帶入場。

4.試場內必須保持整齊肅靜與良好之紀律。

5.對試題字跡或涵義如有不清楚時，得向教師詢問，但以教師規定之時刻爲限。

6.考試交卷須照定時，交卷後不得滯留試場內。

7.在考試時間內，應服從担任教師及監試人員之指導。

8.違反試場通則者，得由担任教師與訓導處教務處商定懲處辦法。

三、各種考試應盡力保持榮譽之觀念與嚴正之精神，絶對不許作弊等情事，違者予以扣分、試卷無效、記過或除名之處分。

四、本分校每學期結束或學年結束時之學期考試，採會考制，除適用上開二條之規定外，並規定下列之辦法：

1.每一試場內，容納若干學科考試之學生，其座位席次參互混合編排之。

2.考試時各科原擔課教師須親自蒞場監試。

3.原授課教師之外，得由主任另行加聘監試人員，協助監試。

五、本分校學期考試請假與補考等事項，除本校學則之規定外，並訂定下列之

国立浙江大学浙东分校考试规则（部分）（1940 年 1 月 22 日）

國立浙江大學浙東分校先修班學程一覽　二十八年度第二學期

學程	每週時間	担任教師	修習學生
國文	6	徐聲越	全體必修
英文	6	方本爐	全體必修
公民	1	祝雨人	全體必修
歷史（前二月本國史 後二月西洋史）	3	孫正容	全體必修
解析幾何代數	4	周恒益	投考理工兩院必修
代數	2	周恒益	投考文農兩院及生物系必修
初等幾何	2	朱叔麟	全體必修
三角法	2	毛路真	全體必修
物理	3	斯何晚	投考理工兩院必修；投考文農兩院及生物系選修
化學	3	吳浩青	投考理工兩院必修；投考文農兩院及生物系選修
生物	3	胡步青	投考生物系及農學院必修；投考文學院選修
歷史（前二月本國史 後二月西洋史）	3	孫正容	全體必修
解析幾何代數	4	周恒益	投考理工兩院必修
代數	2	周恒益	投考文農兩院及生物系必修
初等幾何	2	朱叔麟	全體必修
三角法	2	毛路真	全體必修
物理	3	斯何晚	投考理工兩院必修；投考文農兩院及生物系選修
化學	3	吳浩青	投考理工兩院必修；投考文農兩院及生物系選修
生物	3	胡步青	投考生物系及農學院必修；投考文學院選修
體育	2	陳陵	全體必修
軍訓	2	鄭倫文	全體必修
看護學	2	周用康	女生必修

注意：1.凡投考理工兩院者，學程皆係固定，無選修。（生物系除外）
2.凡投考文學院者，於物理化學生物三門中任選一門。
3.凡投考生物系及農學院者，於物理化學兩門中任選一門。

國立浙江大學浙東分校教務處二十九年二月印

国立浙江大学浙东分校先修班二十八年度第二学期学程一览（1940 年 2 月）

呈教部電

重慶教育部陳部長顧次長：屬校添設二年級事，全體師生及東南社會企望至殷，敬祈早賜核准，免誤事機，交通艱滯，籌備宜先，迫切待命。國立浙江大學龍泉分校主任鄭宗海叩世

致朱委員電

重慶中央黨部朱騮先先生：浙大龍泉分校添二年級事，社會企望至殷，除電懇陳部長外，尚仰我公宣力文化，夙懷桑梓，敢乞鼎力主張，東南學術，教中幸甚。鄭宗海叩世

郑宗海主任就分校添办二年级事致教育部陈部长、顾次长，以及中央党部朱骝先先生电文（1941 年 1 月 31 日）

案本分校於本年七月十一日奉 總校轉來
鈞部科系調整辦法：師範學院國文英語兩系及初級部國文數學兩科，均照舊辦理，文理兩院各系停招新生，現有各該系學生，辦理至畢業時為止，工農兩院各系學生，併入總校，如因交通關係不能赴總校者，轉送北洋工學院或英士大學。奉此，自應遵照辦理。惟本分校於六月間奉 總校條電，文理工農各院下半年續招一年級新生後，即已着手籌備，教師亦經分別洽定，重行改變，事實上業已不及，曾於七月十三日電復
鈞部諒邀 鑒察！茲乘
鈞長蒞校之便，謹再陳管見四點，併祈

路季讷主任面呈教育部陈部长关于科系调整的意见（部分），希望“现有文理工农四院继续办理，将来如经费可能，并应逐渐添设三四年级”（1943 年 9 月）

國立浙江大學龍泉分校師範學院添設教育學系計劃書

甲、添設理由

自抗戰軍興，京滬杭各大學多內遷，於是國立東南高級師範教育之院校，一時遂付缺如。幸中樞教育當局知此，卅年秋，遂有本分校師範學院之創辦，期有以養成中等學校之師資與從事教育行政之人員，用意至善。然創辦之始，規模甚小，第一年祇招國文、數學二年制新生各一班，前去二年，雖學系略有添設，然迄今祇設五年制國、英、算三系，二年制國文、數學二科，按之部章師範學院可設九系，所設學系未及半數。且教育系在師院各系中最為重要，原居九系之首，本分校迄未籌設，故本分校之師院，可謂未具根本。近來教育部與總校重視本分校之師院，此欠缺之根本宜亟圖樹立。夫教育行政佔國家普通行政之重要部份，值此抗建之時，各種行政，均須由受專門訓練之人担任，始能稱職。東南數省，幅員遼濶，到處興教，才難，教育行政人員之需要孔殷，此非教育系之設不能養成者也。且教育學從純理方面作專門之研究，其重要不減於應用。造成此種專門研究教育之人才，亦非教育系不克盡其責。是以本分校師院宜負責養成此等人才，即宜速設教育系以為此工作也。

乙、計劃大綱

一、班數及名額 三十三年度第一學期起辦理教育學系（五年制）一班。

国立浙江大学龙泉分校师范学院添设教育学系计划书（部分）（1944 年 2 月 10 日）

國立浙江大學浙東分校軍事管理暫行規程

第一章 總則

第一條 國立浙江大學浙東分校為養成學生生活軍隊化、行動紀律化、精神團体化起見，遵照中央之規定，對于全校一年級學生實施普通之軍事管理，並施行嚴格之軍事訓練。

第二條 本規程依據部頒「高中以上學校軍事管理辦法」並參照本校之規制與本分校之情形訂定之。

第三條 關于軍事管理之實施，由軍訓教官秉承本分校主任及訓導主任推行，以期適合本分校訓導之一貫方針。

第二章 組織

第四條 全校受軍事訓練之學生，組成軍事訓練隊。

003

国立浙江大学浙东分校军事管理暂行规程（部分）（1939 年 11 月 21 日）

訓導組工作報告

（一）各院系服務生之派定：本分校為增進學校與學生間之聯繫，輔助同學之進德修業並培養學生之服務精神，每學期均設置各院系服務生，實施以來，尚著成效，本學期開始，即經分別重行派定，繼續實施。

（二）學生貸金之申請與審查：本學期學生貸金，奉部令凡舊生已准貸金者，毋庸重行申請手續，新生另照規定辦理，手續節省不少，經佈告限期申請後，舊生聲請繼續貸金者計八十六人，新生或新請貸金者計一百五人，除將該請貸生列表將來提貸金審查會報告外，新

龍泉聯雲社製

三十一年度第一次校务会议训导组工作报告（部分）（1943 年 1 月 6 日）

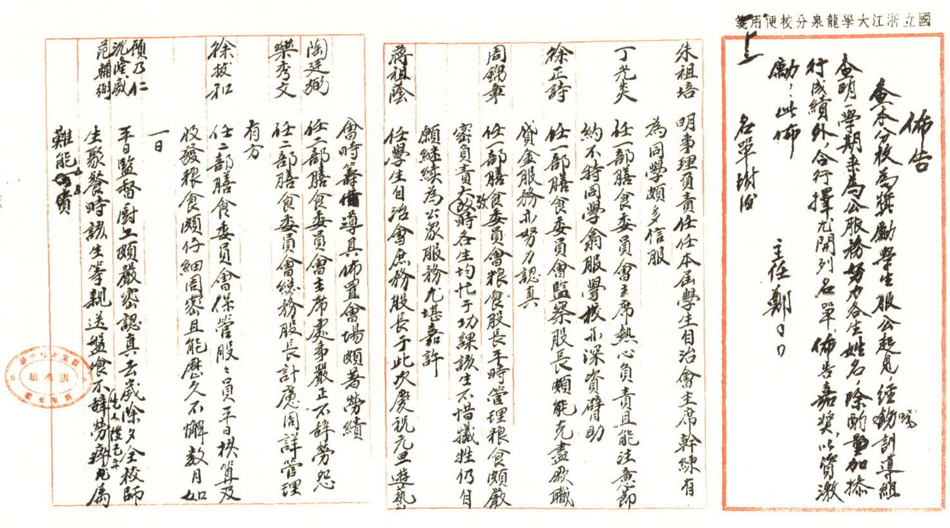
國立浙江大學龍泉分校便用箋

佈告

查本分校為獎勵學生服公起見，經飭訓導組查明上學期來為公服務努力各生姓名，除酌量加給操行成績外，合行擇尤開列名單，佈告嘉獎，以資激勵，此佈

名單附后

主任 鄭〇〇

朱祖培 明事理，負責任，任本屆學生自治會主席，幹練有為，同學頗多信服

丁光夫 任一部膳食委員會主席，熱心負責，且能注意節約，不特同學翕服，學校亦深資臂助

徐正舒 任一部膳食委員會監察股長，頗能克盡厥職，貸金服務亦努力認真

周錦章 任一部膳食委員會粮食股長，平時管理粮食頗嚴密負責，放時各生均忙于功課，該生不惜犧牲，仍自願繼續為公眾服務，尤堪嘉許

蔣祖蔭 任學生自治會庶務股長，于此次慶祝元旦遊藝會時籌備道具，佈置會場，頗著勞績

陶廷獨 任二部膳食委員會主席，處事嚴正，不辭勞怨

樂秀文 任二部膳食委員會總務股長，計慮周詳，管理有方

徐彼松 任二部膳食委員會保管股股員，平日採購及收發粮食，頗仔細周密，且能歷久不懈，數月如一日

顧乃仁 洗啟厥 范輔樹 平日監督廚工頗嚴密認真，去歲除夕全校師生聚餐時，該生等親送盤飧，不辭勞瘁，尤屬難能可貴

分校为奖励学生服务的嘉奖布告（1941 年）

英语演说比赛办法（部分）
（1940 年 4 月）

龙泉分校第一届学生学业竞试初选生名单
（国文科）（1940 年 6 月）

选送学业、操行、体育俱优学生经过
（1943 年 11 月）

龙泉分校员生助耕助收实施细则(部分)
（1943 年 3 月）

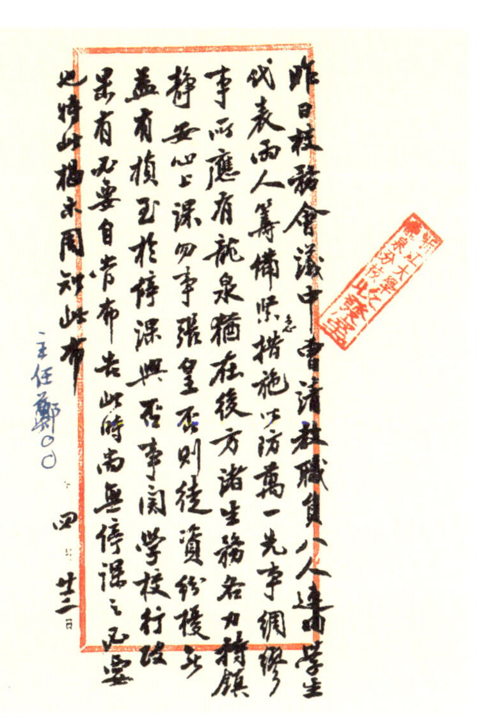

昨日校務會議中曾請教職員八人連同學生代表兩人籌備緊急措施以防萬一先事綢繆事所應有龍泉猶在後方諸生務各力持鎮靜安心上課勿事張皇否則徒資紛擾無益有損至於停課與否事關學校行政果有必要自當布告此時尚無停課之必要也特此揭示周知此布

主任鄭○○

四 廿三日

分校入闽前要求学生安心上课的布告

（1942 年 4 月 23 日）

教職員學生應變臨時出差押運辦法

(一)凡因公派請出差駐站或押運工作均須先經主任室或主持人開具出差或押運函證文件註明工作地點及事由

(二)員生憑出差函證文件出外公幹回校後先須簽具出差工作報告及應領出差費用單據送請審核並專證明連同出差函件送會計室稽核發票向出納室領款

(三)凡無出差函件者概不得支領出差費用

(四)出差員生一切費用務須撙節開支如有特殊

教职员学生应变临时出差押运办法(部分)

（1942 年 9 月 30 日）

國立浙江大學龍泉分校松溪辦事處組織規則

一、本辦事處設主任一人秉承分校主任主持辦事處一切事宜由分校主任聘請教授副教授或講師担任之

二、本辦事處之職掌如左

1.房屋之修膳佈置及支配

2.校具暨員生行李之運輸及保管

3.員生報到及離處之登記

4.補辦二年級生入黔手續

5.接洽學生假期膳食貸金申請書並呈轉分校本部核定

6.關於一切對外對內文書事宜

7.關於一切付款記賬事宜

8.關於其他一切庶務事宜

三、本辦事處設組員若干人就本分校原有職員派充之分任上列各項職務並遴選學生若干人協助辦理

四、為辦事便利起見設查田竹口兩分辦事處並派員一人或二人常駐城區向有關各機關團體接洽一切

五、本辦事處職員均支原有薪俸滿自龍泉至松溪者途膳宿雜費得照出差旅費規則支給到松後在本處辦事則每人每日津貼五元

六、在本處協助辦事之學生每人每日永津貼五元

七、本規則如有未盡事宜得隨時修改之

八、本規則經分校主任核准後施行

国立浙江大学龙泉分校松溪办事处组织规则（1942 年 7 月 3 日）

译转浙江分校路季讷兄：胜利临头，总校返浙当相当时日，望兄迅即派人赴杭接收城内及华家池、哈同花园、校舍、湘湖、临平产业。总务方面陆子桐、杨其泳熟悉地产，可在派遣之列。并盼转陈黄主席。竺可桢。未真。

中央银行杭州分行 40

1945年8月11日，抗日战争胜利消息传来，竺校长致电路主任速派人赴杭接收校产

复员程序

（一）人员

1. 十月廿五日至卅一日担任一年级功课各教师及会计事业第一批赴杭人员出发
2. 十一月五日左右担任一年级功课较多同时兼有二年级以上功课各教师出发
3. 十一月十日左右担任二年级以上功课较多同时兼有一年级功课各教师出发
4. 十一月十一日起担任二年级以上功课各教师学生陆续出发
5. 十一月十五日至廿日备组留下最后一批赴杭人员出发
6. 十二月十一日至十五日复员委员会担任工作人员出发
7. 十二月廿一日至卅一日学生至杭州报到

（二）复员机构

1. 十一月一日至三日公开征求复员委员会各部分服务学生
2. 十一月六日应征服务学生审定揭晓
3. 十一月十一日各办事处服务人员分别出发至派定地点成立办事处，复员委员会亦正式开始办公
4. 十二月十日复员委员会结束，龙泉留守处成立
5. 十二月廿日各办事处结束
6. 十二月卅一日龙泉留守处结束

（三）公物整理及运输

1. 十月廿日至卅一日二年级以上不用部分仪器标本等整理装箱
2. 十一月十一日至廿日全部图书仪器标本药品文具簿籍卷宗等整理装箱，并将全部校具设法集中
3. 十一月十二日起开始装运
4. 十二月十日运输完竣

分校复员程序（1945年10月）

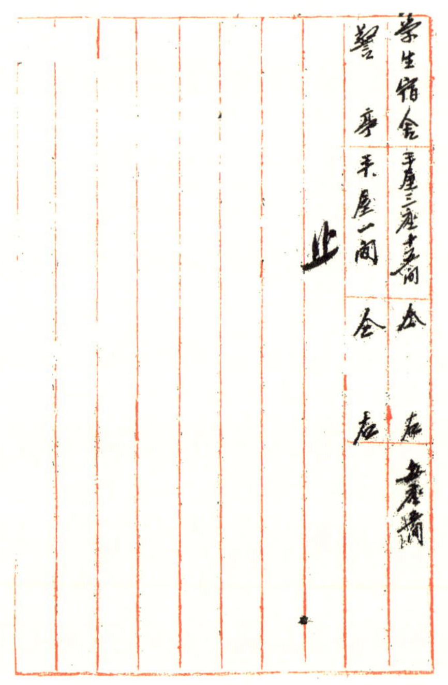

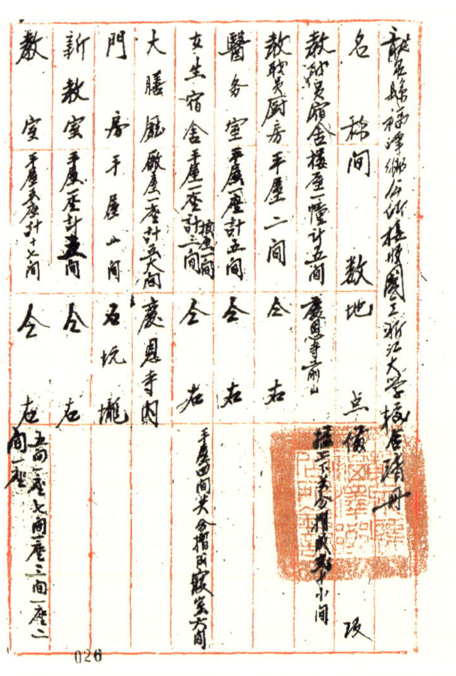

龙泉县福泽乡公所接收国立浙江大学校舍清册

名称	间数	地点
教职员宿舍	楼屋一幢计五间	庆恩寺前山
教职员厨房	平屋二间	仝右
医务室	平屋一座计五间	仝右
女生宿舍	平屋一座计六间	仝右
大膳厅	厂屋一座计五大间	庆恩寺内
门房	平屋二间	石坑垅
新教室	平屋一座计五间	仝右
教室	平屋大小计十七间	仝右
学生宿舍	平屋三座十五间	仝右
警亭	平屋一间	仝右

止

分校复员赴杭前向龙泉县福泽乡乡公所赠送分校房屋清单

（1945年11月）

“浙江大学专题史料丛刊”编委会

浙江大学专·题·史·料·丛·刊

总主编　田正平

国立浙江大学龙泉分校史料

主　编　许高渝　傅天珍

浙江大学出版社
ZHEJIANG UNIVERSITY PRESS

图书在版编目(CIP)数据

国立浙江大学龙泉分校史料/许高渝，傅天珍主编.
—杭州：浙江大学出版社，2019.9
ISBN 978-7-308-19395-5

Ⅰ.①国… Ⅱ.①许… ②傅… Ⅲ.①浙江大学龙泉分校—校史—史料—1939—1946 Ⅳ.①G649.285.54

中国版本图书馆 CIP 数据核字(2019)第 158891 号

国立浙江大学龙泉分校史料

许高渝 傅天珍 主编

责任编辑 宋旭华
责任校对 杨利军 许晓蝶
封面设计 周 灵
出版发行 浙江大学出版社
(杭州市天目山路 148 号 邮政编码 310007)
(网址：http://www.zjupress.com)
排 版 浙江时代出版服务有限公司
印 刷 浙江省邮电印刷有限公司
开 本 710mm×1000mm 1/16
印 张 26.75
插 页 4
字 数 481 千
版 印 次 2019 年 9 月第 1 版 2019 年 9 月第 1 次印刷
书 号 ISBN 978-7-308-19395-5
定 价 88.00 元

序

田正平

严格意义上的中国现代大学，是在19世纪90年代之后才产生的。可以说，中国现代大学的发展史，与中华民族一个多世纪以来争取民族独立、国家富强的奋斗史紧紧地交织在一起。事实上，它们的创办和产生，本身就是挽救民族危亡的产物，从这个意义上讲，中国现代大学的成长、发展，打上了近代以来不同时期政治、经济、社会、文化变革的深刻烙印。同时，现代大学作为人才培养、科学研究、社会服务、引领文化的机构，它的发展、成长，又有其特殊规律。除受到外部因素的制约，还受到高等教育规律本身的制约和影响。学校体制、学科建设、科学研究、经费配置、教师队伍、学生情况、课程设置、环境设施、社会服务、国际交往、校园文化等等，这些大学发展中最重要的内部因素，同样都以不同的形式，在历史上留下了自己演进的清晰轨迹。

近代以来由于社会变革的剧烈、中外交流的频繁以及出版印刷技术的提升，包括高等教育在内的人文社会科学的任何一个学术领域，所留存下来的资料文献都远迈前代。这些文献是近代中国社会转型时期中西文化碰撞和无数仁人志士上下求索的真实记录，对于中国社会的现代转型发挥过很大的作用；同时，它们又是后人认识过去、走进历史的第一手资料。

从世界范围看，大学史研究的繁荣，部分是由20世纪50年代之后的高等教育大众化所推动的。世界各国进入高等教育大众化的时间点不同，大学史研究的兴起也有先后。中国于2002年高等教育毛入学率达到15%，实现了高等教育大众化。目前正在经历着从高等教育大国向高等教育强国推进和努力实现高等教育双一流的进程中。这个进程既需要以更加开阔的眼界和胸襟吸纳世界各教育先进国家之长，也需要从我们自己的历史、自己的传统中汲取营养、总结经验、增强自信。进入21世纪，大学校史的编纂、大学史研究的开展，出现了中华人民共和国成立七十年间的第三次高潮，可以说有着深刻的历史的和现实的原因。

大学史的编纂与研究涉及教育学、历史学、社会学等多个学科，吸引了不同学科的学者，成为一个颇具人气的跨学科的学术热点。但是，归根到底，从学科属性而言，大学校史应该是一种史学类著述。作为史学著作，当然需要正确的史学观的指导，需要科学的、具有说服力的解释框架，更需要全面的、丰富的、真实的史料的支撑。史料是人文社科领域一切学术研究的基础，对于史学著作而言，其重要性更是不言而喻的。

浙江大学校史编写工作启动以来，校史编写领导小组非常重视校史文献资料的收集整理工作，决定在编写校史的同时，编纂多卷本的以学校发展阶段为序的《浙江大学史料》。而《浙江大学专题史料丛刊》的编纂出版与《浙江大学史料》分工不同，各有侧重。前者试图以专题的形式，从不同角度、不同侧面为校史的编写提供更宽阔的视野、更翔实的材料、更生动的细节。当然，作为资料文献也希望为学界研究浙江大学史以及中国高等教育史、文化史、科技史提供一些方便。

《浙江大学专题史料丛刊》的编纂宗旨，第一是“专题性”。即每一种围绕一个主题，力求深入挖掘、尽可能地将有关的资料文献收入。这个主题可以是浙江大学120余年发展历程中的某一重大事件，办学体制中的某一重要因素，学校的某一分支机构，等等；也可以是一些由于体例的限制，难以在校史中展开的其他问题。总之，力图通过这些“专题性”文献，弥补、充实或丰富校史中难以呈现的内容。

第二是“包容性”。所谓“包容性”有两层意思。一是收录文献的范围既要与浙江大学120余年的成长、发展有直接的关系，同时，又不完全局限于此，一些表面上看来似乎与浙江大学的发展关系并不是很直接，但实际上却影响重大的政治、社会、文化因素，亦将择要收录。二是收录文献不仅仅局限于有关档案材料、政策文本、会议记录、学校刊物等，也包括各种媒体的评论介绍、地方史志的记载、公私函件、个人日记等，举凡有利于认识和感知那段逝去的历史的文献资料，都是《浙江大学专题史料丛刊》关注的重点。

当然，史料文献的收集整理是一个永远在路上的工程，只有起点，没有终点。我们希望《浙江大学专题史料丛刊》的编纂出版与多卷本的《浙江大学史料》相得益彰，不仅为浙江大学120余年的成长留下真实写照，更能为学校今后的发展提供坚实的基础和多方面的借鉴。

是为序。

乙亥仲夏于浙大西溪校区

本书编选说明

本书是浙江大学专题史料丛刊之一。收录国立浙江大学龙泉分校(1940 年 4 月 1 日前校名为“浙江大学浙东分校”)从 1939 年春开始筹建到抗日战争胜利后迁移到杭州为止这段历史时期的珍贵史料。力求通过大量档案史料的呈现,全面客观地反映分校在龙泉办学 7 年的艰苦历程,传承浙江大学的求是精神。

本书收入的文献资料选自:(1)浙江大学在中华人民共和国成立后移送浙江省档案馆保存的国立浙江大学历史档案;(2)存留于浙江大学档案馆的国立浙江大学历史档案;(3)中国第二历史档案馆收藏的国民政府教育部的相关档案;(4)浙江省龙泉市档案馆收藏的与国立浙江大学龙泉分校相关的档案;(5)刊载于当时发行的《浙江大学校刊》《浙江大学浙东分校周刊》和《浙江大学龙泉分校校刊》中的相关史料。

收入本书的史料主要包括:(1)国民政府教育部向分校下达的训令、指令等;(2)浙江大学总校向分校下达的指示等;(3)分校向上级呈送或请示的各类公文;(4)分校与教育部、总校等上级机构以及与其他机关、个人往来的电文和信函;(5)分校各类会议记录;(6)分校制定的各类章则;(7)分校各类名册等。

由于收入本书的史料文献均属于 20 世纪三四十年代,其中使用的一些词语和文章格式,包括日期表达等与当下不尽相同,我们采取基本上保持原来文献原貌的原则。原有文献的标题亦基本保留,当部分文献无标题时,由编者添加,对于部分标题则予以简化。在标题的下方,标注该文献产生的时间,并使用公历纪年和阿拉伯数字表示;在文献内部出现的日期,则维持文献原有的写法。在每篇史料正文结尾的右下角标明档案卷号或其他史料来源。其中以 L 开头的为移送浙江省档案馆保存的国立浙江大学历史档案,以 ZD 开头的为浙江大学档案馆收藏的国立浙江大学历史档案,来源于中国第二历史档案馆和龙泉市档案馆的卷宗分别以“二档”和“龙档”标注。

文献中出现的异体字、不规范字在收入本书时更改为通用字。由于一些文献,特别是油印的史料中,不少地方字迹模糊,已难以辨识,如属个别字,用□替代,如字数过多,用……表示。对于明显的个别错字,予以更正,不加说明;个别的漏字或需说明的内容，由编者添加，并置于[ ]中。不少文献里，未使用标点符号，由编者根据当前通用的形式加以断句。

全书分上、下两编。上编以分校发展的纵向过程和重大事件为主线，收入分校筹建与成立、分校名称变更、组织规程、学校人事、添设年级、科系调整、避敌入闽、复员迁杭八个方面的相关史料，下编横向展示反映学校诸方面工作的史料，分校务管理、教学事务、训育管理、总务工作、校园生活、社会活动六个部分。

今年是国立浙江大学龙泉分校成立80周年，编者为能有机会在分校80华诞之际完成本书的选编深感荣幸。在编撰本书期间，我们得到浙江大学档案馆许多老师的帮助，对此一并表示衷心感谢。

目　录

附录

后记

上编

一、分校筹建与成立

(1)浙江大学历次校务会议、行政谈话会有关报告和议决

[浙江大学]第二十三次校务会议主席报告3
(1939年2月17日)

三、部令本大学在浙南设立分校,已派郑晓沧、陈叔谅两先生赴浙接洽。

L053-001-1168卷

[浙江大学]第二十四次校务会议主席报告2
(1939年4月8日)

二、浙江分校,决定设立。由教部拨款办理。本年秋季招收一年级及先修班。

L053-001-1168卷

[浙江大学]第二十五次校务会议决议3
(1939年4月11日)

三、筹设浙江分校案

陈叔谅先生报告赴浙接洽经过。

决议:遵照部令筹设。

L053-001-1168卷

[浙江大学]第二十六次校务会议主席报告3
(1939年5月10日)

三、龙泉分校经费,教育部约可年发五万元,定本月内派员筹备。

L053-001-1168卷

[浙江大学]筹设龙泉分校会议记录
(1939 年 5 月 17 日)

日期:廿八年五月十七日下午四时半

地点:宜山总办事处会议室

出席:竺可桢　胡刚复　苏步青　张其昀　吴钟伟　蔡　堡　舒　鸿
陈训慈　雷沛鸿　张绍忠　王　琎　周厚复　梁庆椿　徐谷麒
沈思玙　李絜非

主席:竺校长

记录:章诚忘

报告事项:

校长报告筹设龙泉分校之各种经过

讨论事项:

1.分校应如何公布周知案

决议:草拟新闻与广告,酌登浙闽赣沪各报;分函浙闽赣皖各教育厅暨各高级中学通知。

2.分校是否定设龙泉,当难确定,龙泉分校应改名浙东分校,以免日后重有变更案

决议:通过。

3.分校是否招收师范学院学生案

决议:不收。仅举行入学考试,其考试及格者,赴校本部肄业。

4.分函有关各院系,请派定分校教员并拟定图书仪器设备案

决议:通过。

5.组织一浙东分校设计委员会,处理一切分校事宜案

决议:通过,委员七人由校长指定之。

L053-001-4009 卷

浙东分校设计委员会第一次会议记录
(1939 年 5 月 19 日)

日期:廿八年五月十九日下午三时

地点:宜山总办事处会议室

出席:竺可桢　吴钟伟　王　琎　雷沛鸿　徐谷麒　胡刚复

主席:竺可桢

记录:章诚忘

讨论事项:

1.规定补习班之性质案

决议:不招先修班,仅设补习班,分别补习录取生各主要课目成绩差逊者。

2.规定招收新生名额案

决议:暂定正取生一百廿名,备取生三十名,正取生须于开学前二星期前缴纳学费,否则其学额即不予保留,由备取生递补。

3.规定招考地点案

决议:暂定永康、临海二处。

4.规定招考时间案

决议:俟教部有回电后再议。

5.规定浙闽赣皖四省教育厅报送名额案

决议:暂定二十名,浙八名,闽赣皖各四名,被保送之资格,其会考或毕业成绩名次须在前十分之一以内者。

6.师院新生是否招考案

决议:不招考,留待教部统一招生时同时举行。

7.浙东分校是否仅一年级案

决议:以仅办一年级为原则,万不得已时,至多延办至第二年级,唯此消息不发表,仅以不定之辞答复询问者。

L053-001-1801 卷

[浙江大学]第十次行政谈话会记录
(1939 年 6 月 7 日)

日期:廿八年六月七日下午四时

地点:宜山总办事处会议室

出席:竺可桢　李寿恒　王　琎　徐谷麒(列席)　梅光迪　卢守耕
　　胡刚复　沈思玙　陈训慈(列席)

主席:竺可桢

记录:章诚忘

报告事项:

校长报告:

1.浙东分校主任问题

(余略)

讨论事项：

1.筹划浙东分校招生事宜案

决议：由陈叔谅先生、注册科主任暨有关各系主任组织一浙东分校招生委员会主持之，请王季梁先生为该委员会主席。

2.购置浙东分校仪器案

决议：请王季梁先生此次放假去沪之便，在沪主持购办。

3.规定筹备浙东分校经费案

决议：电嘱李絜非先生拟一预算寄核。

4.浙东分校是否维持原议，不设先修班案

决议：由操持人审度当地情形，斟酌办理。

5.浙东分校招生是否仍设上海分处案

决议：浙沪交通若无困难，仍依原议，在上海设一分处，否则恳请教部统一招生委员会在上海招考时，兼筹办理。

（余略）

L053-001-1173-1 卷

[浙江大学]第十三次行政谈话会讨论事项1,2
(1939年6月29日)

讨论事项：

1.本校派赴浙东分校之教员是否津贴旅费案

决议：凡自宜山出发者，每人得津贴川旅费一百元。

2.处理分校及永康区入学考试阅卷事宜案

决议：分请分校及返浙各教员会同分别担任，其旅费由永康区招生委员会或本大学酌量津贴。

L053-001-1173-1 卷

(2)函电和公文往来

教育部电文
(1939年1月28日)

前准浙江省府养电“为救济失学青年，定自本年起筹设战时大学。该校协款无力补助”,当以梗电复:“浙境中学毕业生,如人数众多,可先行登记,由部令该校派员前往补考,录取者仍送该校肄业,系勿另设大学,该校协款仍请照拨”在案。该校准予在浙招生一次,浙省一部分学生必要时,可就近在浙南办一先修班,以资收容……教育部,俭。

L053-001-1459 卷

教育部电令浙江大学
(1939 年 3 月 24 日)

宜山浙江大学,育密。兹为救济浙省失学青年起见,准该校在浙赣交界区域设立分校,专招各科一年级新生,并设置大学先修班,其他各级借读学生亦应由该校登记,另筹救济办法。仰拟具计划,呈候核夺。教育部,敬。

L053-001-1801 卷

竺校长复电教育部陈部长
(1939 年 4 月 1 日)

重庆教育部陈部长钧鉴,育密。敬电令在浙设分校奉悉。兹经拟具计划,另文呈报。校址已派员察勘,分校预计年需款五万元,恳顾念江南失学青年亟待救济,如数拨款,以利进行。谨先电陈。竺可桢叩,东。

L053-001-1801 卷

教育部电浙江大学
(1939 年 4 月 11 日)

浙江大学,育密。东电悉。仰速将分校计划及经费概算呈报,以凭核办。教育部,真。

L053-001-1801 卷

竺校长呈函教育部
(1939 年 4 月 15 日)

遵令呈送浙南办先修班暨一年级计划书及概算书,祈鉴核指令由。……兹经拟具计划,详加预算,五万元实属不敷,计需经常费六万元,开办费约二万元,其中开办费由本校经费内匀拨，连同钧部另拨六万元，共合八万元，差足敷用。理合缮具计划书及经常、临时概算书，呈送钧部鉴核，务恳俯念江南失学青年，亟待救济，设法准如所请，指令祇遵，实为公便。谨呈

教育部

计呈送　计划书二份、经常及临时概算书各二份。

衔校长　竺可桢

附1　国立浙江大学在浙南设大学先修班并招各科一年级新生计划书

查本大学自敌军犯浙，鉴于军事变化，非可逆料，为保全国家重要之文化设备计，为与中央政府联络交通计，不得已筹迁出省，奉令西移。顾现在浙东局势，安定如恒，此属军事胜利，自足庆幸；而江浙皖赣诸省，数千高中毕业青年，远游未便，升学无从，实确有救济之必要，本大学顾念故土，义不容辞，适奉教育部饬往浙南专招各科一年级新生，并设置大学先修班之令，仰见中央对于江浙青年关怀綦切，不惜增拨国款，以为救济之至意。爰决遵令前往办理。业经派员勘定浙江省龙泉县为分校校址，谨拟具计划如左：

一、名称　拟命名为“国立浙江大学龙泉分校”，先招各科一年级新生，并设置大学先修班。

二、地点　拟定在浙江省龙泉县。

三、学额　拟定一年级一百名，先修班六十名。

四、招生　拟提前于七月初专在浙江招生一次。

五、科目　拟设国文、英文、数学、物理、化学、生物、史地、社会科学（包括党义）、体育、军训等科。

六、组织　右列各科，拟各聘教授一人，助教一人。行政及教务方面，拟设置主任、训育、注册、会计、文书、庶务、校医、图书管理、无线电收发及女生指导各一员，书记二人。

七、经费概算　开办临时费拟定二万元，经常费拟定每年六万元，共八万元。呈请部拨六万元，本校匀拨二万元（附概算书）。

八、借读　各年级借读生拟俟分校成立就地举行登记，审查合格送大学本部分级借读。

九、通讯　分校拟设置无线电收发报机，与大学本部自行通电。

附2　概算书（岁出经常门、岁出临时门）

编制机关：国立浙江大学　中华民国二十八年度　岁出经常门

第一款　国立浙江大学龙泉分校经费	60000.00
第一项　俸给费	51600.00
第一目　俸薪	48000.00
第二目　工资	3600.00
第二项　办公费	6900.00
第一目　文具邮电消耗印刷	1200.00
第二目　房租	2000.00
第三目　修缮	500.00
第四目　交通	2000.00
第五目　杂支	400.00
第六目　旅费	800.00
第三项　购置费	1000.00
第一目　器具	500.00
第一目　学术设备	500.00
第四项　特别费	500.00

编制机关：国立浙江大学　中华民国二十八年度　岁出临时门

第一款　国立浙江大学龙泉分校开办费	20000.00
第一项　器具设备	8000.00
第二项　无线电发报机	3000.00
第三项　图书	2000.00
第四项　物理、化学、生物仪器及药品	7000.00

L053-001-1801 卷

浙江大学复电教育部
（1939年4月17日）

重庆教育部，育密。浙南分校计划及概算查□已邮呈，谨复。浙大。

L053-001-1801 卷

教育部指令
第 11424 号
（1939 年 5 月 16 日）

廿八年四月十五日呈一件——遵令呈送在浙南办理先修班暨一年级计划书及概算书，祈鉴核指令由。

呈件均悉。查核所拟计划，尚无不合，准予备案，所需经费，除先修班每月规定七百元，应另行开列呈部汇案转请核发外，其余准由该校建置费项下移拨四万元，俟呈奉核准后，再行令知。不足之数，应仍在该校经常费内匀支，仰即知照。件存。此令。

L053-001-1801 卷

竺校长电教育部陈部长
（1939 年 5 月 23 日）

重庆教育部陈部长钧鉴：奉令筹设浙江分校已齐备，教员即赴招生。前呈请经常费六万元，恳速批准照拨，电示为祷。浙大竺可桢叩，梗。

L053-001-1801 卷

教育部复电浙江大学
（1939 年 6 月 1 日）

宜山国立浙江大学览，梗电悉，分校经费核准四万元，先修班经费另案，呈候核夺。教育部，东。

L053-001-1801 卷

教育部训令
高字第 14264 号
（1939 年 6 月 21 日）

查廿八年度（廿八年一月至十二月）国家建设事业专款预算内，专科以上学校建设费各校支配数额及其指定用度，业经确定该校本年度建设费数额及其用途规定如左：

项目	数额	指定用途
建设费	80000.00 元	师范学院建设费三万元,在浙另设分校建设费四万元,以及轰炸后其他建设费一万元,合计如上数。

L053-001-1801 卷

浙大分校电教育部陈部长
(1939 年 10 月 10 日)

重庆教育部陈部长:浙大分校开学上课,学生已到 147 人。谨闻。浙大分校叩。

L053-001-1801 卷

浙大分校全体师生电竺校长暨诸先生
(1939 年 10 月 10 日)

宜山浙大竺校长暨各院系处诸先生钧鉴:分校成立,校基益恢,国庆盛会,弥切奋感。谨祝校长暨诸先生健康。浙大分校全体师生叩。

L053-001-1801 卷

陈训慈主任呈函竺校长报告分校自筹备以迨开学经过
(1939 年 10 月 19 日)

查本分校现已开课,溯自筹备迄今,约可分为三期:(一)自本年三月间本校派员来浙与各方面接洽,并到龙泉县觅勘校址为第一期,此时询承龙泉县唐县长巽泽介绍龙泉坊下地方乡长曾玉如君私有房屋,先订草约,一面撰文宣传本校眷念东南,创设分校,亟图救济失学青年之意。(二)七月七日至八月中旬办理招生为第二期,此时在永康设筹备处,登报招生,七月二十日至二十四日办理报名,七月二十七日至二十九日假树范中学校舍考试,该中学在乡距城十里,考生集中该处,住宿七天,施以短期生活训练,除每人纳膳费一元五角外,不足之数均由筹备处补贴,七月三十日至八月六日阅卷完毕,登报揭晓,计招考者三百六十二名,照招生会规定,正取一百二十名,备取三十名,八月七日至十七日协办统一招生事宜,阅卷既毕,将成绩单暨另一份报名表径送教育部查核。(三)八月十八日至十月一日准备开学为第三期,是项准备工作,在总务方面为经临预算之编制,租赁契约之签订,校舍之修建布置,器具之装配与添置,不敷校舍之设计与筹建,图书仪器之购办与运输。在教务与训导方面,则为分发录取生三战区函，及保送生复学生之通知信，而答复各方学生询问及请求，分别通讯，尤为频繁，十月一日开学，一日至六日办理注册，七日选课，八日举行开学典礼，十一日正式开课。计学生总数共为一百六十名，内录取生一百二十名，报送生廿二名，复学生十六名，又试读生二名，查已到校缴费注册者一百四十八名。所聘教员共十八人，其时除化学教师孙玄衔、体育教师陈陵大抵因交通困难未到，斯何晚、周恒益二先生因病未到，董聿茂、赵仲敏二先生因事未到，吴浩青先生在沪提运仪器，军训教官尚未聘定外，计已到十人，内一人即系主任兼课。职员连主任共十九人，则已于八月初到齐。目下斯何晚、赵仲敏二先生亦已到校授课。所有本分校自筹备以迄开课经过大概情形理合具文，呈报钧座鉴核备案。谨呈

国立浙江大学校长竺

全衔主任　陈训慈

L053-001-1801 卷

(3)报道

本校浙东分校筹备成立经过略志
(1939 年 8 月 18 日)

本校原设杭州，廿六年十一月迁移建德，此杭垣失守，浙东骤紧，不得已复迁江西泰和，地与浙省毗连，东南学子，来就学者仍伙。不幸去夏赣北战剧，教育部乃令再筹西迁，于廿七年暑假后迁抵广西宜山，旋即开始上课，迄今适为一学年。盖大学设备，难聚易散，专门研究，尤需安定，抗战中各大学之西迁，要由于此。而于智力之迎头直追，及以余力协助于腹地之开发，则本校在此二年中，固尝尽力不懈，迄今图书仪器全保，课业实验进行不辍，固堪持以告慰于东南乃至全国人士者也。

然自战局重心西移，东战场虽时有变化，敌已不易深入，浙省经当局整饬政军之余，浙东尤见稳定。而多数大学西迁，东南非战区之中学毕业青年，因交通或经济关系，不能西行升学者，颇不乏人。本校虽离浙江，时为关怀，然绌于经费，未能早筹救济。辄以此种情形，陈之教部，而浙省府亦力谋救济之方。教育部深鉴此种需要，始则于岁初令本校得另行在浙招生；继复于三月廿八日电令本校“在浙赣闽间设立分校，专招各系一年级新生”，必要时得设大学先修班，事

先本校已委教务长郑晓沧先生赴浙，与浙省政府当局洽商此事，并勘定校址于龙泉一带。奉电之后，即遵令拟具计划预算呈报，至四月杪奉部令准计划备案，并核定经常临时费预算。至其设施办法，校内复迭经校务会议讨论，并于五月十九日正式成立浙东分校设计委员会。决定校名为浙东分校，第一年专收一年级新生，并酌量情形设置先修班。六月八日教育部电复本校。对分校允于七月份在浙单独招生。其时本校原有招生委员会尚未正式开始工作，乃另组一分校招生委员会，于六月初开会二次，妥议招生办法，决定分校因经济之限制，学额暂以一百二十名为限，分配于文理工农四院，师范学院暂不招生(先修班视当地情形而定，大致如投考人多，或即照参教部统一招生办法办理，庶几减少遗珠之憾)。招生简章，即在当时拟订，送浙付印，惜以交通梗阻，派员来浙时，中途稽滞，致不能早日分寄东南各中学为憾耳。

本分校校舍之筹备，先由郑教务长在浙得当地政府之协助，商赁民房，设于东乡。五月杪本校派员入浙，于六月中旬到永康，公布成立分校于浙报，并即设分校筹备处于永康县商会内，并一面进行修葺校舍。六月下旬复委招生委员数人偕同职员赴浙，筹备招生事宜。分校教职员或由本校调任，或则另行延聘，大抵于七月杪可到浙。招生既定于七月份办竣，结果当于八月十五日以前发表。为珍重学业起见，期以九月上旬开学。本大学自西迁至今，倏将二载，艰苦长征，黾勉无懈，而同人翘首东望，对于东南湖山以及全浙父老兄弟，弥切依恋。今赖教育部之主持，与各方面之赞助，使浙东分校得以观成，不仅为本校异时迁回浙省着其先鞭，尤足稍应东南各省失学青年与其家属之殷望。所望各界先进，浙省父老，鉴其悃忱，惠予匡助，使分校能在此光荣之东南，为抗战建国中之一员，则不仅本校之幸而已。

《国立浙江大学校刊》复第三十三期

浙东分校筹备始末
(1939年9月29日)

李絜非

本校于卢沟桥事变发生后四个月，迁往建德，于杭垣沦陷时，迁往赣中，一方固凛于安定士气弦歌毋辍之重要，一方且深于依恋故土不忍卒离之情志；建德则一苇可航，浙赣更有车堪达，以是瞻对怀慕，朝夕可期，抑且修游藏息，短时即复。

去秋暴敌溯江而上，越马当，犯鄱阳，赣中振动，本校奉令迁黔，中止桂之宜山。遂有分部浙东之计划，当时以运输倥偬，乃不惶及此。今春拟定方案后，复获准于教部。遂于二月十四日，请郑教务长、陈叔谅教授赴浙接洽，郑、陈两先生接洽之外，更于三月二日在浙南视察校址。同月二十五日，陈先生遄返宜山复课，郑教务长则仍留浙待命。

五月向尽，筹备成立已刻不容缓，乃一面成立浙东分校设计委员会，以事筹划之至计，一面派絜非驰赴浙省，设筹备处，以利各方之接洽，其经过俱已详见于已往之本刊。

絜非以五月二十八日离宜，沿途略有滞阻，终以六月十一日晨抵金华，次日即于《东南日报》及《正报》发布筹备成立分校消息，以慰各方喁喁之望。十三日至永康，晤郑教务长，承示在浙接洽情况甚详。十五日趋丽水访问浙教厅，十六日抵龙泉，而陆子桐先生已先两日至，为先容焉。自十六日至二十日五日内，分别访问机关，勘定校址，视察环境，探询物价，凡初步进行，已略有眉目。遂于与校舍房主曾姓订立草约后，二十日复至丽水，接洽印刷及车运事宜。二十三日回永康，向县商会借屋，遂以之成立筹备处。永康为今浙省政治之中心，交通之枢纽，且便于凡皖南、赣东、闽北消息之传递，故以之为筹备地点。基于此等优越性，其后分校新生考试地点，亦择定于斯。

分校筹备时期，既属匆促，凭藉既无，人员复少，重以去校太远，请示本校动辄经月，而浙东安定，土木工事频繁，价昂匠少，故于访洽当局，传布消息，计划招生，应对征询之外，尤以分校物质上之筹备为较不易：若房舍之改建，若校具之购置，皆非短时间内所可经营。此得子桐先生之商酌，乃定计于审核运费相宜后，移运存放于建德之校具，并及早商得龙泉政工两界人士之助力，为他日工匠材料得所以取资。

筹备成立消息露布后，各方函讯络绎，每日无虑数十起，大抵来自浙、皖、赣、闽与上海，询问招生日期地点及简则，索取本校概况与西迁纪实，以及复学转学事宜，乃至探询与本校有关人士，转递有关函件。此曾两度将本校概况、招生要点、前此出发之先受命于宜山本校者，草具简略，分送浙、闽、皖、赣与上海各报，以代应答。七月六日，陈叔谅先生抵金华，次日至永康，招生事宜得以积极进行，当拟定同月二十七日起举行分校新生入学试验，地点则决定在永康。于是登报露布，付印简章，与接洽考场，继以分发与布置，并制定试场规则，商订职事分配。自二十日起至二十四日止，办理投考新生报名事宜，一方秉承陈叔谅、朱叔麟两招生委员之指示，一方得吴稚中、金维坚、钱兰峰、姚含英、楼可成、余鹤声、魏安德诸先生分工与合作，故办理报名登记手续，编制试卷弥封与号码，皆能秩然有序。二十五日起，假陈氏总祠举行投考新生体格检查，以得浙省临时第一辅助医院成院长及诸医师之劻勷，厥竣其功。二十七日起，假距永康八里之麻车头树范中学为试场，三日竣事，颇称顺利。自三十日起，复假陈氏总祠为阅卷场所。八月五日，各科先后批阅完毕，计分与审查者两日，终以会议决定录取名额与此次被录为正式、备取之各生，凡百五十名，其详细另有报告。

廿八年度国立各院校统一招生，虽由浙教厅主其事，然仅及其先半，且本校郑教务长、陈叔谅教授同为该招生委员会之委员，会议监试，皆为参加。而后半如阅卷、计分、登录、报部，皆由分校同人任其役。以是在永康之勾留，延期旬日，直至八月十九日统招成绩自丽水用航快交邮，始克将招生事宜，告一段落。

初，絜非利用招生前之时日，于七月十二日取道金华兰溪，于十三日抵于建德，计划迁移存建校具，以应分校之需。抵建之后，除与保管员王子青先生商计有关移动之一切问题外，并视查存放地点，访晤地方当局，以存建校具，曾有若干为地方当局借用，久假弗归也，结果尚称圆满。其后校具约五百余件，乃于二十三日发自建德，于兰溪改筏运永康，三十日抵永。八月二日复自永康雇手车七十辆运丽水，七日自丽仍改水运，以船十九艘溯大溪，而于十六日安抵龙泉，计费时二十四日，运费近千元，乃将此约价五千元之校具运输竣事，惟王子青先生始终其事，独任其劳。

筹备名义，于七月终即宣告结束，藉以早入新阶段，而同时本校则以聘定陈叔谅先生主持分校校务，仰承有自，履端于始矣。惟实际工作，乃结束于八月中浣，十九日分校总务主任赵季俞先生率同到永职员，由絜非陪至龙泉。二十日住入分校，次日开始办公。关于修建购置诸物质上之建设，已在积极进行，而陈叔谅先生则措筹校务大计，殚精竭虑，使分校规模得以粗具。今后进展，另创新页，而关于筹备经过，特为陈闻如上，藉当述职之资。

《国立浙江大学校刊》复第三十九期

国立浙江大学浙东分校开学典礼志盛
（1939年11月13日）

本分校筹备历时半年有余，招生事宜既于八月上旬在永康[告]一段落后，全部[职]员随即来龙积极筹办校舍，布置开学事宜。艰辛经营，排除困阻，于十月一日订期开学。自　日至六日止新生报到注册，七日选课，八日举[行]开学典礼，兼志成立。是日天气晴朗，布置一新。除本分校已到教职员及新生外，并有来自永康、丽水及龙泉之各机关代表二十余人。九时起开始，由陈主任宣布领导参加人员行礼如仪后当略，致辞谓："分校以半年之酝酿得于今日开学成立，本省地方当局惠莅参加，令吾人感无限之愉快与兴奋。"次即就本分校筹备之经过，大致以本年二月至四月为酝酿时期，五月至八月上旬为筹备招生时期，八月以降，至于今日则为筹备开学时期，分别略述。次复以个人之见解体会当前之需要申述，分四层。(一)以求是精神陶铸健全之人格。求是为本校新订之校训，而健全人格与智慧获得则同为大学教育之理想；(二)以基本训练奠定专究之基础，更以大学教育本非仅造就若干专门人才，而在陶铸有健全之文化，训练领导社会之人才，必须专有科学与人文训练，本分校现限于一年级，所选教程多，基本科目尤显；(三)以建国努力确定中心信仰，盖无信仰则无力量。今当以总理遗教为最高指导原则，无论科学之训练与精神之修养皆当以抗战国之需要为最大目标；(四)以精神之奋发补济物质之不足。本分校草创伊始，处在乡野，时难□绌，但抱定苦干，自能克服环境，日起有功。最后又表示对于东南各界之期望，因为浙大自西迁以后，对东南各省未免隔膜，各人当谋建设声气以零此恨，尤望本省政教社会各界本高等教育需有地方政治密切合作之旨，予以□助学招数。继由训导主任吴稚中先生报告竺校长数年来办理浙大之方针与其训词。次来宾惠辞。龙泉县政府吴秘书曙光(唐县长因公赴浙西)讲演，略谓浙东分校及时成立，既以救济青年，复得为国储才，而龙泉地本荒僻，分校更集各种人才，希望异日开发一隅，时不啻以飞机播新种，国家地方交受其利。永康交通银行行长王宝国先生致辞，略谓此时此地高等教育久告中段之秋，乃有浙大分校之成立，而人才于此浙南，乡村有此宽广适用之房屋为校舍，且以浙大已往毕业成绩之良好，尤可预卜绳武，前修之继起无量可为感奋。次以三事供献于同学，一为爱惜时空，自学勤收于沉着，以探讨高之学术为国家社会之用，二为锻炼身体，三为修养人格，明礼义辩。尤望浙大在此幽美山乡、一尘不染之地，养成优良学风。次某厂工程处长柴志明先生代表浙在机关致贺，并略有报告。次后以曾在浙大任教之立场致其期望，一在今后教育龙泉手与脑之并进，昔日书生议论□多，今宜一反旧时书生颓习，求胜利于事实之中，二在希望于大学教育过程之中获得基本而重要之工具，以为他日服务与进修之准备，最后以物理学定律解释抗战必胜。私立树范中学赵载梁主任致词，略谓浙大与树中于抗战以来不啻难兄难弟，形影相随，而浙大分校之成立，青年来归浙时，湘北大捷敌寇丧胆，凡此皆足为战局日渐入于光明之象征，中学为大学造就基材，然往昔中学以侧重知识之优于体格，尤其对于修养较为忽视，影响大学生之学习，今树范正力矫此弊，仍待浙大与中等教育界时有联络商榷至以往所谓□□教育之议。深信今日与战后，各方需才予殷必可改善。毕业同学方面有朱念慈先生代表碧湖同学会致辞，略称母校西迁，久失依持，分校成立，倍感欣慰。回忆十年以前杭州本校文理学院之初创，校舍设备甚多困难，现分校今日之情形殆犹弗如。朱氏并述母校轶事两则，次并于毕业同学在浙服务现况有所报告云。次又有龙泉地方银行办事处主任汤炯先生讲话，略不载。最后教职员代表林天兰先生致答词。谓今分校之成立，在表面言为救济此百余失学青年，而其最大意义则在表示中国具有最伟大之力量，自抗战以迄今，兹据美国某通信记者所称，敌国未曾设一新学校，而在被侵略者之我国反继续增大学，此在东南人士，尤感自豪。年前基督教举行会议于印度，有中国某大学代表在美总统约见，闻中国大学多内迁继续开学，深表敬佩，并愿详阐此地迁校之办法与情形，以今例之，当更足以引起世界人士之注目。盖此种伟业在并世实鲜其例，即在教育史中，亦属罕观。本此意义更承各方矜许期待逾恒，则我师生于受宠若惊之余，其所感觉应负之使命乃綦重。今后吾同人愿黾勉以赴，尤望同学倍自惕励。欧洲中世纪时，所谓长袍，即代表大学与城市之工商业者对立争斗，然此已成为史上之陈迹。今后吾人只有忏悔一切，使教育与社会打成　片，力求精进。大学篇首之言曰："在明德"，斯为所学人格之日进；"在新民"，斯为提高气彝，荡涤瑕□；"在止于至善"，夙学校成效之提高，亦符于校训"求是"之义云。

《国立浙江大学浙东分校周刊》第二期

附　分发开学典礼请柬名单
（1939 年 10 月 3 日）

一、行政机关（军事司法另补）

方岩　浙江省政府黄主席　许委员蟠云　李秘书长

於潜　浙西行署贺委员

方岩　民政厅阮厅长　陈科长

方岩　财政厅黄厅长　李秘书

丽水　教育厅许厅长　林秘书　金秘书　何秘书　罗科长　张科长　许科长

丽水　建设厅伍厅长　建设厅物产调整处陈主任仲明

金华　第十集团军总司令部刘总司令

金华　浙江省保安处宣处长

方岩　浙江省会计处陈会计长

丽水　浙江省公路局工局长　孙秘书雅为

丽水　浙江省电话局赵局长

永康　审计部浙江省审计处李处长

永康　财政部贸易委员会温州办事处李主任

鄞县　财政部贸易委员会宁波办事处陈主任

方岩　浙江省高等法院郑院长

丽水　财政部所得税事务处浙江办事处张处长

永康　浙江省临时参议会徐议长　陈副议长、徐秘书长

松阳　浙江省农业改进所莫所长

二、党务机关

方岩　浙江省省党部谷主任委员　方委员青儒　吴委员望伋　姜委员乡云　赵委员见微　顾委员佑民　金委员越先　转张委员毅夫

三、地方党务机关

丽水　第九区专员公署余专员

龙泉　龙泉县政府唐县长　刘科长大伦　徐科长正学　齐科长志云

龙泉县地方法院金院长

龙泉县县党部何书记长

龙泉县动员委员会主任委员

龙泉县财务委员会吴主席委员

龙泉县县商会刘会长

浙赣铁路机厂管理处转吴副局长

浙赣铁路机厂管理处柴处长

新村设计委员会王工程师　新村设计委员会包技士

龙泉抗卫大队部

龙泉县社会军训总队

龙泉县立城区民教馆陈馆长

四、银行

永康　中央银行张行长　交通银行王行长　中国银行范行长　中国农民银行严行长

丽水　浙江地方银行总行徐行长

永康　浙江地方银行永康行汪行长　转朱委员守梅

龙泉　浙江地方银行龙泉办事处汤主任

五、学校

碧湖　省立临时联合高级中学张校长

碧湖　省立临时联合师范中学徐校长

碧湖　省立临时联合初级中学唐校长

嵊县　省立宁波中学赵校长

绍兴　省立绍兴中学沈校长

仙居　省立台州中学任校长

金华湖塘　省立金华中学方校长

衢县　省立衢州中学沈校长

建德　省立严州中学严校长
青田　省立温州中学朱校长
丽水　省立处州中学傅校长
於潜　省立浙西临时第一中学方校长
孝丰　省立浙西临时第二中学卢校长
昌化　省立浙西临时第三中学沈校长
平阳郑楼　省立温州师范王校长
松阳古市　省立湘湖乡村师范金校长
长乐　省立锦堂乡村师范卢校长
宁波　省立宁波高级工科职业学校王校长
嵊县　省立杭州高级蚕丝科职业学校校长
金华　省立金华实验农科职业学校卞校长
永康　省立西湖博物馆董馆长;省立图书馆陈馆长
碧湖　省立社会教育实施区郭主任
象山石浦　宁波民众教育馆王馆长
永康　私立树范中学胡校长
龙泉　私立树范中学分校赵主任
宁波　私立效实中学冯校长
绍兴　私立稽山中学徐校长
缙云壶镇　私立安定中学孙校长
乐清雁荡　私立宗文中学钟校长
丽水　省立英士大学校务委员会
金华　私立盐务中学程校长
临海　省立英士大学医学院王院长
金华孝顺　私立清华中学屈校长

六、报界与文化团体

东南日报　胡委员健中、刘湘先生
正报　陈社长、钱主笔伯起
国民出版社　李委员楚狂
中国青年励志会　徐子梁先生
浙江省教育文化事业委员会　房宇园

七、浙大毕业同学会

丽水　丽水手工业指导所李斯达转浙大毕业同学会
碧湖　丽水碧湖中心农场张灏先生转浙大毕业同学会

大港头　大港头铁工厂玉溪练药室徐幼初君转浙大毕业同学会
松阳　松阳农业改进所丁汉臣先生转浙大毕业同学会
古市　松阳古市中心农场杨致福先生转浙大毕业同学会
云和　云和染织改进场陈庆堂先生转浙大毕业同学会
少顺　云和少顺铁工厂黄渭川先生转浙大毕业同学会
龙泉　龙泉八都区署求良儒先生转浙大毕业同学会
青田　青田中心农场吴泽雍先生转浙大毕业同学会
缙云　缙云县政府张锦湖先生转浙大毕业同学会
壶镇　永康转壶镇安定中学童雪天先生转浙大毕业同学会
金华　金华儿童保育会贵畹兰先生转浙大毕业同学会
绍兴　绍兴地方银行韦保泰先生转浙大毕业同学会
宁波　鄞县固呑市转省立高工陆永福君转浙大毕业同学会
温州　温州联立中学郭枢先生转浙大毕业同学会
严州　省立严州中学吴仁政先生转浙大毕业同学会
衢州　衢州专员公署内邱璧光先生转浙大毕业同学会
台州　仙居省立台州中学宋钟岳先生转浙大毕业同学会
塘雅　金华塘雅金筑农校卞贻谋君转浙大毕业同学会
兰溪　兰溪县抗日自卫会徐国桢先生转浙大毕业同学会
汤溪　县抗日自卫会蒋宏先生转浙大毕业同学会
义乌　上溪镇方太兴转交分水塘陈贯一君转浙大毕业同学会
永康　两浙盐务管理局邹元辉先生转浙大毕业同学会
东阳　东阳怀鲁转象螺徐兆芝先生转浙大毕业同学会
新昌　新昌蚕业改进区陈慕林先生转浙大毕业同学会
奉化　溪口武岭农校戴礼澄先生转浙大毕业同学会
黄岩　黄岩浮桥头 79 号吴氏宗祠内谭其猛先生转浙大毕业同学会
瑞安　瑞安县立中学王锡涛先生转浙大毕业同学会
嵊县　县立中学祝雨人先生转浙大毕业同学会
慈溪　嵊县长乐锦堂师范吴作邦先生转浙大毕业同学会
宁海　宁海县立初中华俊升先生转浙大毕业同学会
萧山　萧山蚕业改进区张瑞祥先生转浙大毕业同学会
武义　武义周宅巷二号胡丙炎先生转浙大毕业同学会
诸暨　诸暨十四都新泉庄周建缪先生转浙大毕业同学会
余姚　余姚县政府韩挺藻先生转浙大毕业同学会
昌化　昌化白牛桥同德兴和记号转徐林逵先生转浙大毕业同学会

龙游　龙游县政府陆鹏飞先生转浙大毕业同学会
上虞　上虞永和市张革先生转浙大毕业同学会
方岩　方岩民政厅姜善先生转浙大毕业同学会

龙泉信箱十七号路荣华
龙泉八都区署求良儒
龙泉福泽乡乡长曾玉如

L053-001-1801 卷

二、分校名称更改

浙东分校为请颁发分校图记呈教育部文稿
(1939 年 10 月 7 日)

案查本大学前拟在浙东龙泉筹设分校及先修班，当即拟具计划概算等，于本年四月十日呈请鉴核。经奉钧部本年五月十六日发第一一四二四号指令照准本案。校长奉令之后遵即派员前往筹备，兹该分校一年级暨先修班学生经过分别招考完竣。……惟该分校钤记，究应由钧部颁发或即由本大学镌发呈请备案，以未奉令遵，未敢擅专，仰祈鉴核令知，俾便遵照启用，以昭信守。后查该分校原拟命名为本大学龙泉分校，嗣以龙泉命名，涵义过狭，兹敝命名为国立浙江大学浙东分校，合并陈明，敬祈鉴察备查，实为公便。谨呈

教育部

L053-001-1801 卷

教育部指令
文字第 27674 号
(1939 年 11 月 4 日)

呈悉。该分校名称应仍照前案名为“龙泉分校”。兹刊发该分校木质图记一颗，名曰“国立浙江大学龙泉分校图记”，并附印鉴纸三张，交由该校转发，应即具报启用日期，并将印鉴送部备查。仰即知照。此令。

L053-001-1801 卷

竺可桢校长电分校陈主任
(1939 年 11 月 18 日)

龙泉分校陈主任览：案奉教育部文三字第二七六七四号指令，为呈报本大学浙东分校业已成立，祈备案，其钤记应如何镌用，请核示由，内开“呈悉。该分校名称应仍照前案名为‘龙泉分校’。兹刊发该分校木质图记，并附印鉴纸三张，交由该校转发，应即具报启用日期，并将印鉴送部备查，仰即知照。此令。”等因；奉此，附发木质图记一颗，印鉴（纸）三张到校。合即转发，希即查照办理，以便转呈为要。校长竺可桢，巧。附发木质图记一颗，印鉴纸三张。

L053-001-1801 卷

陈主任呈校长文
（1940年1月16日）

案奉钧座廿八年十一月巧代电开："案奉教育部文三字第二七六七四号指令，为呈报本大学浙东分校业已成立，祈备案，其钤记应如何镌用，请核示由，内开'呈悉云云'，以便转呈为要"等因；并附发木质图记一颗，印鉴纸三张，奉此，查此案前奉教育部电令改正分校名称为"龙泉分校"，当以"浙东分校"名称系依本校设计委员会决议改定，今通行已久，社会及地方当局各方面均已熟悉。且本分校一切单据、簿册、文卷、器具等项均已印刊，势难更动。各项单据尤无改正办法，恳速转呈准用"浙东分校"名称等语；于廿八年十二月三十一日代电呈请在案。兹奉前因，变动名称，实有困难，拟暂缓启用"龙泉分校"图记，除暂存图记暨印鉴纸外，理合具文呈请钧座鉴核，迅予饬□详叙缘由转呈准用"浙东分校"名称，如蒙核准，即由本分校依照此次颁发图记式样另刻"浙东分校"木质图记启用，再将原颁图记截角缴销，以资简捷，实为公便。谨呈

国立浙江大学校长竺

主任　陈训慈

L053-001-1801卷

陈主任呈校长文
（1940年3月）

案奉校长二十八年十一月巧代电内开："案奉教育部文三第二七六七四号指令，为呈报本大学浙东分校业已成立，祈备案，其钤记应如何镌用，请核示由，内开'呈悉云云'，以便转呈为要"等因；并附发木质图记一颗，印鉴纸三张，奉此，当以浙东分校名称行用已久，势难更动，恳予转呈准用浙东分校名称，具文呈请，迄今未奉正式核示在卷。兹奉校长函示，此案未便转呈，应即遵改龙泉分校等因，自应遵办，即于二十九年四月一日将奉颁"龙泉分校"图记敬谨启用，除将原用"浙东分校"图记截角销毁，并通函有关各机关学校团体一并知照外，理合备具印鉴呈送钧校鉴核存转。谨呈

国立浙江大学校长竺

计呈送　印鉴二张。

主任　陈训慈

L053-001-1801卷

布告
（1940年3月30日）

案奉本大学校长转奉教育部令，本分校应改称为“龙泉分校”，并须发图记一颗，文曰“国立浙江大学龙泉分校图记”，饬即遵照改称，将启用图记日期，呈报备查等因；并发图记一颗，印鉴纸三张，奉此，遵即于二十九年四月一日更改名称，启用图记，除将原用浙东分校图记截角销毁并分别呈函外，合行布告周知。此布。

主任　陈训慈

三月卅日

L053-001-1801卷

三、组织规程

(1)分校组织规程

陈主任函竺校长
(1940年5月15日)

敬陈者:查本分校组织规程系属根本大法,迄今尚付阙如。兹经拟就草案提经第七次校务会议修正通过,理合送呈鉴核定稿示复,以便遵循,一面即祈转呈教育部备案,实为公便。此上

校长竺

计附呈　本分校组织规程草案一份。

主任　陈训慈

郑宗海代

附　国立浙江大学龙泉分校组织规程草案

(1940年5月10日)

第一条　本规程依本大学组织规程第十四条之规定拟订,本分校之名为国立浙江大学龙泉分校。

第二条　本分校依照本大学组织规程第三条先设文理工农四学院,包含下列学系:

一、文学院　中国文学系、外国语文学系、史地学系。

二、理学院　数学系、物理学系、化学系、生物学系。

三、工学院　电机工程学系、土木工程学系、化学工程学系、机械工程学系。

四、农学院　农艺学系、园艺学系、农业化学系、植物病虫害学系、蚕桑学系、农业经济学系。

本分校暂不分设师范学院各学系。

第三条　本分校设主任一人,由校长聘任之,秉承校长综理本分校校务。

第四条　本分校设教务、训导、总务三组,每组各设主任一人,由分校主任商请校长聘任之,商承本分校主任分别处理本分校教务、训导及总务事宜。

第五条　本分校各科学程,由分校主任商请校长聘任教授、副教授、讲师、助教各若干人分任之。教授、副教授、讲师并兼任本分校导师。

第六条　本分校设教务员、训导员、文书员、校医、图书管理员、助理员及书记等职员若干人，由本分校主任商承校长任用之。

第七条　本分校设会计室，内设会计员一人，会计佐理员若干人，由本大学会计主任商承校长任用之，办理本分校会计事宜。

第八条　本分校设军事教官一人，由校长就中央政治部或浙江省军管区政治部之介绍聘任之，秉承本分校主任与教务主任、训导主任办理全校学生军事训练与军事管理事宜。

第九条　本分校设校务会议，审议本分校预算及重要章则、行政、学业、训育等事宜。以本分校主任，教务、训导、总务各主任，及全体教授、副教授、讲师、军事教官组织之。其会议规程另订。

第十条　本分校设导师会议，辅助训导组商讨学生思想行为与生活指导事宜，由全体导师组织之。其会议规程另订。

第十一条　本分校教务注册等事宜，得由教务主任召开教务会议讨论之；训导事宜，得由训导主任召开训导会议讨论之；事务行政等事宜，得由总务主任召开事务会议讨论之，其出席人除各该组职员外，其他教职员得以各该主任之延请而参加。

第十二条　本分校因校务上之需要得设各种委员会，其委员由本分校主任依据本大学各委员会选聘原则就本分校教职员中聘任之。各委员会细则另订。

第十三条　本规程呈由校长核定施行，并呈报教育部备案。如有未尽事宜，得呈由校长随时修改并呈报之。

L053-001-1801 卷

郑主任函竺校长
（1941 年 12 月 30 日）

查本分校组织规程，前经校务会议议决通过，于二十九年五月间函送总校转呈备案，迄未奉复，现本分校班级逐渐扩充，各部门事务增繁，前项规程有改订之必要。业经参照前案，酌量修订补充，于三十年十二月八日提经校务会议决议："修正通过。关于设置院系，部令如有增加，应遵部令办理"等语。事关本校行政，是否可行？理合照录规程二份，呈送钧座察核施行。谨呈

校长

计附呈本分校组织规程二份。

全衔　郑宗海　启

十二月卅日

附　国立浙江大学龙泉分校组织规程
（1941 年 12 月 8 日）

第一条　本规程依本大学组织规程第三条之规定订定之，本分校定名为国立浙江大学龙泉分校。

第二条　本分校暂先设立下列各院系科：

一、文学院　中国文学系、外国语文学系

二、理学院　数理学系

三、工学院　土木工程学系、机电工程学系、化学工程学系

四、农学院　农艺学系、农业经济学系

五、师范学院初级部　国文科、数学科

第三条　本分校设分校主任一人，由校长聘任之，秉承校长综理本分校校务。

分校主任办公室设秘书一人，秉承分校主任处理本室及主任所指定之事项。由分校主任商请校长聘任之。

第四条　本分校设教务、训导、总务三组，每组各设主任一人，秉承分校主任分别主持关于教务、训导及总务事宜。由分校主任商请校长聘任之。

第五条　本分校各科学程，由分校主任商承校长聘请教授、副教授、讲师、助教分任之。教授、副教授、讲师并兼任本分校导师。

第六条　本分校各院系得视事实需要分别设置院系主任，主持各该院系事务。由分校主任商请校长就教授中聘任之。

第七条　本分校教务组设组员三人至五人，秉承教务主任分掌注册及图书管理等事宜。训导组设组员三人至五人，秉承训导主任分掌训育及生活指导、体育指导等事宜。总务组设组员五人至八人，秉承总务主任分掌关于文书、出纳、庶务及不属于其他各组事宜，由分校主任商请校长委任之。

本分校各组，得分股办事，股设股主任一人，由分校主任就各组职员中指派，并报总校备案。

第八条　本分校设医务主任一人，医师一人至二人，秉承分校主任处理本分校医务及卫生指导事宜。由分校主任商请校长聘任之。

第九条　本分校设会计室，内设主办会计人员一人，会计佐理员一人至二人，雇员一人至二人，由总校会计主任呈请校长任用之，依法受分校主任之指挥，办理本分校岁计会计事务。

第十条　本分校设主任军事教官一人，军事教官一人至二人，助教一人至二人，由校长就中央军训部或浙江省军管区司令部之介绍聘任之，秉承分校主

任与教务主任、训导主任办理全校学生军事训练与军事管理事宜。

第十一条　本分校教职员之聘请或任用，其聘任书件，由分校主任副署之。

第十二条　本分校得酌设助理员、书记、护士等职员，由分校主任任用之，报请总校备案。

第十三条　本分校设校务会议，审议本分校校务计划、经费预算决算及有关于行政、学业、训导等重要事宜，以分校主任、教务主任、训导主任、总务主任、主办会计人员、全体专任教授及副教授讲师所选出之代表（副教授每三人选出代表一人，讲师每五人选出代表一人）组织之。分校主任为主席，秘书为记录。必要时得由分校主任邀请有关人员列席参加。

前项校务会议在本分校各院系主任设置后，依照部颁大学行政补充要点第八条之规定组织之。

第十四条　本分校设导师会议，由全体导师组织之，辅助训导组商讨学生思想行为与生活指导事宜。会议规则另定之。

第十五条　本分校教务注册等事宜，得由教务主任召开教务会议商决之。训导事宜，得由训导主任召开训导事务会议商决之。事务行政等事宜，得由总务主任召开事务会议商决之，其出席人员除各该组职员外，其他教职员得以各该主任之延请而参加。

第十六条　本分校因校务上之需要，得设各种委员会，其委员由本分校主任依据本大学各委员会选聘原则，就本分校教职员中聘任之。

第十七条　本分校各部分办事细则另订之。

第十八条　本规程由本分校校务会议通过，送由分校主任核转校长核定施行，并呈报教育部备案。

L053-001-1792 卷

国立浙江大学龙泉分校函竺校长
（1943 年 2 月 9 日）

本分校于卅二年一月六日校务会议，以学生班级增多，校务加繁，提出修正学校行政组织规程案，经议决“推员审查修正后，将草案印送本会议全体会员签注意见，再行正式决定，并推定各学院院长、各处主任、秘书、主办会计员、主任军训教官为审查委员，请朱教务主任召集”，嗣经审查委员会修正通过，分送校务会议各委员征询意见，并无异议。相应备文送请核示。谨遵呈校长

计送修正行政组织规程一份。

国立浙江大学龙泉分校敬启

卅二年二月九日

附　修正国立浙江大学龙泉分校组织规程
（1943 年 1 月 6 日）

第一条　本规程参照本大学组织规程订定之。

第二条　本分校定名为国立浙江大学龙泉分校。

第三条　本分校暂设立下列各学院系科：

（一）文学院　中国文学系　外国语文学系　史地学系

（二）理学院　数理学系　生物学系

（三）工学院　土木工程学系　机电工程学系　化学工程学系

（四）农学院　农艺学系　农业经济学系　园艺学系

（五）师范学院

（甲）五年制　国文系　英文系

（乙）三年制　国文科　数学科

第四条　本分校设分校校长一人，由本大学校长聘任之，商承校长综理本分校校务。

第五条　本分校设教务、训导、总务三处，每处设处长一人，秉承分校校长分别主持本分校教务、训导及总务事宜。由分校校长商请校长聘任之。

第六条　本分校军事训练总队部设总队长一人（由分校校长兼任），副总队长一人（由主任军事教官兼任），总队附一人至三人（由军事教官兼任），秉承分校校长办理全校学生军事训练与管理事宜，由中央军训部函谘教育部聘请兼任之。

第七条　本分校各学院各设院长一人，商承分校校长处理各该院院务及学术设备事项，由分校校长商请校长聘任之。

第八条　本分校各系科各设主任一人，由分校校长会同教务长、各院院长商定，转请校长聘任之。

第九条　本分校各系科学程，由分校校长、教务长、各院院长及各该系科主任商定，转请校长聘请教授及副教授、讲师、助教分任之。

第十条　本分校设秘书一人，秉承分校校长处理分校校长室一切事务。由分校校长商请校长聘任之。

第十一条　本分校教务处分设注册组、出版组、图书馆，训导处分设生活指导组、体育卫生组，总务处分设文书组、庶务组、出纳组。各组、馆各设主任一人，分别管理各该组、馆事宜，由分校校长商请校长委任之。

第十二条　本分校会计室设主办会计员一人，佐理员及雇员各若干人，由本大学会计主任呈请任用之，依法受分校校长之指挥，办理本分校岁计会计事务。

第十三条　本分校教职员之聘任书，由分校校长副署之。

第十四条　本分校得酌设助理员、书记、护士若干人，由分校校长任用之，报请总校备案。

第十五条　本分校设校务会议，审议本分校校务计划、经费预算决算及有关于行政、学业、训导等重要事宜，以专任教授、副教授、讲师所选代表及分校校长、教务长、训导长、总务长、各院院长、各系科主任、军训副总队长、主办会计员组织之。分校校长为主席，必要时得邀请有关人员列席参加。代表以副教授每三人选出一人，讲师每五人选出一人计算之。

第十六条　本分校设导师会议，由全体导师(由专任教授、副教授、讲师兼任)组织之，商讨学生思想行为并生活指导事宜。

第十七条　本分校设教务、训导、总务各会议。教务会议由教务长召开之，训导会议由分校校长召开之，总务会议由总务长召开之。商讨各该处应兴应革事宜。教务会议以各院院长、各系科主任及该处各组馆主任组织之，训导会议、总务会议以各该处所属各组室主任组织之。于必要时得由各该会议召集人邀请其他有关教职员出席。

第十八条　本分校因行政与学术上之需要，得设各种委员会，其委员由本分校校长依据各委员会规则，就本分校教职员中聘任之。

第十九条　本分校各部分办事细则另订之。

第二十条　本规程经本分校校务会议通过后由分校校长转送校长核定施行，并呈报教育部备案。

L053-001-1588 卷

(2)校务会议规程

国立浙江大学浙东分校校务会议暂行规程
(1939 年 10 月 10 日)

第一条　本分校依据分校组织大纲第十条之规定，设校务会议。

第二条　校务会议以本分校主任，教务、训导、总务各主任暨全体教授、副教授、讲师、军训教官组织之。

第三条　各科助教、图书馆主任、干事、校医或各部分重要职员，遇必要时，得由主任邀请列席校务会议。

第四条　校务会议以本分校主任为主席。

第五条　校务会议审议左列各事项：

一、本分校预算

二、各学院课程

三、本分校内部各种规则

四、关于学生试验事项

五、关于学生训育事项

六、本校校长与本分校主任交议事项

第六条　校务会议，每月开会一次，必要时得由主任临时召集之。

第七条　校务会议记录及文书事宜由本分校文书担任。

第八条　本会议议决事件由主任呈请校长核准施行；但例行或次要事项得由主任决定。

第九条　校务会议必须规定出席人员过半数以上之出席方可开会；其讨论案件须有到会人数三分之二以上之赞同者为通过。

第十条　本规程由本会议通过，呈经校长核准施行。修正时同。

L053-001-1801 卷

(3)校务谈话会的设置及改称

设置校务谈话会(浙东分校第三次校务会议讨论事项 4 之决议)(1939 年 12 月 9 日)

讨论事项：

4.设置校务谈话会并公推教师代表参加案

决议：校务谈话会为谋校务商榷与推进之便利，在校务会议不及召集时，可先于重要问题先事商讨，但章则及校务会议职权范围内之要事仍需交校务会议复议通过。本会除陈主任、教务主任、训导主任、总务主任出席外，教师代表五人参加，当经公举林馨侯、郭贻诚、孙玄衔、胡伦清、金维坚五人担任。代表任期一年，以每周集会一次为原则。

L053-001-1168 卷

原有校务谈话会拟改称行政谈话会
（二十九学年第一学期第一次校务会议讨论事项4之决议）
（1940年11月18日）

讨论事项：

4.原有校务谈话会拟改称行政谈话会案

决议：通过，无异议。

L053-001-4009卷

四、学校人事

（1）分校主任任免

为本分校筹备成立奉派陈训慈为主任等通函各机关学校团体
（1939年9月8日）

查本分校奉部令筹设在浙招生，至今业经筹备就绪。现奉本大学竺校长电令派陈训慈为本分校主任兼教务主任，即于九月一日视事，在龙泉本校开始办公，至本分校对外行文。应用印信，业经呈请颁发，在未奉颁发以前，暂刻木章一颗，文曰“国立浙江大学浙东分校之章”以资行守，除即日启用并分别呈函外，相应函达，即希查照为荷。此致

国立浙江大学浙东分校主任　陈训慈

L053-001-1801卷

郑宗海主任电竺校长
（1940年8月1日）

遵义浙大竺校长：奉聘继任龙泉分校主任，遵于二十九年八月一日接钤视事。除通知陈前主任办理移交，一俟接交清楚再行陈报外，谨此电闻，请转报部。龙泉分校主任郑宗海叩，东。

L053-001-1501卷

卸任分校主任陈训慈、现任分校主任郑宗海电竺校长
（1940年8月30日）

遵义浙大竺校长：查宗海奉聘为龙泉分校主任业于二十九年八月一日接钤视事，前经陈报在案。训慈即于同日交卸，所有自二十八年六月间筹备分校起，于九月一日就分校主任职至二十九年七月卅一日止任内经手款项、印信、文卷、财产消耗品等现经造册悉数移交宗海，照册验收清楚，理合分造清册开具总清单会呈鉴核备案。卸任龙泉分校主任陈训慈、现任龙泉分校主任郑宗海叩，陷。

（附总清单一纸，清册十三本，表七张）

L053-001-1605 卷

郑宗海主任电教育部
（1943 年 6 月 3 日）

青木关 5148，海于今日西来述职校务，暂请工学院院长路季讷代理。谨闻。7808 郑宗海叩，江。

L053-001-1605 卷

竺校长电教育部
（1943 年 8 月 20 日）

查本大学研究院早经成立，业奉钧令遴员充任该院院长在案。兹调本大学龙泉分校主任郑宗海为本大学研究院院长，递遗龙泉分校主任一缺查有该分校教授路敏行堪以接充，理合呈报，敬祈鉴核备案。谨呈教育部。衔校长竺可桢。

L053-001-0672 卷

教育部指令
高字第 45435 号
（1943 年 9 月 16 日）

令国立浙江大学：

卅二年八月二十日呈一件——呈报调任龙泉分校主任郑宗海为本大学研究院院长，遗缺以该分校教授路敏行接充，请鉴核由。呈悉。准予备案，此令。

部长　陈立夫

L053-001-0672 卷

(2)校务会议出席者和专门委员会成员

历次校务会议出席者一览表
(1939年10月—1945年1月)

第一次校务会议出席者：徐声越、郭贻诚、毛路真、林天兰、赵季俞、李絜非、朱叔麟、胡伦清、吴昌孚、陈训慈、金维坚

第二次校务会议出席者：朱叔麟（毛路真代）、毛路真、林天兰、赵季俞、赵仲敏、吴昌孚、陈陵、徐声越、斯何晚、陈训慈、孙玄衔、李絜非、陈定邦、郭贻诚、胡伦清

第三次校务会议出席者：林天兰、陈训慈、赵仲敏、吴稚中、毛路真、赵季俞、郭贻诚、胡伦清、徐声越、孙玄衔、陈陵、金维坚

第四次校务会议出席者：徐声越、郭贻诚、赵仲敏、孙玄衔、金维坚、周用康、毛路真、林天兰、陈陵、赵季俞、吴昌孚、胡伦清、斯何晚、李絜非、董聿茂、周恒益、吴浩青、胡步青、祝雨人

第五次校务会议出席者：金维坚、林天兰、孙玄衔、赵季俞、陈陵、徐声越、胡伦清、郭贻诚、陈训慈

临时校务全体教职员联席会议出席者：陈训慈、董聿茂、郑侨文、孙玄衔、郭贻诚、斯何晚、林天兰、金维坚、徐声越、毛路真、胡伦清、楼可成、钱兰峰、赵仲敏、姚含英、陈陵、周恒益、方本炉、祝雨人、章定安、吴浩青

第六次校务会议出席者：郑宗海、郑侨文、董聿茂、林天兰、徐声越、孙玄衔、金维坚、郭贻诚、胡伦清、毛路真、吴昌孚、赵仲敏

第七次校务会议出席者：胡伦清、毛路真、吴昌孚、林天兰、孙正容、孙玄衔、金维坚、郑宗海、章定安、郭贻诚、徐声越、斯何晚（郭贻诚代）

第八次校务会议出席者：胡伦清、陈陵、斯何晚、徐声越、毛路真、赵仲敏（毛路真代）、吴昌孚、郭贻诚、孙正容、林天兰、孙玄衔、金维坚、郑宗海、章定安

廿九学年第一学期第一次校务会议出席者：孟宪承、郭贻诚、方中天、金维坚、吴昌孚、陈楚淮、毛路真、苏毓棻、胡伦清、郑宗海、任锡九、林天兰、吴浩青、斯何晚、陈陵（金代）、郑侨文

廿九学年第二次校务会议出席者：徐声越、胡伦清、金维坚、陈楚淮、苏毓棻、毛路真、朱叔麟、林天兰、方中天、郭贻诚、孟宪承、路季讷、吴浩青（讷代）、斯何晚、任锡九、郑宗海、陈陵

三十年度第一次校务会议出席者：林天兰、潘渊、徐声越、王育三、毛路真、董

聿茂、张树森、郑宗海、沈金相、韩雁门、陆子桐、孙养癯、金维坚、王季思、路季讷

卅一年度第一次校务会议出席者：朱重光、王祖蕴、寿棣绩、陈嗣虞、张树森、夏永生、曹元宇、张功焕、陆子桐、周北屏、董聿茂、王哲安、包伯度、路季讷、韩雁门、陈崇礼、孙养癯、徐声越、夏承焘、斯何晚、王季思、郑宗海

卅一年度第二学期校务会议出席者：朱重光、陈嗣虞、陈崇礼、王祖蕴、潘渊、徐声越、杨景桢、斯何晚、路季讷、毛路真、曹元宇、孙增光、周北屏、孙同书、董聿茂

临时全体校务会议出席者：周北屏、张树森、陈嗣虞、杨景桢、陈崇礼、潘渊、朱重光、孙增光、屠鼎锳、寿棣绩、韩雁门（周北屏代）、陆永福、路季讷、沈金相、王祖蕴（朱代）、夏瞿禅、董聿茂、徐声越

三十二年度第一学期校务会出席者：屠鼎锳、路季讷、胡伦清、周北屏、姚镇定、韩雁门（周北屏代）、陆永福、杨次廉（丁祖炎代）、孙增光、陈崇礼、董聿茂、施晋昭、朱重光、王祖蕴、沈金相、楼仁泰、潘渊、安明波

三十二年第二学期校务会议出席者：路季讷、董聿茂、陆永福、陈崇礼、沈金相、屠鼎锳、胡步青、楼仁泰、胡伦清、孙增光、潘渊、朱重光、杨景桢、张树森、施晋昭、王起、徐声越、夏承焘、姚振庭、安明波

卅三年度第一学期校务会议出席者：黄乃明、陈嗣虞、杨景桢、董聿茂、屠镇川、寿棣绩、韩雁门、陈崇礼、孙增光、周北屏（张崟代）、张崟、胡伦清、陆永福、沈金相、路季讷、陈锦枚、李文瑶、毛路真、潘渊

据历次校务会议记录

设置校舍建筑委员会
（1939 年 10 月 10 日）

定委员七人。公推郭贻诚、董聿茂、孙玄衔、赵仲敏、吴稚中为委员，陈主任叔谅与总务主任赵季俞为当然委员。

L053-001-1168 卷

设置公费免费贷金委员会
（1939 年 10 月 10 日）

定委员七人。公推林天兰、毛路真、李絜非、胡伦清四人为委员，陈主任叔谅、训导主任吴稚中先生、总务主任赵季俞先生为当然委员。

L053-001-1168 卷

聘定编辑委员会委员
（1939年12月9日）

聘定林天兰、徐声越、胡伦清、郭贻诚、李絜非、金维坚、章定安七先生为委员。

L053-001-1168卷

设置卫生委员会
（1940年3月30日）

推孙玄衔、郑侨文、金维坚三先生为委员，陈主任、吴训导主任、赵总务主任为当然委员。

L053-001-1168卷

函聘本校公费免费贷金委员会委员
（1940年11月22日）

兹聘请台端为本分校公费免费贷金委员会委员。此致

先生

附委员名单一纸

公费免费贷金委员会委员名单

委员：林馨侯先生　毛路真先生　胡伦清先生

当然委员：孟宪承先生　吴稚中先生　任锡九先生　苏叔岳先生

请吴稚中先生召集。

（主任室）启

十一月廿二日

L053-001-1720卷

函聘本分校刊物委员会委员
(1940 年 11 月 22 日)

兹聘请台端为本分校刊物委员会委员。此致

先生

附委员名单一纸。

主任室

廿九年十一月廿二日

刊物委员会委员名单:孟宪承先生　胡伦清先生　苏叔岳先生　陈楚淮先生　周恒益先生

请孟先生召集。

L053-001-1802 卷

分校郑主任电教育部关于改聘贷金委员会委员事
(1942 年 11 月 22 日)

重庆教育部钧鉴:奉八月廿八日发总字第 34487 号令知,贷金委员会委员,除因人事变动或有特殊情形者外,一律连任,不必另行遴员,呈请核聘等因;遵查本分校前学期贷金审查委员共计十人,兹三十一学年度人员稍有变动,除分校主任(代表校长)郑宗海、总务主任陆子桐、会计员姚寿臣、教授路敏行、副教授毛信桂、讲师屠鼎镁六员连任外,原训导主任沈金相现调秘书,遗缺以王起接充。又新聘朱重光为教务主任。以上二员应为当然委员。原秘书李振夏、教授林天兰、王育三均辞职离校,请以教授韩雁门、秘书沈金相接充为委员。理合电呈鉴核,将王起、朱重光、韩雁门三员发给聘书,沈金相一员原系当然委员已发聘书,是否改给聘书,并祈核办。浙大龙泉分校主任郑宗海叩,戌祃。

本学年贷金审查委员会委员选定如下,请电部核聘:

郑宗海(主任委员)　朱重光　王起　陆子桐　姚寿臣　沈金相　毛路真　路季讷　屠镇川　韩雁门

L053-001-1725 卷

函聘经济审查委员会委员、物资审查委员会委员
(1943 年 1 月 9 日)

径启者:

本年度第一次校务会议议决组织经济审查委员会,并当场选定路季讷、夏

永生、朱重光、张树森、王起五先生为委员；组织物资审查委员会，并当场选定斯何晚、韩雁门、董聿茂、朱重光、王起、曹元宇、包伯度、王祖蕴、张树森九先生为委员，相应备函奉达，即祈俯允。第一次会议并请路季讷先生、张树森先生召集，并希允洽。此致

先生

（主任室）启

一月九日

L053-001-1599 卷

函聘学校行政谈话会会员
(1943 年 1 月 10 日)

径启者：

本年度学校行政谈话会出席会员应如何决定一案，业经前日校务会议议决：“由主任室聘请各学院院长，教务、训导、总务三处主任，秘书主任，军训教官，及主办会计员担任。”记录在卷，兹敬聘先生为本届学校行政谈话会会员。即祈俯允为荷。此致

路季讷先生　周北屏先生　韩雁门先生　潘企莘先生　朱重光先生　王季思先生　陆子桐先生　沈金相先生　姚寿臣先生　孙同书先生

郑宗海　启

一月十日

L053-001-1599 卷

函聘应变委员会委员
(1943 年 1 月 11 日)

径启者：

时局变幻无定，而本校又位处前哨，关于应变事宜不得不预为准备。爰于前日校务会议时议决办法三项：(1)组织应变委员会，由主任室聘请委员若干人组织之；(2)赶筑自坊下通至城区马路以便运输；(3)购置交通工具及消防设备以备不测之需，除第二、三两项已通知总务处积极筹办外，兹敬聘先生为应变委员会委员，务祈俯允为荷。此致

朱重光先生　陆子桐先生　王季思先生　孙同书先生　屠镇川先生　杨

山农先生　路季讷先生　韩雁门先生　周北屏先生　沈金相先生　曹红雨先生　阮笃成先生

郑宗海　启
一月十一日

L053-001-1599 卷

防疫委员会第一次会议讨论事项 1 议决
(1943 年 3 月 30 日)

(1)设正副主席各一人,并推定郑主任为正主席,路季讷先生为副主席。

(2)本会分设医疗、交通、清洁、调查、宣传五队。并推定王相总先生为医疗队队长,曹元宇先生为队员。孙同书先生为交通队队长,董独鹤先生、杨山农先生为队员。董聿茂先生为清洁队队长,杨次廉、王季思、朱一洲、周北屏、陈嗣虞、沈金相、王曰玮、胡步青、徐方、戴咏雪、屠镇川、孙志绥、钟景文诸先生为队员。韩雁门先生为宣传队队长,虞佩岚、许鉴清、季平子诸先生为队员。王季思先生为调查队队长,屠镇川、寿棣绩两先生为队员。

L053-001-1172 卷

福利事业委员会第一次会议讨论事项 1、2 议决
(1943 年 9 月 24 日)

(1)请路主任为主任委员,下分农业生产、消费合作及总务三部,并推定韩雁门先生为农业生产部主任,丁祖炎先生为消费合作部主任,杨次廉先生为总务部主任。

(2)分配各委员工作:农业生产部——韩雁门、董聿茂、朱重光;消费合作部——丁祖炎、胡伦清、陈嗣虞;总务部——杨次廉、沈金相。

L053-001-1172 卷

应变委员会第一次会议讨论事项 1、2 议决
(1944 年 6 月 14 日)

一、本委员会设主席一人,其下分设:1. 运输;2. 保管;3. 总务;4. 警卫;5. 情报;6. 医务等六组,各组设组长一人、副组长一人至二人。

二、推请路季讷先生为本委员会主席，陆永福先生为运输组组长，胡步青先生、钟景文先生为副组长；陈嗣虞先生为保管组组长，斯何晚先生、寿棣绩先生为副组长；杨次廉先生为总务组组长，沈金相先生为副组长；姚振庭先生为警卫组组长，陆懋经先生为副组长；朱重光先生为情报组组长，屠镇川先生为副组长；颜扬先生为医务组组长，俞蕴芝先生为副组长。

L053-001-1172 卷

(3)历年教职员名册和聘任规则

国立浙江大学龙泉分校职教员通讯录
(1940 年 5 月)

姓名	字	性别	年龄	籍贯	职务	专任或兼任	到校年月	备注
陈训慈	叔谅	男	40	浙江慈溪	主任兼教务主任、历史教授	专任	廿五年八月	本校调聘，廿九年五月调回本校
吴昌孚	稚中	男	39	浙江东阳	训导主任	专任	廿八年八月	
赵季俞		男	40	浙江鄞县	总务主任	专任	廿八年八月	廿九年五月辞职
郑宗海	晓沧	男	49	浙江海宁	特约教授	专任	十八年八月	原任本校教务长
徐震堮	声越	男	40	浙江嘉善	国文副教授	专任	廿八年八月	
胡永声	伦清	男	45	浙江海宁	国文讲师	专任	廿八年八月	
林天兰	馨侯	男	52	福建闽侯	英文教授	专任	廿五年	廿六年度任本校英文教授
方本炉	乾初	男	26	浙江浦江	英文助教	专任	廿八年八月	
朱叔麟		男	58	浙江嘉兴	数学教授	专任	十六年五月	本校调聘
毛信桂	路真	男	37	浙江奉化	数学讲师	专任	十九年八月	本校调聘
周恒益	君谦	男	33	浙江诸暨	数学助教	专任	廿八年八月	
郭贻诚		男	34	河北武清	物理副教授	专任	廿八年八月	
斯何晚		男	30	浙江诸暨	物理讲师	专任	廿七年五月	本校调聘
孙玄衔		男	29	江苏无锡	化学副教授	专任	廿八年八月	

续表

姓名	字	性别	年龄	籍贯	职务	专任或兼任	到校年月	备注
吴浩青	延爵	男	27	江苏宜兴	化学助教	专任	廿三年八月	本校调聘
董聿茂	功甫	男		浙江奉化	生物学兼任教授	兼任	廿八年八月	
金维坚	叔闻	男	39	浙江金华	生物学讲师	专任	廿三年	本校调聘
胡步青		男	25	浙江金华	生物学助教	专任	廿八年八月	
孙正容	端廎	男	33	浙江瑞安	历史讲师	专任	廿九年二月	
李絜非		男	33	安徽嘉山	党义兼社会科历史讲师	专任	廿五年八月	本校调任，廿九年二月调回本校
赵仲敏		男	34	浙江诸暨	机械工程讲师	专任	廿六年九月	本校调聘
陈　陵	劲仲	男	30	湖南湘阴	体育讲师	专任	廿八年八月	
陈定邦		男	30	广东梅县	军训教官	专任	廿八年十月	廿九年一月调回浙军管区政治科
郑侨文	中石	男	34	广东潮州	军训教官	专任	廿九年二月	
钱同荪	兰峰	男	34	浙江嘉兴	教务员	专任	廿二年三月	本校调任
郁望尧		男	33	浙江鄞县	图书馆主任干事	专任	廿八年八月	
金天游	仙哉	男	43	浙江兰溪	图书馆管理员	专任	廿八年八月	
吴月峰		男	22	浙江慈溪	书记	专任	廿八年八月	
张幼贤	明灿	男	43	浙江绍兴	书记	专任	廿八年八月	
祝雨人		男	29	浙江新昌	训导员	专任	廿八年十二月	
姚含英		女	38	浙江嘉兴	女生指导员	专任	廿五年七月	本校调任
章定安	亮熙	男	48	浙江绍兴	文书	专任		本校调任，廿九年三月初兼总务主任
胡其华	鹤汀	男	54	浙江东阳	文书助理	专任	十六年八月	本校调任
丁祖炎	荣南	男	39	浙江绍兴	会计	专任	廿六年十一月	本校调任，廿九年一月调回本校

续表

姓名	字	性别	年龄	籍贯	职务	专任或兼任	到校年月	备注
姚寿臣		男				专任		
楼可成	日就	男	25	浙江萧山	会计助理	专任	廿七年三月	本校调任
张慧年		男	22	浙江鄞县	出纳	专任	廿八年八月	
赵鸣皋		男	36	浙江镇海	庶务	专任	廿八年八月	廿九年五月去职
杨其泳	静波	男	31	浙江绍兴	庶务	专任	廿五年九月	廿九年四月由湘湖农场调任
王子青		男	49	浙江杭县	庶务助理	专任	十六年八月	廿九年一月回建德留守原任
柳永缔	逸厂	男	27	浙江慈溪	庶务助理	专任	廿九年二月	
周用康		男	41	浙江镇海	校医	专任	廿八年八月	
王文仪		女	26	浙江慈溪	护士	专任	廿八年八月	
许大白		男	19	浙江嘉兴	练习生	专任	廿八年八月	廿九年四月辞职

L053-001-1799 卷

国立浙江大学龙泉分校教职员录
（1941 年 6 月）

姓名	别字	性别	年龄	籍贯	职务	到校年月	备注
郑宗海	晓沧	男	50	浙江海宁	主任	十八年八月	本校调聘
孟宪承		男	48	江苏武进	教育系教授兼教务主任	十八年八月	中间曾离校五年
路敏行	季讷	男	52	江苏宜兴	化学教授兼总务主任	廿九年八月	
苏毓棻	叔岳	男	46	浙江瑞安	训导主任，先修班主任兼历史教师	二十年八月	本校调聘
朱叔麟		男	59	浙江嘉兴	数学教授	十六年五月	本校调聘
林天兰	馨侯	男	53	福建闽侯	英文教授	二十五年八月	
郭贻诚		男	35	河北武清	物理教授	二十八年八月	

续表

姓名	别字	性别	年龄	籍贯	职务	到校年月	备注
徐震堮	声越	男	41	浙江嘉善	国文副教授	二十八年八月	
毛信桂	路真	男	38	浙江奉化	数学讲师	十九年八月	本校调聘
胡永声	伦清	男	46	浙江海宁	国文讲师	廿八年八月	
金维坚	叔闻	男	40	浙江金华	生物学讲师	廿三年	本校调聘
陈　陵	劲仲	男	31	湖南湘阴	体育讲师	廿八年八月	
斯何晚		男	31	浙江诸暨	物理讲师	廿二年五月	本校调聘
吴浩青	延爵	男	28	江苏宜兴	化学讲师	廿三年八月	本校调聘
方中天	正海	男	32	浙江诸暨	三民主义讲师	二十九年九月	
郑侨文	中石	男	34	广东潮阳	军事教官	廿八年十月	中央部派
周恒益	君谦	男	35	浙江诸暨	数学助教	廿八年八月	
胡步青		男	26	浙江金华	生物学助教	廿八年八月	
张　磐	盘谷	男	25	江苏泰兴	化学助教	廿九年八月	
文佑彦		男	30	四川巴县	兼任机械画教员	廿九年八月	
吴廷瑰	苏丞	男	28	浙江杭县	兼任工场实习教员	廿九年八月	
陆子桐		男	41	浙江绍兴	总务员	十六年八月	本校调任
章定安	亮熙	男	49	浙江绍兴	文书	廿五年九月	本校调任
钱同荪	兰峰	男	34	浙江嘉善	教务员	廿二年三月	本校调任
王敬五		男	62	浙江海宁	文牍员	廿九年七月	
胡其华	鹤汀	男	55	浙江东阳	文书助理	十六年八月	本校调任
姚含英		女	39	浙江嘉兴	女生指导员	廿五年七月	本校调任
沈渭澄	伟仁	男	41	江苏嘉定	校医	三十年三月	
姚寿臣	春台	男	43	浙江绍兴	会计	廿八年二月	本校调任
楼可成	日就	男	26	浙江萧山	会计助理	廿七年三月	本校调任
王子青		男	49	浙江杭县	图书馆管理员	十六年八月	本校调任
虞佩岚		男	24	浙江慈溪	图书馆管理员	三十年二月	
杨其泳	静波	男	32	浙江绍兴	出纳员兼保管	廿五年九月	本校调任
谢庆麟	颖生	男	31	江苏东台	庶务员	廿九年八月	

续表

姓名	别字	性别	年龄	籍贯	职务	到校年月	备注
俞蕴芝	淑英	女	28	浙江海宁	护士	廿九年八月	
张幼贤	明灿	男	42	浙江绍兴	书记	廿八年八月	
郁嗣兴		男	20	江苏宜兴	化学实验室练习生	廿九年十一月	

L053-001-4020 卷

国立浙江大学龙泉分校三十一年度教员名册
(1943 年 1 月)

姓名	别号	性别	年龄	籍贯	等别	专任或兼任 及所兼职务	到校年月
郑宗海	晓沧	男	52	浙江海宁	教授	专任 分校主任并兼代文学院院长	十八年八月
朱重光	一洲	男	52	江苏宜兴	教授	专任 兼教务长	卅一年八月
路季讷	敏行	男	54	江苏宜兴	教授	专任 兼化工系主任并兼代工学院院长	廿九年八月
朱叔麟		男	62	浙江嘉兴	教授	专任	十六年五月
孙养癯		男	58	安徽寿县	教授	专任 兼师范学院国文系及初级部国文科主任	三十年十月
张功焕	凌杓	男	40	江苏武进	教授	特约 兼机电系主任	三十一年八月
张树森	挺三	男	45	浙江平阳	教授	专任 兼土木系主任	三十年八月
董聿茂	功甫	男	48	浙江奉化	教授	专任	廿八年八月
韩雁门		男	47	安徽太和	教授	专任 兼农经系主任并兼代农学院院长	三十年十月
包伯度		男	47	浙江余姚	教授	专任 兼农艺系主任	三十一年三月

续表

姓名	别号	性别	年龄	籍贯	等别	专任或兼任及所兼职务	到校年月
潘　渊	企莘	男	52	浙江绍兴	教授	专任 兼代师范学院院长	三十年十月
夏承焘	瞿禅	男	44	浙江永嘉	教授	专任	三十一年八月
曹元宇	红雨	男	39	安徽歙县	教授	专任	三十一年八月
周北屏	大昕	男	32	安徽	教授	专任 兼代理学院院长	三十年八月
徐震堮	声越	男	43	浙江嘉善	教授	专任 兼中国文学系主任	廿八年八月
王祖蕴	林遗	女	48	江苏宜兴	教授	专任	三十一年八月
王国华	哲安	男	57	浙江海宁	副教授	专任 兼代外国语文学系主任 及师范学院英文系主任	三十一年五月
安明波		男	40	湖南	副教授	专任	三十年十月
陈嗣虞	绳武	男	43	浙江义乌	副教授	专任	十六年九月
陈崇礼	仲和	男	48	浙江诸暨	副教授	专任	十八年十一月
毛信桂	路真	男	40	浙江奉化	副教授	专任 兼代数理系主任	十九年八月
孙增光	叔平	男	42	浙江绍兴	副教授	专任 兼代师范学院数学科主任	三十一年八月
阮笃成		男	37	浙江余姚	副教授	专任	三十一年十二月
胡永声	伦清	男	48	浙江海宁	副教授	专任	廿八年八月
金维坚	叔闻	男	42	浙江金华	副教授	专任 兼图书馆主任	廿三年
王曰玮		男	36	浙江黄岩	副教授	专任	卅一年二月
王　起	季思	男	38	浙江永嘉	讲师	专任 兼训导长	卅年八月
屠鼎锳	镇川	男	43	浙江嘉兴	讲师	专任 兼体育主任	卅年八月
斯何晚		男	33	浙江诸暨	讲师	专任	廿二年五月

续表

姓名	别号	性别	年龄	籍贯	等别	专任或兼任及所兼职务	到校年月
张　崟	慕骞	男	36	浙江瑞安	讲师	专任	卅年八月
周通声	有之	男	39	浙江杭县	讲师	专任	卅一年八月
黄乃明		男	32	浙江金华	讲师	专任	卅一年十一月
吴孝乾	江冷	男	44	浙江永嘉	讲师	专任	卅一年八月
杨山农		男	39	江苏江都	讲师	专任	三十一年八月
寿棣绩	伯棠	男	32	浙江绍兴	讲师	专任 兼师范学院训导员	三十年十月
徐桂芳		男			讲师	专任	三十一年十二月
胡步青		男	28	浙江金华	讲师	专任	廿八年八月
陈叔陶		男	29	浙江余姚	讲师	专任	三十年十月
楼仁泰		男	28	浙江义乌	助教	专任	三十年八月
许孝慰		女	29	浙江杭县	助教	专任	三十年八月
陈仲信	季惇	男	38	浙江诸暨	助教	专任	三十年八月
季　平	平子	男	27	浙江龙泉	助教	专任	卅一年四月
程学达		男	24	安徽怀宁	助教	专任	卅一年八月
王登明		男	31	浙江海宁	助教	专任	卅一年五月
沈德贤		女	27	浙江嘉兴	助教	专任 兼代女生指导员	卅一年十月
陈光汉	雁迅	男	33	浙江瑞安	助教	专任	卅二年一月
徐　方	应鸿	男	32	江苏江宁	助教	专任	卅一年十二月
孙志绥		女	23	江苏无锡	助教	专任	卅一年八月
朱昭锷		男			助教	专任	卅二年一月
范国昌		男	43	加拿大	教授	兼任	三十年十一月
窦志义		男	30	加拿大	教授	兼任	三十年十一月
徐渊若		男	36	江苏江阴	教授	兼任	三十一年十月
陆增祺	祥百	男	44	江苏无锡	副教授	兼任	三十一年九月
钱　倬	逸尘	男	62	江苏武进	副教授	兼任	三十一年九月

续表

姓名	别号	性别	年龄	籍贯	等别	专任或兼任及所兼职务	到校年月
朱如龙		男	30	江苏无锡	讲师	兼任	三十年十月
方鹏云		男	37	江苏奉贤	讲师	兼任	三十二年一月
孙同书	文菴	男	32	河南灵宝	教官	专任 主任军训教官	三十一年八月
张印通	心符	男		浙江嘉兴	讲师	专任 兼师范学院主任导师	卅二年二月
杨景桢	次廉	男		浙江嘉兴	副教授	专任 兼代总务主任	卅二年二月
吴煦	大浪	男	31	浙江平阳	讲师	专任	卅二年二月

L053-001-1776 卷

国立浙江大学龙泉分校三十一年度职员名册
(1943 年 1 月)

姓名	别号	性别	年龄	籍贯	职务	专任或兼任	到校年月	备注
沈金相	铸颜	男	43	浙江嘉兴	秘书	专任	卅年八月	兼三民主义讲师
王敬五		男	64	浙江海宁	文牍	专任	廿九年七月	
石作珍		男	40	浙江诸暨	收发	专任	卅年十一月	
汤冠英		男	36	浙江海宁	教务处注册主任	专任	卅年八月	兼统计学讲师
钱同荪	兰峰	男	37	浙江嘉兴	教务处组员	专任	廿二年三月	
戎传耀		男	42	浙江镇海	教务处组员	专任	卅一年十二月	
姚含英		女	41	浙江嘉兴	教务处助理	专任	廿五年七月	
许振东	雪昆	男	48	浙江嘉善	教务处助理	专任	三十年八月	
张幼贤	明灿	男	44	浙江绍兴	教务处书记	专任	廿八年八月	
汪闻兴		男	35	浙江慈溪	教务处书记	专任	卅年十月	
金绍栋		男	22	浙江义乌	教务处书记	专任	卅二年一月	
虞佩岚		男	27	浙江慈溪	图书管理员	专任	卅年二月	

续表

姓名	别号	性别	年龄	籍贯	职务	专任或兼任	到校年月	备注
钟国仪	荻人	男	33	浙江吴兴	图书管理员	专任	卅年十一月	
许鉴清	行	男	35	浙江杭县	农场管理员	专任	卅一年十月	
郁嗣兴		男	22	江苏宜兴	化学实验室助理	专任	廿九年十一月	
顾剑谊	公议	男	32	浙江杭县	生物实验室助理	专任	卅二年十月	
徐振东		男	33	浙江嘉兴	训导员	专任	卅年八月	
王相总		男	32	浙江金华	校医	专任	卅一年十二月	兼看护学讲师
朱　志	德华	女	28	浙江杭县	护士	专任	卅一年八月	
陆子桐		男	43	浙江绍兴	总务长	专任	十六年八月	
章定安		男	51	浙江绍兴	总务处文书组长	专任	廿五年九月	
杨其泳	静波	男	34	浙江绍兴	总务处组员	专任	廿五年九月	
胡其华	鹤汀	男	57	浙江东阳	总务处组员	专任	十六年八月	
钟景文	洪鸣	男	30	浙江临安	总务处组员	专任	卅一年九月	
俞抒溶		男	29	浙江慈溪	总务处组员	专任	卅一年十月	
余择生	竞	女	36	浙江杭市	总务处助理	专任	卅一年九月	
孙曼洁		女	28	浙江余姚	总务处助理	专任	卅一年三月	
朱传荣		男	38	浙江鄞县	总务处助理	专任	卅年七月	
吴达人		男	27	浙江绍兴	总务处助理	专任	卅年十二月	
王子青		男	51	浙江杭县	总务处助理	专任	十六年八月	在建德留守
陈坤言		男	54	浙江海宁	总务处书记	专任	卅年十一月	
毛安康	亚政	男	21	浙江奉化	总务处书记	专任	卅一年八月	
钟山虎		男	24	浙江吴兴	总务处书记	专任	卅一年十月	
朱瑞林		男	21	江苏海门	合作社管理员	专任	卅二年一月	
姚寿臣	春台	男	45	浙江绍兴	会计佐理员兼代主办	专任	廿八年二月	
楼可成	日就	男	28	浙江萧山	会计佐理员	专任	廿七年三月	
蔡继伦	义侯	男	34	浙江吴兴	会计	专任	卅年十月	

续表

姓名	别号	性别	年龄	籍贯	职务	专任或兼任	到校年月	备注
胡　越		男	27	浙江萧山	会计	专任	卅一年九月	
王暨云		男	41	浙江绍兴	军训总队部书记	专任	卅二年一月	
戴咏雪		女	32	浙江永嘉	女生指导	专任	三十二年二月	
葛维埙	吹伯	男	21	浙江平湖	总务处书记	专任	三十二年二月	
潘星聪		女	22	江苏宜山	社教推行委员会干事	专任	三十二年二月	
王襄文		女	25	浙江海宁	社教推行委员会干事	专任	三十二年二月	
陈国源	星海	男	39	浙江嘉兴	总务处助理	专任	三十二年二月	
梁荻云		男	24	浙江新昌	总务处书记	专任	三十二年二月	

L053-001-1776 卷

国立浙江大学龙泉分校三十二年度教员名册
(年月未载)

姓名	别号	性别	年龄	籍贯	等别	专任或兼任及所兼职务	到校年月
路季讷		男	54	江苏宜兴	教授	专任 龙泉分校主任 兼化工系主任	廿九年八月
朱重光	一洲	男	52	江苏宜兴	教授	专任 兼教务主任	卅一年八月
韩雁门		男	47	安徽太和	教授	专任 兼农经系主任	三十年十月
张树森	挺三	男	45	平阳	教授	专任 兼土木系主任	廿九年八月
董聿茂	功甫	男	47	奉化	教授	专任 兼农艺系主任	廿八年十月
潘　渊	企莘	男	52	绍兴	教授	专任 兼师范学院英文系主任	三十年十月

续表

姓名	别号	性别	年龄	籍贯	等别	专任或兼任及所兼职务	到校年月
夏承焘	瞿禅	男	44	永嘉	教授	专任 兼师范学院国文系及初级部国文科主任	卅一年八月
周北屏		男	32	安徽无为	教授	专任 兼数理系主任	三十年八月
徐震堮	声越	男	42	嘉善	教授	专任 兼中国文学系主任	廿八年十月
王祖蕴	林遗	女	50	江苏宜兴	教授	专任 兼图书馆主任	卅一年八月
杨景桢	次廉	男	53	嘉兴	副教授	专任 兼总务主任	卅二年二月
孙增光	叔平	男	42	绍兴	副教授	专任 兼师范学院数学系及初级部数学科主任	卅一年八月
毛信桂	路真	男	40	奉化	副教授	专任	十九年八月
安明波		男	40	湖南沅江	副教授	专任	三十年十月
陈崇礼	仲和	男	48	诸暨	副教授	专任	十九年八月
陈嗣虞	绳武	男	43	义乌	副教授	专任	十六年九月
胡永声	伦清	男	48	海宁	副教授	专任	廿八年八月
任铭善	心叔	男	31	江苏如皋	副教授	专任	卅二年六月
屠鼎锳	镇川	男	45	嘉兴	副教授	专任 兼体育卫生股主任	三十年八月
斯何晚		男	33	诸暨	副教授	专任	廿二年五月
王曰玮		男	36	黄岩	副教授	专任	廿三年八月
石天锜		男	41	诸暨	副教授	专任	卅二年六月
沈金相	铸颜	男	43	嘉兴	讲师	专任 兼秘书	三十年八月
王　起	季思	男	38	永嘉	讲师	专任	三十年八月
张　崟	慕骞	男	36	瑞安	讲师	专任	三十年八月
汤冠英		男	36	海宁	讲师	专任	三十年八月

续表

姓名	别号	性别	年龄	籍贯	等别	专任或兼任及所兼职务	到校年月
寿棣绩	伯棠	男	32	绍兴	讲师	专任	三十年十月
陆永福	受百	男	36	江苏海门	讲师	专任 兼训育主任	卅二年四月
杨山农		男	39	江苏江都	讲师	专任 兼体育指导员	卅一年八月
黄乃明		男	32	金华	讲师	专任	卅一年十一月
徐桂芳		男	31	永嘉	讲师	专任	卅一年十二月
陈锦枚		男	32	嘉兴	讲师	专任 兼注册股主任	卅二年八月
胡步青		男	28	金华	讲师	专任	廿八年八月
吴　煦	大予	男	31	平阳	讲师	专任	卅二年二月
楼仁泰		男	28	义乌	讲师	专任	卅年八月
程学达		男	34	安徽怀宁	讲师	专任	卅一年八月
季　平	平子	男	28	龙泉	讲师	专任	卅一年四月
孙吉生		男	32	金华	讲师	专任	卅二年九月
梁希彦		男	31	江苏青浦	讲师	专任	卅二年九月
徐杏贞	蝉衣	女	31	江苏青浦	讲师	专任	卅二年九月
胡不归		男	39	安徽绩溪	讲师	专任	卅二年十月
沈德贤		女	28	嘉兴	助教	专任	卅一年十月
庄鸣华	继复	男	26	慈溪	助教	专任	卅二年十月
吴美淮		男	27	东阳	助教	专任	卅二年十一月
张功焕	凌杓	男	40	江苏武进	教授	兼任	卅一年八月
陆增祺		男	43	江苏无锡	副教授	兼任	卅一年九月
金维坚	叔闻	男	30	金华	副教授	兼任	廿八年八月
朱如龙		男	43	江苏无锡	教员	兼任	三十年十月
裘建谔	颖芗	男	53	嵊县	教员	兼任	卅二年四月
吴　麟	林肯	男	44	杭市	教员	兼任	卅二年三月
周颂康		男			教员	兼任	卅二年九月
朱祖舜		男	34	慈溪	教员	兼任	卅二年九月

续表

姓名	别号	性别	年龄	籍贯	等别	专任或兼任 及所兼职务	到校年月
倪中和		男	32	江苏江阴	教员	兼任	卅二年九月
姚振庭	镇定	男	32	杭县	中校	专任 主任军训教官	卅二年十月
陆懋经		男	31	江苏宝山	上尉	专任 军训教官	卅二年十月
范国昌		男	43	加拿大	教授	兼任	三十年九月

L053-001-0743 卷

国立浙江大学龙泉分校三十二年度职员名册
(年月未载)

姓名	别号	性别	年龄	籍贯	职务	专任 或兼任	到校年月
丁祖炎	荣南	男	42	绍兴	出讷股主任	专任	卅二年七月
孙祖康	炽秋	男	35	嘉兴	文书股主任	专任	卅二年八月
钟景文	洪鸣	男	30	临安	庶务股主任	专任	三十一年九月
徐振东		男	33	嘉兴	训导员	专任	卅年八月
王敬五		男	64	海宁	文牍员	专任	廿九年七月
杨其泳	静波	男	34	绍兴	总务组组员	专任	廿五年九月
胡其华	鹤汀	男	57	东阳	总务组组员	专任	十六年八月
陈国源	星海	男	39	嘉兴	总务组组员	专任	卅二年二月
吴启华		男	31	江苏镇江	教务组组员	专任	卅二年八月
石作珍		男	40	诸暨	主任室助理员	专任	三十年十一月
吴达人		男	27	绍兴	总务组助理员	专任	廿七年四月
王子青		男	51	杭县	总务组助理员	专任	十六年八月
叶镇雍	望秋	男	44	绍兴	总务组助理员	专任	卅二年十二月
黄尹默	企韵	男	24	宁波	总务组助理员	专任	卅二年九月
黄锡畴		男	20	义乌	总务组助理员	专任	卅二年九月
王襄文		女	26	海宁	总务组助理员	专任	卅二年三月
倪景尧	铭孙	男	32	杭市	教务组助理员	专任	卅二年十月

续表

姓名	别号	性别	年龄	籍贯	职务	专任或兼任	到校年月
汤传焘	克敦	男	23	杭市	教务组助理员	专任	卅二年十一月
方恒瑞		男	27	浦江	教务组助理员	专任	卅二年十二月
姚含英		女	41	嘉兴	训导组助理员	专任	廿五年七月
毛安康		男	21	奉化	训导组助理员	专任	卅一年六月
周瑞芬		女	21	海宁	训导组助理员	专任	卅二年十二月
许振东	雪昆	男	48	嘉善	总务组书记	专任	三十年六月
王暨云	大壮	男	42	绍兴	训导组 兼军训总队部书记	专任	卅二年一月
顾剑谊	公汉	男	32	杭县	教务组书记	专任	卅一年十月
汪闻兴		男	35	慈溪	图书馆助理员	专任	三十年十月
施北薇		女	19	萧山	图书馆书记	专任	卅二年四月
郁锡华	婉之	女	22	江苏宜兴	图书馆书记	专任	卅二年八月
郁嗣兴		男	22	江苏宜兴	化学实验室管理员	专任	廿九年十一月
许鉴清	行	男	35	杭县	农场管理员	专任	卅一年十月
颜　扬	雄武	男	27	江苏泰县	校医	专任	卅二年八月
俞蕴芝		女	33	海宁	护士	专任	卅二年八月
斯月霞	克华	女	23	永嘉	护士	专任	卅二年四月
洪正	越涛	男	27	临安	合作社管理员	专任	卅二年十一月
姚寿臣		男	45	绍兴	会计佐理员 兼代主办会计	专任	廿八年二月
施晋昭	允志	男	48	杭县	会计佐理员	专任	卅二年九月
汪月仙		女	26	萧山	会计室事务员	专任	卅二年四月
张云程	素绚	女	26	萧山	会计室雇员	专任	卅二年八月

L053-001-0743 卷

国立浙江大学龙泉分校三十三年度教员名册
(1945 年 4 月)

姓名	别号	性别	年龄	籍贯	等别	专任或兼任及所兼职务	到校年月	备注
路季讷		男	57	江苏宜兴	教授	专任 分校主任	廿九年八月	
戚叔含		男	48	上虞	教授	特约教授	卅三年六月	
朱重光	一洲	男	55	江苏宜兴	教授	专任	卅一年八月	
韩雁门		男	49	安徽太和	教授	专任 兼农经系主任	卅年十月	
董聿茂	功甫	男	49	奉化	教授	专任 兼农艺系主任	廿八年八月	廿九年八月至卅年七月在英大任教,卅年八月重至本校
潘　渊	企莘	男	54	绍兴	教授	专任 兼师范学院英文系主任	卅年十月	
周北屏	大昕	男	34	安徽无为	教授	专任	卅年八月	
王祖蕴	林遗	女	52	江苏宜兴	教授	专任	卅一年八月	
毛信桂	路真	男	42	奉化	教授	专任 兼数理系主任	十九年八月	廿八年八月调至分校
陈崇礼	仲和	男	50	诸暨	教授	专任 兼土木系主任	十九年八月	三十年八月调至分校
陈嗣虞	绳武	男	45	义乌	教授	专任 兼化工系主任	十六年九月	卅一年二月调至分校
孙增光	叔平	男	44	绍兴	教授	专任 兼师范学院数学系及初级部数学科主任	卅一年八月	
王勤堉	鞠候	男	44	慈溪	教授	专任 兼图书馆主任	卅三年七月	第二学期辞职
钱　倬	逸尘	男	63	江苏武进	教授	专任	卅三年十月	第二学期未续聘

续表

姓名	别号	性别	年龄	籍贯	等别	专任或兼任及所兼职务	到校年月	备注
陈　訚	季侃	男	63	诸暨	教授	专任	卅三年十一月	第二学期辞职
王济仁	曦农	男	50	乐清	教授	专任	卅四年一月	
章乃羹	梅先	男	61	富阳	教授	专任	卅四年一月	
张树森	挺三	男	47	平阳	教授	专任	廿九年八月	卅年八月调至分校，本年度第一学期未来校
李　笠	雁晴	男	52	瑞安	教授	专任		
胡永声	伦清	男	50	海宁	副教授	专任 兼师范学院国文系主任	廿八年八月	
屠鼎锳	镇川	男	47	嘉兴	副教授	专任 兼体育卫生股主任	卅年八月	
杨景桢	次廉	男	57	嘉兴	副教授	专任 兼总务主任	卅二年二月	
沈金相	铸颜	男	45	嘉兴	副教授	专任 兼主任室秘书	卅年八月	
斯何晚		男	36	诸暨	副教授	专任	廿二年八月	廿八年八月调至分校
张　崟	慕骞	男	38	瑞安	副教授	专任	卅年八月	
杨树敏	山农	男	41	江苏江都	副教授	专任	卅一年八月	
寿棣绩	伯棠	男	34	绍兴	副教授	专任	卅年十月	
陈楚淮		男	39	瑞安	副教授	专任	卅三年九月	
杜天縻		男	54	余姚	副教授	专任	卅四年一月	卅四年三月兼任图书馆主任一个月
梁希彦		男	33	江苏青浦	副教授	专任	卅二年九月	
赵辅学		男	35	诸暨	副教授	专任	卅四年二月	
陆永福	受百	男	39	江苏海门	讲师	专任 兼训导主任	卅二年五月	

续表

姓名	别号	性别	年龄	籍贯	等别	专任或兼任及所兼职务	到校年月	备注
陈锦枚		男	34	嘉兴	讲师	专任 兼注册股主任	卅二年八月	
黄乃明		男	34	金华	讲师	专任	卅一年十一月	
徐杏贞	蝉衣	女	33	江苏青浦	讲师	专任	卅二年九月	
胡传楷	不归	男	40	安徽绩溪	讲师	专任	卅二年十月	
程学达		男	34	安徽怀宁	讲师	专任	卅一年八月	
楼仁泰		男	32	义乌	讲师	专任	卅年八月	
徐振东		男	35	嘉兴	讲师	专任	卅年八月	
季　平		男	30	龙泉	讲师	专任	卅一年四月	
孙吉生		男	34	金华	讲师	专任	卅二年九月	
张基瑞	谨严	男	33	海宁	讲师	专任	卅二年八月	
韩保玄	子泰	男	30	萧山	讲师	专任	卅三年八月	
王基才		男	32	义乌	讲师	专任	卅三年八月	
郭秀杰		男	35	东阳	讲师	专任	卅三年九月	
章湘伯		男	39	诸暨	讲师	专任	卅四年二月	
沈德贤		女	29	嘉兴	助教	专任	卅一年十月	
吴美淮		男	27	东阳	助教	专任	卅二年十一月	
胡钦训	佩箴	男	27	龙游	助教	专任	卅三年二月	
林美文		男	27	温岭	助教	专任	卅三年八月	
汪聚瑛	重生	男	27	江山	助教	专任	卅三年八月	
林肇荫		男	32	平阳	助教	专任	卅三年八月	
陆增祺	禅百	男	46	江苏无锡	副教授	兼任	川一年九月	第二学期未聘
金维坚	叔闻	男	44	金华	副教授	兼任	廿八年八月	该员原为专任，卅二年八月起任浙江省立西湖博物馆馆长
朱如龙		男	32	江苏无锡	教员	兼任	卅年十月	

续表

姓名	别号	性别	年龄	籍贯	等别	专任或兼任及所兼职务	到校年月	备注
裘建谔	颖芗	男	55	嵊县	教员	兼任	卅二年四月	
吴　麟	林肯	男	46	杭市	教员	兼任	卅二年三月	第二学期未聘
朱祖舜		男	36	慈溪	副教授	兼任	卅二年九月	
范国昌		男	45	加拿大	教授	兼任	三十年九月	
屠铁珊	惕三	男	40	嘉兴	教员	兼任	卅三年九月	第二学期专任政治学
赵佩璜	文起	男	41	诸暨	教员	兼任	卅三年八月	第二学期未聘
章骏锜		男		江西	教员	兼任	卅三年九月	第二学期未聘
蒋振宇		男			教员	兼任	卅三年十月	第二学期未聘
陈申倩		男			教员	兼任	卅三年十月	第二学期未聘
周颂康		男	34	上海	教员	兼任	卅二年九月	第一学期因事未来校
张保丰		男			教员	兼任	卅四年四月	
姚振庭	镇定	男	34	杭县	中校	专任 主任军训教官	卅二年十月	卅三年九月奉调离校
陆懋经		男	33	江苏宝山	上尉	专任 军训教官	卅二年十月	
叶辽崑		男	32	龙泉	少校	专任 军训教官	卅三年四月	

L053-001-0743 卷

国立浙江大学龙泉分校三十三年度职员名册
(1945 年 4 月)

姓名	别号	性别	年龄	籍贯	职务	专任或兼任	到校年月	备注
王敬五		男	65	海宁	文牍员	专任	廿九年七月	
石作珍		男	41	诸暨	收发兼主任室书记	专任	卅年十一月	
倪景尧	铭孙	男	33	杭市	教务组助理	专任	卅二年十月	
汤传燾	克敦	男	24	杭市	教务组助理	专任	卅二年十一月	
郭桂庭		男	25	东阳	教务组助理	专任	卅三年九月	卅三年十二月起调任化学助理
毛建新		男	33	江苏吴县	教务组助理	专任	卅三年十月	
杨静贤	士方	女	23	江苏海门	教务组助理	专任	卅三年十月	
顾剑谊	公汉	男	33	杭县	教务组书记	专任	卅一年十月	
屠 懋	襄佐	男	33	诸暨	教务组组员	专任	卅三年九月	
毛安康	亚政	男	22	奉化	教务组助理	专任	卅一年七月	
曾 沂	世承	男	30	龙泉	教务组助理	专任	卅三年二月	
姚含英		女	42	嘉兴	训导组组员兼女生指导员	专任	廿五年七月	廿八年八月调至分校
朱蕙心		女	48	绍兴	训导组组员	专任	卅三年八月	
王暨云	大壮	男	43	绍兴	训导组书记	专任	卅二年一月	
丁祖炎	荣南	男	43	绍兴	出纳股主任	专任	廿六年十月	卅二年七月调任分校现职
孙祖康	炽秋	男	37	嘉兴	文书股主任	专任	卅二年八月	
钟景文	洪鸣	男	31	临安	庶务股主任	专任	卅一年九月	
杨其泳	静波	男	35	绍兴	总务组组员	专任	廿五年九月	廿九年四月调至分校
胡其华	鹤汀	男	58	东阳	总务组组员	专任	十六年八月	廿八年八月调至分校
陈国源	星海	男	40	嘉兴	总务组组员	专任	卅二年二月	

续表

姓名	别号	性别	年龄	籍贯	职务	专任或兼任	到校年月	备注
徐衍泽	蕃之	男	47	江苏宜兴	总务组组员	专任	卅三年八月	
吴达人		男	28	绍兴	总务组助理	专任	廿七年四月	三十年十二月至分校
洪　正	越涛	男	28	临安	总务组助理	专任	卅二年十一月	
曹　琅	良玉	女	33	海宁	总务组助理	专任	卅三年八月	
何苗生		男	27	义乌	总务组助理	专任	卅三年九月	
陈瑞文		女	20	嘉兴	总务组助理	专任	卅三年十月	
李文瑶	波彭	女	27	吴兴	会计佐理员	专任	卅三年九月	代理主办会计员
施晋昭	允志	男	49	杭县	会计佐理员	专任	卅二年九月	
汪月仙		女	27	萧山	会计室事务员	专任	卅二年四月	
张云程	素绚	女	27	萧山	会计室雇员	专任	卅二年八月	
许振东	雪昆	男	49	嘉善	图书管理员	专任	三十年六月	
汪闻兴	誉斋	男	37	慈溪	图书管理员	专任	卅三年十一月	
陈时茂		男	28	昌化	图书馆助理	专任	卅三年五月	卅三年十二月十五日起解职
余素琴		女	23	慈溪	图书馆助理	专任	卅三年十二月	
郁锡华	婉之	女	23	江苏宜兴	图书馆书记	专任	卅二年八月	
施北薇		女	20	萧山	图书馆书记	专任	卅二年四月	
颜　扬	雄武	男	28	江苏泰县	校医	专任	卅二年八月	
俞蕴芝		女	34	海宁	护士	专任	廿九年八月	
许鉴清	行	男	36	杭县	农场管理员	专任	卅一年十月	
黄锡畴		男	21	义乌	化学实验室管理员	专任	卅二年九月	
王子青		男	53	杭县	合作社管理员	专任	廿三年九月	廿八年八月调至分校

L053-001-0743 卷

国立浙江大学龙泉分校教职员聘任待遇及服务暂行规则
(1943年7月15日)

第一章　总则

第一条　本规则遵照部颁大学及独立学院教员聘任待遇暂行规程及本大学教员聘任规则、职员待遇规则订定之。

第二条　本分校教员分教授、副教授、讲师、助教四等,其资格以部颁大学及独立学院教员资格审查暂行规程所规定者为准。

第三条　本分校职员除照章应由教授兼任者外分主任、组员、助理、书记四等,其资格如下,但有特殊能力及经验经校长或分校主任特准者得不受此项限制。

一、书记:(1)初中毕业者;(2)曾任书记二年以上者。

二、助理:(1)高中毕业者;(2)初中毕业并有三年以上之服务经验者;(3)曾任本校书记四年以上者。

三、组员:(1)大学毕业者;(2)高中毕业并有四年以上之服务经验者;(3)曾任本校助理五年以上者。

四、主任:(1)大学毕业并有四年以上之服务经验者;(2)高中毕业并有八年以上之服务经验者;(3)曾任本校组员六年以上者。

第四条　本分校教员以专任为原则,但遇课程上有必要时,得酌聘兼任教员。但兼任教员人数不得超过全校教员数五分之一。

第五条　本分校职员完全专任,绝对不得在校外兼任任何职务。

第二章　聘任

第六条　本分校教员按照教育部审查合格之等别由分校主任商承校长聘任之。教员资格等别未经教部审查核定者得于聘任后办理审查手续,但此项聘任期间不得超过一年。

第七条　本分校处主任及秘书由分校主任商承校长聘任之,其他职员由分校主任任用之。

第八条　本校专任教员及聘任职员之聘任期间初聘一年(于第二学期到校者初聘为一学期),续聘一年以后再续聘每次均为二年,任用职员之期限无定。

第九条　本分校兼任教员之聘任期间每次均为一学期。

第十条　本分校教员及聘任职员接到聘约后,须于半个月内将应聘书寄送主任室备查,否则作为辞聘。

第十一条　本分校专任教员及聘任职员之续聘须于聘约期满一月前接洽。教职员欲在聘约有效期间辞职者,须于三个月前提出,经学校同意后于学期或学年终了时方可解除其职务。

第十二条　本分校教员在聘约有效期间除违反聘约之规定外，非有重大事故经呈准教育部者不得解除其聘约。

第十三条　任用职员之辞职或辞退非万不得已，以在学年终了时行之为原则。

第三章　薪俸

第十四条　本校专任教员之薪俸除特约者外暂定如左表：

等别 月薪 级别	助教	讲师	副教授	教授
第一级	一六〇	二六〇	三六〇	六〇〇
第二级	一四〇	二四〇	三四〇	五六〇
第三极	一二〇	二二〇	三二〇	五二〇
第四级	一一〇	二〇〇	三〇〇	四八〇
第五级	一〇〇	一八〇	二八〇	四四〇
第六级	九〇	一六〇	二六〇	四〇〇
第七级	八〇	一四〇	二四〇	三七〇
第八级				三四〇
第九级				三二〇

第十五条　本分校兼任教员之待遇以钟点计算，其标准暂定如下：

等别 薪俸	助教	讲师	副教授	教授
每周任课一小时之月薪数	一〇—二〇	一八—三二	三〇—四五	四〇—七五

第十六条　本分校职员之薪给除由教员兼任者照教员标准支给外，其余暂定如下：

等别 月薪 级别	主任	组员	助理	书记
1	400	200	120	80

续表

级别 \ 月薪 \ 等别	主任	组员	助理	书记
2	380	190	110	70
3	360	180	100	60
4	340	170	90	50
5	320	160	80	40
6	300	150	70	30
7	280	140	60	
8	260	130		
9	240	120		
10	220	110		
11	200	100		

第十七条　本分校教员之升等晋级依照部颁教员聘任待遇暂行规程及教员资格审查暂行规程办理。职员之升等晋级由分校主任与各部门主管人员于年度开始前会商后报请校长核定之。

第十八条　本分校专任教员之薪俸以每年十二个月计算，兼任教员以每年十个月计算，但薪聘专任或兼任教员如于开学时逾期一个月后始到达者，则自到校之月起薪。

第十九条　本分校职员之薪给按照实际起讫日期计算，但为便利起见，其到职及离职之月份可照下列标准计算：

一、在月之十日以前到职或月之廿一日后离职者以全月计算。

二、在月之十一日以后二十日以前到职或离职者以二十天计算。

三、在月之廿一日以后到职或月之十日以前离职者以十天计算。

第四章　授课及服务

第二十条　本分校专任教员每周授课时数以九小时至十二小时为准(实验时间以二小时作一小时计)，不满九小时者照兼任待遇，但担任行政事务或实际上须以充分时间从事实验或研究者得酌量减少其授课时间。

第二十一条　专任教员不得在校外兼课或兼职，但有特别情形经兼课学校允商得本校同意者每周得至多兼课四小时，并以所兼课程与本校所授科目相同者为限。

第二十二条　本分校专任教员均有担任导师及各种委员会委员暨各项研究工作之义务。

第二十三条　本分校职员须于规定办公时间准时到校服务，必要时得延长至例假及放假日，并得由其主管人员分配轮流值日。

第二十四条　本分校专任教授连续在校服务满七年后成绩卓著者得离校考察或研究半年或一年，离校期内仍领原薪，但不得担任其他有给职务。

第五章　请假

第二十五条　本分校教员因事或因病不能授课者须向教务处书面请假，其因事请假在三日以上者，并须先得系主任及分校主任之同意。

第二十六条　本分校职员因事或因病不能服务者须以书面向各该室处主管人员请假，其因事请假在三日以上者，并须由各该室处主管人员转报分校主任核准，各室处主管人员请假直接向分校主任行之。

第二十七条　教员请假期内所缺功课，假满后应尽设法补足。如请假两周以上须商经本系主任及教务主任之同意暂请其他教员代课。如请假在一月以上，并须商得分校主任之同意另请代理人代理之。薪俸由请假人负担。

第二十八条　职员请假期内原有职务须委托他人负责兼代。如请假在一月以上，并应商得各该室处主管人员及分校主任之同意另请代理人。薪金由请假人负担。

第二十九条　本分校职员请假期内其生活补助费及食粮代金得仍照领，但请有代理人者，其代理人应得之生活补助费及食粮代金，即在本人应领之生活补助费及食粮代金内扣算。

第三十条　各室处及各系领有特别办公费之主管人，如请假在一个月以上其职务并另请他人代理者，除下列情形外其特别办公费应由代理人支取。

一、因公请假，特别办公费仍由本人支取。其代理人应支领之特别办公费由学校另行筹付。

二、代理人原支有特别办公费者不得领支，但其原有特别办公费如比所代者为少时，得改领其所代职务之特别办公费。

第卅一条　本分校教员请假除另请代理人者外每学期总共不得超过授课总时数三分之一。职员请假每学期不得逾一个半月。如超过此限度，应照扣其薪俸，但因患有重病经本校认可医师之证明者不在此限。

第卅二条　本分校教职员未请假或未续假而不到校授课或服务者均以旷职论。旷职期内之薪俸应照扣。旷职逾一月者并得解除其聘约或辞退之。

第卅三条　本分校专任女教职员在生育期间得给与生育假六星期。假期内代理人员之酬报由学校支给之。

第卅四条　本分校职员于一学年中事、病假共计未逾一个月者得于暑假中休假一个月，但如自愿照常服务或因职务关系不能休假者，得加给一个月薪金，此项薪金在扣得之薪俸内支给，或由学校另行筹付。

第六章　附则

第卅五条　本规则经校务会议通过后送请总校转报教育部核准施行，修改时同。

L053-001-1611 卷

五、增级和设立师范初级部

(1)添办二年级

第五次校务会议主席报告13
(1940年3月30日)

本分校续办二年级问题,已一再向本校竺校长与教育部函电表示,并送预算。

L053-001-1068卷

竺校长函教育部
(1940年5月2日)

查本大学龙泉分校创立已及一年,规模初具,惟所收学生只限于一年级。近以交通梗阻,且本校展转迁徙,去浙日远,故该分校学生于第一学年第二学期终了应届升级时,旅行甚感困难,多数学子皆希望于该分校增设二年级,以资救济。按诸创办该分校原意,本为救济两浙子弟免致失学而设,倘使能扩充增级,同所忻愿。惟默察本校经济情形,万无余力接济分校再事扩充,兹为勉副该分校学生切望起见,惟有恳请钧部俯予设法筹拨此项增级费,庶资进行。如蒙允准,计本年度(七月至十二月)此项增级经费约需五万元,即祈赐拨,以便转饬遵办。倘有窒碍,该项预算不能追加,则该分校一年级生本年升入本校二年级时,暂不得不专程来黔就读,所有旅费每名应津贴二百元,计有学生一百三十余名,至少亦需二万六千元,应请如数照拨,以利遄行。究应如何之处,理合具文陈明。敬祈鉴核示遵,实为公便。谨呈

教育部

国立浙江大学校长　竺可桢

L053-001-0525卷

教育部训令
高字第16542号
(1940年5月28日)

令国立浙江大学：

案准浙江临时参议会电开："浙大龙泉分校仅设一年级，学生修业期满例须升学，值此交通困难、生活高涨，势难远往浙大本部肄业。为救济东南求学青年计，拟请贵部令饬浙大于该分校增设二年级以上班次，以利学子，至所公盼"等由；准此，查该校龙泉分校学生升往遵义本校肄业，业经本部核给旅费补助。兹准浙省临时参议会来电，应由该校酌核办理。如准备在该分校增设二年级以上班次，应即拟定所设学系，并编拟具体经费概算呈核，合行令仰遵照。此令。

部长　陈立夫

L053-001-0525卷

竺校长呈教育部函
(1940年6月13日)

案奉钧部本年五月二十八日高字第一六五四二号训令，即开：准浙江省临时参议会电，以现在交通阻滞，浙大龙泉分校学生远往黔校本部升学，诸多困难，请在该分校增设二年级以上班次，以利学子一案，应由该校酌核办理，如准照所拟，应即拟定所设学系，并编拟具体概算呈核等因；查本大学龙泉分校拟增设二年级一事，校长于本年春间曾注意及此，业于五月九日以遵字第一六八号呈请予增拨经费筹设在案。兹据该参议会电陈各节，实有同情，奉令拟具概算各件，自当遵办。惟以本大学二年级以上班次，所修科目，多注重专门学识及技能，而师资与设备，均须及早筹备。目下二十九年度学期即将开始，如该分校增设二年级，预算既未确定，教授方面一时又延聘不及，而仪器亦无从购置，教学实验不无影响。且本大学素旨注重丁质的提高，不敢草草从事，必先有确定之预算，较长时间之准备，方能收优越之效果。今二十九年度以经费、时间关系，诸事既已赶办不及，应于三十年度起在该分校增设二年级，以后逐年增级，三年之后，俾成为系级完整之分校，于事实上较多裨益；即请钧部将龙泉分校自三十年度起增设二年级，并请将各年应增预算早为规定，俾得从长计划布置。至二十九年度该分校应升二年级之学生，当仍嘱其来黔就读，以免失学。除电浙江省临时参议会查照外，所有筹拟龙泉分校逐年增级各缘由是否有当，理合具文，

呈请钧部鉴核示遵，实为公便。谨呈

教育部

衔校长　竺可桢

L053-001-0525 卷

教育部指令

高字第 21008 号

(1940 年 6 月 29 日)

令国立浙江大学：

二十九年六月十三日呈一件。为呈复筹拟增设龙泉分校二年级班次情形，祈鉴核示遵由。呈悉。该校龙泉分校准予二十九年度暂缓增设二年级班次，俟三十年度总预算核定后，再行核议，仰即知照。此令。

部长　陈立夫

L053-001-0525 卷

总校电龙泉分校

(1940 年 7 月 5 日)

龙泉浙江大学分校：顷奉教育部廿九年六月廿九发高字第二一〇〇八号指令，为本大学筹拟增设龙泉分校二年级班次情形一案，内开："呈悉。该校龙泉分校准予二十九年度暂缓增设二年级班次，俟三十年度总预算核定后，再行核议，仰即知照，此令"等因，希即知照。总校

L053-001-0525 卷

二十九学年第一学期第一次校务会议讨论事项 1

(1940 年 11 月 18 日)

拟组织二年级筹备委员会案

决议：添办二年级一案，自宜早日筹备。日前暂不组织委员会，即交行政谈话会筹备之，如有另组专门委员会之需要，再由主任另聘专门委员处理。

L053-001-4009 卷

龙泉分校主任郑宗海电教育部陈部长、顾次长
(1941 年 1 月 31 日)

重庆教育部陈部长、顾次长：属校添设二年级事，全体师生及东南社会企望至殷，敬祈早赐核准，克济于成，交通艰滞，筹备宜先，迫切待命。国立浙江大学龙泉分校主任郑宗海叩，世。

L053-001-1592 卷

郑宗海主任电中央党部朱骝先先生
(1941 年 1 月 31 日)

重庆中央党部朱骝先先生：浙大龙泉分校添二年级事，社会企望至殷，除电恳陈部长外，素仰我公宣力文化，关怀桑梓，敬乞鼎力主张，东南蒙庥。教弟郑宗海叩，世。

L053-001-1592 卷

郑宗海主任电竺校长
(1941 年 2 月 1 日)

遵义竺校长，育密。添设二年级事，全体师生及东南社会盼望至殷。乞查照六月寒电，力求实现，交通艰滞，筹备宜先。临电曷胜，企切待命之至，路、陆已视事，并闻。弟郑宗海，东。

L053-001-1592 卷

教育部电国立浙江大学龙泉分校
(1941 年 3 月 4 日)

浙江大学龙泉分校：世电悉。该分校暑期后准增设二年级，已详令浙大总校知照。教育部，寅豪高〈08269〉。

L053-001-1592 卷

教育部指令

高字第 08270 号

(1941 年 3 月 6 日)

令国立浙江大学:

三十年一月十一日呈一件——请筹拨龙泉分校添建校舍建筑费及经常费,以为开办二年级之用由。呈悉。该校龙泉分校本年暑假后准增设二年级,暂分中国文学(附史地)、外国文学、数理化、机电、化工、土木、农艺、农业经济八系。所需经费,并准增加八万元。除由本部拨助四万元外,其余半数,由部商请浙江省政府予以补助。倘该省政府不允拨助,仍应由该校在经常费内统筹支配。仰即遵照。此令。

部长　陈立夫

L053-001-1592 卷

浙江大学代电龙泉分校

(1941 年 3 月 13 日)

龙泉分校鉴:案奉教育部指令,准本年暑假后龙泉分校增设二年级,暂分中国文学(附史地)、外国文学、数理化、机电、化工、土木、农艺、农业经济八系,并准增加经费一案,兹特抄同指令,电达查照。遵义总校,元。附抄原令一件。

L053-001-1592 卷

竺校长致教育部函

(1941 年 3 月 27 日)

案奉钧部本年三月六日高字第〇八二七〇号指令一件,为本校筹拨龙泉分校添建校舍建筑费及经常费以为开办二年级之用由一案,内开:"……"等因,奉此,仰见钧部积极兴学之盛意。惟该分校增级应加增之八万元,除由钧部拨助四万元外,其余半数倘浙江省政府不允补助,饬由本校自行统筹支配一节,诸多困难。查本校目前经费支绌,迭经呈明在案。在本校本身实有自顾不暇之势,安有余力接济分校。再四思续,以为浙省政府允予补助,固无问题,如有困难,其余半数,仍请钧部全数一并筹拨,以省周折。否则该款无着,本校又无可挹注,该分校增级势将停顿,殊失两浙学子殷殷求学之望。奉令前因,理合陈明,敬祈钧部鉴核,一面向浙省政府积极交涉,请予补助,如无结果,仍请由部全数

筹拨，俾该分校得以如期增级，实为公便。谨呈

教育部

国立浙江大学校长 竺可桢

L053-001-0525 卷

教育部指令

高字第 17276 号

(1941 年 4 月 3 日)

令国立浙江大学：

三十年三月二十七日呈及八日代电各一件——为呈请核拨建筑费及龙泉分校增级费由。呈电均悉。所请之款，经于本年高教经费追加案内，酌列案请，惟库帑支绌，能否核定，实难悬揣，俟奉院令，即行转饬，至龙泉分校增级费，应俟浙省府咨复，再行实办。并仰知照。此令。

部长 陈立夫

L053-001-0525 卷

教育部训令

会字第 46841 号

(1941 年 12 月 2 日)

查该校龙泉分校三十年度增级经费，除已由部增发四万元外，兹准浙省府电复允协拨二万元，仰即编具追加岁入岁出各二万元概算书各七份呈部，以凭核办转补办法案。再前送分校增级费八万元预算分配表，应予注销。并仰知照。此令。

部长 陈立夫

L053-001-0525 卷

国立浙江大学龙泉分校代电总校

(1941 年 12 月 4 日)

遵义浙大总校：奉教育部戌勘高〈46239〉电开：黄主席电知，协拨增班费二万元，仰洽领，转陈校本部办理追加等因；查此案先准浙省府戌寒代电，谓本年度向本

府勉筹拨补费 20000 元，以资应用，惟明年度起，遵照财政收支系统改革案，省经费归入中央统筹，所需经费应请电部恰列，除电财政厅遵照拨发外，特电查照等语；旋准财厅拨发 20000 元，业经照收。奉电前因，应请办理追加。惟此项增级协款原商四万元，今尚短二万，应请电部迅予补发，俾敷预算。又前奉校长酉陷电，部款追加五万元，迄未拨到。现转瞬年度结束，为弥补三十年度预算不敷及补足必要设备，并请转催如数拨汇，至为盼祷。龙泉分校，支。

L053-001-0525 卷

总校代电龙泉浙大分校
（1941 年 12 月 31 日）

龙泉浙大分校：十二月支日发字第一一五四号代电悉。浙省府协拨增班费之款仅限于本年度，正呈请教育部准予增列。至追加之五万元，亦已于十二月六日汇龙矣，浙省府所拨本年度增级之二万元自当办理追加，特复知照。总校，世。

L053-001-0525 卷

（2）设立师院国、数两科

教育部训令
（1941 年 10 月 18 日）

令国立浙江大学：

查该校应于本年度在师范学院内设立初级部国文、数学科各一班，业经令饬遵办在校。兹制定师范学院初级部各科必修及将各科目表施行要点及师范学院初级部国文、史地、理化、数学等科必修科目表，并附各该科选修科目表，合函检发该项施行要点及科目表各一份，仰即遵照办理，具报为要。此令。

附发施行要点及科目表各一份。

部长　陈立夫

L053-001-1497 卷

教育部代电告师初部改为专修科
(1945 年 1 月 18 日)

国立浙江大学龙泉分校:戍有电悉。查本部修订师范学院各专修科暨师范专科学校各科必修选修课目表及施行要点业经于三十三年九月二十七日以本部高字第四六五四六号令知在案,该校师初部改为专修科应自三十三年度第一年级学生实施。仰即遵照办理。教育部,巧高。

L053-001-1213 卷

(3)拟办三年级

分校郑主任函竺校长
(1943 年 2 月)

案三十一学年度业已过半,本分校应否添设三年级,亟应早日决定,以便准备。本年一月间召开全体校务会议时,曾将此案提付讨论,当经议决,除师范学院初级部国文数学二科必须增设三年级外,其余各院系自行商讨后,将意见送请主任核转校长,请与教育部会商决定。兹据各学院将意见陆续签送前来,文农两学院设备较简,费用较省,均主增设三年级,理工两学院购置设备,需费甚巨,如经费有着,则宜添办,否则似仍以现有二年级学生遣送至总校为是。兹谨将各学院意见缮正,相应备函检送一份,仰祈察核!并请迅与教育部商讨决定后示知,俾资遵循!又校务会议议决,下年度二年级文学院拟增设史地系,理学院拟增设生物系,农学院拟增设园艺系,生物系教员不需添聘,即可开设,是否可行,并祈裁示!谨上

竺校长

附各学院对于增设三年级意见书一份。

主任　郑宗海

卅二年二月□日

附　国立浙江大学龙泉分校各学院对于三十二年度添办三年级意见书

(一)文学院

本分校文学院现有中国文学及外国语文两学系,下年度拟添设史地学系。

此类学系所需设备,以图书为最重要。本学期向浙江省立图书馆借到中西文书籍共六八九册,故下年度如添办三年级,图书添购一项较为少。又本分校师范学院现有三年制国文数学两科,五年制国文英文两系,其教师设备与本学院各系颇多可以通同合用之处,是以本院同人佥以下年度添办三年级并无多大困难,所需经费附开于后,并祈察核!

1. 薪修　添聘教授副教授讲师助教各二人,月需修金约二千四百元(教授每个月约以四五〇元计算,副教授以三五〇元计算,讲师以二五〇元计算,助教以一五〇元计算),下半年以五个月计算,共需一万二千元。

2. 器具设备　现有二年级文学院学生共二十一人,每人添置床铺及课桌椅各一副再加其他公共用具,平均每人以三百元计算,合计六千二百元。

3. 房屋建筑　建筑教室二间、寝室一间,每间假定五千元,共需建筑费一万五千元。

4. 图书,暂定五万元。

以上四项,总计共需八万三千二百元。

(二)理学院

本学院现只有数理一系,下年度拟将数学物理分为两系,并另增设生物系,共三个系。如添办三年级,则应开课程、需添师资及设备经费,约略估计如下:

(1)数学系

a. 课程

1. 复变数函数论　每周授课三小时,实习一小时

2. 级数概论　每周授课二小时,实习一小时

3. 坐标几何学　每周授课三小时,实习一小时

4. 近世代数学　每周授课三小时,实习一小时

b. 师资

应添聘解析学教授或副教授一人,几何学教授或副教授一人,助教三人。

c. 设备　添购图书杂志约五万元。

(2)物理系

a. 课程

1. 光学及实验　每周授课三小时,实验三小时

2. 热力学(上学期)　每周授课三小时

3. 物性学(下学期)　每周授课三小时

b. 师资　应添聘教授或副教授一人,讲师一人,助教二人。

c. 设备　充实一年级实验仪器约五万元,购置电磁实验仪器约十五万元,光学实验仪器约十五万元,图书杂志约一万元,共计卅六万元。

(3)生物系

a.课程

1.脊椎动物学解剖及实验 每周讲演四小时,实验三小时

2.下等植物学及实验 每周讲演三小时,实验三小时

3.遗传学及实验 每周讲演三小时,实验三小时

4.动物组织及切片学及实验 每周讲演三小时,实验六小时

5.胚胎学 每周讲演三小时,实验三小时

6.植物分类学 每周讲演三小时,实验三小时

b.师资 除原有教师分任外应添聘教授一人,助教四人。

c.设备 添购图书仪器药品等约共十二万元。

以上三系合计应添聘教授或副教授四人,讲师一人,助教九人,月需薪给三千四百元,(教授每人平均以四五〇元计算,副教授以三五〇元计算,讲师以二五〇元计算,助教以一五〇元计算),第一学期(卅二年八月至十二月)五个月共一万七千元,设备费共五十三万元,两项总共五十四万七千元。下年度应否添办三年级,当视师资及经费有无办法以为断。

(三)工学院

本分校为添办三年级,工学院现有三系,必须增加之设备费约计如下:

(1)土木系

A.材料试验室 1038800 元

B.水力试验室 277500 元

C.大地测量仪器 420000 元

D.图书杂志 50000 元

共计 1786300 元

(2)化工系

A.有机化学仪器 43250 元,药品 67535 元

B.化学原理设备 102000 元

C.工业分析设备 98700 元

D.理论化学仪器 118895 元,药品 30850 元

E.矿物标本 5000 元

F.图书 20000 元

共计 486230 元

(3)机电系 约二百万元

以上三系合计共需四百二十余万元,如能照拨采购设备,罗致教授,经相当时日,亦可粗具规模。

(四)农学院

查本分校农学院现有二年级农艺学系与农经学系各一班，计有学生二十四人，学年终了后，设不添设三年级，照例须资送总校，不但公私所费不赀，而且交通艰阻难行，学生远道负笈，又有家庭环境不许可之事实，此本分校农学院应办三年级理由之一。社会人士属望本分校添设三年级，以便利东南各省子弟之求学者由来已久，目前事实上之需要，更感迫切，此本分校农学院应办三年级理由之二。农业与气候风土有密切之关系，研究之者，自应随时随地加以审察，以作教学上之资料，使莘莘学子有切实之心得，以收学以致用之效益，况龙泉环境，对于农业之研究与农业之扩展，均属相宜，此本分校农学院应办三年级理由之三。

以上所述，不过荦荦大者，而本分校农学院应添设三年级，已觉有充分之理由，惟添设三年级，自须有相当之师资与必需之设备，兹分别开列于左：

甲、师资方面：

(一)农艺系须增聘教授二人，薪俸400元，副教授一人，薪俸300元，讲师一人，薪俸260元，助教二人，薪俸160元，年需薪俸20160元。

(二)农经系须增聘教授二人，讲师二人，助教二人，年需薪俸19680元。

乙、设备方面：

(一)仪器药品购置费100000元

(二)图书杂志购置费50000元

丙、建筑方面：

(一)实验室四所40000元

(二)农业经济资料室一所10000元

丁、农场方面

(一)购地费(购地100亩，每亩市价500元计算)50000元

(二)场屋一所20000元

(三)种子种苗费5000元

(四)种畜种禽费10000元

(五)农具费10000元

(六)肥料费10000元

(七)工资(农工五名，每名工资300元计算)18000元

戊、调查研究费20000元

合计 382840元

L053-001-1594卷

国立浙江大学电龙泉浙大分校
(1943 年 2 月 14 日)

龙泉浙大分校:元月三十一日第三十八次校务会议决议,分校现设八系下学年不办三年级。兹规定分校三十一年度新办三年师范班,即初级部。现有二年级生如愿入该师范班者,即仍留龙泉。愿入总校者,待资送来黔,否则准转入他校至下学年。应招新生应请分校郑主任拟具意见后再行核办。特电奉达,即希查照办理为荷。总校,寒。

L053-001-1594 卷

国立浙江大学电龙泉浙大分校
(1943 年 3 月 13 日)

龙泉浙大分校:分校续办三年级案,经四十次校务会议决议不办。特电知照。总校,元。

L053-001-1594 卷

国立浙江大学电分校郑主任转文学院二年级全体学生
(1943 年 3 月 14 日)

龙泉浙大分校郑主任转文学院二年级全体学生均览,呈悉。分校本年停办三年级,总校业经决定,并已电分校知照。于师范初级部开办三年级,如二年级生愿入师范者,可仍留龙,愿入总校者,即资送来遵,否则准转入他校。希各知照。总校,寒。

L053-001-1594 卷

分校电总校
(1944 年 12 月 6 日)

遵义〈3181〉,浙黔路阻,明夏文理工农修满二年级生势难遣送总校,昨经行政会议议决,拟添办三年级,请早示方针,经费列入预算,又明年预算数并请电示。〈7808〉亥鱼。

(卅三年)十二、六

L053-001-1177 卷

六、科系调整

教育部指令

高字第 27175 号

(1943 年 6 月 8 日)

令国立浙江大学：

卅二年二月九日遵字第一〇一三号呈一件为拟在龙泉分校分别设置各院长及系主任、三月一日第五一六号代电一件为请发龙泉分校卅二年度二年级生来黔升学旅费由。呈电及附件均悉。该校龙泉分校应集中力量办理师范学院，现有各科系应遵照附单所列办法予以调整。该校校本部师范学院国文、英语、数学三系本年暑假起并应停止招生。所请在龙泉分校设置各学院院长一节应毋庸议。依照调整办法并入本校或转入国立英士大学及北洋工学院之学生应由校斟酌情形补助一部分旅费。除令知国立英士大学及北洋工学院外，仰转饬遵照。附件存。此令。

附抄国立浙江大学龙泉分校科系调整办法一份。

部长　陈立夫

附　国立浙江大学龙泉分校科系调整办法

一、该分校师范学院国文、英语两系及师范学院初级部国文、数学两科均照旧办理，以后各该系科三年级以上学生无庸再并入本校。

二、该分校中国文学、外国语文及理化三系均停招新生，现有各该系学生，办理至毕业时为止。

三、该分校电机工程、土木工程、化学工程、农艺及农业经济五学系均停招新生。现有各该系学生并入本校。因交通关系不能赴本校之农艺及农业经济两系学生可造册转送国立英士大学，机电、土木、化工三系学生可造册转送国立北洋工学院，均应分别造册报部备核。

四、该校本部师范学院国文、英语、数学三系三十二学年度起停止招生。

五、并入本校或转送国立英士大学及国立北洋工学院之学生由该分校斟酌实际情形补助部分旅费，此项旅费在已分配该分校之经费内匀支。

六、以上调整事宜应尽本年暑假期内办理完竣。

L053-001-1589 卷

教育部致龙泉分校电文
(1943年7月6日)

巳有电悉。该分校下学期师范国英二系及初级部国数二科继续办理。中文、外文、数理化三系停招新生。农工各系并入总校,旅费由分校酌给,在原有经费内匀支。详情已令总校转知。午麻高。

L053-001-1589卷

分校函总校
(1943年7月21日)

案本分校于六月间奉总校筱电,文理工农各院,下半年继续招生,现有二年级生,遣送至总校;本月十一日复奉转来教育部科系调整办法,规定师范继续办理,文理两院停招新生,农工各系遣送至总校。奉此,查教育部与总校对于分校此后办理方针,意见两歧,当经召开行政谈话会讨论,决定仍遵照总校筱电办理,业于十三日电陈总校及教育部备在案,兹谨将分校此次未能遵照部颁科系调整办法办理缘由缕述如左,敬祈鉴察:

一、分校历年招考新生,投考人数之比例,以工农为最多,文理次之。自前年招收师范初级部,去岁又办五年制师范,投考者殊未见踊跃。至何以投考稀少,此自有其原因,兹不具述。要之,分校之基础,建筑于文理工农方面,可以概见近半年来各处学子负笈来龙并赁屋分校附近温课候考者已有数百人。此辈对浙大自亦素具信仰,自闻教育部调整办法停招此四院新生后,均异常失望,彷徨低回而不忍去。故如遵调整办法,则将损失一般学子对浙大之信心,并毁坏分校历年建筑之基础,即师院幸得保存,亦难蕲其发达与健全,其窒碍一也。

二、分校学生对总校夙甚信仰,累年二年级生西迁所占百分比至大,可为明证。惟道远费巨,除由公家津贴一部分外,大部分费均须先时自筹,力绌而不能偿其素愿者尚不在少数。本届二年级生自得决西迁入黔确讯后,数月来已作种种准备。教部调整办法迟至本月十一日午始由总校转到,已作入黔准备之二年级文理各系学生则其留校续学至毕业为止,而绝无准备之一年级农工各系学生则反命其西行入黔,群情骇惑,莫知举措,即退一步如调整办法所指示,分别并入拟在浙复校之北洋工学院及英士大学农学院,本又非学生之所愿,其窒碍二也。

三、分校成立已历四载,延揽师资,至感困难,然就现有者言,咸学具专长,能勤奋供职,确非易致。龙泉生活水准极高,分校经费支绌,戋戋之物质报酬又时有迟发积欠之虞,然同人佥能体谅艰困,锲而不舍,则尤为可感!此次教部调整办法对学生之处置,已使吾人起卤莽灭裂之感,而停招文理工农新生,裁撤工农各系。变动至大,而时间又过于迫促,预计分校教师因此异动而不能继续工作者当在半数以上,然教部则绝未顾及于此,尊师重道似有未合准情酌理,其窒碍三也。

四、分校经费极为艰困,而物价日涨,殆尽底止。原有预算不敷甚巨,况教部与国库发款不时又不足数,均赖校中向银行借垫,以资维持。在此种经济状况下,师生员工时有不济之虞,何来余款,可以备充旅费?乃调整办法中谓工农两院学生入黔津贴当在分校经常费内匀支,则不啻徒托空言,此其窒碍四也。

抑尤有进者,查教部裁并本分校农工两院之意无非以为在浙省已有北洋工学院及英士大学农学院,分校不必再设,以免重复。殊不知,在此抗战建国之际,需才孔多,遵照总裁在中国之命运内所指示,如欲总理实行之实业计划,在最初十年内,即需要农工等专门技术人员二百四十六万人。则此后各校农工学院正力求扩充与添设之不遑,何可裁并?况本校各学院已有四年之历史,惨澹经营,规模粗具,今将已有相当基础者裁撤之,归并之,似亦非计之得也,为此函请总校转呈教育部,将本分校农工各院应继续办理缘由恳切说明,以免误会,无任感祷!此上

本大学总校

(分校戳)启　卅二年七月廿一日

L053-001-1589 卷

分校路主任电竺校长
(1943 年 7 月 26 日)

遵义〈3181〉竺校长:谏电敬悉,分校本年度拟仍维持现状二年级继续办理。陈张王亦请免调,电复。讷,宥。

L053-001-1594 卷

教育部电复分校
(1943 年 8 月 18 日)

午元电悉,该分校仍应依照前令调整科系办法切实遵办。未啸高。

路主任八月廿四日在收电文稿批示:电总校,请向部解释。

L053-001-1589 卷

路季讷主任面呈教育部陈部长文
(1943年9月□日)

案本分校于本年七月十一日奉总校转来钧部科系调整办法:师范学院国文、英语两系,及初级部国文、数学两科,均照旧办理,文理两院各系停招新生,现有各该系学生,办理至毕业时为止;工农两院各系学生,并入总校,如因交通关系不能赴总校者,转送北洋工学院或英士大学。奉此,自应遵照办理。惟本分校于六月间奉总校筱电,文理工农各院下半年续招一年级新生后,即已着手筹备,教师亦经分别洽定。重行改变,事实上业已不及,曾于七月十三日电复钧部,谅邀鉴察! 兹乘钧长莅校之便,谨再陈管见四点,并祈察照!

一、分校历年招考新生,投考人数之比例,以工农为最多,文理次之。自前年招收师范初级部,去岁又办五年制师范,投考者殊未见踊跃。至何以投考稀少,此自有其原因。兹不具述。要之,分校之基础,建筑于文理工农方面,可以概见。现如将此四院停招新生,是无异毁坏分校历年建筑之基础,即师院幸得保存,亦难蕲其发达与健全,此期期以为未可者一也。

二、东南各省学子对本校素具信心,历届招考新生,投考人数常较他校为多,于此可以窥见一斑。惟自廿六年冬本校西迁后,投考至感不便,前浙江省参议会曾要求本校迁回,本分校因于廿八年成立,此后凡欲升学本校者可以先入分校,本校亦藉此以吸收东南一部分优秀青年。今年本校学生得工程奖学金者四人,均由分校升入,盖东南素为文化渊薮,青年士子天资较为聪颖也。如将分校文理工农四院裁并,不特东南各省学子有入学无门之感,而本校无形中亦将降低素质,此期期以为未可者二也。

三、分校成立,已历四载,延揽师资,至感困难,然就现有者言,大都学有专长,能勤奋供职,确非易致。龙泉生活水准极高,分校经费支绌,戋戋之物质报酬又时有迟发积欠之虞,然同人佥能体谅艰困,锲而不舍,则尤为可感。现如停招文理工农新生,裁撤工农各系。变动至大,预计教师因此异动而不能继续工作者,当在半数以上,夫人才难集易散,数年来苦心延致之师资,一旦任其闲散,不亦大可惜乎? 此期期以为未可者三也。

四、查钧部裁并分校农工两院之意,无非以为在浙省已有北洋工学院及英士大学农学院,故不必再设,以免重复。窃思在此抗战建国之际需才孔多。遵照总裁在中国之命运内所指示,如欲实行总理之实业计划,在最初之十年内,即需要农工等专门技术人员二百四十六万人。则此后各校农工学院,正力求扩充与添设之不遑,何可裁并? 况本分校文理工农各院,已有四年之历史,惨澹经营,规模粗具,今将已有相当基础者裁撤之,归并之,似亦非计之得者,此期期以为未可者四也。

综上四因，属校同人佥以现有文理工农四院仍应继续办理，将来如经费可能，并应逐渐添设三四年级，俾得成一完整之大学。钧长高瞻远瞩，尚祈对于所陈各节俯赐采纳，不胜感祷！谨呈

教育部部长陈

国立浙江大学龙泉分校主任　路季讷

呈文文稿上有字样：该分校将来改为师范学院，文理两科学生应改由师范学院招收，农工学生应分别入英大及北洋工学院。

L053-001-1681 卷

路主任电竺校长
（1943 年 9 月 12 日）

遵义〈3181〉竺校长：陈部长来校，关于科系调整蒙亲批：该分校将来改为师范学院，并谓过黔时与校长再洽。特闻。讷。

L053-001-1681 卷

教育部代电浙江大学
高字第 4602 号
（1943 年 9 月 30 日）

遵义湄潭国立浙江大学：未号两呈均悉。该校龙泉分校不照部令调整科系办法办理殊有未合，兹为顾全事实，姑准略予变通，核示如次：（一）分校二年级以上旧生仍应依照调整办法办理；（二）分校本年所招文、理、农、工各系新生姑准由分校暂办一年级，惟明年暑假仍应造册遣送遵义本校，仰即知照。教育部，高𢾾。

L053-001-1589 卷

分校路主任代电总校
（1943 年 11 月 3 日）

遵义本大学总校：兹准本年十月四日转字第六二二校函抄转教育部本年九月卅日高字第四六〇二号高𢾾代电：关于核示本分校调整科系变通办法敬悉。自应

遵照办理，唯查本案前陈教育部长莅龙本分校视察时，曾呈请文理工农四院二年级准予继续办理，当蒙邀准并批示将来改为师范学院在案，现开学已逾二月，不及重行改变，相应复请查照，即祈拨请转呈仍准继续办理为荷。主任路季讷，戊江。

L053-001-1589 卷

分校校务会议电竺校长
(1944 年 1 月 21 日)

遵义〈3181〉竺校长：本校下年度科系如何调整请速与部商定电示，俾资准备〈7808〉校务会议，子马。

L053-001-1177 卷

分校代电总校
(1944 年 2 月 14 日)

遵义本大学总校：案查本分校卅一年度校务行政计划，教务部分曾有文学院增设史地学系，理学院增设生物学系，农学院增设园艺系之订定；嗣呈奉教育部指令，各校科系之设置正进行调整，所请暂从缓议。本年度第一次校务会议时，诸同人鉴于事实上之需要，复经决议：自卅三年度起，师范学院拟增设博物学系、教育学系、史地学系及理化学系。窃查自抗战军兴以来，师资缺乏，已成普遍现象，而东南各大学，设有师范学院者，又只有本分校一校，是以增设科系，充实内容，实有必要。上开各系，其师资设备与本分校现有文理工农各院系大部分可以通同互用，增设较易，为此电请总校转呈教部，自下年度起，本分校师范学院准予添设博物、教育、史地、理化各系，以资完备，而应实际需要，一俟令准，当再造具详细计划及预算送请核转！龙泉分校，丑寒。

L053-001-1177 卷

附 1　师范学院添设博物学系计划

生物及地质矿物人才素来稀少，供不应求，近年来加以交通不便，是辈教师更不易得，致教育上深感困难。本分校师范学院有感于此，势有亟待添设博物学系之必要，兹分现有教师、需添聘教师；现有设备与需增添设备分述于下。

ⅰ.教师：(1)现有动物教师二名(专任教授一，讲师一)，植物教师二名(专任副教授一，兼任副教授一)，(2)添聘教师。在二年级期内如添聘矿物地质教师及助教、助理各一名即可办理。

ⅱ.设备

(1)已有设备:设立博物学系在此抗战期内最困难者为显微镜。现已有徕资式显微镜十一架,扩大镜十具及解剖器、药品、标本等。

(2)需添设备:计十五万元。

项目	名称	金数(额)	说明
第一项	仪器	95000 元	形态、组织、生理等仪器
第二项	标本用品	17000 元	标本瓶、大小玻瓶及制标本等器物
第三项	采集用品	8000 元	采集动植矿地质等用具
第四项	药品	30000 元	备作试验及制作动植矿物
共计 150000 元			

董聿茂拟(三三,二月)

L053-001-1583 卷

附 2　国立浙江大学龙泉分校师范学院添设教育学系计划书

甲:添设理由

自抗战军兴,京、沪、杭各大学多内迁,于是东南国立高级师范教育之院校,一时遂付缺如。幸中枢教育当局知此,卅年秋,遂有本分校师范学院之创办,期有以养成中等学校之师资与从事教育行政之人员,用意至善。然创办之始,规模甚小。第一年只招国文、数学三年制新生各一班,前去二年,虽学系略有添设,然迄今只设五年制国、英、算三系,三年制国文、数学二科,揆之部章,师范学院可设九系,所设学系未及半数。且教育系在师范各系中最为重要,原居九系之首,本分校迄未筹设,故本分校之师院,可谓未具根本。近来教育部与总校重视本分校之师院,此欠缺之根本宜亟图树立。夫教育行政占国家普通行政之重要部分,值此抗(战)建(国)之时,各种行政均须由受专门训练之人担任,始能称职。东南数省幅员辽阔,到处兴叹才难,教育行政人员之需要孔殷,此非教育系之设不能养成者也。且教育学从纯理方面作专门之研究,其重要不减于应用。造成此种专门研究教育之人才,亦□教育系不克尽其责。是以本分校师院宜负责养成此等人才,即宜速设教育系以为此工作也。

乙、计划大纲

一、班数及名额　三十三年度第一学期起办理教育学系(五年制)一班,招收新生三十名。

二、添设教员数　第一学年内应添聘教员数如后：

1.分系必修科目师资　计教育概论第一学年每学期每周各三小时，应添聘教员三分之一人。

2.共同必修科目师资　计第一学年每学期每周国文四小时，外国文四小时，社会科学三小时，自然科学讲三小时、实三小时，中国文化史三小时，合计十七小时（实验除外），应添聘教员二人。又第一学年每学期每周三民主义二小时，军训二小时，体育二小时，伦理学一小时，音乐二小时，合计九小时，应添聘教员一人。

三、设备　先就第一学年应添置之图书、仪器等约计如次：

1.图书　图书除一部分利用本分校原有设备，一部分设法向浙江省立图书馆商借外，其余尚须择要添购若干种，约计数百册，需经费二万元。

2.仪器及试验材料　简单必需之心理学实验仪器及材料，大部分可自行仿制，所需工料约计二万元。再者前项仪器，遇有本分校其他院系可资借用者不计外，如有外界现成出购或出让者，尚应择要置备若干种，所需经费约二万元。共同必修科目中自然科学仪器材料之添置约五千元。

3.房屋及用具　暂拟就原有建筑及设备应用，不另计算。

四、经费约计

1.教员薪修　一万二千元（添聘教员三又三分之一人，每一教员月修以三百元计，每月计一千元，全年共计如上数。）

2.设备费　六万五千元（内图书二万元，仪器、材料四万五千元，合计如上数。）

潘渊　卅三年二月十日

L053-001-1583 卷

附3　国立浙江大学龙泉分校师范学院添设史地学系计划书

理由：

部定师范学院得设九学系，史地学系即居其一。本分校师院开办迄今尚仅设中文、英文、算学三系。而揆诸近年东南各中学校需求师资情形而观，则史地科教师亦感奇缺。各校之常以中英文教员兼课中西史地皆比比而是，长此因陋就简，不第有损教育之效率与学术之发扬，抑且无以激发民族思想与国民自尊心。再就十年来中学生毕业会考及各大学入学试验考生史地程度之低落而观，尤令识者兴慨。推其原因，罔非指授乖方师资匮乏所致。本分校为东南各省培养师资之唯一机构，则史地学系之添设实未容或缓。

办法：

一、人材

甲、学生　拟从卅三年度秋季始招考史地系新生一班，名额暂定三十名。

乙、师资　第一年自各院共同必修科目得兼任外，史地系应有专任教员三人，以后逐年添聘，并得设助教一或二人，绘制图表技术人员一人，至史地陈列室成立时，尚需管理员一人。

二、设备

甲、图书

(一)图表

1. 地图集　中外地图、中西日文历史地图。

2. 挂图　地图，如地形、地质、气候、人口密度、物产、交通等图；历史，如历代战争形势、沿革地理、历史人物分布、民族迁徙等图；表，如年表、世系表、历代大势表等——以上多有一时无从访购者，得由本系自行设计编制。

3. 图片　凡中外名人图像、名胜古迹照片属之。其来源除尽量访购外，得从新旧杂志、书刊及画报中择要摹绘。

(二)书籍

1. 新旧书籍　中西日文要籍、年表、辞书、索引等□之。

2. 中外杂志　史地学、考古学及重要之综合性期刊等。

附记：本分校图书馆现有史地类书籍约千余册，曾向浙江省立图书馆借用一部(分)，但不敷仍巨，图表一项，尤形缺乏，急待添购。

乙、仪器

(一)绘图仪器、尺、放大尺、平面板、三角板、曲线板等各一副。

(二)寒暑表、湿度计等各一件。

(三)幻灯一具。

(四)绘图放大机一具。

附记：右列三、四两种为顾目前物价及交通情形，得姑从缓□。

丙、实物标本

(一)历史类　如古器物、古泉币及拓片模型等。

(二)地理类　如化石、岩石及地形模型等。

丁、学舍

第一学年课堂、宿舍等似尚可利用本分校原有设备，惟将来应须添设史地专用教室及陈列室各一，以利教学。

三、经费

兹但就第一年所需要数字估计如次：

甲、薪修项　以教员三人论，每人月薪平均三百二十元，每月合需九百六十元。

乙、设备项　图书设备费至少年需三万元，仪器除幻灯及绘图放大机外至少年需购置费三千元。右两项并计约共四万四千五百二十元正。

原建议人　张崟谨拟

L053-001-1583 卷

附4 国立浙江大学龙泉分校师范学院添设理化系理由及计划书

理由：

于提倡科学救国、普及科学常识之今日，中学毕业会考及大学入学试验考生理化程度每况愈下，程度低落，小则影响大学理化科效率，大则有损于国防工业建设人才，揆诸原因，以目前中学理化教师缺乏，各中学多以他课教师或他机关人兼教，兼任者不免顾此失彼，或且塞责了事，流弊所及，造成今日考生程度之低落原因。本分校为东南各省培养师资唯一机构，添设理化系藉以栽培优良师资，实未容或缓。

办法：

一、人材

甲、学生 拟从卅三年度秋季始招考理化新生一班，名额暂定□名。

乙、师资 第一学年自各学院共同必修科目得兼任外，物理应添副教授一人，助教一人。

二、设备

甲、图书 物理约三千元。

乙、仪器 物理约二万元。

丙、学舍（原档空缺）

三、经费

兹就第一年需要数字估计如次

甲、薪修项（原档空缺）

乙、设备费（原档空缺）

L053-001-1583卷

教育部致龙泉分校电文
（1945年6月6日）

〈7808〉龙泉：该分校本年八月起改为国立浙江大学师范学院，除原该国文、英语两系及国文、数学两专修科外，准增设数学、史地、理化、教育四系。遵义浙大本校师范学院即行停办，并将原有经费及员额拨用该院支配，如仍不足，准就最低限度需要分别拟定报核。除分令外，仰遵办具报，巳麻高。

L053-001-0639卷

七、避敌入闽

(1)入闽前应急措施

布告
(1942年4月23日)

昨日校务会议中,曾请教职员八人连同学生代表两人筹备紧急措施,以防万一,先事绸缪,事所应有。龙泉犹在后方,诸生务各力持镇静,安心上课,勿事张皇,否则徒资纷扰,无益有损。至于停课与否,事关学校行政,果有必要,自当布告。此时尚无停课之必要也,特此揭示周知。此布。

主任　郑宗海

四月廿三日

L053-001-1600卷

布告:分校全体教职员会议议决
(1942年4月25日)

近因浙局紧张,人心浮动,刻经本分校全体教职员会议议决如左:

一、重申学生不得干涉学校行政之原则。

二、学校秩序应立时恢复。

以上两项严格执行,如有违反者以破坏纪律论。

三、学校在教育部及总校指示之下尽最大努力策学校之安全。

四、加紧授课以谋学生,本学期课业之圆满结束,其修订之课程表与作息时间表将由教务、训导、总务各组分别通告。

五、学生嗣后未经学校允许,不得擅自开会,右五项合行布告周知。此布。

主任　郑宗海

L053-001-1600卷

分校函总校告知该校加紧课业办法
(1942年5月3日)

本年四月中旬,浙局骤紧,绍兴于四月十七日陷落,镇海、海门、瑞安均十九日陷，诸暨、宁波、黄岩、临海、永嘉均二十日陷，旋闻诸暨一路有陷牌头讯，宁波一路有陷溪口讯，黄岩、临海一路有陷仙居讯，永嘉一路有逼青田讯。本分校全体人心，顿现浮动，当即召开全体教职员会议，经决定：以龙泉地僻，应力持镇静，一面预为万一之准备，先电福建教育厅长及邵武协和校长探询有无适当地点及房屋，以为必要时之退路，并决定加紧课业，其理由及办法如左：

加紧课业理由：

一、加紧本学期课业，以期提早结束，开始暑假，早日散学。纵或时局不容许至结束日期，亦可使学生多获授课时间。

二、本年浙省粮荒，浸成普遍现象。龙泉尤为缺粮县份。自统制粮食后，本分校既无从自行采办，应由地方政府集体分配，而迭请分配所得甚微。自三月廿九日起，已照浙省当局办法，实行两粥一饭，以期节省粮食。见存之米，仅可吃至五月底止，此后粮食来源，殊无把握。加之储办粮食必需垫款，本分校现金周转为难，乏款可垫。如能提早放假，散归一部分学生，可以减轻粮食负担。

三、自浙局紧张后，龙泉警报频繁，甚者日有数次，大抵以午前为多，早晨及下午亦间有之。故为警报关系，亦有更定授课时间之必要。

加紧课业办法：

一、修正授课时间表，以五日为一周，将前每周六日之课，并作五日加紧教授。

二、废除星期日。

三、上午授课时间提早自五时至八时卅五分，以避午前之警报。

四、课间休息时间改十分钟为五分钟，以便早晨可以讲授余时，以减少空袭警报之影响。

五、修正学历表，依新奉部定，每学期日数之令为一三五日，计十九周又二天，并无短缺。

右办法业经公布，于四月廿六日起施行。所有本分校因浙局紧张会议紧急处置实施情形，相应检附临时修正课程表及修正学历表，连同原定课程表及学历表备文函送查核，转呈教育部核备为荷。此致

本大学总校

计附送　修正课程表及学历表各两份。

　　　　原定课程表及学历表各两份。

国立浙江大学龙泉分校启

附1 国立浙江大学龙泉分校临时修正课程表(三十一年四月二十六日起)

时间	院别	金	木	水	火	土
5—5:50	文	经济学	英文名著	国文甲	英文名著	
5—5:50	理	物理学 A	物理学 A	物理学 A	物理学 A	物理学 A
5—5:50	工		无机化学 B	无机化学 B	无机化学 B	无机化学 B
5—5:50	农	经济学	普通植物学	普通化学	普通植物学	普通化学
5:55—6:45	文	普通生物学	中国通史甲	论语孟子	中国通史甲	论语孟子
5:55—6:45	理	初等代数方程式	无机化学 A	无机化学 A	无机化学 A	无机化学 A
5:55—6:45	工	英文 D	物理学 B	物理学 B	物理学 B	物理学 B
5:55—6:45	农	三民主义丁	普通化学			
6:50—7:40	文	英文 A	普通生物学	英文 A	普通生物学	英文 A
6:50—7:40	理	英文 B	初等代数方程式	英文 B	初等代数方程式	英文 B
6:50—7:40	工	英文 C	英文 D	英文 C	英文 D	英文 C
6:50—7:40	农	英文 B	普通动物学	英文 B	普通动物学	英文 B
7:45—8:35	文	普通数学	经济学	普通数学	经济学	普通数学
7:45—8:35	理	初等微积分及数分方程	初等微积分及数分方程	初等微积分及数分方程	初等微积分及数分方程	初等微积分及数分方程
7:45—8:35	工	国文丙	物理学 B	国文丙	初等微积分	初等微积分
7:45—8:35	农	普通数学	经济学	普通数学	经济学	普通数学
8:40—9:30		纪念周				

续表

时间	院别	金	木	水	火	土
1—1:50	文		国文甲		国文甲	看护学军训
1—1:50	理	中国通史乙	国文乙	中国通史乙	国文乙	中国通史乙
1—1:50	工	机械画	三民主义	工场实习	初等微积分	初等微积分
1—1:50	农	普通动物学实习	国文丁	国文丁		看护学、军训
1:55—2:45	文		普通生物学实验	三民主义甲	三民主义甲	中国通史甲
1:55—2:45	理		物理学实验	体育乙	无机化学实验A	体育乙
1:55—2:45	工	机械画	无机化学实验B	工场实习	物理学实验B	三民主义丙
1:55—2:45	农	普通动物学实习		普通动物学实习		普通化学实习
2:50—3:40	文		普通生物学实验	体育甲		体育甲
2:50—3:40	理		物理学实验A	三民主义C	无机化学实验A	看护学、军训
2:50—3:40	工	机械画	无机化学实验B	工场实习	物理学实验B	看护学、军训
2:50—3:40	农	普通动物学实习	三民主义丁	普通植物学实习		普通化学实习
3:45—4:35	文	女生体育	普通生物学实验			
3:45—4:35	理	女生体育	物理学实验A	国文乙	无机化学实验A	三民主义乙
3:45—4:35	工	女生体育	无机化学实验B	体育丙	物理学实验B	体育丙
3:45—4:35	农	体育丁	体育丁	普通植物学实习		普通化学实习

因浙局紧张，自四月廿六日起将每周六日之课并作五日，加紧教授。时教育部规定学期日数之令方奉到，仍遵部令。

附2 国立浙江大学龙泉分校民国三十年度第二学期第十周起修正学历表

四月	第十周	26	金	
		27	木	
		28	水	临时试验开始
		29	火	
		30	土	
五月	第十一周	1	金	
		2	木	
		3	水	
		4	火	
		5	土	
	第十二周	6	金	
		7	木	临时试验终止
		8	水	
		9	火	
		10	土	
	第十三周	11	金	
		12	木	
		13	水	
		14	火	
		15	土	
	第十四周	16	金	
		17	木	
		18	水	
		19	火	
		20	土	

续表

五月	第十五周	21	金	
		22	木	
		23	水	
		24	火	
		25	土	
	第十六周	26	金	各科会考与学业竞试开始
		27	木	
		28	水	
		29	火	
		30	土	各科会考与学业竞试终止
	第十七周	31	金	
六月		1	木	
		2	水	
		3	火	
		4	土	
	第十八周	5	金	
		6	木	
		7	水	
		8	火	
		9	土	
	第十九周	10	金	
		11	木	
		12	水	学期考试开始
		13	火	
		14	土	
	第二十周	15	金	学期考试终止
		16	木	暑假开始
		17	水	
		18	火	
		19	土	

本表说明：
(1)本表以五天作一周,无星期日及其他例假。
(2)本表如有更改随时公布之。

L053-001-1600 卷

(2)入闽前后之函电往来

教育部电浙江大学
(1942 年 5 月 7 日)

浙江大学:顷据该校龙泉分校电称,浙局骤紧,粮荒益急,请示可否于必要时退闽、赣,已电示必要时可暂迁邻近江西之浙江边境。届时仍仰另电请示,特知照。教育部,辰虞。

L053-001-1600 卷

分校郑宗海电教育部
(1942 年 5 月 18 日)

重庆教育部陈部长:虞电敬悉。浙局又紧,如必须撤退,计维入闽,但经费既绌,又乏车辆,恳赐予各项助力,以备万一。浙大分校郑宗海叩。

L053-001-1600 卷

分校电教育部、总校
(1942 年 5 月 21 日)

青木关 5148,遵义 3181,范密。时局叵测,必要时如何措置,乞示遵……〈7808〉箇。

L053-001-1600 卷

分校电教育部、总校
(1942 年 5 月 27 日)

青木关教育部,遵义总校:箇电计达。浙势益亟,请示方针,并亟盼先汇款十万济急。〈7808〉感。

L053-001-1600 卷

分校电总校
（1942 年 6 月 4 日）

遵义 3181，浙局益紧，已定巳庚起先行期考，考毕尽可能续上课，否则放散。祈汇款十万济急，并速汇迁送津贴，〈7808〉支。

L053-001-1600 卷

总校电分校
（1942 年 6 月 8 日）

电悉。已电部请示方针，并由部径汇 15 万元。必要时应由闽入赣。桢。

L053-001-1600 卷

浙大分校电教育部
（1942 年 6 月 10 日）

青木关教育部：浙局更紧，浦城被投弹，人心震荡，乞示方针，并电汇款应变，浙大分校。

L053-001-1600 卷

浙大分校电教育部
（1942 年 6 月 18 日）

青木关 5148 急，竺校长电嘱必要时由闽入赣。现局势益紧，交通梗阻，员生等 600 余人彷徨万状，经济一断，何堪设想。恳速电汇 50 万元。俾必要时便宜行事。仍请电示机宜。〈7808〉巧。

L053-001-1600 卷

郑宗海主任电教育部司长
（1942 年 6 月 18 日）

青木关 5148，吴、蒋司长，彭、戴秘书：时危势迫，乞转恳陈部长垂念艰困，迅拨巨款,俾资应付,并示机宜。〈7808〉弟海叩,巧。

L053-001-1601 卷

分校电总校

(1942 年 6 月 19 日)

遵义 3181,局势益紧,恐与中央隔绝,已电部速汇 50 万应变,仍祈电催,并示机宜。〈7808〉巳皓。

L053-001-1601 卷

郑主任函松溪县政府县长、小梅区区长

(1942 年 6 月)

查目前浙局紧张,本分校人数众多,不得不早为之所。兹派讲师屠镇川先生前赴贵松溪县勘定房,以为必要时退避之所,道经贵处,相应函达,敬希查明,惠予协助……至议公谊。此致

小梅区区长

松溪县政府县长

主任　郑

L053-001-1601 卷

郑主任函松溪县政府等

(1942 年 6 月 25 日)

本分校现经决定必要时员生撤退至松溪暂避,兹先请路季讷教授前往松溪筹备一切,并在查田、竹口二处各设行站,以便照料行旅。傅廷才暂驻查田照料,吴大胜暂驻竹口照料。相应函达,即希查照,给予协助,给各该员以种种便利,实纫公谊。此致

松溪县政府

小梅区署

查田、竹口乡镇二所

L053-001-1601 卷

分校电教育部
（1942 年 6 月 26 日）

青木关 5148，巳删、盐两电奉悉，巧电谅达。敌压丽水，情势岌岌。职校员生拟避闽北松溪，但无款不能行动，日夕盼汇巨款应变。〈7808〉巳宥。

L053-001-1601 卷

郑宗海主任电教育部、总校
（1942 年 6 月 27 日）

青木关 5148，职校拟暂退闽北松溪，已派路教授季讷前往筹备。电请应变费请速汇。7805 感。

遵义 3181，竺校长：分校拟暂退闽北松溪，已派路教授季讷前往筹备。又二月份起增加月薪四分之一、津贴一节，是否可照发。并祈电示。弟海，感。

L053-001-1601 卷

郑主任分别电竺校长和刘主席、郑厅长
（1942 年 7 月 4 日）

遵义 3181 急，竺校长：分校拟暂退松溪，前经电达，现同人意拟迁移三元吉口开学。祈核示蒙裁，并请向部先索迁移费 50 万。〈7808〉弟海，午支。

永安刘主席、郑教育厅长：敝校暂迁松溪，前经电达。现拟再移三元吉口，并借用农业人员养成所房屋。祈俯允电复。浙大分校主任　弟郑宗海，午支。

L053-001-1601 卷

龙泉分校全体教职员电教育部
（1942 年 7 月 5 日）

急 5148 青木关：本分校奉令入闽，经校务会议决议迁三元一带，同人一致拥护……分校现事机紧迫，仰祈尽速先拨迁费 50 万元，俾便行动，亟盼电复。浙大龙泉分校全体教职员 76 人叩，歌。

二档全宗号五，案卷号：3525(2)

分校电教育部
(1942年7月15日)

青木关5148,艳电奉悉。职校暂退闽松溪,业经电呈,员生已渐次出发,簿册文卷亦已起运,现拟再迁三元一带开学,正与闽省府接洽中。员生旅费十万元已到,所请迁校费50万元仍请照准。……〈7808〉午删。

二档全宗号五,案卷号:3525(2)

龙泉分校全体教职员郑宗海等电教育部陈部长
(1942年8月14日)

教育部长陈:前浙南危迫,宗海等奉命入闽,集中松溪,待款南迁。现敌迫龙泉,浦城又紧,而部款未至。颠连道路,狼狈万状,伏念政府于沪港员生尚劳来,不惶坐视本校员生之陷敌。万乞火速电汇搬迁费50万元,俾早脱险。临电不胜迫切待命之至。浙大龙泉分校全体教职员郑宗海等75人同叩,寒。

二档全宗号五,案卷号:3525(2)

教育部电分校郑宗海主任
(1942年9月3日)

福建松溪浙大龙泉分校郑主任宗海:寒电悉。该分校员生安全本部至深关切,前已先拨应变费10万元,兹再电汇应变费15万元,以备万一。倘闽局不甚紧张,不必再迁。教育部。

二档全宗号五,案卷号:3525(2)

教育部代电国立浙江大学
(1942年9月7日)

国立浙江大学:案据该校龙泉分校全体教职员郑宗海等七十五人电称:前浙南危迫,奉命入闽,集中松溪,待款南迁。现敌迫龙泉,浦城又紧,乞电汇搬迁费五十万元,俾早脱险等情;该分校员生之安全本部至深关切,前已先拨应变费壹拾万元,兹再电汇应变费另拾伍万元,惟电令如闽局不甚紧张,不必再迁。除电复外仰即知照。教育部,高虞。

L053-001-1603卷

教育部电浙大分校
(1942年9月9日)

松溪浙大分校:删真电悉。东南局势安定,无须再迁。已齐汇收容借读生费200000元,筱汇赴黔生旅费150000元,顷续汇150000元,应节支。教育部。

二档全宗号五,案卷号:3525(2)

(3)迁闽期间颁发公文

撤退办法
(1942年6月26日)

一、撤退地点暂定福建松溪。

二、教职员学生撤退时概用步行,如因体力衰弱不胜跋涉而必须雇用舟车□□,其费用由各人自行负担。

三、教职员学生行李之运输依照应变委员会交通组所订运输办法办理(如应变费有着,予以二十五市斤运费之津贴)。

四、教职员眷属如愿随校撤退,学校方面得予以便利,并量予津贴,其数目视学校经济状况再行酌定。

五、学校装运行李物件有水路可通之处,概以船只或竹筏为主。

六、为便利沿途照料起见,于查田、小梅、竹口三处各设一行站,由学校派定职员一人常驻各该处负责照料。

七、学生撤退时,途中膳费除向学生自治会、膳食委员会领取三日途程原有之食米及菜资外,并由学校另再津贴菜资三元。

八、随校撤退之教职员由学校津贴每人川资十元,另有工作任务者得依照出差旅费规则办理,但每人每日膳费不得超过八元。

九、学生撤退时之队伍仍依照应变委员会之编定。

十、到达松溪后各队住宿地点依照驻松办事处之规定不得擅自交换。

十一、撤退日期另行通知。

L053-001-1601卷

在龙教职员及物资疏散办法
(1942 年 6 月 29 日)

一、凡撤退至松溪者已另有撤退办法外,其余留龙人员及物资之疏散依照本办法。

二、凡现留龙之教职员,如时局更紧时,仍盼各自撤退至松溪集合。

三、凡图书、仪器、粮食等即日由总务组择定地点疏散储藏。

四、凡目前不用而有关交代之公务重件如账簿、单据、案卷、成绩单、册籍等项即日挑送小梅、运松溪办事处。

五、凡目前必需候用之公务重件,届时随撤退办公人员挑运至松溪,数量以一二件、斤量以一挑为主(约八十斤)。办公人员之行李除暂提留席帐、薄被备用及一部分挑送松溪外,其余得委托学校设法代雇挑夫送山后指定地点存储,派人保管。但不愿挑送者听(便)。

六、凡有眷属之人员应即日自觅疏散地点,安顿家口。

七、凡非办公人员为防临时仓皇起见,得即日退避山后砄石一带地方。如在八人以上,由学校指派校工各一人听候差遣,不愿退避者听(便),如退避至非核定地点者须来校通知。

八、凡自行组织之退避处所教职员满八人以上(包括单身教职员及眷属者以教职员本人为单位),亦得派校工一人前往听差。

九、本办法如有未尽事宜,得随时修改通知之。

L053-001-1602 卷

国立浙江大学龙泉分校松溪办事处组织规则
(1942 年 7 月 3 日)

一、本办事处设主任一人,秉承分校主任主持办事处一切事宜,由分校主任聘请教授、副教授或讲师担任之。

二、本办事处之职掌如左:

1. 房屋之修缮布置及支配;

2. 校具暨员生行李之运输及保管;

3. 员生报到及离处之登记;

4. 补办二年级生入黔手续;

5. 接受学生假期膳食贷金申请书并汇转本校核定;

6. 关于一切对外、对内文书事宜;

7. 关于一切付款、记账事宜；

8. 关于其他一切庶务事宜。

三、本办事处设组员若干人，就本校原有职员派充之，分任上列各项职务，并遴选学生若干人协助办理。

四、为办事便利起见，设查田、竹口两分办事处，并派员一人或二人常驻城区，向有关各机关团体接洽一切。

五、本办事处职员均支原有薪修，惟自龙泉至松溪在途膳宿杂费得照出差旅费规则交给。到松后在本处办事则每人每日津贴五元。

六、在本处协助办事之学生每人每日亦津贴五元。

七、本规则如有未尽事宜得随时修改之。

八、本规则经分校主任核准后施行。

L053-001-1602 卷

松溪办事处工作人员职务暂行分配表
（1942 年 7 月）

接洽竹筏：忠靖

接洽船只：路真、季思

图书仪器校具行李等之运输及保管：季讷、忠靖

警卫及押运人员之指派：雁门

草拟文稿及支付款项、购置物品暨领米领盐等之初步核定：铸颜

代表学校向外接洽重大事件：季思、铸颜

编组学生及生活指导：季思、振东、镇川

筹备招生工作：兰峰、含英、其华、幼贤、闻兴、嗣兴

收发文件：作珍

购置及修理：雪昆

管理盐米杂物及其他庶务：雪昆、坤言

校丁管理：雪昆

支配房屋用具：嗣兴

会计：寿臣、可成、继伦

出纳：其泳、曼洁

医务：蕴芝

情报：季思、士宏、镇川

缮写：其华、作珍、幼贤、闻兴

上表系就已到松溪人员支配，以后如有续到，当再分别派定。

L053-001-1602 卷

通告
（1942 年 7 月 6 日）

二年级学生运松行李大部已装运完竣。昨日经临时校务会议议决，该级学生可自即日起先行撤退至松溪，兹订定撤退时应行注意事项七条，公布如左，希各遵照办理。此布。

一、凡各项手续业已办理清楚者，可即日出发至松溪，惟动身前须至训导组登记，以备查考。

二、到达松溪后，应向驻松办事处报到并缴纳膳费。同时依照办事处指定地点住宿，将来离松赴内地时亦须向办事处登记。

三、学生在松膳食暂由学校代办，并由赴松各生另组膳食委员会协助管理。贷金学生应领七月十五日以前之膳食贷金，可于出发前预向学校领取。

四、凡战区贷金学生因特殊原因七月十五日后尚须留松者得依照规定请求假期膳食贷金，由办事处造具印领清册，向学校请领。

五、查田离龙泉约七十里，中间豫章、硋湖、小查田等处均未设站，如须一日赶到，晨间动身必须提早。

六、出发时最好能有十人以上结伴同行，以防途中发生意外。

七、碗筷用具等须自行带去，食盐亦宜携带若干，途中并须备带干粮、小菜。

附告：查田站办事处设中街十六号中心小学内，办事员张良会先生，襄助同学张恩泽、胡家祚二君；竹口站办事处办事员吴大胜先生，襄助同学张恭、詹腾孙二君。

L053-001-1602 卷

郑宗海主任函在松教职员
（1942 年 8 月 24 日）

顷据松溪办事处主任路季讷先生函称：“现全校员生均已集中松溪，事务纷繁，自非办事处数人所能顾及。从法律立场言，及从事实方面言，松溪办事处均有撤销之必要。请自即日起重新分配工作，使全校员生不致感大不便，为幸为荷！再季讷二个月来，心力交瘁，至今病体未复，自今晨起恕不到办公室办事为感。”据此，查路先生自主持松溪办事处以来，贤劳久著，……所请暂息仔肩，俾资休养，自当勉如，所请至办事处，则因在松员生不日即须前进，决仍继续设立，暂缓撤销。现除将办事处主任一职暂由宗海自兼外，各人职务重行派定如附表。又各服务生自九月一日起一律撤销，其经手之工作（即日移交各主管人员办理）将来事实上如有需要，再行酌量设置。希各知照，此布。

郑宗海　启

L053-001-1602 卷

教职员学生应变临时出差押运办法
（1942 年 9 月 30 日）

（一）凡因公派请出差、驻站或押运工作均须先经主任室或主持人开具出差或押运函证文件，注明工作地点及事由。

（二）员生凭出差函证文件出外公干回校后，先须签具出差工作报告及应领出差费用单据送请审核盖章证明，连同出差函件送会计室稽核制票，向出纳室领款。

（三）凡无出差函件者概不得支领出差费用。

（四）出差员生一切费用务须极力撙节开支，如有特殊情形而必须支用其数目较大者，须先具函报告，经核准后始可支用。

（五）凡属专使、特派人员得照部颁出差旅费办法办理之。

（六）凡奉派请员生出差驻站或押运等工作均可支领生活补助费，其数目视各地生活程度而定，但至多不得超过每日八元之数。

（七）本办法经核定施行之。

L053-001-1603 卷

校工出差押运办法
（1942 年 9 月 30 日）

一、凡因公派用校工出差或押运均须经派用人开明出差证或押运证（证式另定）签明事由及起讫地点日期。

二、校工凭证始得出外公干，回校必须先至派用人处报告，开具出差费单据，送请派用人审核盖章证明后，再连出差证一并送会计室稽核制票，向出纳室领款。

三、凡无出差证或押运证者概不得支领出差费。

四、凡派赴出差或押运极应忠实负责，不得无故在中途稽延时日或捏造事由。

五、凡出差驻站或押运校工应绝对服从指挥，不得有推诿、偷懒等情。如有抗违可由主持事务员生直接予以处罚或开除，随时报告派用人处以便登记。

六、凡出差或押运校工如发现有不端及私运货品等情事，一经查明，即予开除并扣罚出差工资等费。

七、凡派用出差校工其出差费规定如附表。

八、本办法经核定施行之。

规定校工出差补助膳杂费数目表

事　由	每日出差里程	补助费数目
紧急事件限期专差	步行五十或六十公里左右者	十元
普通送递公文信件	步行三十或四十公里左右者	八元
水路押运公物	押运三四十公里左右者	七元
陆路押运公物	押运三四十公里左右者	八元
驻站工作		三元

出差及押运证式：

兹派校工○○○ 赴○○○○
驻○○○站 公干此证

起讫地点

起行日期

回校日期

派用人　　　　（签名盖章）

中华民国　　年　　月　　日

L053-001-1603 卷

（4）返龙及后续事项函电

分校专电教育部
（1942 年 10 月 14 日）

重庆青木关〈5148〉，奉电令留松或回龙上课，松缺校舍，浙局既宽，已将文理工农迁回，而金兰未复，故将师院留松，以备万一。均咸日开学。谨此电呈核备。7808 酉寒。

L053-001-1603 卷

主任室函沈金相
（1942 年 10 月 15 日）

径启者：

迭据龙、松两处师院学生请求并迁回龙，其理由：（一）免师资困难；（二）免心理恐怖。并接潘渊等教授函请将校全部迁回。当于十月十五日召开行政谈话会，以不足法定人数，改作交换意见送松溪，征求本会会员同意。兹将记录及各函一并送请查照，希即召集韩雁门、徐声越、王季思、姚寿臣诸先生征求对于本记录所载事理是否同意，即日见复为荷。此致

沈金相先生

附　记录一件。

留松师院学生函一件。

在龙师院学生函一件。

潘教授等函一件。

主任室　卅一年十月十五日

L053-001-1603 卷

沈金相电龙泉分校
（1942 年 10 月 28 日）

分部遵令结束，委陈留守。员生陷日起分批返龙。相。

L053-001-1603 卷

郑主任函福建省政府、教育厅和连城县政府
（1942 年 11 月 13 日）

案本分校前以浙东军事紧张，奉令入闽，议迁连城，经分电商请协助并报部在案。嗣以浙局转宽，奉教育部令迁回龙泉，兹已遵令迁回。前在贵省诸承贵府、厅协助之处，本分校无任感谢，所有奉令迁回缘由，相应函达查照，并致谢忱。此致

福建省政府

福建省教育厅

连城县政府

主任　郑宗海

L053-001-1604 卷

分校电浙江、安徽、江西等省教育厅
（1942 年 11 月 22 日）

浙江省、安徽省、江西省教育厅：本分校前因浙东事变暂避松溪，今已全部（包括师院）迁回龙泉上课，特电奉闻。浙江大学龙泉分校，戌祃。

L053-001-1603 卷

郑主任函湘湖师范
（1943 年 1 月 16 日）

查本分校前迁松溪时租有房屋及置办校具，自迁回龙泉后，曾派员留守。今拟将留守人员撤回，所有松溪所租房屋仍拟保留，连同所置校具，拟请贵校派驻松溪通讯员○○○就近代为照料看管。如荷答允，即饬本校留守员姚含英、陈坤言造册移交贵通讯员接收，由本分校给予每月津贴五十元，藉谢劳贯。相应函商，即希查照核复为荷。此致

湘湖师范

主任　郑宗海

L053-001-1604 卷

主任室函松溪留守处全体校工
（1943 年 2 月 2 日）

径启者：

现校中需人□亟，经第四十一次行政谈话会决议，松溪只留一人保管，其余召回等语。兹留陈坤言先生在松保管，希姚含英先生带同校工即日回校服务，并将在松校具照抄一份，带校备查为盼。此致

松溪留守处

主任室

卅二年二月二日

L053-001-1604 卷

八、复员迁杭

(1)函电往来

竺校长电路主任
(1945年8月11日)

浙江分校路季讷兄:胜利临头,总校返浙需相当时日,望兄迅即派人赴杭接收城内及华家池、哈同花园校舍、湘湖、临平产业。总务方面,陆子桐、杨其泳熟悉地产,可在派遣之列,并盼接洽黄主席。弟竺可桢,未真。

L053-001-0760卷

路主任函杨其泳、陆子桐
(1945年8月15日)

径启者:

兹奉总校竺校长未真电,以胜利临头,本校即拟搬迁杭垣复校,嘱速派员赴杭萧等处,接收城内华家池、哈同花园校舍及临平暨湘湖农场产业等因。兹派先生即日首途赴杭,及萧山等处,接收上项校产。除又分函各该地方政府随时予以协助外特函查照,并希将接收情形,随时函报,以便计划拟返为荷。此致

杨其泳　陆子桐先生

主任　路季讷

八月十五日

L053-001-0760卷

路主任函杭市政府等
(1945年8月15日)

径启者:

胜利实现,本校即拟回杭复校,兹派陆子桐、杨其泳两位先生专程赴贵市、县接收城内暨华家池及哈同花园校舍、本校前在临平产业,以便重行整理,相应函请查照,饬请贵政府、局随时惠予协助,以利进行,至纫公谊。此致

杭州市政府、省会警察局、杭县县政府

主任　路季讷

L053-001-0760 卷

路主任函萧山县政府
(1945 年 8 月 15 日)

径启者：

胜利实现，本校即拟回杭复校，兹派陆子桐、杨其泳两位先生专程赴贵县接收前本校湘湖农场产业，以便重新整理，相应函请贵政府查照，饬请随时惠予协助，至纫公便。此致

萧山县政府

主任　路季讷

八月十五日

L053-001-0760 卷

分校电总校
(1945 年 8 月 17 日)

遵义〈3181〉，真电奉悉，遵派杨、陆赴杭。陆在绍已电知。复校费请洽部早拨。本学期旧生决仍在龙开学，新生需添房屋设备，可否在杭召集？已电部请示〈7808〉。未筱。

L053-001-0760 卷

龙泉分校主任室函总校孙文书主任
(1945 年 8 月 24 日)

请再备一公函分致浙江省教育厅及主席行辕，请照料复校事宜，并告以已派陆子桐、杨其泳两先生赴杭察看校舍。此致

孙文书主任

国立浙江大学龙泉分校主任室启

八、廿四

L053-001-0760 卷

路主任电浙省政府主席行辕、教育厅
（1945 年 8 月 24 日）

浙江省政府主席行辕勋鉴，浙江省教育厅公鉴：抗战胜利，复员在即，本校业经指派陆子桐、杨其泳两先生首途赴杭，勘察城内及华家池、哈同花园校舍，暨临平与湘湖农场等处产业，以便重行整顿；惺复校伊始，头绪纷繁，务请俯赐协助，以利进行。除通知该两员随时与贵主席行辕/厅切取联系外，谨电奉达，即请察照见复为荷。路季讷叩，未敬。

L053-001-0760 卷

分校电教育部
（1945 年 8 月 30 日）

青木关〈5148〉，未元电谅达。分校回杭约计图仪行李 1200 担，每担 10000 元，共 1200 万元。员生津贴 600 万元，其他 200 万元，共 2000 万元，请速拨备用，杭校舍修复费由总校另请。〈7808〉叩，未陷。

L053-001-0760 卷

分校电总校
（1945 年 8 月 30 日）

遵义〈3181〉，铣马径电奉悉，筱电谅达。本届新生当尽量多取，沪杭招生拟稍缓。分校迁杭费需 2000 万元，已电部请拨，杭校修复费确数候陆杨报告后估计，请总校径呈请发。复校事宜已续派董聿茂赴杭主持。〈7808〉，未陷。

L053-001-0760 卷

路季讷主任函吴月峰先生
（1945 年 9 月）

径启者：

胜利实现，河山重光，本校决定先在杭设立回杭筹备处，由季讷兼任主任，董聿茂先生为副主任，除已函请董先生即日赴杭筹备进行外，兹调派先生至筹备处工作，希即查照准备为荷。此致

吴月峰先生

主任　路季讷

三十四年九月

L053-001-0760 卷

分校电竺校长
(1945 年 9 月 24 日)

遵义〈3181〉,竺校长:未陷、申删电谅达。本届新生文 72 人,理 21 人,工 92 人,农 38 人,师 102 人,师专 68 人,现有校舍无法容纳,拟戌初在杭召集。子桐筱电,文理院校舍日军已撤,工院房屋未接收,迁移修置费甚巨,请洽部速拨。沪杭续招新生拟到杭后再定。〈7808〉申有迥。

L053-001-0760 卷

分校主任室函孙文书主任
(1945 年 10 月 8 日)

案教部善后复员会议议决复员办法第四条规定,应行迁移之国立各校院应拟具详细计划,编造概算,呈部核定,除概算已于本月二日电报教部外,现拟具计划,请备文分呈教部及总校。此致

孙文书主任

主任室启

十、八

L053-001-0760 卷

路主任电教育部
(1945 年 10 月 8 日)

重庆教育部钧鉴:据报载钧部善后复员会议议决复员办法第四条规定,应行迁搬移之国立各校院须拟具详细计划,编造概算,呈部核定等。自应遵办。除迁运费概算数业经于西东电呈钧部鉴核外,兹谨补具复员计划一份,仰祈鉴核迁运费并乞赐拨发为祷。全衔路季讷叩,酉。

L053-001-0760 卷

分校电总校
（1945 年 10 月 8 日）

遵义本大学总校：据报载教部善后复员会议议决复员办法第四条规定，应行迁搬移之国立各校院须拟具详细计划，编造概算，呈校核定等。自应遵办。除已呈部鉴核并请迅拨迁移费外，兹谨检送复员计划一份，即请鉴备为荷。分校，酉。

L053-001-0760 卷

分校电总校
（1945 年 10 月 9 日）

遵义〈3181〉，龙泉疫匪堪虞。新生拟戌江在杭召集，旧生戌真起迁杭，明日复课。迁运费 2256 万已电部请拨，计划邮呈。修理文理院房屋并添置 400 学生用具，据电告需 550 万。分校现有 711 学生，修理及设备费请总校并造概算，电部速拨。龙泉房屋及剩余设备如何处理，并请洽部电示。〈7808〉酉佳。

L053-001-0760 卷

（2）复员会议

行政谈话会、复员委员会第二次联席会议
（1945 年 10 月 13 日）

地点：二部教员宿舍

出席者：杨景桢　毛路真　陈崇礼　张树森　陈嗣虞　钟景文　孙祖康
陈雄飞　陆永福　韩雁门　屠鼎锳　丁祖炎　胡伦清　周北屏
沈金相　李文瑶　路季讷　潘　渊

主席：路主任

记录：沈金相

（甲）报告事项：

一、董先生来电，总校已派沈思玙、吴馥初两先生来杭，竺校长十七日亦可到校，路主任赴杭面商校务。

二、倪局长来电，哈同花园仍驻有军队未撤。

三、关于计划草案，拟订原意及同人建议修改意见。

四、路主任离校期内，教务方面已暂请陈嗣虞先生负责。

（乙）讨论事项：

一、复员计划内关于旅费及行李津贴部分，陈崇礼先生等提出意见二次，请求覆议，应如何修改俾臻妥善案

议决：暂定如下：1.教职员家内雇用之仆人不给津贴；2.旅费津贴每家连本人以五口为限，五岁以下者减半计算；3.家属行李每口照本人之一半计算，亦以四人为限，五岁以下者不计；4.家属以随在任所之直系亲属为限。

二、复员计划内规定复员委员会副主席由总务主任担任，运输、舟车管理及总务三股正副股长由主席聘定，兹因各人相互谦让，聘定不易，拟改由本会议推选，选定以后并不得谦辞，是否有当请公决案

议决：通过。（当选人录后）

三、各办事处职员依照复员计划由学校职员担任者除发原薪外，不另给津贴，兹为顾全事实需要，并资鼓励起见，拟酌给津贴，是否有当，请公决案

议决：各办事处职员每人每日津贴膳食差价二百元。

四、教部前电复本校，师院新生仍在龙开学，总校八月十一日第二六九次行政谈话会记录亦有分校除师范学院外其余二年级学生尽先迁杭等语，是本校各学院、教部及总校方面似有分批迁移之意，本校同人应否有所表示案

议决：请路主任于此次赴杭晤竺校长时，将本校不能继续在龙办理原因及师生急欲回杭心理详细陈述并坚决表示二点：

1.依照计划预定日期迁移；2.各学院必须同时迁移。

五、在路主任离校期内各部分校务应如何处理以免积滞案

议决：1.在路主任离校期内，校务由各部分主管人分别负责，遇有疑难时，可由部分主管人会商决定。2.经费之核付请杨总务主任负完全责任。

六、教职员赴杭日期应否分批排定案

议决：校职员赴杭日期视所任教课及职务而定大概。担任一年级功课及一年级生入学时有工作者为第一批，兼有一年级及二年级以上功课者为第二批，专任二年级以上功课者为第三批，担任复员委员会工作者为第四批，第一批人员并定十月廿四、五日出发。

七、学生赴杭时应否有所组织案

议决：学生于停课后即可离校，惟须于一月三日以前赴杭报到。

八、至出发时，如迁运费、教职员8—10月份生补增加费及学生8—10月份膳费均未发，应如何办理案

议决：教职员有家眷者，每家得借支三万元，单身者每人得借支一万五千元，学生每人得借支二千元，惟如未至规定出发日期先行动身者概不得借支。教职员生补增加费及学生膳费届时如已发给，亦不得再行借支。

九、请决定设置办事处地点案

议决：设置办事处地点应视路线而定，如取道金华，拟设置下列六处：1. 龙泉城内；2. 丽水；3. 缙云；4. 永康；5. 上茭道；6. 金华。

十、拟向盐务管理局借用车辆以利运输公物案

议决：请路主任至杭接洽。

十一、王子青先生前同任建德留守，将家眷留置该处，现拟随校迁返杭垣请求给予津贴，应否准如所请案

议决：照在龙教职员家眷津贴之半数支给。

十二、理发匠李田森请求学校收其生财代运至杭，应否准案

议决：该匠在校已将二年，其工作上用具姑准视作公物由学校代运。

十三、龙泉房屋及剩余校具应如何处理案

议决：请示校长后决定。

十四、请规定复员委员会结束日期案

议决：定十二月十日结束，过期将剩余校具等移交保管员保管。

选举：

选举复员委员副主席及各股正、副股长投票者共十七人，当选者姓名录后：

副主席：沈金相

总务股正股长：杨次廉

副股长：胡伦清

舟车管理股正股长：钟景文

副股长：孙祖康

运输股正股长：陆永福

副股长：丁祖炎

L053-001-4009 卷

行政谈话会（第九十四次）、复员委员会第三次联席会议
（1945 年 10 月 27 日）

地点：一部教员休息室

出席者：胡伦清　韩雁门　张树森　陈雄飞　周北屏　屠鼎瑛　丁祖炎
陈崇礼　陆永福　李文瑶　沈金相　陈嗣虞　杨景桢　钟景文
孙叔平　毛路真　潘　渊

主席：沈金相

记录：屠镇川

报告事项：

主席报告：

（一）最近与教部及杭州方面来往重要电文

一、本月二十日接杭州吴馥初、沈思玙二先生筱电，略谓工院现作炮弹仓库并驻有军队未撤，文理学院只容学生三百人，请路主任速赴杭详商办法。

二、本月廿四日奉教部皓电，准新生在杭召集入学并允垫发复员迁建费五百万元。

三、本月廿五日奉竺校长漾电，略谓新生四百人准依期报到上课，旧生及担任二年级以上功课各教师暂缓行，因校舍毁坏甚多，杭市住宅多居兵，俟路主任到校商定办法后再行电知。

四、本月廿四日奉部皓电后上校长一电，略谓新生在杭召集已奉教部电准，并允垫迁建费五百万元，现决如期全部迁杭，款到请电汇龙。奉漾电后于廿六日又复一电，电文如下"漾电奉悉，旧生定子初上课，可迟至亥杪报到，届时房屋谅无问题，设备拟由龙运杭，如延至旧历年杪，交通甚困难，且一、二年级教师极难划分，恳准照原定日期迁杭为祷"。

五、教部方面于廿六日亦复一电，告以新生定十一月三日在杭入学，旧生定十一月十一日起迁杭，并请增垫迁建费。

（二）复员工作进行状况

一、各部分物品已开始将准备装箱并订有注意事项印发，各组室场馆清册及总册表格亦由主任室代印，以资一律。

二、教职员自有书籍委托学校代运办法及教职员赴杭前应行接洽事项，业经订就并已印发全体同人。

三、各员工随在任所之直系亲属人数业已调查完竣。

四、各股办事细则、办事处组织规则、托雇舟车登记办法、公物运输办法、学生赴杭须知等草案已由各部分分别拟就。

五、请驿运站调派船只，已去函接洽。

六、担任一年级功课教师业已赴杭者计有黄乃明、胡不归、斯何晚、孙吉生、连珍、沈德贤、林肇荫诸先生。

七、会计室方面已推定李文瑶、张云程二先生先行赴杭，训导组方面已推定徐振东先生首先赴杭，并已分别照派。

八、包运校具正由杨主任与李师颐君接洽中，学生自治会呈请专电竺校长准予如期迁杭。

杨（王）主任报告：包运教具接洽情形

陆主任报告：运输股初步调查公物数量，监督教职员自有书籍及拟订各项章则情形。

钟景文先生报告：调派船只车辆等接洽情形

讨论事项：

一、担任二年级以上功课各教师是否应俟校长来电通知如期迁杭后再行出发案

议决：担任二年级以上功课各教师有拟提前赴杭者，目前请暂缓出发，如迁至十一月五日仍未接校长电示，再行动身。

二、复员程序业经订定，是否有当请公决案

议决：修正通过。

三、各股办事细则、办事处组织规则、公物运输办法、托雇舟车登记办法、学生赴杭须知等均经拟就，是否有当请审议案

议决：请复员委员会主席会同各股正副股长审定之。

四、将来出发时，途中警卫事宜应否有所组织案

议决：自军训停办后，本校原有枪支业已缴还军管区司令部，警卫组织甚感困难，可函请沿途军警机关予以防护。

五、请确定设立办事处地点案

议决：暂设龙泉城内、丽水、缙云、永康、上茭道及金华六处。

六、各股干事、各办事处职员及押运员等如何征选学生担任案

议决：定期公开征求后由复员委员会主席会同各股正副股长选定之。

七、请决定各部分服务学生津贴费数目案

议决：1. 各股干事每人每日津贴伙食费一百元。

2. 各办事处职员每人每日津贴膳食差价二百元。

3. 押运员除自身行李（以六十市斤为限）得随带外，每人每日津贴膳食差价一百元。

八、在迁移期内拟请县府酌派警察来校驻守，以资防卫案

议决：通过。

九、各股及各办事处应否刻置图记，以便应用案

议决：请总务股设计刻置。

十、请规定公物集中地点案

议决：请总务股指定之。

十一、员工随在任所之直系亲属调查表业经各人填送前来，应否加以审核案

议决：容后送请路主任核定之。

主席　沈金相

L053-001-1169 卷

复员委员会各股股长会议
（1945 年 10 月 30 日）

地点：一部教员休息室

出席者：孙祖康　陆永福　沈金相　杨景桢　胡伦清　丁祖炎　钟景文

主席：沈秘书

记录：孙祖康

主席报告：

关于复员会各股及各办事处新订章则办法等，前提经第三次复员联席会议议决，由复员会主席召集各股长会议讨论审定之，所以今天召开各正副股长会议。

讨论事项：

一、请审议运输股办事细则及公物运输办法案

决议：修正通过。

二、请审议总务股办事细则案

决议：修正通过。

三、请审议舟车管理股办事细则及托雇舟车登记办法案

决议：修正通过。

四、请审议各办事处组织规划案

决议：修正通过。

五、请审议承运本校具公物合约案

决议：修正通过。

主席　沈金相

记录　孙祖康

L053-001-1169 卷

复员委员会第二次股长会议
（1945 年 11 月 5 日）

地点：一部教员休息室

出席者：杨景桢　孙祖康　陆永福　丁祖炎　钟景文　胡伦清　沈金相

主席：沈秘书

记录：孙祖康

主席报告：

一、复员会各股干事、各办事处职员及押运员，经本会印就服务申请书通

告，学生凡愿意服务者，可前来申请，以备选派。现据申请，愿任各股干事者计有胡雯等七人，愿任各办事处职员者计有倪贻泽等卅二人，愿任押运者计有陈荫余等四十八人。

二、职员方面有否愿任各办事处职员或押运员，亦经分别调查，据函复愿任押运者计有姚含英先生等八人，愿任各办事处职员者计有倪景尧先生等二人。

三、前拟商借城区东大街简师旧校址为本校办事处之用，徐县长已面允，可以借用，但近闻该处已有工兵营驻扎，则本校借用该处恐有问题，日前已由校函洽县府，须接洽后决定。

四、洽借手车经过。

讨论事项：

一、请选定各股办事处职员案

议决：总务股选定袁鸿顺、祁瑗、查冶予、黄伯勋等四人为干事。舟车管理股选定刘明生、黄溥泉等二人为干事。运输股选定胡雯、潘绍光、熊省三、邓克明、马达远等五人为干事。

二、请选定各办事处职员案

议决：龙泉张兴城，丽水张寿根、郭士龙，缙云王纮光，永康单政平，上茭道姚迅，金华何春涛、赵福燊，兰溪唐梓衍、郑启良。

三、请选定押运员案

议决：教职员方面选定陈雄飞、许振东二先生押运图书，姚含英先生押运主任室、训导组、医务室公物，姚维明先生押运总务组公物，陈国源先生押运教务组、会计室公物，潘同文先生押运化学室公物。学生方面选定徐震、钟义旗、马独见、余启文、黄文敏、徐则民、程其坚、叶志久、崔濯尘、徐伯光、金耀泳、唐剑光、黄安华、戚嘉桂等十四人。

四、校工迁移费如何津贴案

议决：有眷属者每人津贴四千元，无眷属者每人津贴二千元。

五、各办事处职员赴任川旅费如何津贴案

议决：启程时由校总雇一船，送至丽水，丽水路费以后自负。在未找到办事处房屋以前，所需膳宿费每人准予津贴二百元。

主席　沈金相

记录　孙祖康

L053-001-1169 卷

复员委员会第四次会议
(1945 年 11 月 10 日)

地点:一部教员休息室

出席者:潘　渊　丁祖炎　杨景桢　陈嗣虞(杨景桢代)　沈金相　孙祖康　胡伦清　钟景文　陈雄飞　董聿茂　陆永福　曹吼石

主席:沈金相

记录:孙祖康

主席报告:

1. 南星桥拟添设办事处,已函请路主任就校本部事务处中指派一人担任干事。

2. 学生误传迁运费五百万元已汇到,已函路主任更正。

3. 各办事处职员已于九日晨出发。

4. 化学仪器等已于今日(十日)开始启运。

5. 留守处职员遵照路主任临行时指定派曹吼石、杨启良、曾沂三先生担任,已由主任室函知,并指定曹先生为主任。

6. 前函县府请派警察四名来校警卫一案,已准函复,允派警二名,今日可来校。

总务股杨股长报告与李世颐洽运校具经过。

讨论事项:

一、各项结束工作进行甚速,复员会各办事处、留守处结束日期拟酌予提早,是否可行请公决案

决议:复员会提早至本月底,各办事处提早至十二月十日,留守处提早至十二月廿日结束。但如各处工作未能如期完毕,仍应延长之。

二、收发文件应予何日起停止案

决议:本月廿五日起停止收发,如遇必要文件,仍随时处理至结束时止。

三、农场如何结束案

决议:甲、请董聿茂先生督同郑生和先生于本月十五日之前办理清结。乙、农工至本月十五日解雇,工饷发给全月以示体恤。丙、猪及耕牛设法售去,黄主席赠送之约克种猪二头遵见路主任函示转送县农林场养育。丁、未收割农作物暂由校工陈土财管理,至学校全部结束时为止。

四、本校与龙泉县政府合办之芳野中心小学如何结束案

决议:甲、函县府于本月十五日前派员接受。乙、办公桌由校收回运杭,学生课桌凳送赠芳野小学。丙、田产仍归还小学。丁、兼课教师薪修一律发

至本月底止。

五、请决定必须装运之校具并设法集中以利启运案

决议：校具全部装运，由总务股集中交运输股装运。

六、二部自建校舍应如何处置案

决议：送赠福泽乡乡公所，并函龙泉县政府备案。

七、图书文卷及会计册表可否改用汽车装运案

决议：可改用汽车装运至兰溪，请舟车管理股接洽后再行决定。

八、汪闻兴先生请求担任押运，其眷属及超额行李应需费用照数在旅津内扣缴，可否允准，请公决案

决议：汪先生准予担任押运员，其眷属及行李得一并随车，但不再给眷属旅费津贴。

九、校舍主人曾玉如函请恢复原状，并送恢复费四十万余元清单一份，如何办理，请公决案

决议：除将一部校内自建房屋抵偿外，并贴补国币八万元。

主席　沈金相

记录　孙祖康

L053-001-1169 卷

复员委员会第三次股长会议
(1945 年 11 月 22 日)

地点：主任室

出席者：陆永福　丁祖炎　杨景桢　曹吼石　孙祖康　钟景文　沈金相

主席：沈副主席

记录：孙祖康

主席报告：

、临时召开本会之原因。

二、最近奉路主任电示关于迁移事项及复电遵办情形。

三、各办事处设置地点已拟报告。到会者有缙云、丽水二处：缙云假用该县卫生院，丽水借用天主堂三楼。其他各处尚未拟报告。

舟车管理股报告接洽汽车情形。

运输股报告已装运各部校具公物数量。

总务股报告尚未集中物件约数。

讨论事项：

一、未集中校具应如何设法集中以利运输案

决议：办公室桌椅及尚未动身员生应用之家具、床铺等，可能腾出者先行腾出，集中由运输股过秤编号以便启运，必须留用者日后由留守人员交运。

二、未起运家具公物如何迅速运竣案

决议：1. 通知承运人李师颐君将未起运家具、公物于五天内加速运出；2. 已洽汽车三辆，应抉择斤两较重公物即日装足启运；3. 汽车装剩图书及其他各室、组公物另雇船装运，由丽水—金华—兰溪而至杭州，并预定本月廿七日出发。

三、各办事处撤销日期应否再予提早案

决议：仍照上届决议案规定，十二月十日撤销，由复员会分别通知。

主席　沈金相

记录　孙祖康

L053-001-1169 卷

复员委员会第五次会议
（1945 年 11 月 28 日）

地点：会议室

出席者：潘　渊　陆永福　曹吼石　韩雁门　钟景文　陈雄飞　杨景桢　路季讷　沈金相　李子瑶　丁祖炎　董聿茂

主席：路主席

记录：沈金相

报告事项：

沈副主席报告：

1. 各部分结束情形。

2. 图书及各室组公物装运情形。

3. 经济来源断绝及在本会服务学生暨校工等由校遣送经过。

4. 迁运费支出概况。

杨总务股长报告：

1. 与李师颐君订立承运校具合同经过及内容。

2. 据李君电告校具迟未运到原因及第一批校具不日即将到达。

陆运输股长报告：

1. 已运到图书公物接收情形。

2. 服务同学工作状况及戴之庠、胡雯、熊省三三君拟请酌予奖励。

讨论事项：

1. 金华、兰溪两办事处服务学生及校工因各该地物价奇昂，请求增给膳食差价津贴，应否照准案

议决：金华办事处主任何春涛滞留家中甚久，其在办事处服务日数每日仍照二百元支给，在家日数应照扣，干事赵福燊仍照原定标准每日二百元支给，工役王建德每日加给津贴一百元。兰溪办事处主任唐梓衍、干事郑启良、工役斯维珍每日各加给膳食差价津贴一百元。

2. 押运员徐伯光等七人请求增加膳食差价津贴每日一百元，并准支给自丽水至兰溪车资可否照准案

议决：自龙泉至杭州原定十二日可以到达，该押运员等于十一月廿七日离龙，因雇车雇舟等困难直至十二月十六日始到达杭州，全程计共二十天，其超溢日数每人准予加给膳食差价津贴一百元，其余应毋庸议。

3. 徐振东、屠镇川两先生此次迁移来杭中途秽劫，请求予以救济，应如何办理案

议决：电部核准后酌予救济。

4. 姚前会计寿臣及寿棣绩夫人灵柩自龙泉运返绍兴原籍，需费甚巨，请求学校酌予补助，可否照准案

议决：姚前会计灵柩照家属两口，寿棣绩夫人灵柩照家属一口计给津贴。

5. 各押运员及各办事处职员经手款项应如何限期清结案

议决：各押运员及各办事处职员有款项经手者，限到校后十日内向总务处结算清楚。

6. 包运校具运抵南星桥后，应如何派人前往点收案

议决：派曹吼石、杨启良两先生及戴之庠、熊省三二同学前往点收并过秤。

7. 请决定教职员、学生、校工此次复员旅费津贴数目案

议决：依照部颁中央及各省机关员工复员各项经费支给办法编造概算，自龙泉至杭州全程以十五天计算，送请教部核示。在未奉教部核定以前，教职员先照省府暂发标准，即本人 15000 元，家属每人 7500 元，以四人为限垫发；学生每人津贴 7500 元，校工每人津贴 5000 元，家属每人 2500 元亦以四人为限。

主席　路季讷

L053-001-1169 卷

（3）复员文件

国立浙江大学龙泉分校复员计划
（1945 年 10 月）

（一）总纲

一、本校预定自卅四年十一月起开始迁移，至十二月底迁移完竣。

二、迁移路线暂定下列三条，视将来交通情形选择决定。

1. 龙泉—松阳—龙游—杭州；

2. 龙泉—丽水—金华—杭州；

3. 龙泉—丽水—义乌—杭州。

三、各部门所有文卷、簿籍、卷册、单据、图书、仪器、药品等物由各主管人先行整理造册，并将所需木箱等物数目在迁移半个月以前通知总务组预为准备（整理时，各部分已过时或不需要之文件可剔除焚烬）。

（二）组织

四、所有复员事宜由师生会□复员委员会办理之。由本分校主任及总务主任担任正副主席。

五、复员委员会分设运输、舟车管理及总务三股，每股设正副股长各一人，由主席聘任之。各股设干事若干人，由股长提请主席任用之。

六、在水陆起卸地点各设置办事处，为接运校具行李，代雇挑夫、舟车，并便利过路员生留宿之用。各办事处设主任一人，由主席聘任之。干事若干人，由各该办事处主任提请主席任用之。

七、各股股长、各办事处主任就教职员中聘任之，均照支原薪，不另送津贴；各股及各办事处干事由职员担任者照支原薪，不另给津贴；由学生担任者得照工读生办法办理。

八、各股及各办事处办事细则另订之。

（三）运输

九、学校公物由各部分主管人自行装箱、包扎、编号、造册，并严实密封固后向运输股登记，并逐一过秤起运。

十、教职员、学生及校工行李由各人自行装运，由学校依照后开限度给与津贴。

1. 教职员本人 150 市斤，眷属每人 75 市斤，五岁以下者不计，仆人照校工眷属计算。

2. 学生每人 60 市斤。

3. 校工本人 60 市斤，眷属每人 30 市斤，五岁以下者不计。

十一、教职员书籍等教学上用品请交由学校代运，委运费由学校负担。惟装箱时应邀约运输股人员共同检视，然后加封编号，登记过秤。

十二、教职员、学生及校工需用挑夫、船只、车辆，请委托舟车管理股代雇。其次序以委托之先后装运。

十三、学校公物及代运教职员书籍起运时得派押运人员。押运人员之行李得随身携带，但以第十条所规定本人之斤量为限，过此须自负运费，押运人并不须另支付旅费。

十四、教职员、学生、校工行李自学校装运至龙泉城内下船，得租用学校手车。其次序以向舟车管理股登记之先后为准。

(四)旅费津贴

十五、教职员暂定每人津贴旅费一万二千元，眷属每人六千元，五岁以下者减半，仆人照校工眷属计算。

十六、学生暂定每人津贴八千元。

十七、校工暂定每人津贴五千元，眷属每人二千五百元，五岁以下者减半。

(五)工具添置

十八、置备手车卅辆，除供装运公物行李自学校至龙城外，如有余力并可分拨一部分车辆至中途水陆起卸地点，以供驳运之用。

十九、木箱除原有者应再添置约五十只。

廿、置备棕绳一百副，扁担五十根，□绳一万尺。

(六)经费预算

廿一、旅费津贴

1. 教职员 93 人，每人 12000 元；眷属 161 人，每人 6000 元，共 2082000 元。2. 学生 330 人，每人 8000 元，共 2640000 元。3. 校工 54 人，每人 5000 元；眷属 15 人，每人 2500 元，共 37500 元。三项合计共 5029500 元。

廿二、行李津贴

1. 教职员 93 人，每人 150 斤；眷属 161 人，每人 75 斤；共约 260 担。2. 学生 330 人，每人 60 斤，共 198 担。3. 校工 54 人，每人 60 斤；眷属 15 人，每人 30 斤；共约 37 担。三项合计共 495 担。每担津贴 10000 元，共 495 万元。

廿三、公物器具运费

图书约 100 担；仪器、标本、药品约 50 担；簿籍、表册、卷宗约 25 担；药品、……800 担；共计约 1000 担，每担运费 10000 元，共 1000 万元。

廿四、添置交通工具

1. 手车卅辆，每辆 14000 元，共 420000 元。2. 木箱五十只，每只 1000 元，共五万元。3.扁担、绳索、洋钉等约 30000 元,共五十万元。

廿五、其他

1.赴杭筹备复校人员川旅费约一百万元。2.各办事处经费预定沿途设五处,每处十万元,共五十万元。3.各部分服务学生 20 人,每人津贴 5000 元,共 10 万元。4.临时添设人员、□工校警 10 人,每人月支工饷 8000 元,职员 5 人,每人月支薪俸 16000 元,暂以三个月计算,共 48 万元,合计共 208 万元。总计共二千二百五十五万九千五百元。

(七)补课办法

廿六、本学期依照学历规定,自九月十日起,上课至明年一月十七日复习开始止,计共上课十九周。实际本学期自九月十七日起开始上课,十一月十日止,计共上课八周,明年一月三日起在杭复课至三月十六日止,共十一周,以补上第一学期功课。第二学期原定自二月十八日起至六月廿六日止共上课十八周半。现拟自四月一日起开学至七月廿七日结束,共十七周。除去注册及学期考试约一周半,实际上课十五周半,与原定相差三周。各科当加多钟点以补足之。至一年级新生因龙泉无相当房屋及设备,拟于十一月三日在杭召集开学至十二月底,计授课八周,年假后可与旧生相衔接。

(八)附则

廿七、本分校迁杭后与总校合而为一,故杭垣校舍之修复费及设备添置费由总校合并编造,不另造送。

廿八、本分校迁杭后,在龙房屋及不能迁移之校具如何处理当开具详单呈请教部决定之。

廿九、本计划内由关经费及补课部分当呈请教部核定后施行。

L053-001-0761 卷

分校复员程序
(1945 年 10 月)

(一)人员

1.十月廿五日至卅一日担任一年级功课各教师及各组室第一批赴杭人员出发。

2.十一月五日左右担任一年级功课较多,同时兼有二年级以上功课各教师出发。

3.十一月十日左右担任二年级以上功课较多,同时兼有一年级功课各教师出发。

4. 十一月十一日起担任二年级以上功课各教师及学生开始出发。

5. 十一月十五日至廿日，各组室第一批赴杭人员出发。

6. 十二月十一日至十五日，在复员委员会担任工作人员出发。

7. 十二月廿一日至卅一日，学生至杭州报到。

(二)复员机构

1. 十一月一日至三日，公开征求复员委员会各部分服务学生。

2. 十一月六日应征服务学生审定揭晓。

3. 十一月十一日，各办事处服务人员分列出发至派定地点成立办事处，复员委员会亦正式开始办公。

4. 十二月十日，复员委员会结束，龙泉留守处成立。

5. 十二月廿日各办事处结束。

6. 十二月卅一日龙泉留守处结束。

(三)公物整理及运输

1. 十月廿日至卅一日，二年级以上不用部分仪器、标本等整理装箱。

2. 十一月十一日至廿日，全部图书、仪器、标本、药品、文具、簿籍、卷宗等整理装箱，并将全部校具、设备集中。

3. 十一月十二日起开始装运。

4. 十二月十日运输完竣。

L053-001-0761 卷

办事处组织规则

(1945 年 10 月 30 日)

一、本校复员时为便利运输校具及照顾过路员生，计于龙泉、丽水、缙云、永康、上茭道及金华六处各设置办事处。

二、各办事处设主任一人，干事一人至三人，由复员委员会就本校原有职员及学生中选用之，公役一人由总务股指派之。

三、各办事处应办之事项如左：

1. 代雇挑夫、舟车。

2. 接运公物及校具。

3. 照顾过路员生止宿。

4. 代办过路员生伙食。

5. 其他关于运输上中途应行办理事项。

四、各办事处服务员工均不另支薪给，惟职员每人每日得给膳食差价津贴二百元，工役每人每日一百元。

五、各办事处办公费用暂定每处每月以三千元为度，于结束时检据覆实支报。

六、过路员生茶水及灯火由办事处供给，其费用另行支报，但每人每日最多不得超过三元。

七、过路员生伙食得委托办事处代办，其代办办法由各办事处自定之。

八、各办事处应置备工作日记簿，将每日运到及装出物品暨过路员生姓名详细登录，以备查考。

九、各办事处对于运到物件应仔细查看，如包装业已破损，应即会同押运员当场打开，依照箱内所□□逐一查对，查对完毕后重新加封钉固设，有缺失应即报告运输股查究。

十、各办事处应相互取得联络，上一处装出物件后，路过员生在可能范围内应设法通知下一处，以便预为准备。

十一、各办事处以借用公共房屋为原则，必要时得租用民房。

十二、各办事处暂定自十一月十日起开始设置，至十二月二十日结束，但得视事实之需要酌予伸缩。

十三、本规则经复员委员会通过后施行。

L053-001-4009 卷

运输股办事细则
（1945 年 10 月 30 日）

（一）本细则依照本分校复员计划第八条之规定订定之。

（二）本股设正副股长各一人，秉承复员会主席，总理本股一切事宜。

（三）本股设收发及押运二组，收发组设干事一人至三人，押运组设押运员若干人，由股长提经股长会议通过后，由复员委员会主席任用之，其职务如左：

1. 收发组　司运输物件之接收、过秤、登记、编号、保管、点发等事宜。

2. 押运组　司途中运输物件之管理及与沿途办事处接洽等事宜。

（四）运输手续，每批物件发运时由收发组填写运输物件三联运送清单，除第一联存根留组备查外，其余二、三两联连同物件点交押运员。押运员于存根上签收，复押运出发，每至一办事处，经各该办事处主任检点无误后在二、三两联上加盖印章，仍交押运员收发，到杭后将物件点交杭办事处收管，并由该处在二、三两联上加盖收讫图章，第二联即由杭处备查，第三联交由原押运员向运输股缴销。

（五）押运员应受运输股之调派指挥及各办事处之监督，并遵照规定手续押运物件，不得中途转请他人代替。

（六）同批各押运员于途中应随时随地通力合作，相互照顾。

（七）押运员除随时随地留心所运物件外，每到一舟车上落之处，应格外仔细检点，免有遗失等情。

（八）本股办公时间规定每日上午八时起至十二时，下午一时至四时。但遇必要时得随时处理之。

（九）本股工作应随时与总务股及舟车管理股取得联络。

（十）本细则由本股拟订，经复员委员会通过后施行。

L053-001-4009 卷

舟车管理股办事细则
（1945 年 10 月 30 日）

一、本细则依照复员计划第八条之规定订定之。

二、本股设正副股长各一人，秉承复员委员会主任，经理本股一切事宜。

三、本股设干事三人至六人，由股长提经股长会议通过后，由复员委员会主席任用之。

四、本股工作范围如左：

甲、关于舟车及其他交通工具之管理及分配调度事项；

乙、关于舟车交通工具之添置及保管事项；

丙、关于委托代办舟车事项。

五、本股干事各承上级之命，分别办理前条一切事宜。

六、本股办公时间规定每日上午八时至十二时，下午一时至四时，但遇必需时得随时处理之。

七、本股工作应随时与运输及总务股取得联络。

本细则由本股拟订，经复员委员会通过后施行。

L053-001-4009 卷

托雇舟车登记办法
（1945 年 10 月 30 日）

一、为便利本校教职员、学生迁校时行动起见，特订定本办法。

二、凡本校教职员、学生如欲代雇舟车，须先向本股登记（登记表另订），并预付所需舟车费全程二分之一，由本股制给收据。

三、凡经委托代雇舟车，均以一舟或一车为单位。

四、凡经委托代雇后，均照登记先后程序分配之，其启运地点及时间，由本股预先通知。

五、凡经本股通知后，在六小时内仍未启运者，得照登记程序递补之。

六、舟车业已雇定并经通知后，重行作罢者如有停赔损失，应由委托人员负责。

七、代雇舟车之全程运费，除预付之半数运费由本股移交承运人外，其未付半数由委托人径付承运人具收。

八、本办法如有未尽事宜，得随时增删。

九、本办法经复员委员会通过后施行。

L053-001-4009 卷

总务股办事细则
（1945 年 10 月 30 日）

一、本细则依照复员计划第八条之规定订定之。

二、本股设正副股长各一人，秉承复员委员会主席，综理本股一切事宜。

三、本股设干事六人至八人，由股长提经股长会议通过，由复员委员会主席任用之。

四、本股工作范围如左：

甲、关于文书事项。

乙、关于经费收支事项。

丙、关于供应整装公物需用物品事项。

丁、关于供应运输公物需用物品事项。

戊、关于工役管理及支配事项。

己、关于不属其他各股一切事项。

五、本股干事各承上级意志分别处理前条所列一切事务。

六、本股办公时间规定每日上午八时至十二时，下午一时至四时。但遇必要时得随时处理之。

七、本股工作应随时与运输股及舟车管理股取得联络。

八、本细则由本股拟订，经复员委员会通过后施行。

L053-001-4009 卷

(4)离龙前送赠和归还公文

路主任函龙泉县立农场
(1945 年 11 月 9 日)

径启者:

本校农场养有约克种猪两头,该猪种系黄主席送赠本校畜养,兹因本校奉令迁回杭州,上项猪种移送贵场饲养,希即派员来校领取为荷。此致

龙泉县立农场

主任 路季讷

十一月九日

L053-001-0744 卷

路主任致龙泉县县政府公函
(1945 年 11 月 14 日)

径启者:

本校奉令迁杭,所有在石坑垅及庆恩寺附近山麓自建校屋,拟送赠福泽乡乡公所接管使用,除电教部核备,并函该乡公所先行派员接管外,相应开具送赠校屋清单一份,函请查照备案,并请转知该乡公所妥慎所用为荷。此致

龙泉县政府

附件

主任 路季讷

附 国立浙江大学龙泉分校赠送龙泉县福泽乡乡公所校屋清单

校屋名称	间数	座落地点	备注
教职员宿舍	楼屋一幢,计五间	庆恩寺前山	楼上下共分摺成二十小间
教职员厨房	平屋二间	同右	
医务室	平屋一座,计五间	同右	
女生宿舍	平屋一座,计三间,披屋一间	同右	平屋四间共分摺成寝室六间
大膳厅	厂屋一座,计五大间	庆恩寺内	
门房	平屋一间	石坑垅	

续表

校屋名称	间数	座落地点	备注
新教室	平屋一座，计五间	同右	
教室	平屋五座，计十七间	同右	五间一座，七间一座，三间一座，二间一座
学生宿舍	平屋三座，计十五间	同右	每座五间
警亭	平屋一间	同右	

编者注：原为从右到左表格。

L053-001-0744 卷

国立浙江大学龙泉分校致龙泉县县政府公函
（1945 年 12 月 26 日）

径启者：

本校奉令迁杭，业已迁移完竣。前承借用东大寺简师房屋应即交还，相应函达，即请查照派员接管为荷。此致

龙泉县政府

主任　路季讷

龙档 12-2-176 卷

下　编

一、校务管理

(1)历次校务会议主席报告和讨论议案摘录

第一次校务会议
(1939 年 10 月 10 日)

主席报告:

前在永康曾开两次会议,第一次讨论录取人数,第二次决定招生结果,系属招生委员会性质。在本分校亦曾举行两次会议,讨论各项准备工作,但其时人数未齐,规程未立,亦只能作为谈话会,并无记录。今日始为第一次校务会议。业经拟就暂行规程草案,应请通过,兹先将应报告事项报告如左:

1. 本分校招生筹备工作经过大略。本分校招生筹备约可分为三期:(一)自三月间本校派员来浙接洽,觅勘校址,至七月七日草创筹备为第一期;(二)七月七日至八月初旬办理招生为第二期;(三)八月初至十月初准备开学为第三期,是项准备工作,在总务方面:为校舍之修建及布置,器具之设备;在教务与训导方面:多半为答复学生函询及请求,每日与众多学生各别通讯,事亦繁碎,故大部分职员,已自八月初到职。

2. 本分校组织大纲草案,曾在诸葛秘书处见有拟定,现须俟校长审核颁布,其第十条规定,应设校务会议,今先依据此项规定,拟就校务会议暂行规程,提出今日会议通过,再呈校长核定。

3. 教职员与学生到校现状:分校已聘教员共十八人,职员共二十人,其中一人系本人兼课,两共实仅三十七人。现教员方面:尚有八人未到,化学教师孙玄衔、体育教师陈陵二先生大抵因交通困难未到,斯何晚、周恒益二先生因病未到,董聿茂、赵仲敏二先生因事未到,吴浩青先生原已到校,现请其在沪提运仪器,以上七位不久均可到校。军训教官,则尚未聘定。职员方面:除王健天先生请假外,余均到齐。学生方面:现计录取生一百二十名,保送生二十二名,复学生十八名,共计一百六十名,实到者一百四十七名。录取生中有八名以备取生递补。保送生各省原额亦有变动,浙省八名,现仅五名,皖省本系四名,现有九名,闽、赣仍各四名。此案须呈报本分校核定。复学生中有何大基、钟受铭两名,系援例特许入学,徐绍唐一名最近准许复学。学生名册,因此变动,尚在编印，一俟印就施行分送。

4.图书仪器设备：图书仪器前由宜山本校拨运分校若干，但极少数不敷应用。现由本分校添购中文图书约二千余元，拟购翻版西书约千元。仪器已在沪添购，连汇费运费约六千元，请吴浩青先生前往提运，然仍刻苦万分，以限于经费预算不能供之充实，须请各位先生鉴谅。

5.实行导师制之准备：现在各大学须施行导师制，各教师均须兼导师之职，系奉教部通案办理，本分校自应一律照办，大约各位先生所领导之学生在十人至十五人之间，其详细办法，拟另开导师会议商订。

6.其他尚须报告者：一、贷金。已据沦陷区域学生纷纷请求，本分校是否亦酌设贷金？曾电请本校核示，得竺校长电准可酌拨若干，一律办理。本分校亦拟仿照本校组设公费免费贷金合并委员会，以便处理此事。公费免费两项，本须在投考时声请，事后不得补请，但第二学期开始仍得请求，视学业成绩之优劣，分别停补，故与贷金并设委员会。二、先修班前奉竺校长电令决办；但因校舍不敷应用，如办先修班，须添建校舍，建筑需时，经费亦成问题。此时即赶紧着手添建，约须俟十二月初方可完成。原拟就备取生及招考悬遗之优秀生中酌选入班，至多亦不过五十名，今奉教育部分发五十三名，致本分校不能自由选取，将来先修班成立，须请各教师兼课增加一点工作。三、训育委员会□拟仿本校组设，此会与导师会议不同，系处理学生行动方面之严重问题，俟教师到齐再行组织。四、办公时间，本与各教师无关，但各教师有与行政方面接洽事项，亦须闻知，现定办公时间为上午八至十二时，下午二至五时。（即标准钟上午七至十一时，下午一至四时）。

讨论事项：

一、拟定校务会议暂行规程请讨论案。

二、追认本分校二十八年度第一学期各院系设置课程案。

三、图书馆拟送教职员学生借书规则请讨论案。

四、本分校实验工场与先修班用屋亟待添建应如何进行案。

五、训导处拟送学生临时遵守规约请讨论案。

六、设置公费免费贷金委员会案。

L053-001-1168 卷

第二次校务会议

（1939 年 11 月 7 日）

主席报告：

1.本学期各院系入学学生现有人数，截至今日止，共计实到学生一百四十五人:其中考取生一百十二人、由备取递补新生二人、保送生十八人、复学生十五人。(考取生视原额差八名,因有改赴宜山本校等,退学者五人,请长假者二人,原少补一人,保送生视原额差二名,因浙江仅保送四人,安徽则以特殊原因增加保送计九人,福建四人均已到校,江西所保送四人仅到一人,其余据来电通知已有改入他校者,至复学生中有二人系特许入学者)

2. 职员名单,前经分送,现奉本校添委丁祖炎君来分校任会计员,原有楼可成君为会计佐理员(因会计报销方面手续繁重,本校会计室不肯代办,应由分校办理完全,再行呈转,故由本校自动添委人员),现计共有职员二十一人(连本人在内),实仅二十人,至现有教师共为十八人。

3. 上海所购图书仪器已由吴浩青先生押送于十一月二日到甬,惟俟开仓约需二十天,现拟派张慧年君即日赴甬,提运办理报关手续,先行报缴关税,俟免税护照领到再行取还,其公路运输方面,也经分别去函,商租专车,由溪口运来龙泉,谅不久可以全部到校应用。

4. 军训教官前得宜山本校电知,拟派郑奎联教官来浙,同时准浙江军管区司令部派陈定邦教官来分校服务,已电奉竺校长电复,在郑教官未到以前,准请陈教官代理,陈教官已于星期一开始视事,近日正在编队,尚未开始军训管理,一面已由分校呈报本校转呈军委会政治部核示。

5. 本分校各教师均应兼任导师,照章每人领导学生五人至十五人,名单已粗有拟定,此案亟应定期实施,已拟订实施办法大纲,列入议程。

6. 先修班学生已奉教部分发五十三名,经呈复如有缺额请勿另补,以留分校自行选补余地,讵又奉部电尚有"游击区各省学生须分发本分校",其实先修班原以校舍与师资等限制,名额至多不过五十名,今奉源分发,正在为难,至其开学问题,原以添建校舍需时拟俟十二月开班,不料本校竟为分校在新闻报发表,定十二月十一注册,十八日上课,今正赶办建筑事宜,万一届时尚未竣工,只可临时设法,希望无论如何在十二月份内开课。

7. 新生活运动案　现准浙省新生活运动促进会函送各学校新生活委员会组织大纲,暨浙省各机关团体学校厉行新生活办法,请查照办理见后,兹拟交学生自治会自行推动,由本人与训导、总务二主任指导进行,是以不再油印,原文送阅。

讨论事项:

一、公免费贷金委员会拟定贷金暂行办法提请追认案。

二、拟订导师制实施办法纲要定期开始实施案。

三、组织训育委员会,拟具规程请讨论修正案。

四、拟订职员服务通则,请讨论修正案。

五、组织编辑委员会与筹备半年刊案。

六、修改作息时间案。

L053-001-1168 卷

第三次校务会议
(1939 年 12 月 9 日)

主任报告:

1. 宁波提取图书仪器情形。略谓:购运图书仪器事,已逾三月,不但教师及同学均极其关切,即本人与总务方面办事人亦甚焦急,只以事实上困难情形,致有如此迟延。其主要原因,在于仪器不能一次装运到甬。所有图书仪器,共计二十七箱,系由沪分四批装轮运甬。其前三批虽已由镇海驳运至甬,而最后一批为复印机及化学药品等三箱,须至十二月八日方可驳运,俟全数到甬后,方可运溪口。据张慧年君到甬报告,适有大风,不知最后一批能否如期由镇海提运到甬?请吴浩青先生先将前三批装运溪口,利用茶叶公司回车运丽水;其最后一批三箱,只可另由公路汽车装运。大约本月月底当可运到。本学期至少尚可作一个月之实验。

2. 编辑委员会聘定委员及开会之重要决定。此前本应请编辑委员会主席林天兰先生报告,今由本人带便报告。上届校务会议,组织编辑委员会与筹备半年刊,业将规程通过。……并已于十月十七日召集第一次委员会议,票选林天兰先生为主席;议定筹备本分校概况各项问题,由章定安主编,十二月底集稿,寒假付印;又议决刊行"本分校期刊"一种,约二月四日集稿,寒假中付印。希望各教师多多惠稿,以充篇幅。

3. 本分校添建校舍与派员商租校舍进行情形。

略谓添建校舍进行详情,应请赵总务主任报告。其图样业经完成,尚未招工,因另有租用浙赣铁路新村之议,是以暂搁,浙赣铁路局在龙泉建筑新村,为时局紧急时撤退员工之用,已建房屋一百数十间,约可于一月间完成。在目前安定局势,该屋并不需用。前据建筑新村之沈工程师献议,可供本分校各种校舍需要,当即向该路车厂总经理吴竞清先生作一度非正式之探商。此时据答颇有难色,谓须经该路新村筹备委员会之决议,渠即将赴玉山,当为探询。近则得该厂副经理柴志明先生来信,暗示有租借之可能。又得吴局长来电,谓所商一事,可以接受。大约可允借已成之屋三分之二,条件待商,今已请李絜非先生前往玉山商洽。带去之条件重要者约为三项:(一)租金数目,(二)房屋间数,(三)所谓时局紧急之标准解释。如果该路员工退下,需要房屋时,本分校如何迁让？该路能否于两个月前通知？现在李先生未回以前，此事拟暂不发表。

4.本分校最近经济大概情形。略谓：本分校经济殊觉艰窘，本不宜渎告诸位教师，只以同舟共济，不得不一并报告，其目的在求诸位明了本分校经济状况。查本校原许分校预算年五万元，加先修班经费年八千余元，共为五万八千余元。嗣经本分校详细预算，不敷甚巨，大约年需七万五千元之谱，计须超出一万七千元。此项详细预算，已送本校，尚未奉准。在本校先后汇来之款，已有四万元。其实内有四千元，系作筹备招生期内用费，已由李絜非先生另案报销。分校自八月起，接到之款，实为三万六千元。上海采购仪器图书之款，均由分校汇去，连开办用费，已支一万六千余元。所存作经常费者，不过二万元。今已四个月，以每月支六千元计，已应共支二万四千元，超过收款之数，系以学费等挪垫。现存仅三千余元，皆为学生保管之款。实际分校经费，已无现金余存。日前已急电校长催款，又电张教务长暨贺总务长促汇，尚未得复。上月份因楼会计助理员须假回，提早数日发薪，本月份薪如果校款未到，恐须迟发数日，诸希原谅。

讨论事项：

1.学生军事管理规程请予复议通过案。

2.拟订“廿八年度先修班暂行办法”请予修正案。

3.拟订“学生借书办法”“阅览规则”请予修正案。

4.设置校务谈话会并公推教师代表参加案。

5.临时实验室工场及先修班用屋分配办法案。

L053-001-1168 卷

第四次校务会议
(1940 年 1 月 21 日)

主席报告：

1.本分校现在学生实到人数为百卅六人，较前月减少四人(因朱慕唐、黄澍、徐殿英、陈鹤山休学)内计文院廿人，理学院廿四人，工学院五丨四人，农学院廿八人(其中女生共九人)此外，先修班学生已到者计五十一人，现时学生合计一百八十七人。

2.先修班学生合教部分派与考取总数为六十三名，现在已到五十一名(其中教部继派之皖南行署保送生后到，现尚有未到者特见其少，参加一次月考)至教部电允人数超过时得增设一班，后因总数不见过多，经费师资又多困难，已电复仍办一班。

3.图书仪器自十二月二日先后到齐,派员提运至一月二日到达龙泉,因校舍问题暂寄城内,物理、化学之实验已由校务谈话会决定下学期开始。

4.校务谈话会讨论校舍迁移问题已有两次,惟迁动与否各有利弊得失,校务会议诸先生详加研讨作最后决定。

5.文学院、农学院之初等数学接张教务长与竺校长先后来信,仍定为必修,李絜非先生因本校函电相召决赴本校,所任课另定办法。

6.竺校长函嘱开具廿九年度预算(即假定分校继办二年级之新预算)已由校务谈话会决定,请有关教授开列学程以便为开列薪俸给设备各项预算数之依据,此事关系本分校前途甚大,不但校内师生希望甚切,即社会亦如此相期。现拟一星期内汇齐编造预算,送本校呈部核。

7.本校迁校近讯——本校因桂局突紧,于十二月廿九日校务会议决定迁往贵州,后又决定校址为遵义。一年级则先在青岩(贵阳南二十五公里)上课。现图仪已迁动,教职员亦多数离宜,学生多数组织步行队,惟宜山近仍留着办事处。

讨论事项:

(一)校务谈话会提议改定考试日期请追认案。

(二)教务处拟订考试规则,请修正俾即公布案。

(三)本分校校舍是否迁移就近另赁案。

(四)确定寒假日期与第二学期开学注册上课案。

(五)第二学期各院系开设学程有无更动案。

(六)寒假期迁动校址及布置时请留校教职员予以协助案(赵主任临时动议)。

L053-001-1168 卷

第五次校务会议
(1940 年 3 月 30 日)

主席报告:

1.本学期注册人数计一年级学生一二六人,先修班学生五二人。

2.本学期开设学程大致仍旧,惟西洋近世史学程停开,中国通史请孙正容先生担任,党义(现奉部令改称三民主义课程)改由本人担任。

3.本分校第一年预算,奉校长来电核定经常费为七万二千元(每月六千元),临时费为二万元。

4.本分校名称先后奉教育部及竺校长电函令改称"国立浙江大学龙泉分

校”，拟自四月一日起实行。

5. 本校组织大纲已经修正公布，依大纲第十四条规定，本分校教务、训导、总务三处均改称组。（原件油印分送）

6. 近奉本校转奉教育部令发“全国专科以上学校学生学业竞试办法”，本分校自应遵照办理，拟筹设学业竞试委员会，一面录案公布。（原件油印分送）

7. 公免费贷金委员会委员李絜非先生离校，改聘陈劲仲先生担任。

8. 编辑委员会委员李絜非先生离校，已加聘孙正容先生、祝雨人二先生为委员，并开会决定编印校刊经过。（另有记录）

9. 三月廿一日校务谈话会决定本学期举行学生国语英语演说比赛，拟于四月二十日先举行英语比赛。

10. 本分校学生自治会发起筹组消费合作社，希望同人踊跃参加认股。

11. 本分校校舍，第四次校务会议本决定迁金沙寺新村，后以一月杪萧山失守，浙东局势突发，经一月廿八日校务谈话会商定仍用原址，于寒假布置修理。惟此事须提请本会议追认。

12. 本分校现用校舍不敷，但经费又绌，寒假中建草房一所充工学院教室，此外房舍重行布置，以达自修室与教室分别之原则。

13. 本分校续办二年级问题，已一再向本校竺校长与教育部函电表示，并送预算。

14. 本校迁黔后之近讯，闻二月初师生全部到达，二三四年级现在遵义，于二月廿二日复课，一年级则先于二月八日在青岩（贵阳南二十五公里）复课，由彭百川先生为主任，一面闻已在湄潭布置校舍，俟暑假后全部迁往湄潭。

讨论事项：

1. 厘定本分校本学期学历案。

2. 本分校校舍因时局关系仍用原址请追认案。

3. 定期举行春季运动会请推员组织筹备委员会案。

4. 林天兰先生临时动议：本分校应组织卫生庶务委员会以协助事务人员案。

L053-001-1168 卷

第六次校务会议
（1940 年 4 月 8 日）

主席报告：

本人此次来校，途遇陈主任，知校中学生发生风潮经过，陈主任须离校休养数天，再行赴黔述职，委托本人代理分校主任，详情已于本日纪念周报告。现在业经诸师长劝导，学生已知悔过，风潮已经平息，尚属不幸中之幸，惟目下须商善后，并仍进行各项校务，故召集本会议，请共同讨论。

（一）学生自治会代表会主席沈维道、干事会常务干事金士莘自请处分书传观。

（二）学生自治会全体代表向林天兰等五教师所递悔过书传观。

（三）陈主任致各同事书传观。

讨论事项：

关于学生处分案。

L053-001-1168 卷

第七次校务会议
（1940 年 5 月 10 日）

主席报告：

1. 上次学生处分案呈经校长复电，如议办理，业已布告，此案可告一结束。

2. 前次各导师辞职及五位教师停课以示警诫，嗣据学生已向五位教师表示悔过，请准复课，惟各导师尚未复职，现学生方面亦已有函呈希望导师复职，本人亦希望各导师就此复职，照常教诲，实为学生之幸。现在学生秩序似尚未入正轨，仍希诸先生随时指导。

讨论事项：

1. 拟就分校组织规程草案请核议案。

2. 本分校拟组设财务委员会，已拟就组织规程草案请核议案。

3. 本分校拟续办二年级，拟就预算请核议案。

L053-001-1168 卷

第八次校务会议
（1940 年 6 月 25 日）

报告事项：

一、部令考查学业成绩办法。（传观）

二、请添办二年级经过情形，时接本校行政会议记录，谓因二十九年度预算尚未确定，时亦匆促，故决缓办。分校一年级旧生仍照前令遣送入黔。

三、廿九年度新生名额加添六十名，内有师范学院新生卅五名。因请追加预算，年共五万元，本会计年度八至十二月请加经常费共一万二千余元，临时费二万元，但最近接本校来电，嘱将所招师院新生录取后仍送入黔，此事因已公布，有关信誉，业发复电请示。

四、本分校三十年度预算已接总校通知，拟为九万八千余元。（文传观）

五、统一招生案丽水区会议经过及筹备屯溪分处招生情形。

六、本分校各教师下年度聘书尚未奉到，应请各留通讯地址。

七、添租庆恩寺现正在接洽中。

讨论事项：

一、学生因成绩不及格退学之规定，本校向例甚严，今部令办法较宽，应如何适从案。

二、分校一年级旧生经调查拟赴遵义本校者约八十余人，旅费津贴应如何发给案。

三、下年度学生增加，校舍不敷，应如何扩充案。

四、下学年开学日期案。

五、先修班免试升学标准案。

L053-001-1168 卷

二十九学年第一学期第一次校务会议
（1940 年 11 月 18 日）

主席报告：

1. 同学上课经过情形，十月廿一日正式上课，诸教职员及学生陆续到齐。

2. 目前学生实到人数共一七四人，内先修班二三人。大学本部中以化工及农化两系为多，详细统计表俟注册股编就分送。

3. 新聘教职员情形及旧教员陆续返校艰苦情形。

4. 本分校为疏散仪器起见，添租校舍经过。

5. 经济方面之大概。

6. 仪器已在陆续添置中，惟近闻温州仍复停航，通航后可陆续到来，并当继续购买图书仪器。

7. 粮食和火油储备情形。

讨论事项：

一、拟组织二年级筹备委员会案。

二、本分校刊物应如何举办案。

三、饬送建国储蓄组织分图案。

四、原有校务谈话会拟改称行政谈话会案。

五、请改选行政谈话会委员案。

六、请改选公免费贷金委员案。

L053-001-4009 卷

[二十九学年]第二次校务会议
(1941 年 1 月 10 日)

主任报告:

今日有关于经济教务各案提出,兹先择要报告:

分校中现存谷米约可吃至三月底止。现由曾玉如先生介绍米商向八都购办,订定每元二市斤二两半,包送到校,初订购二千元,继又加购一千元,约供一个月之粮,计可吃至四月底止,其余五、六、七月所需粮食,尚须筹办。近闻浦城有谷可买,但该县统制甚严,运输为难,正在调查中。分校添办二年级事,前得总校函知,上年因时间匆促,不及筹办。自三十年度起,拟逐年增级,期成完全之大学。而近接校长来函,此事当视经费能否筹到而定。闻总校工院李院长出席重庆工程师学会,并为校款有所商洽,对于分校经费,亦希望将来有独立预算。如本年度添办二年级,照前拟预算,应增加九万元之谱。

讨论事项:

一、制定第二学期学历案。

二、编制学期考试日程案。

三、考试规则应否重行公布案(附印件,拟删去四、五、六、七各条)。

四、修改学分案。

五、学生第一学期成绩在四十分以下或在四十分以上而补考不及格者第二学期选课如何办理案。

六、修改学期考试期间学生请假及补考成绩计算办法案。

七、本年春季应否自招先修班生案。

L053-001-1581 卷

三十年度第一次校务会议
(1941 年 12 月 8 日)

主席报告:

一、本分校本学期奉命增设二年级及初级师范部筹备经过暨物色教师情形。

二、本学期经费概况及通筹借垫情形。

本分校本学期经费分列为三个预算：(一)原编三十年度预算(即一年级预算)，(二)增设二年级预算，(三)初级师范部预算。此外，津贴贷金于四部另筹拨发，兹将各部门经费概况略述如次：

1.原编一年级经费　本分校原只办一年级，总校规定三十年全年经费为九万八千元，其中俸给一项照中央折扣标准以折实数计列，嗣以物价飞涨教职员照原额支薪工资酌予提高，办公费亦相当增加，致超越原规定数颇巨。

2.增设二年级经费　此项经费奉部核定为八万元，其中半数由部商省协助，经本校洽催，结果已拨到二万元，尚短二万元现正请部筹补。

3.初级师范部经费　本年九月间遵奉部令开办初级师范部，定经费为五万五千元(内建筑设备费三万元，五个月经常费二万五千元)。嗣以建筑设备不敷支配，请教部分拨，奉准增加一万元，共为六万五千元，现已如数汇到，又学生制服费已呈部另筹中。

4.追加经费　本分校以原列三十年度预算不敷，分校曾商部增拨救济，竺校长亲自赴渝商部追加浙大经费，奉来函谓部先追加分校五万元，惟当时增级费省协款四万元尚无眉目，故函中说明部意，省如不允全数可由部出，但须先扣在此五万元之内。如是实际所追加者只仅一万元，仍□无法应付，现本分校因鉴于学生实习设备太差，正筹议添设农场工场及酌增各项设备，原追加之五万元已电总校请予力争，并将增级费短数二万元予以筹补。

5.津贴贷金　本学期员生勤工增多，津贴每月需一万元，学生贷金每月需六千六百余元，填表请拨及奉拨到校，动需时日，往往缓不济急，又如预购全校食粮，亦需大量资金，均须通筹垫付，业已由校商准龙泉地方银行透支二万元，农民银行透支三万元，现地行透支契约已告成立，农行方面正向总行请示，大约短期内亦可正式签订。

讨论事项：

一、主席提议改订本分校组织规程案。

二、主席提议本分校三十一年度概算，经送部校参核请追认案。

三、主席提议重组出版委员会案。

四、主席提议校长来函征求：1.师范学院移浙；2.分校理工两院不办三年级意见应如何答复案。

五、路教授季讷提议应另建筑图书馆以资安全案。

六、路教授季讷提议商请浙教厅准予充分利用省立图书馆藏书案。

七、路教授提议化学实验设备及药品消耗殆尽，应设法补充案。

八、沈训导主任金相提议，拟设置娱乐室提倡正当娱乐以陶冶学生品性案。

九、陆总务主任子桐提议组织教职员康乐社案。

十、陆总务主任子桐提议装设无线电收音机，派专员听录消息，每日公布案。

十一、陆总务主任子桐提议校中灯火除汽灯外一律改用植物灯油案。

十二、陆总务主任子桐提议三十一年元旦如何庆祝案。

十三、陆总务主任子桐提议组织特种教育委员会案。

十四、主席提议拟置办帆船、手车等运输工具，并修筑坊下至龙泉间道路以利交通案。

十五、金讲师维坚提议拟设卫生委员会案。

十六、张教授树森提议请尽量充实本分校图书并提先订购案。

十七、主席提议推定校务行政谈话会出席人员案。

L053-001-1581 卷

三十一年度第一次校务会议
(1943 年 1 月 6 日)

主任室报告：

1.本会议出席会员共廿六人，计各室组主管人员五人，各院系负责人十二人，教授四人，副教授代表三人，讲师代表二人，列席者共四人(秘书、体育主任、主任军训教官、文书主任)。

2.本次提案共卅四件，除临时提案四件外，其余卅件之案由已缮印，至各案理由及办法为节省纸张计，均未付印，讨论时请原提案人口头说明。

3.各室组报告亦为节省纸张计统由主管人口头报告。

4.本校现有教职员总数共 94 人，计教员 59 人，职员 43 人，教兼职 8 人。教员若以等别分计：教授 19 人、副教授 13 人、讲师 16 人、助教 9 人、军训教官 2 人。职员以组室分计：主任室 4 人、教务组 14 人、训导组 5 人、总务组 14 人、会计室 4 人、医务室 2 人。

5.本年度起因校务日繁，各院系科已分别聘定负责人，并已报请总校备案。

6.本学期教员方面尚有会计学、机动学及工场实习三门人选未聘定，职员方面当拟聘校医一人、护士一人，均已在物色中。

7.最近学校经济情形 一方因垫款繁多，一方因总校尚有欠发，故极度困难，曾因购米及发薪等向地方银行办事处借有十二万元，详见会计室报告。

8.员工食粮代金及学生副膳费，教部核定数与本校实发数相差甚巨，如何办理，容后再详细讨论。

讨论事项：

一、本分校下年度应否添设三年级案。

二、修正本分校行政组织规程案。

三、审议本年度校务行政计划案。

四、拟组织经济审查委员会及物资审查委员会案。

五、拟扩充理学院案。

六、时局变幻无定，本分校应如何准备以备万一案。

七、预筹应变准备以免临时无措案。

八、本分校各室组名称应否依照部颁大学行政组织补充要点之规定分别改正案。

九、拟设各部分主管人员以专责成案。

十、详订各室处院系办事联系方式以免延误而增效率案。

十一、由各室处院系主任实行考核各该室处院系服务人员以重职守案。

十二、请厘订各课先修课程案。

十三、自下年度起招生考试时拟增加体格检查一项，是否可行，请公决案。

十四、拟设置总办公室以免隔阂而增工作效率案。

十五、集中教室以利教学是否有当，请公决案。

十六、拟在二部辟置医务室案。

十七、请改善教员休息室案。

十八、请赶先呈部请拨临时建筑专款添造校舍以应需要案。

十九、军训器材设备颇感缺乏，请划款七千元以便购置案。

二十、请划款八千元添置木壳枪二枝以供平时军训讲课及防事变警卫之用，可否请公决案。

廿一、请酌增低级教职员薪津藉维生活案。

廿二、拟于卅一年度第二学期开始时令全校师生勤工一体注射鼠疫预防针案。

廿三、奉校长室函知“本校卅一年度节约建国储金部定四万元，全校教职员应一致推行并经决定，分八月、十月、十二月等三个月，每月各储薪百分之十，由会计室扣缴”，分校因奉函较迟，尚未照扣，应如何办理请讨论案。

廿四、教员资格送审一案，证件收集困难应如何办理，请公决案。

廿五、本校员工及眷属卅一年二月至八月食粮代金原依照市价发给，而教部核定数系依照平价计算，以致相差达六万五千余元之巨，虽迭经呈部力争，迄未邀准，应如何办理请讨论案。

廿六、学生膳食副膳费教部核定卅一年十月起为廿五元。卅二年一月起为卅五元，实际不敷甚巨，应如何办理请讨论案。

廿七、改善灯火以便夜读案。

廿八、上课讯号拟改用吹号案。

廿九、拟添雇警卫兵若干名，担任校门口警卫事宜以防失窃案。

三十、请设完全小学以利教育案。

卅一、请扩充农学院实验设备案。

卅二、请于农学院添设农艺化学系案。

卅三、请添购农学图书案。

卅四、请于农学院附设农业生产机构案。

卅五、学校行政谈话会本年度出席会员应如何决定案。

L053-001-1599 卷

三十一年度第二学期校务会议
(1943 年 7 月 15 日)

路代理主任报告：

1. 郑主任已于七月八日安抵遵义总校，分校主任竺校长电请本人正式继任。现尚在考虑中。

2. 卅一学年度教职员正式聘书及任用状早经分四次开单，送请总校填发。

3. 本年度预算文、理、工、农四院及师范国文英文两系年七十二万元早经确定。师初部经费初奉校长电告年卅六万元，嗣奉总校及教部代电始知确定为十八万元，预算分配表刻正在缮送中。

4. 关于科系调整。七月九日奉教部麻电，师范学院继续办理。文理停招新生，农工并入总校。七月十一日复奉总校转来部令及院系调整办法，同时又接到总校[第]175 次行政谈话会记录，查教部与总校双方意见两歧。现分校决遵照总校决议案办理，其详情业经于全体教职员大会时报告不再赘述。

5. 添办附中、附小计划及预算已于六月廿三日分送教部及总校。

6. 各学院设置院长一案，奉部令未准。

7. 上届校务会议决议案执行情形。

讨论事项：

(一)兹订定本分校教职员聘任待遇及服务暂行规则是否有当，请讨论案。

(二)教员等别之调整及职员服务之考勤应如何办理案。

(三)各课教员有科系可归者应列入各该科系支配案。

(四)此后对于学生奖惩拟由训导组征询导师意见并经主任室核签后执行，

当否请核议案。

（五）学生请假每未办妥规定手续致日常生活之稽考、公费贷金之计算颇感不便，应如何办理案。

L053-001-1599 卷

临时全体校务会议
（1943 年 11 月 29 日）

报告事项：

一、学生自治会决议事项。

二、本校办理防疫经过。

讨论事项：

一、坊下石坑垅两村大扫除迭经定期举行，迄未彻底做到，应如何促其切实办理请讨论案。

二、现在是否已届必须疏散时期案。

三、疏散时一、二两部是否必须同时实行案。

四、学校方面现拟建筑教职员住宅若干所租给疫区教职员居住案。

L053-001-1172 卷

三十二年度第一学期校务会[议]
（1944 年 1 月 15 日）

主席报告：

1. 本届校务会议人数及副教授、讲师代表选举经过。

2. 全分校现有教员五二人，职员三七人，已开具名单送请总校填发聘书及任用状。

3. 专任教员发给学术研究费一案奉部令因审查不及，凡已送审而未审定者得暂照原定等级发给，但以六周为限，未送审者不发。

4. 生活补助费自卅二年十月份起基数增加为四百元，加成数增加为十成，已奉教部正式令知，一俟款到即可补发。

5. 本年度教员资格送审事宜，前经一再函催并已先后呈送三次，如续有送审者，统希于三月一日以前将履历表、证件等送至主任室，以便汇齐造册转送，逾期本年度内不再办理。

6. 卅二年度经常费预算共一百十万元，但至十二月终已实支一百二十三万元，而一部分开支，如田租等尚不在内，其中办公费一项不敷最巨，计超出预算约十八万元，购置特别两项亦有超溢，俸给及学术研究费两项则约余八万元。

7. 本校经费预算费分作员工生活费、事务费、学生用费、学术费及医药费五项。各项所占成整约略如下：

员工生活费 40.46%，事务费 39.79%，学生用费 9.95%，学术费 5.33%，医药费 4.48%。

8. 卅二年分校追加经费共廿六万，此项追加经费由部规定 30% 为添置设备，5% 为购置药品，5%～10% 为增加低薪职员待遇，本分校当经遵照规定提拨二万二千余元作为职员津贴，并聘请张挺三、丁祖炎、姚含英、黄尹默、吴启华五先生组织委员会订定分配标准，现已分发完竣。

9. 公利互助社已于上年十二月廿七日正式成立，该社经费已由教育部拨到四行借款四万元，本校教职员、学生、校工缴到约三万元。事业方面，生产部门暂先成立合作社、合作农场及合作工场三项，并已聘定丁祖炎、韩雁门、陈嗣虞三先生分任经理，信用贷款部门组织委员会主持之(委员十一人，其中教职员四人，学生七人)，并推定陆永福先生为该委员会主席。

10. 各组室应行报部之各项表册前经分别函催，凡已逾呈送之期而尚未呈送者，请即从速赶办。

11. 各组室及附属场馆职员本学期请假日数，请即由各该组室主管人抄送主任室备查。

12. 建筑疗养室一节现已核定，由陈永记承包草屋五间，并建筑有地板，计标价七万〇三百九十四元。

13. 添办附中一节，前奉部令未准，现为便利师范生实习计，又已呈部请设。在未设立以前，拟暂借树范中学实习，其详细办法请教务处会同潘、夏、孙三科系主任订定后再与树中洽商。

14. 鼠疫防治费奉总校转来部令，在本年度追加费内匀支，但最近又应到二万元，查追加费用途，早已分配罄尽，无法匀支二万元，亦不敷甚巨。

讨论事项：

一、本分校前奉部令停招文、理、农、工四院新生专办师范，本年度因奉令过迟不及遵办，下年度应如何办理，请尽量提供意见以备送请总校及教部参考案。(路季讷提)

二、为增强总分校间之联系特拟具联系办法一种，是否有当，请审议案。(主任室提)

三、师范学院请添设博物系及博物科以利教育案。(董聿茂提)

四、请建议教育部添设本分校师范学院史地、理化两系案。(张慕骞、王起、

季平子、楼仁泰提)

五、请在师范学院添设教育系以重师范教育案。(潘渊提)

以上三案合并讨论。

六、请添购生物学实验室设备案。(董聿茂提)

七、拟请增订内地各种报章杂志,俾增学生精神食粮案。(陆永福提)

八、请改善代办中心小学案。(董聿茂提)

九、拟请筹设校工补习班以提高校工知识而增工作效能案。(沈金相提)

十、经济稽核委员会及物资审核委员会虽已组织就绪,迄未实际工作,应如何加强组织以便切实执行职权案。(路季讷提)

十一、拟与树范中学洽定,由本校就该校教员中指定一人协助接洽本校师范学生实习事项。该教员薪水生活补助费及米贴由本校负担,同时请该校免收在该校肄业之本校教职员子女学杂等费案。(主任室提)

十二、女生膳费拟请准予提出自理案。(胡伦清提)

十三、寒假期内应否准许学生回家案。(训导组提)

L053-001-1599 卷

三十二年度第二学期校务会议
(1944 年 6 月 10 日)

报告事项:

1. 本年度经费预算数先后奉总校及教部电知,计经常费大学部(包括师院五年制)一百四十万元,其中一百十四万元由总校拨发,廿六万元由国库直拨。师范学院初级部廿四万元由国库直拨。临时费添班十万元,建筑设备十万元,教学设备廿四万元。

2. 下年度新生拟照原有科系各招一班,业经于五月十三日电请总校核示,尚未奉复。

3. 本年度内教职员中途进退者甚多。目前共有专任教员四五人(教授十人,副教授十人,讲师十八人,助教四人,军训教官三人);兼任教员一四人;职员四一人,其中有八人由教员兼任。总数为九二人。

4. 专任教师资格业经教部审定者,计教授二人、副教授六人、讲师五人、助教二人,共十五人。在送审中者十九人,未送审者八人,资格另有规定者三人(军训教官)。凡应补缴证件及未送审者,请即补缴补送,以符规定。

5. 学术研究补助费近奉教部电知,凡已经审查合格者自本年一月份起加倍发给,并已有五万元汇出,一俟款到,一至六月份加发数即可补发。

6. 教员加课报酬已照总校办法，自本年二月份起照送。

7. 奉教部令须指定一人专管人事。现已请沈秘书兼任，并已呈报教部。

8. 奉令组织经费稽核委员会并附颁办法十二条。

9. 西迁学生因奉第三战区交通处电即日赴铅侯搭便车，故提前出发，并拟由学校酌给津贴旅费。

10. 公利互助社现有基金约十一万六千元，各项事业均在进行中。

11. 下年度教员聘函照约于期满一月前(即六月底)致送，惟如所任功课业已结束，不日即须返里者当于离校前分别送奉。

12. 假期内诸同人通信处如有更改，请通知主任室以便通信。

13. 此次所收提案共二十件。除三件不必讨论未提出会议外，其余均已列入议程。又收到临时提案一件。

讨论事项：

(一)一至四月份未领到之员工公粮，据龙泉县田粮管理处负责人面告，宝溪乡尚有余谷可以拨付。惟该乡距城遥远(离城四二公里)，运费甚巨，应如何办理请公决案。

(二)前奉校长函知"分校下年度可仍照原状办理，惟师资难聘，各科系得酌量裁并"，现有各科系，应否酌予裁并请公决案。

(三)奉教部令知本年度添班费十万元，建筑设备费十万元，又奉总校电告教育部另拨教学设备费廿四万元，此项经费用途应如何分配请公决案。

(四)本年图书设备费尚未确定，请本会决定原则，至少应与实验设备及消耗相等，交预算委员会议决概算数额，以利进展案。

(五)分校教职员聘任待遇及服务暂行规程尚未经总校转报教部核准，其第卅四条规定职员于一学年中事病假共计未逾一个月而且暑假又照常服务者，得加给一个月薪金一项，本年度拟暂缓施行案。

(六)各组室工作人员有离职者，一时接替人手未到，所遗工作势必由同组室人员分别担负。各人原有工作已感繁忙，今再加负，此项额外工作应为何分别予以奖励案。

(七)旁听生于学校训管及设备均有不便，下年度起拟不再收容案。

(八)拟定招考时体格检查办法如左，是否有当，请公决案。

(九)拟请在一、二部中心地点增辟大操场案。

(十)一部饮料水水源不洁应如何设法改进案。

(十一)拟请规定自下学期起学生应一律穿着制服案。

(十二)请规定图书馆暑期整理原则，以利进行案。

(十三)下年度班级增加，各组室工作员额应设法增加案。

（十四）拟请求教部准予成立校警一小队案。

（十五）拟请雇佣号兵两名案。

（十六）教务组仅有油印机一架、油印工人一人、缮写人员二人，全校各科讲义及各组室之印件拥塞，非常极难应付，应如何设法改善案。

（十七）学生补领校徽应如何限制以杜流弊案。

（十八）拟请遵照部颁公私立专科以上学校经费稽核委员会组织办法，改组本校经济稽核委员会，并请推定委员五人以使正式成立案。

L053-001-1172 卷

三十三年度第一学期校务会议
（1945 年 1 月 20 日）

主席报告：

1. 本校本学期专任教员共 43 人（戚先生未计入），兼任教员 12 人，职员 38 人（兼有功课者均并入教员计算），军训教官 3 人。

2. 本校现任教员资格业经教部学术审议会审定者共 13 人，其中教授 3 人，副教授 5 人，讲师 4 人，助教 1 人。已经送审而尚未审定者共 19 人，一人为兼任教师，其中已遵令补交证件者 3 人，补交一部分证件者 1 人，证件无法取到已备文声复者 2 人，未补交证件者 7 人，未奉教部令复者 6 人。尚未送审者共 12 人。

3. 本届校务会议会员共廿五人，计各部分主管人五人，系主任七人，教授八人，副教授代表二人，讲师代表三人。

4. 本届校务会议提案共廿七件，除有二件毋须讨论，经通知原提案人不必提出外，其余均已列入议程。

5. 本校文理工农四院拟添办三年级一案，曾于十二月七日电请总校核示，顷奉校长复电，容与教部商洽后再行决定。

6. 增加生活补助费一节，曾于十二月十三日及一月四日电请教部速示增加办法并将款项拨下，但迄未奉复。

7. 总校职员支薪标准最近有无改动，已于本月十一日去电询问，以供参考。

8. 本校从军青年计职员一人，学生廿九人，现定四月一日在瑞金集中。

9. 本学期在二部添建教室五间，建筑费约二十万元。

10. 下学期新添教员正在洽聘中。

11. 机电系师资、设备勉能应付，故仍继续办理。

讨论事项：

一、应否请求教部及总校于卅四年度同时添办文理工农系院四年级案。

二、可否呈部予本分校成立史地系案。

三、为谋员生便利计，下学期学历拟略予更改案。

四、师范专修科第三学年第二学期所修学程应否提前教学，以符部令案。

五、本分校应否组织训导委员会案。

六、请设立聘任教职员审核委员会以重任用案。

七、为提请切实实行教职员聘任及待遇规程，对于教职员应一律依照规定年限实施晋级，以昭公允案。

八、本校教职员聘任待遇及服务暂行规则关于教职员请假及离校等限制应该酌予修正案。

九、关于教员资格送部审定事如何迅速办理案。

十、拟请筹设附中，以便利同人子女求学案。

十一、请速筹设附属中学案。

十二、希望从卅四年度起能严格执行预算案。

十三、暂付款希望能尽量减少案。

十四、如何切实增进同人福利事业案。

十五、请改善员工生活案。

十六、拟请提高低级职员薪给，以资救济案。

十七、请提高会计人员待遇案。

十八、创办校刊以提高学术空气案。

十九、教务组讲义拥塞，应付困难，应如何设法改进案。

二十、助写讲义人员应如何提高缮写费，以资鼓励而利教学案。

廿一、农一新生朱大辉到校之日已达全学期授课时间二分之一，其所修学分应如何计算案。

廿二、公费生膳费印领清册应如何改善案。

廿三、请校方本防鼠疫宗旨，随时清洁环境以防疫疠而重卫生案。

廿四、请校方在医务室女生宿舍及二部每室四周荒山旷地种植毛竹，以壮观瞻而利防空，并便露天阅读及提倡荒山野地生产之效案。

廿五、太平洋战事日趋紧张，浙东沿海一带之争夺战恐不可免，本校应如何准备以策安全案。

L053-001-1172 卷

(2)校务行政计划和实施报告

分校三十一年度校务行政计划(一)学校行政部分
(1943年1月6日)

一、调整学校行政组织

本分校行政组织向分教务、训导、总务三组,组下应设组别并无明确规定,医务室等之隶属问题亦含糊不清。现拟遵照部颁大学行政组织补充要点,并根据本分校实际需要分别调整。

二、添设各院系科负责人

本分校初因学生人数不多,规模不大,故各院系科负责人员均未设置,现因科系增加,校务日繁,拟自本年度起,各院系科分别设置院长及系科主任等人员,俾资缩摄。

三、办理教员资格审查

查教部规定于学年开始时新聘教员应检送证件,送部审定。本校上年度因证件收集困难未曾办理,惟此事有关教员升等晋级等问题,本年度拟照章办理以符规定。

四、调整职员薪给并严密考核服务状况

兹奉部令各校自卅一年年底起,应办理职员考绩由部办订定,统一办理,拨发施行,现拟待是项考绩办法领到后,将各室组现有职员切实予以考核并将薪给酌量调整。

五、组织经济审查委员会实行经济公开

本分校会计室早经独立,惟经济审查委员会尚未组织成立。款项收支亦未有公开报告,是以全校教职员对于学校经济概况间有不甚明了者,本年度起拟组织经济审查委员会按月审查各项收支、账目及票据,并由会计室按月造具收支报告表,布告周知,藉付经济公开之义。

L053-001-1776 卷

三十一年度校务报告(学校行政部分)
(1943年)

一、调整学校行政组织

依照计划所列已分别予以调整。教务组设有注册股及图书馆(出版股未设置)，训导组设有生活指导股，体育卫生股及医务室，总务组设有文书、出纳、庶务三股，军训总队部则已单独成立以符规定。

二、添设各系科负责人

本校因科系增加，校务日繁，各院系科拟分别设置院长及系科主任，俾资绾摄。嗣奉令院长暂缓设置，系科主任则已分别聘定。

三、办理教员资格审查

本年度开始时通知各教师遵照部颁大学及独立学院教员资格审查暂行规程送请审查，后经部审定者计有副教授张树森等八人。

四、调整职员薪给并严密考核职员服务状况

部订职员考绩办法尚未颁发到校，本校于年度终了时由分校主任及各室处主管人员自行考核一次。自下年度起依据考核结果将薪水酌予调整。

五、组织经济审查委员会

依照计划所列，于校务会议时选举路季讷、张树森、夏永生、王季思、朱重光等五先生为委员，正式成立经济审查委员会按月审查。

L053-001-1776 卷

二、教学事务

(1)校务会议教务报告和议决

第三次校务会议报告事项 2
(1939 年 12 月 9 日)

1.本学期注册及最近实到人数与各系选习学分之统计。

2.先修班谈话会后发信通知到校与应考之经过。十一月三十日召开先修班谈话会,其记录业经公布。随即分别通函部派各生,暨本分校备取未补而曾请求入先修班各生,限令于十二月二十三日以前到校注册,逾期不到者,即取消其入学资格。一面通函其他请入先修班学生,定于十二月廿七日在龙泉中心小学举行甄录试验。旋得本校抄送部颁大学先修班办法要点,及经费分配总额各一份,查与本分校谈话会通过之先修班暂行办法,大致无甚出入。嗣后自应参照部颁办法办理。

L053-001-1168 卷

[二十九学年]第二次校务会议讨论事项决议 1 至 7
(1941 年 1 月 10 日)

一、制定第二学期学历案

决议:寒假定两星期,学历通过。临时试验不停课。一如本学期旧例。

二、编制学期考试日程案(二月三日至八日)

决议:通过。

三、考试规则应否重行公布案(附印件,拟删去四、五、六、七各条)

决议:原考试规则第一、二、三条重行公布。第四条照旧办法,不必公布。第五、六、七条删去。

四、修改学分案

总校教务长函告工学院初等微积分应为每学期四学分,工农两院国文应为二学分,分校应遵改。又农工二院自下学期起应否减少授课时间。

决议:学分遵改。国文授课时间,请由教务主任与国文教师商酌办理。

五、学生第一学期成绩在四十分以下或在四十分以上而补考不及格者,第二学期选课如何办理案决议：应令重读及补考不及格之学生，第二学期不准继续修习该项科目。

六、修改学期考试期间学生请假及补考成绩计算办法案（照录总校第四次教务会议议决案）“（甲）学期考试期间因病请假至少连续二天，（乙）准假而未参加学期考试者补考分数作九折计算，应与平时成绩合并计算后方作为学期成绩，（丙）凡学期成绩不合格而准补考者补考及格后其成绩概作六十分计算”。

决议：（甲）条不执行，（乙）（丙）二条照办。

七、本年春季应否自招先修班生案

决议：此案付表决，不赞成招生者多数。

L053-001-4009 卷

三十年度第一次校务会议教务组报告
（1941 年 12 月 8 日）

1.修订有关教务方面各项章则；2.办理招收新生及录取人数；3.新旧生注册人数；4.各省保送师范生人数；5.办理学生复学、休学、转学及保留学籍等事宜；6.编排各院系课程；7.计划下学期及下学年课程；8.购置中西图书数目及向浙江省立图书馆添借中西书籍情形。

L053-001-1581 卷

三十一年度第一学期第一次校务会议教务报告
（1943 年 1 月 6 日）

Ⅰ.招考新生

本分校于本学期前后招考三次。第一次分福建南平及龙泉小梅二区招考。南平区报名计第一组三十三人，第二组七十七人，第三组四十人，共计一百五十人；小梅区报名第一组计十七人，第二组十七人，第三组九人，共计四十三人。第二次龙泉报名，第一组计三十人，第二组四十人，第三组八人，共计七十八人。第三次龙泉报名，第一组二十九人，第二组四十人，第三组二十一人，共九十人，总计三百六十一人。第一次及第二次录取文二十九人，理十七人，工四十一人，农三十五人，师四十九人，共计一百七十一人。借读“工二”六人，“农二”一人。第三次录取文十人，理八人，工十人，农十二人，师五人，共计四十六人；借读三人，二次共取新生二百十七人，借读十人。

Ⅱ.注册人数：

“文一”三十三人，“中文二”八人，“外文二”十三人，共计五十四人。

"理一"十九人,"数理二"七人,共二十六人。

"工一"四十五人,"土木二"二十五人,"机电二"二十九人,"化工二"二十二人,共一百二十一人。

"农一"三十二人,"农艺二"八人,"农经二"十六人,共五十六人。

"师一"四十七人,"国二"四十五人,"数二"十三人,共一百〇五人。

一年级共一百七十六人,二年级共一百八十六人,总计三百六十二人。

Ⅲ.三年级学生入黔借读及休学情形:

本分校三年级学生多数均入黔总校肄业,前总校来函,计到达总校者共七十七人,实际上陆续前往者尚有多人以到黔过迟,不能正式注册,仅准旁听至借读他校及休学各生均未接得正式报告,故一时无从统计。

Ⅳ.讲义情形:

本学期课程增加,教科书减少,讲义较过去为多,凡四十九种,计最近一星期间消耗:油墨三罐、蜡纸二筒、大毛边纸六刀。

Ⅴ.课程情形:本学期各院系各年级课程,大部均根据部颁课程标准并参照总校情形,总定五院十系,共计课程凡八十一种,内必修科七十四种,选修科七种。

Ⅵ.点名情形:本分校注册甫经截止,点名尚未开始,学生出席与否颇难考核,去年虽曾举行由教师点名办法,而报告者寥寥无几,亦少成效,嗣后应如何设法改善,颇可研究与讨论也。

L053-001-1599 卷

三十一年度第二学期校务会议朱教务主任报告
(1943 年 7 月 15 日)

1.筹办招生情形。

2.审查入黔学生成绩事宜。

L053-001-1599 卷

三十二年第一学期校务会议朱教务主任报告
(1944 年 1 月 15 日)

1.本年度学历已遵照教部规定改订。

2.各项学术研究设备因经费不敷,甚难充实。

L053-001-1599 卷

三十二年第二学期校务会议朱教务主任报告
(1944 年 6 月 10 日)

1. 本学期学生数:总计三三〇人(内借读生三人)。

文一:一七人;文二:中文二:一〇人,外文二:一〇人;理一:一九人;数理二:六人;工一:四一人;工二:机电二:七人,土木二:五人,化工二:一〇人;农一:二〇人;农二:农经二:一九人,农艺二:六人;师一:二六人(师一内有数学系四人);师二:师国二:一八人,师英二:二三人。师初国一:三二人;师初数一:一二人。师初国三:四一人,师初数三:八人。

本学期休学人数一二人,退学人数五人。

2. 本学期教员数:总计五十九人。

教授:一〇人;副教授:一〇人;讲师:一八人;兼任教员:一四人;助教:四人;教官:三人。

3. 本学期开课日期及各级所开学程:

本学期完全依照学历于二月八日开学,二月十七日开课。各级所有学程,除文二哲学概论、文二经济学、师二哲学概论未能开班外,其余均无问题。或有少数学程因延聘兼任教员关系,开课较迟耳!

4. 一年级生证件已催缴齐全呈部。上学期在学、退学、休学、转学、转院、转系、借读各生名册已呈部。本学期教员数学生数已填表呈部。本学期应届毕业生名册已呈部。应届毕业生师国三:四一人,师数三:八人。

5. 各级学期考试日期。毕业班:学期考试:六月五日—十日;加考科目:六月十三日—十五日;西迁同学:六月十日—十五日;留校同学:六月廿九日—七月五日。

6. 下年度学历已编就:下学期定于八月廿六日开学,八月卅日至九月二日旧生补考,九月六日至八日注册,九月十一日开始上课。

7. 部定全国专科以上学校学业竞试已遵令于上月廿日举行。为郑重计,所有试卷编号弥封,初选结果记录取五名——师国三韩国粹、师国二金芝山、师英二周起昕、农经二沈宝新、工一梅宁远,并已弥封呈部参加竞选。

L053-001-1172 卷

三十三年度第一学期校务会议教务组报告
(1945 年 1 月 20 日)

1. 卅二年度第二学期文理工农四院修满二年级学生共 72 人,赴总校者 37

人，在外借读者 28 人，休学者 7 人。

2.本学期全校共二十二班，学生四百人，其中有借读生九人，试读生三人，此外尚有旁听生十四人，未计入。

3.本学期开学时因受时局影响延迟一星期（九月十八日）开课，师专一新生则因各省保送关系约迟两星期开课。

4.本学期新生保留学籍者 9 人，旧生休学者 28 人，退学者 3 人，亡故者 1 人，转院者 6 人，转系者 1 人。

5.本学期各级功课，大致均能开班，未开班者仅作物学、文字学、哲学概论、国文文法及各体文习作等五学程。

6.本学期共缮印讲义约二千六百份。

L053-001-1172 卷

（2）其他会议和计划

三十一年度第一学期第一次教务会议教务报告
（1942 年）

Ⅰ.招考新生经过：

本分校本学期先后招考新生三次，共计录取新生：文学院 39 人、理学院 25 人、工学院 51 人、农学院 48 人、师范学院 54 人、借读生 10 人。

Ⅱ.各院系注册人数：

文一 33 人、中文二 8 人、外文二 13 人，共 54 人；

理一 19 人、数理二 7 人，共 26 人；

工一 46 人、土木二 24 人、机电二 28 人、化工二 22 人，共 120 人；

农一 34 人、农艺二 8 人、农经二 16 人，共 58 人；

师一 47 人、国文二 44 人、数学二 13 人，共 104 人。

一年级共 179 人、二年级共 183 人，共计 362 人。

Ⅲ.课程情形

本学期各院系各年级课程，大部均根据教育部课程标准并参照总校情形设置五院十系共计课程八十一种，其中必修科七十四种、选修科七种。

Ⅳ.讲义情形

本学期课程增多，教科书减少，讲义增加颇多。凡 56 种，最近半月来消耗腊纸四筒、油墨四罐、毛边纸二十大刀。

注:腊纸每筒平均160元、油墨每罐30元、毛边纸每大刀40元。

V.点名计划

本学期点名拟由教务处制备各院系点名册,分悬一、二两部教员休息室,各教员于上课前至教员休息室携带点名册入教室点名,课毕携回仍置原处,以便下课教员应用。是项点名册业已计划就绪,正在印刷中,不久当即可应用。

L053-001-1581卷

三十一年度第一学期第一次教务会议提案
(1942年)

(1)本学期应于何时结束案(教务处提)

(2)各院系科教员应如何规定案(教务处提)

(3)厘订各院系先修课程案(毛路真提)

(4)请就师范学院添设国民教育选课案(寿棣绩提)

(5)迟到各生补课问题应如何办理案(教务处提)

(6)师院初级部数学科不及格各生应如何补救案(教务处提)

(7)一、二两部教员休息室应如何改良案(教务处提)

(8)学生成绩不及格照章应予不得补考或留级或退学者一律不准特许通融案(毛路真提)

(9)本学期应举行何种学科竞试请公决案(教务处提)

(10)请辟置自修室一间俾学生无选课者得以自修案(寿棣绩提)

(11)文、师二院学生应如何改进书法及误字案(朱重光提)

(12)各教室揩擦黑板应如何指定校工按时办理案(教务处提)

L053-001-1581卷

三十一年度第二学期教务会议报告
(1943年)

一、报告事项

Ⅰ.注册组报告

1.收容借读生情形　本学期来校请求借读学生颇多,经考试后核准入学者,计一年级五名,二年级四名。

2.本学期补考情形　上学期学期成绩不及格学生,较历届为多。计不及格学生一百二十七人,科目凡三十三种,经补考后尚有三十九人未能及格,科目凡十一种，理工为多。

3. 各院系科开设学程　本学期各院系科开设学程凡七十六种，内有选科七种，尚有五科迄未开班。

4. 各院系科注册人数

文一 31 人、中文二 5 人、外文二 9 人，共 45 人；

理一 19 人、数理二 7 人，共 26 人；

工一 49 人、土木二 24 人、机电二 29 人、化工二 22 人，共 124 人；

农一 33 人、农艺二 8 人、农经二 15 人，共 56 人；

师一 48 人、国文二 43 人、数学二 13 人，共 104 人；

一年级共计 180 人，二年级共计 175 人，总计 355 人。

5. 关于学生学籍事项

(1)三十年度

a. 正式生学籍：①已奉教部核准者计向克强等 166 名；②未经核准而须补呈正式证件者计吕绍震等 19 名，其中除已离校者外，尚有叶保溪等 14 名须补呈正式证件。

b. 第一学期借读生入学资格已奉教部核准者计胡裕树等四名，不予备案者顾乃仁一名。

c. 第二学期借读生入学资格已奉教部核准者，计田万钟等 107 名，未准而须补受甄别试验者计何志均等五名。

d. 借读生改正式生胡家祚等二名，因证件不足未经核准。

e. 其他休学生 14 名，复学生 20 名，退学生 25 名，转院转系学生 20 名，留级学生 4 名。奉教部令均准备案。

(2)三十一年度

本年度各种学生学籍业已整理造册完竣，不日即可呈部，计开

a. 新生呈请核定学籍者，计林寿朋等 174 名。

b. 转学生呈请核定学籍者计戴衡 1 名。

c. 借读生呈请核定借读资格者，计吴元兴等 14 名。

d. 复学生呈请备案者，计曹兆汉等 5 名。

e. 休学生呈请备案者，计毛志云等 38 名。

f. 退学生呈请备案者，计王东宝等 84 名(内计自动退学者 67 名，被勒退学者 15 名，死亡者 2 名)。

g. 留级生呈请备案者，计贺倜等 4 名，其余三人留校察看(留一年级)。

h. 转院转系学生呈请备案者，计焦登墀等 13 名。

i. 借读生改正式生呈请备案者，胡裕树一名。

6.最近四、五两月来讲义消耗情形

腊纸10筒,油墨27罐,毛边纸60刀。

L053-001-1581卷

三十一年度校务行政计划(二)教务部分
(1943年1月6日)

一、修订章则

本处各种章则有须补订者、有须修正者,拟于本年度内参照实际情形及各种法规订定或修改之。

二、调制表格

本处各种表格有须添置者、有须改制者,拟于本年度内按照实际需要及参照其他大学各种表格调制之。

三、增设学系

本分校参酌现有人才、设备及实际需要,文学院应增设史地学系,理学院应增设生物学系,农学院应增设园艺系。

四、筹设附中附小

本分校为供师范学院学生实习研究及社会实际需要起见拟于本年度内筹设附中(初中部)、附小。

五、招考新生

本分校于本年度内分区、分次招考各院系一年级新生两百名。

六、调整课程

本年度内拟将各院系各年级课程根据部颁大学科目表加以调整,使与标准益为适合。

七、举行学科竞试

本年度内拟举行学科竞试二种(国文、英文),以鼓励学生学习兴趣。

八、举行补课

为补救授课时间之不足及学期试验成绩不及格之学生起见,拟参照总校办法举行暑期补课。

九、考察研究

本分校应设法充分供给教员考察研究之机会,俾在学术上有所贡献。

十、设立注册、图书、出版三组

本分校学生人数较前增多,为增进行政效率起见,拟将本处注册、图书、出版三组成立,以专责任而利进展。

十一、添置图书

本分校图书馆中西书籍杂志报章应尽量设法添置，本年度除向省立图书馆借到西书数百册外仍拟设法添购新书以资充实。

十二、扩充阅览室

向浙江省立图书馆借来之西书另辟一室储藏，以便阅览而策安全。

L053-001-1776 卷

师范生实习指导委员会第一次会议记录
（1944 年 2 月 13 日）

日期：卅三年二月十三日

地点：本分校会议室

主席：朱重光

记录：陈锦枚

出席者：夏瞿禅　潘　渊　杨景桢　孙叔平　赵佩璜　朱重光

列席者：寿棣绩　陈锦枚

主席报告：

本学期师范生实习事项已与树范中学、龙泉县立简易师范学校接洽妥当，不久即可开始。至于实习时间、实习导师以及经费等问题请公议。

讨论事项：

一、实习时间如何支配案

议决：请树范中学每星期一、四两日下午各排国文实习两小时，数学实习两小时，并请龙师于同日下午排国文实习两小时。

数学科人数较少，每人轮值施教之机会较多，树中每星期四小时之实习已敷支配。

国文科人数较多，分甲乙丙丁四组，每组约十人，每次实习时，树中、龙师各两组。

二、教材应如何选取案

议决：国文教材由实习生商同指导师自由选取（但树中所采教科书中已有之教材，宜先选）。数学教材请树中担任教师保留某几项问题专归本分校实习生施教用。

三、指导师如何支配案

议决：实习生人数众多，添聘胡伦清、任心叔、郭莽西、毛路真、陈永福、沈金相、陈锦枚、寿棣绩先生以及龙师李校长为本委员会委员。

四、实习时所需费用如何编造预算案

1. 车费:二万元

2. 讲义费:四千元

3. 预备费(粉笔、茶水、渡船费等):六千元

朱重光

L053-001-1581卷

(3)招生

二十八年度浙东分校招生简章
(1939年7月)

国立浙江大学,为谋浙江省与东南各省青年升入大学便利起见,奉教育部令,于二十八年度起,设立浙东分校于浙江龙泉县,并经呈准于国立各院校统一招生以前,在浙江永康单独招生一次,专收各院系一年级学生一百二十名。至本校现已西迁,本届仍由教部办理统一招生,办法由浙教厅及各区另行公布。兹将本分校招生办法,以及入学手续等,分别拟定,详列如后:

一、本大学所设与本分校招生之各院系

1. 本大学自二十八年秋季起,共设五学院二十四学系。惟本分校仅收文理工农四院各系一年级生,四院招收新生之系别如次:

甲、文学院　中国文学系　外国文学系　史地学系

乙、理学院　数学系　物理学系　化学系　生物学系

丙、工学院　电机工程学系　化学工程学系　土木工程学系　机械工程学系

丁、农学院　农艺学系　园艺学系　农业化学系　蚕桑学系　植物病虫害学系　农业经济学系

2. 本大学自二十七年度起,添设师范学院(内设教育系、国文系、英语系、史地系、算学系、理化系等六系,五年毕业)该院本年度新生,由国立各院校统一招生时管理,木分校不招收师范学院各系新生。

二、招收学生名额

1. 本分校招收文学院、理学院、工学院、农学院各系一年级生,每院暂定三十名,男女生兼收。二年级以上插班生不收。

2. 本分校一年级生名额中，规定二十名由浙赣闽皖四省教育厅，择高中毕业成绩优秀者保送，但如保送名额不足，逾期未到时，得扩充录取名额，或由备取生补足之。

三、应试资格（附征缴各项证书之说明）

1. 凡有下列资格之一者，得报名应考：

（1）曾在公私立高级中学毕业，得有毕业证书或升学证书者。

（2）曾在公立师范学校或前高中师范科毕业，得有毕业证书或升学证书，并于毕业后服务满规定年限得有服务证明书或呈准展缓服务得有证明书者。

（3）曾在公私立高级职业学校毕业，得有毕业证书者。但限于报考与原肄业性质相同之学系。

（4）曾在前公私立大学预科毕业，得有毕业证书者。

（5）工业或农业专门学校本科修业一年以上，得有转学证书及修一年成绩报告单者。

（6）上列“私立”高中或职校，概以主管机关已立案者为限。其在未经立案之私立高中毕业生，须由主管行政机关升学预试及格，得有证明书者。

2. 除上列各项资格之外，本分校不接受以“同等学力”之资格应考之学生。

3. 本分校不收各大学借读生。惟二十六年度或二十七年度已考入本大学后因故休学，得缴验证明文件与照片，审查合格后，免试入学。

四、报名之期限及地点

1. 报名日期：自七月二十日至二十四日（每日上午八时至十二时，下午二时至六时）

2. 报名地点：浙江永康县商会内本分校筹备处

五、投考手续

投考学生须于规定日期内亲到上述报名地点报名（通讯报名不取）向报名处领取报名单二纸，当场正式填写，并随填下列各项：（同来投考之同学得代办报名手续，但必须详悉其入学第一第二志愿，及第八项一二组中所定之选考何种科目。）

1. 毕业及各项证明文件（参照投考资格项之规定）说明：

（1）高中毕业生缴毕业证书。师范生除毕业证书外，应加缴服务证明书或展缓服务证明书。

（2）本年暑假毕业各生，尚未领到毕业证书者，得持原毕业学校发给之毕业证明书投考，各项毕业证明书，须盖有学校钤记及校长公章，附粘相片，上盖校章（或校长私章）。入学后至多三个月以内，仍须呈缴正式毕业证书，方为有效。

（3）申请免费及公费待遇者，应呈缴原籍县市政府拨发之家境清贫证明书。

(见后第十一条)

(4)各项毕业及服务证明文件,验毕加盖印章后,即行发还,但录取入学时,仍须缴验。

2.最近半身相片三张(相片之全身或戴帽者不收,相片之背后左上角须写明姓名)。

3.报名费一元(不发还)。

4.上列各项缴齐并审查合格后,由本分校填给准考证,届时凭证受试,准考证须妥慎保存,遗失后不得补发。

六、投考志愿

1.应考学生应就本分校所收各学系中,认定志愿专修之一学系为第一志愿,并得选定其他院系作为第二志愿。

2.凡两志愿下所试学科有不同时,应依第一志愿。惟如第二志愿为理学院之数学、物理、化学等学系,或工学院任何学系时,则数学必须应试。

(甲)种:如第二志愿为农学院之任何学系,或理学院之生物学系,则数学必须应试。(乙)种:并须于投考时,在报名单选考科目内填写。

3.凡以理学院之数学、物理、化学等三学系,或工学院任何学系为第一志愿,而以农学院任何学系,或理学院之生物学系为第二志愿者,须加试生物一科。

4.凡以理学院之数学、物理、化学等三系或工学院任何学系为第一志愿或以文学院任何学系为第二志愿者,须加试外国史地一科。

七、考试之期限与地点

1.考试日期:七月二十七日至七月二十九日(考试学科及时间按临时规定公布)

2.考试地点:永康麻车头师范中学内(距城约八里)

(附注)此期内课住宿树范中学,惟须自备床单被帐。

八、试验科目

1.体格检查　在学科试验前两天举行,(七月二十五日上午至二十六日上午)不及格者不得参与学科考试。

2.学科试验　以投考学系之不同,分为三组。每组受试之科目及内程度互有差异,列表如下:(请参考投考志愿一项之规定)

第一组:一、公民　二、国文　三、英文　四、本国史地　五、外国史地　六、数学丙(代数、平面几何、三角)　七、下列三科中任选一门:物理、化学、生物(投考院系别:文学院各学系)

第二组:一、公民　二、国文　三、英文　四、本国史地　五、数学甲(高等代

数、平面几何、解析几何、三角）　六、物理　七、化学（投考院系别：理学院之数学、物理、化学等三系，工学院各学系）

第三组：一、公民　二、国文　三、英文　四、本国史地　五、数学乙（高等代数、平面几何、三角）　六、生物　七、下列两科中任选一门：物理、化学（投考院系别：理学院之生物学系，农学院各学系）

九、入学办法

1.入学日期本校定于九月十五日后开学：（于报上发表录取新生时同时公布）凡录取各生，须于开学后五日内到校报到，注册上学。

2.保留学籍与备取递补

（1）录取各生事前须托人代付或邮汇学费十元于八月底以前寄到者，（地点俟后公布）得保留其学额，入学时即充作学费，逾期不付者，作不入学者，以备取生递补。（该项预付学费即不发还）

（2）凡录取学生于开学后十日尚未到校，即取消其入学资格，以备取生递补。

3.保证人

录取学生，每生须觅保证人二人，保证人须有固定职业。其中一人，并须以服务或寓居于龙泉或丽水，对所保举生能负一切责任者，保证人中一人须与学生报到时同来，填写保证书，如因故不能到而携出填写，须得本分校之同意。

4.入学时之手续，规定程序如次：

（1）到校后即填写入学愿书，同时请保证人填写保证书；（2）呈交各项证明文件；（3）缴清规定应缴各费；（4）凭证书及缴费收据领取入学证，凭证入学。

十、入学缴费

本校学生缴费标准惟如膳食、制服费等照当地物价标准略有不同，兹将第一学期应缴各费暂定如次：

1.学费十元；2.杂费二元；3.医药费五角（较贵之药品，另照来价收费）；4.体育费五角。以上四项为确定缴纳之各费。

5.制服费男生十二元、女生五元；6.讲义费二元（书籍费自理）；7.实验及赔偿准备金五元；8.膳费每月暂定六元；一学期暂收三十元。以上四项，为本分校代管各费，学期结束时，公布账目，分别清算，盈还亏补。

十一、公费与免费

本校为补助清寒优秀青年求学起见，设置公免费学额，定有规程二十四条。本分校照此规定，在本年度设公费生名额六名，免费生名额十二名。兹摘录该规程要点如次：

1.公费学额每学期给予公费一百元，在开学时发给，惟校内应缴各费，均在是项公费内扣除。

2.免费学额免除学费、体育费、医药费及杂费之缴纳，其他膳费等各费照缴。

3.公费学额以全校学生数百分之五为度，合格者逾限时，以学业成绩定其录取之次序。

4.免费学额以全校学生数百分之十为度，合格者逾限时，以学业成绩定其录取次序。

5.凡报考公费生者，须具左列各项条件，始得录取：

(1)家沦陷战区，经济来源断绝，或确系家境清苦，无力担负就学费用，有左列之证件者：

甲、原籍县市(包括普通市及直辖于行政院之市)或居住在三年以上之县市主管教育行政机关之切实负责证明等。

乙、毕业学校之切实负责证明书。

(2)操行端方。

(3)体格健全。

(4)资禀颖异。

(5)考取名次须在全体考取学生前六分之一以内(例如全体录取学生一百二十名，则公费生之名次须在前二十名以内)。

6.凡报考公费生而不及格者，(即上列名次前六分之一之规定)不得录取为普通缴费之学生。

7.免费生之录取条件，其入学考取名次须在全体考取生三分之一以内，(即如全体一百二十名中之前四十名以内)此外应具各项条件，与第九条(1)至(4)同，惟录取时照规定标准不及格而在总数中得以及格者，得录取为普通缴费之学生。

8.凡公费生上学期学业成绩分平均在八十分以下，或名次在同院级全体学生之前三分之一以外者，下学期即停止其公费待遇。

9.享受公费或免费待遇之期限，至多不得逾八学期。

10.公费生如有冒充清寒或伪造家境消息说明书等情事，经查明事实后，即实合该生或其保证人补缴各费，并得停止发给各种证件或毕业证书。

十二、本简章有未尽事宜，临时在招生处通告之。

L053-001-1730卷

浙东分校二十八年度先修班暂行办法
(1939年12月)

一、本分校为适应失学青年之特殊需要实施大学升学之预备训练起见，遵教育部之规定设置先修班。

二、本先修班一班名额照部定标准暂定为五十名。

三、本先修班入学资格本年度规定如次：

甲、在本年度国立各院统一招生未得录取成绩次优，经教育部分派于本分校先修班者。

乙、甲项分派学生如遇有缺到时，得由本分校就本年度本分校招生所录之备取生未得递补而曾来请求入班者，加以补收。

丙、甲乙两项学生注册截止后尚有余额时，得由本分校定期举行考试，视成绩之优异者收受之。

四、本先修班课程依照部定办法，分必修科目与选修科目两种：

甲、必修科目：公民、国文、英文、数学（甲班：报考理工者选，乙班：报考文农者选）、体育

乙、选修科目：历史、地理、生物、物理、化学

选修科目，得以其修满后志愿报考大学学系之分别选修之。

五、本先修班肄业期限自二十八年十二月起至二十九年六月止，期满不给证明书。

六、先修班学生修习期满，品行优良，体格健全，其学业成绩名列前百分之五十以内者（同时其所入学系之主科分数须合格于该系所定之标准）得呈准教育部特许免试升入本分校一年级之选定院系。

七、先修班学生照部定办法，免收学费与杂费，惟膳费等仍须照缴，分别规定如下：

（一）膳费　每月七元（十二月份入学时缴二个月，凡寒假回里者，有余退还。至二月下旬第二学期开学时，续缴五个月，学期结束时有余退还）

（二）制服费　十二元

（三）讲义费　全学年四元

（四）预存费　全学年五元

以上四项，除第一项规定分缴外，其余须于十二月份开学时一次缴足，于第二学期结束时揭算，余还欠找。

八、先修班教师由本分校教师兼任之，其教务注册训导事务以及图书医务各项事宜由本分校各部分职员兼任之。

九、先修班学生，须遵守本分校各项规程章则，并与一年级学生同受军事管理。

十、先修班学生入学后不得退学。如有因故退学者，须追缴其学费杂费之一部分或全部。

十一、本办法依据教育部颁发“二十八年度先修班办法要点”拟订之，由校务会议通过施行，修正时同。

L053-001-1493 卷

国立浙江大学龙泉分校、国立厦门大学三十年度联合招生（浙皖区）简章 (1941 年 7 月)

一、二大学联合招生分二区举行：（一）浙皖区由浙江大学龙泉分校主办，（二）闽赣区由厦门大学主办，各区下设招考分处由各区自行规定。兹将浙皖区所设四分处地点列后：(1)浙江龙泉，(2)金华，(3)碧湖，(4)安徽屯溪。

二、报考志愿：报考学生应认定某一校之某一学院为第一志愿，并择选定同校之其他学院或他校之同一学院或他院为第二、第三志愿。惟须以同组或性质相同者为限。

三、二大学所设院系如下：

校名	国立浙江大学龙泉分校	国立厦门大学
校址	浙江龙泉	福建长汀
所设院系	文（中国文学、外国语文、史地） 理（数学、物理、化学、生物） 农（农艺、园艺、病虫害、蚕桑、农业经济、农业化学） 工（土木、机械、电机、化工） （三十年度起学系组织容有变更，附此声明）	文（中国文学、教育学、法学） 理工（数理、化学、生物、土木、机电） 法（政治、法律、经济） 商（会计、银行）

四、浙大龙泉分校招收名额

(1)文学院、理学院、农学院一年级生各三十名，工学院一年级生六十名，共计一百五十名。

(2)二年级数学系、物理学系转学生各五名。

五、应考资格：

(1)投考一年级生者

（一）曾在公立或已立案之私立高级中学毕业，得有毕业证书或升学证明书者。

（二）曾在公立师范学校或前高中师范科毕业，得有毕业证书或升学证明书，并于毕业后服务满规定年限，得有证明书。

（三）曾在公立或已立案之私立高级职业学校毕业，得有毕业证书者，但限于投考与原肄业学校性质相同之科系。

（四）曾在前公立或已立案之私立大学预科毕业，得有毕业证书者。

（五）曾受前未立案私立高级中学毕业生升学预试及格，得有升学预试及格证明书者。

（六）具有高级中学毕业同等学力者，惟应受下列各项之限制：

甲、同等学力学生录取人数，不得超过录取总额百分之五。

乙、报考同等学力学生，以二十九年暑假前修满高中二年级学业因战事关系未能修毕高中学业，在家自修之学生，缴验原肄业学校成绩单，经审查合格者为限。

丙、高级职业学校及师范学校学生，虽于二十九年暑假前修满二年级学业者，亦不得以同等学力投考。

（2）投考转学生者（以浙大龙泉分校为限）

须曾在公立或曾经教育部立案之私立大学院校肄业一年以上，备具转学证书及成绩单者。

六、报名手续

报考生须于规定日期内向本区所设各招生处报名，当场填写报名单四纸，通信报名不收。并随缴下列各件：

甲、证明文件

1. 高中毕业生缴毕业证书，师范生除毕业证书外，应加缴服务证明书或展缓服务证明书，或未受免费津贴证明书。

2. 本年暑假毕业各生尚未领到正式证书者，得持原毕业学校发给之毕业证明书报名，是项证明书须盖有学校钤记及校长图章，附黏相片。

3. 申请公免费待遇者，应呈缴原籍县市政府核发之家境清寒证明书。

4. 转学生除高中毕业证书外，加缴原来肄业大学两学期成绩单。

乙、最近二寸半身相片三张（背面须写姓名）

丙、报名费二元（录取与否，概不发还）

七、报名日期及地点

日期：三十年八月一日至三日每日上午七时至十一时，下午一时至四时。

地点：（一）浙江龙泉本分校（二）安徽屯溪徽州女中（三）浙江金华省立金华中学（四）浙江碧湖省立联合高中

八、考试日期及地点

日期：三十年八月六日至八日（改试日程及试场分配，由各招生处临时公布）

地点：与报名地点同计分四处

（一）浙江龙泉本分校（二）安徽屯溪徽州女中（三）浙江金华省立金华中学

(四)浙江碧湖省立联合高中

九、考试科目:

(1)笔试

志愿及组别		必试课目	附注
第一组	文法商教育各学院	1.公民 2.国文 3.英文 4.数学(高等代数、平面几何、三角) 5.中外历史 6.中外地理 7.理化 8.生物	以本组所属之院为第一志愿者,只能选择本组之其他院为第二第三志愿。
第二组	理工各学院	1.公民 2.国文 3.英文 4.数学(高等代数、解析几何、三角) 5.物理 6.化学 7.中外史地 8.生物	以本组所属之院为第一志愿者,得以本组其他院及第三组所属院为第二第三志愿。
第三组	农学院	1.公民 2.国文 3.英文 4.数学(高等代数、平面几何、三角) 5.物理 6.化学 7.中外史地 8.生物	以本组所属之院为第一志愿者,只能选择本组之其他院为第二第三志愿。

(2)加试

投考二年级数学、物理两系转学生者,除参加第二组规定考试八科目外,加试(一)初等微积分及微分方程,(二)物理学。

十、应缴各费(浙大龙泉分校)

1.学费:十元。2.杂费二元。3.医药费二元。4.体育费一元。5.制服费男生三十元,女生十五元。6.讲义费五元。7.实验及赔偿准备金十元。8.膳费:膳食由学生共同自理,膳食按时价计算约需每月五十元,以五个月计为二百五十元(盈还亏找),以上总计男生共缴三百一十元,女生共缴二百九十五元,均须于入学时一次缴足。

十一、揭晓：浙江大学龙泉分校录取新生除于九月十日由本分校在东南日报、皖报、闽北日报同时公布外，并个别函知详示入学办法，厦大录取新生由厦大径行函告。

十二、补助清寒优秀学生办法：

本大学为补助清寒优秀青年求学起见，除中正奖学金得由学生照章申请外，另设置公费免费学额，定有规程二十四条。本分校照此规定，一年级在本年度设置公费名额七名，免费名额十五名。兹摘录要点如左：

1. 公费学额，除免收学费、体育费、实验费及杂费外，每名每学期给与公费一百元，开学时发给。

2. 免费学额，免除学费、体育费、实验费及杂费之缴纳。

3. 凡报考公费者，须具左列各项条件，始得录取。

(1)确系家境清寒无力担负求学费用，具有左列之证件：a. 原籍县市(包括普通市及直辖于行政院之市)或居住在三年以上县市政府主管教育行政机关之切实负责证明书；b. 毕业学校之切实负责证明书。

(2)操行端方。

(3)体格健全。

(4)资禀颖异。

(5)考取名次在全体考取生前六分之一以内(例如全体考取生为六十名，则公费生之名额之在前十名以内)。

4. 免费生之录取条件，其考取名次须在全体考取生三分之一以内。此外应具各项条件与报考公费生同。

5. 公费生如有冒充清寒或伪造家境清寒证明书等情事，经查明属实者，即责令该生或其保证人补缴各费。并得停止发给各项证件，或毕业证书。

L053-001-1910 卷

三十年度国立浙江大学龙泉分校、厦门大学联合招生报名单
（1941 年）

浙皖区________招生分处第__________组第________号　　　　　　　总成绩________

姓名		籍贯	省 市　　县	年龄	岁（民国　　年　　月生）	性别	

学历			送审证件		
学历	高中毕业	民国　　年　　月在　　　　毕业	送审证件	1. 毕业证书	
	师范毕业（高中程度）	民国　　年　　月在　　　　毕业		2. 毕业证明书	
	高级职业学校毕业	民国　　年　　月在　　　　毕业		3. 高中肄业证书及成绩单	
	大学先修班肄业	民国　　年　　月在　　先修班肄业		4. 服务证明书	
	同等学力	民国　　年　　月在　　　　肄业		5. 展缓服务证明书	
	大学肄业	民国　　年　　月在　　　　肄业		6. 大学肄业证书及成绩单	
中等师范毕业生参加毕业会考时间及地点		民国　　年　　月在　　　　省 市参加会考		7. 经济证明书（存）	
				8. 家境调查书（存）	
永久通讯处		临时通讯处　自　　月　　日起 至　　月　　日止		9. 公免费申请书（存）	
				10. 中正奖学金申请书（存）	

投考志愿		粘照片处
投考志愿	（一）国立　　　　大学　　　　学院	粘照片处
	（二）国立　　　　大学　　　　学院	
	（三）国立　　　　大学　　　　学院	
	（四）国立浙江大学龙泉分校理学院　　　　系二年级（投考转学生填写）	
家长姓名	关系　　　　职业	
备考		

注意：1. 填写各项务须清楚正确（姓名尤须注意），如果草率从事，不予录取。

2. 毕业学校名称应填写完全，不得节略。其在大学先修班毕业者，须兼填写毕业之中等学校名称及毕业年月。

L053-001-1687 卷

国立浙江大学龙泉分校、厦门大学联合招生考试日程
（1941 年）

八月六日		七日		八日		九日
上午	下午	上午	下午	上午	下午	二年级转学生加试
英文	化学、中外地理、国文	数学	生物、公民	物理、理化	中外史地、中外历史	

浙皖区各分处考试日程及上下午特规定如上，以免参差而谨关防，其考试起讫时间由分处斟酌当地情形规定，每科时间两小时。

L053-001-1687 卷

办理报名考试时请注意事项
(1941 年)

(一)联招只限分校、厦大，与总校及中山无关系，不设师范学院。

(二)投考中正奖学金及浙大、厦大公免费学生所缴证件应编号封存暂不发还。

(三)毕业证明书只限于本届毕业学生，可以代替正式证书呈验，二十九年度以前毕业者非有特殊情况经各省教育行政当局证明者外，概须缴验正式证书，呈验时注意其年月。

(四)各科考试日程务须依照规定日程举行。

(五)二年级生加试科目定九日举行，时间由各分处自行酌定。

(六)各科临考缺席学生之空白试卷，应分别封存带回，以便查考。

(七)试卷上请勿注名某“分处”字样。

(八)报考二年级生转学证书得在入学时缴呈，报名时可免缴验。

L053-001-1687 卷

龙泉分校三十年度办理新旧生缴费注册选课各部分行程与手续
(1941 年)

(一)新生到校，先由教务组核对姓名和照片，再行收验各项证件。

(二)教务组将证件与相片验明无误后，登录于分院名册；每生各按其先后予以学号，其证件即置入“新生证明文件”纸袋内，于袋角处写一学号以资识别，然后填给该生体格检查及缴费通知单(旧生只须先行报道，即可领取缴费通知单)。

(三)医务室凭体格检查通知单施行体格检查，及格后在缴费通知单上加盖图记，令其至出纳室缴费(旧生免)。

(四)出纳室凭缴费通知单，收受各生缴纳各费，并制给收据。

(五)训导组凭各生缴费收据，令其填具入学志愿书，同时收缴保证书(旧生免)，并发给入舍证。

(六)庶务股亦凭缴费收据发给每生入膳证。

（七）以上手续办就后，教务组始凭缴费收据发给每生注册证及修习学程表，注册证应由教务组盖章并黏贴该生相片。

（八）图书馆凭注册证发给每生借书证一张。

（九）选课由教务主任负责指导，就选课单审阅后加以签字，修习学程表应交教务组保存，注册证由学生保存。

（十）选课单背面之学生调查表由学生一一填明，注册课应加以查验，勿任遗留。

L053-001-1791 卷

龙泉分校代电总校呈报补招师院初级部学生
（1942 年 3 月 16 日）

遵义浙大总校：案查前奉教育部亥尤高 48283 号电开：该校师院初级部学生江苏已报考送十二名，皖九名，缺额准由该校自行补招等因；当即分电浙西行署暨浙江教育厅转饬金华、松阳、永嘉、黄岩四县政府代办招考，一面制备简章、报名单、准考证、试卷试题分别函送，并登报广告，定期在各该地区及本分校举行考试；嗣准浙西行署及金华等四县政府将报名单、试卷等先后函送前来；经各教授评阅试卷，结分完竣，计录取国文科盛斯年等二十名，数学科金荫壕等九名，揭晓后即经个别函知各该生限二月底随带证件报到。除应行呈报事项案内名册证件另行汇案呈送外，所有奉令补招师范学院初级部学生经过情形，理合附具名册，电送查核。再本件已径行分呈教育部，并希查照。龙泉分校，铣。（附名册一本）

L053-001-1497 卷

三十二年度招考新生并代遵义总校招生广告
（1943 年 7 月）

一、院别及名额：

文学院四十名、理学院三十名、工学院五十名、农学院四十名、师范学院国、英两系四十名（五年制）（总校名额不定）

二、招考日期及地点：

八月四、五日

龙泉、永嘉、屯溪三区同时举行

三、报名日期及地点：

七月卅日至八月一日止

龙泉本分校、永嘉瓯海中学、屯溪中茶公司

四、报名手续：

亲自填写报名单三张，呈验证件，呈缴相片三张，报名费十元

五、函索简章附邮一元。

L053-001-1695 卷

龙泉分校招考师范学院数学系新生广告
(1943 年 9 月)

(一)名额：四十名

(二)修业年限：五年

(三)报名日期：九月廿三、廿四两日

(四)考试日期：九月廿五、廿六两日

(五)报名及考试地点：浙江龙泉坊下本分校(通讯报名不收)

(六)附注：(1)本分校师范学院国、英两系新生尚有余额，得一并报考；(2)函索简章须附邮五角

L053-001-1696 卷

国立浙江大学龙泉分校三十三年度招生简章(并代招遵义总校新生)
(1944 年 6 月 20 日)

一、院系及名额

校别	院别	招考名额	所设学系
龙泉分校	文	四十名	中国文学、外国语文学
	理	三十名	数理
	工	五十名	土木工程、化学工程
	农	四十名	农艺、农业经济
	师范(五年制)	六十名	国文、英文、数学
遵义总校	文	代招名额无定	中国文学、外国语文学、史地
	理	代招名额无定	数学、物理、化学、生物
	工	代招名额无定	电机工程、化学工程、土木工程、机械工程
	农	代招名额无定	农艺、园艺、农业化学、植物病虫害、农业经济
	师范(五年制)	代招名额无定	教育、史地、理化

二、修业年限

文理工农各学院四年毕业，师范学院五年毕业。

三、报考志愿

1.报考学生应认定某一组（理学院、工学院及师范学院理组为一组，文学院、农学院及师范学院文组为另一组）某一学院及第一志愿，并得认同组其他学院属第二志愿。

2.以浙大分校为第一志愿者不得以浙大总校为第二志愿。

3.以浙大总校为第一志愿者不得以浙大分校为第二志愿。

四、应考资格

1.曾在公立或已立案之私立高校中学毕业得有毕业证书者。

2.曾在公立师范学校或前高中师范科毕业得有毕业证书并在毕业后服务三年期满者，得考任何院系，如服务满一年成绩优良，呈经省市主管教育行政机关核准升学，得有证明书者只准投考师范学院。

3.曾在公立或已立案之私立高级职业学校毕业得有毕业证书者，仅限报考与原毕业学校性质相同或相近之院系。

4.曾受前未立案私立高级中学毕业生升学预试及格，得有升学预试及格证明书者。

5.具有高级中学毕业同等学力者，惟应受下列各项之限制：

（一）同等学力学生录取人数不得超过录取总额百分之十；

（二）因战事关系失学一年以上并按失学前修满高中二年级课程缴验原肄业学校成绩单经审查合格者；

（三）未经入学在家自修经家长及授课之教师证明其自修各科之成绩具有高中毕业程度者；

（四）曾在职业学校及师范学校肄业或现在中等学校肄业学生不得以同等学力资格报考。

五、报考手续

报考生须于规定日期内向本分校所设各招生处亲自报名，当场填写报名单三纸（通讯报名不收）并随缴下列各件：

甲、证明文件

1.高中毕业生呈验毕业证书，师范生除毕业证书外加验服务证明书或升学证明书。

2.本年暑假毕业各生尚未领到正式证明书者得持原毕业学校发给毕业证明书，报名是项证明书须盖有学校钤记及校长章并附粘相片。

3.以同等学力报考各生应呈验第四条第五项（二）（三）两款所规定之成绩单。

乙、最近同样同式二寸本身相片三张（背面应注明姓名年龄籍贯）

丙、报名费二十元(录取与否概不发还)

附注:考生膳宿概归自理

六、报名日期及地点

日期:三十三年七月廿四日至七月廿六日每日上午六时至十时、下午一时至四时

地点:(一)浙江龙泉坊下本分校;(二)丽水处中附小

八、考试科目

(一)体格检查　三十三年七月廿七日举行,录取后方准参加笔试

(二)笔试

组别	甲组	乙组
院别	理学院、工学院及师范学院理组	文学院、农学院及师范学院文组
考试科目	1.国文	1.国文
	2.英文	2.英文
	3.数学(高等代数、解析几何、三角)	3.数学(高等代数、平面几何、三角)
	4.公民、史地	4.公民、史地
	5.理化、生物	5.理化、生物
附注	师范学校毕业生服务期满或服务一年以上成绩优良经原校主管教育行政机关核准投考师范学院各系学生免试英文,改试教育科目。	

(三)口试

师范学院考生于笔试后加以口试。

九、考试日程

日期 科目 时间	上午		下午
	6:30—8:30	9:00—11:00	1:00—3:00
七月二十七日	体格检查	体格检查	体格检查
七月二十九日	数学	公民、史地	国文
七月三十日	理化、生物	英文、教育学	口试

以师范学院为第一志愿或第二志愿者均须参加口试。

十、揭晓

录取新生于三十三年八月下旬在南平《东南日报》、丽水《东南日报》、龙泉《浙江日报》三报上刊载通告,不另函知。

十一、入学

录取新生应遵照规定期限报到、入学注册、选课,除有特殊情形须核准者

外,逾期即取消入学资格。

十二、入学时应缴各费(以一学期计算)

1.学费十元;2.工杂费二十元;3.医药费二十元;4.体育费二十元;5.讲义费五十元;6.实验及赔偿准备金五十元;7.膳费:膳食由学生自理,按时价计每月约需膳费八百元,一学期以五个月计算,计共四千元。

以上各费除膳费得分两次缴纳外,其余各费须按入学时一次缴足,5、6、7各项均盈退亏补。

十三、公费及奖学金

各院学生系照后列标准给予公费:

(一)师范学院、工学院各系学生全为甲种公费;

(二)理学院各系学生的百分之八十为乙种公费;

(三)农学院各系学生的百分之六十为乙种公费;

(四)文学院各系学生的百分之四十为乙种公费;

附注:

甲种公费生:免膳费,并得分别补助其他费用;

乙种公费生:免膳费;

(五)本分校设有林主席、中正奖学金名额,新生入学后得行申请。

十四、师范学院学生除每学期缴纳讲义五十元外,学杂膳食各费一律免收,并酌给公费。

L053-001-3915 卷

三十三年续招新生文稿

(1944 年 8 月)

本分校师范学院初级部国文、数学两科,除由浙、苏、闽三省教育厅保送外,本令应自招四十名,文理农师四院新生亦当有余额,兹定于九月九、十两日在龙泉坊下本分校招考师初部并续招文理农师新生,自九月五日至七日报名,招生简章可附邮票六角向本校索取。

L053-001-0601 卷

国立浙江大学龙泉分校招生广告

(1945 年 7 月)

一、院别及名额:

文学院四十名、理学院三十名、工学院六十名、农学院四十名、师范学院六十名、师范专修科国文科四十名、数学科四十名。

二、报名日期:八月一、二两日

三、考试时间:八月四日体格检查,八月五、六两日笔试

四、报名及考试地点:

(一)龙泉本校(二)临海(三)永嘉(四)壶镇(五)淳安

[(二)至(五)详细地址当地临时公布]

五、简章向龙泉本校索取,函索附邮资二元。

送登屯溪《中央日报》、云和《东南日报》、《正报》、龙泉《浙江日报》各五天。

L053-001-0759 卷

三十四年度招生委员会第四次会议记录
(1945 年 9 月 17 日)

日期:卅四年九月十七日下午一时

地点:风雨龙吟楼膳所

出席者:陈嗣虞 陆永福 周北屏 毛路真 胡伦清 沈金相 屠鼎锳 杨景桢 孙叔平

主席:路主任

记录:沈金相

报告事项:

1. 本届投考人数——1443 人。
2. 本届考生成绩结算方法及成绩统计。
3. 上届录取标准。

讨论事项:

1. 请决定本届录取新生标准案

议决:请教务组整理后拟定标准提下次会议讨论。

L053-001-3905 卷

三十四年度招生委员会第五次会议记录
(1945 年 9 月 21 日)

日期:卅四年九月廿一日下午一时半

地点:二部风雨龙吟楼

出席者:陈嗣虞　陆永福　周北屏　屠镇川　孙叔平　胡伦清　潘　渊
　　　杨景桢　沈金相　路季讷　毛路真

主席:路主任

记录:沈金相

报告事项:

一、各院录取标准拟定如下:

1. 工学院:500 单位以上即平均 41.7 分以上

2. 理学院:480 单位以上即平均 40 分以上

3. 文农师三院:420 单位以上即平均 35 分以上

4. 师专国文科四科总分 120 分以上即平均 30 分以上

5. 师专权学科四科总分 110 分以上即平均 27.5 分以上

二、代招中正大学录取标准与本校同。

讨论事项:

一、上项拟定录取标准是否有当请核议案

议决:照上项标准录取。

二、请审核录取新生名单案

议决:

文学院袁启孚等七十二人;

理学院沈光年等二十人;

工学院蔡为武等九十一人;

农学院许基忠等三十七人;

师范学院陈怀杰等一百零四人;

师专国文科卜策等四十七人;

师专数学科王飞机等二十人;

以上共三百九十一名准予录取。

三、代总校多招部分新生应否划分案

议决:不必划分。

四、应否遵总校复电嘱在沪、杭续招新生案

议决:将此次录取新生人数电告总校并询问应否在沪、杭续招。

五、请决定新生入学日期及地点案

议决:请与教部洽商决定后再行通告,在未接通告以前如来报到一概不收。

路季讷

L053-001-3905 卷

(3)历年新生名册

浙东分校二十八年度新生名册
(1939年)

姓名	性别	年龄	籍贯	学系及年级	入学年月	备注
萧学均	男	25	浙江温岭	中国文学系一年级	二十八年十月	
周庭楠	男	21	浙江瑞安	中国文学系一年级	二十八年十月	
朱　润	男	23	浙江金华	中国文学系一年级	二十八年十月	
徐　规	男	20	浙江平阳	中国文学系一年级	二十八年十月	
季　立	男	20	浙江庆元	中国文学系一年级	二十八年十月	
张　恭	男	22	浙江开化	中国文学系一年级	二十八年十月	
唐义溱	男	21	浙江鄞县	中国文学系一年级	二十八年十月	
沈家宛	男	22	浙江绍兴	中国文学系一年级	二十八年十月	
张万方	男	23	浙江镇海	中国文学系一年级	二十八年十月	
沈能枋	男	19	浙江奉化	中国文学系一年级	二十八年十月	
沈士良	男	21	浙江桐乡	外国语文学系一年级	二十八年十月	
应幼梅	男	18	浙江绍兴	外国语文学系一年级	二十八年十月	
项宗沛	男	20	浙江临海	外国语文学系一年级	二十八年十月	
章志昌	男	22	安徽绩溪	外国语文学系一年级	二十八年十月	
吴肇衔	男	20	浙江诸暨	外国语文学系一年级	二十八年十月	
罗　伟	男	19	浙江黄岩	外国语文学系一年级	二十八年十月	
洪　珊	男	22	浙江松阳	外国语文学系一年级	二十八年十月	
徐时骝	男	21	浙江龙泉	外国语文学系一年级	二十八年十月	
王玉莲	女	19	浙江青田	外国语文学系一年级	二十八年十月	
徐殿英	男	21	安徽歙县	史地系一年级	二十八年十月	安徽皖南行署保送
陈廷恺	男	24	浙江上虞	史地系一年级	二十八年十月	
许福绵	男	25	浙江天台	史地系一年级	二十八年十月	
许蔚文	男	22	浙江富阳	史地系一年级	二十八年十月	
余守清	男	25	浙江临海	史地系一年级	二十八年十月	公费生

续表

姓名	性别	年龄	籍贯	学系及年级	入学年月	备注
蒋以明	男	23	浙江乐清	史地系一年级	二十八年十月	
陈福绥	男	21	浙江黄岩	史地系一年级	二十八年十月	
何重恒	男	22	浙江诸暨	史地系一年级	二十八年十月	
吴瑞章	男	22	浙江东阳	史地系一年级	二十八年十月	免费生
吕思俊	男	21	浙江缙云	史地系一年级	二十八年十月	
张理京	男	21	浙江绍兴	数学系一年级	二十八年十月	
孙嗣良	男	21	浙江绍兴	数学系一年级	二十八年十月	
王云海	男	19	浙江温岭	数学系一年级	二十八年十月	
朱宝英	女	20	浙江建德	数学系一年级	二十八年十月	
王相枢	男	21	浙江金华	数学系一年级	二十八年十月	
朱秀昌	男	22	福建晋江	物理系一年级	二十八年十月	
吴德培	男	22	浙江绍兴	物理系一年级	二十八年十月	
龙槐生	男	20	浙江金华	物理系一年级	二十八年十月	
劳瑞新	男	19	浙江龙游	物理系一年级	二十八年十月	公费生
吴皋声	男	22	浙江诸暨	物理系一年级	二十八年十月	
胡岳仁	男	24	安徽祁门	物理系一年级	二十八年十月	
王兴廉	男	21	浙江鄞县	物理系一年级	二十八年十月	
伍鸿基	男	20	江苏宜兴	化学系一年级	二十八年十月	
吕荣山	男	20	浙江新昌	化学系一年级	二十八年十月	
吴　良	男	20	浙江衢县	化学系一年级	二十八年十月	
钟受铭	男	21	浙江鄞县	化学系一年级	二十八年十月	借读生
管佩韦	男	20	浙江黄岩	化学系一年级	二十八年十月	
蒋泰龙	男	20	浙江富阳	化学系一年级	二十八年十月	
范易君	女	21	湖南长沙	生物系一年级	二十八年十月	
李韵瑜	女	21	浙江瑞安	生物系一年级	二十八年十月	
徐学峥	男	20	浙江临海	生物系一年级	二十八年十月	
周松林	男	20	浙江义乌	生物系一年级	二十八年十月	
方雪花	女	22	浙江衢县	生物系一年级	二十八年十月	

续表

姓名	性别	年龄	籍贯	学系及年级	入学年月	备注
赵修贤	男	21	福建闽侯	电机工程系一年级	二十八年十月	福建省教育厅保送
董春光	男	18	福建闽侯	电机工程系一年级	二十八年十月	福建省教育厅保送
刘玉麟	男	22	安徽南陵	电机工程系一年级	二十八年十月	免费生
苏隐芦	男	21	江西上饶	电机工程系一年级	二十八年十月	
蔡学林	男	21	浙江瑞安	电机工程系一年级	二十八年十月	
王孚川	男	22	浙江乐清	电机工程系一年级	二十八年十月	
张如藩	男	18	浙江金华	电机工程系一年级	二十八年十月	浙江省教育厅保送
冯宗道	男	19	浙江绍兴	电机工程系一年级	二十八年十月	
吴官熙	男	18	浙江黄岩	电机工程系一年级	二十八年十月	
沈怀瑾	女	20	浙江嘉兴	电机工程系一年级	二十八年十月	浙江省教育厅保送
沈维义	男	16	浙江鄞县	电机工程系一年级	二十八年十月	
方显曾	男	22	安徽歙县	电机工程系一年级	二十八年十月	
管心吾	男	19	浙江淳安	电机工程系一年级	二十八年十月	
金士莘	男	20	浙江东阳	电机工程系一年级	二十八年十月	
许纬功	男	21	安徽霍邱	土木工程系一年级	二十八年十月	安徽省教育厅保送
毛兆云	男	21	浙江江山	土木工程系一年级	二十八年十月	
吴琅白	男	19	浙江义乌	土木工程系一年级	二十八年十月	
祝　健	男	23	浙江兰溪	土木工程系一年级	二十八年十月	
陈葆真	男	20	浙江新昌	土木工程系一年级	二十八年十月	
王志远	男	20	浙江萧山	土木工程系一年级	二十八年十月	
闻式陶	男	20	浙江乐清	土木工程系一年级	二十八年十月	浙江省教育厅保送
周森康	男	23	浙江诸暨	土木工程系一年级	二十八年十月	
王伯裕	男	20	浙江杭县	土木工程系一年级	二十八年十月	免费生

续表

姓名	性别	年龄	籍贯	学系及年级	入学年月	备注
黄　澍	男	21	安徽休宁	土木工程系一年级	二十八年十月	安徽省皖南行署保送
张明显	男	19	浙江绍兴	土木工程系一年级	二十八年十月	
洪孝伦	男	21	浙江杭县	土木工程系一年级	二十八年十月	
谢莲蒸	女	21	浙江余姚	土木工程系一年级	二十八年十月	
吴寿松	男	19	浙江萧山	土木工程系一年级	二十八年十月	
夏志斌	男	19	浙江嘉兴	土木工程系一年级	二十八年十月	
欧宜生	男	19	福建闽侯	土木工程系一年级	二十八年十月	福建省教育厅保送
王裕强	男	22	安徽贵池	化学工程系一年级	二十八年十月	
王多谷	男	20	安徽舒城	化学工程系一年级	二十八年十月	安徽省教育厅保送
叶祖游	男	19	福建闽侯	化学工程系一年级	二十八年十月	福建省教育厅保送
金体敬	男	20	浙江青田	化学工程系一年级	二十八年十月	
祝修恒	男	19	浙江兰溪	化学工程系一年级	二十八年十月	
朱慕唐	男	21	浙江金华	化学工程系一年级	二十八年十月	公费生
来　劭	男	24	浙江萧山	化学工程系一年级	二十八年十月	
方圣斌	男	19	浙江黄岩	化学工程系一年级	二十八年十月	
陈道运	男	19	浙江奉化	化学工程系一年级	二十八年十月	
何秉柽	男	21	浙江金华	化学工程系一年级	二十八年十月	
王庭华	男	21	浙江兰溪	化学工程系一年级	二十八年十月	
江蔼如	男	22	安徽立煌	机械工程系一年级	二十八年十月	安徽省教育厅保送
余承业	男	19	浙江永嘉	机械工程系一年级	二十八年十月	
胡全法	男	19	浙江东阳	机械工程系一年级	二十八年十月	
谭申福	男	20	浙江丽水	机械工程系一年级	二十八年十月	
王雪松	男	24	浙江富阳	机械工程系一年级	二十八年十月	
吴世昌	男	19	浙江东阳	机械工程系一年级	二十八年十月	浙江省教育厅保送

续表

姓名	性别	年龄	籍贯	学系及年级	入学年月	备注
李树藩	男	22	江西余干	机械工程系一年级	二十八年十月	
胡良志	男	19	浙江吴兴	机械工程系一年级	二十八年十月	
陈洪钟	男	19	浙江绍兴	机械工程系一年级	二十八年十月	
周森沧	男	19	浙江鄞县	机械工程系一年级	二十八年十月	
沈维道	男	23	浙江鄞县	机械工程系一年级	二十八年十月	
倪步青	男	19	浙江萧山	机械工程系一年级	二十八年十月	
万良柴	男	23	江西南丰	农艺系一年级	二十八年十月	
胡树枹	男	22	浙江金华	农艺系一年级	二十八年十月	
方宪章	男	20	浙江定海	农艺系一年级	二十八年十月	
王福增	男	24	浙江黄岩	农艺系一年级	二十八年十月	
罗来安	男	23	江西玉山	农艺系一年级	二十八年十月	
胡景熹	男	19	浙江金华	农业化学系一年级	二十八年十月	
陈希浩	男	20	浙江新昌	农业化学系一年级	二十八年十月	
管懋贤	男	21	浙江上虞	农业化学系一年级	二十八年十月	
徐翠华	女	22	浙江金华	农业化学系一年级	二十八年十月	
陈宗汉	男	21	浙江新昌	农业化学系一年级	二十八年十月	
徐　振	男	19	浙江嘉兴	农业化学系一年级	二十八年十月	
李少眉	男	22	浙江丽水	园艺系一年级	二十八年十月	
陈学平	男	20	浙江嘉兴	园艺系一年级	二十八年十月	
陆定志	女	20	浙江吴兴	园艺系一年级	二十八年十月	
孙承诜	男	23	浙江富阳	蚕桑系一年级	二十八年十月	
傅聪敖	男	22	浙江东阳	病虫害系一年级	二十八年十月	
郎敦铨	男	21	浙江杭县	农业经济系一年级	二十八年十月	
余茂节	男	19	安徽寿县	农业经济系一年级	二十八年十月	安徽教育厅保送
陈汝潜	男	21	安徽寿县	农业经济系一年级	二十八年十月	安徽教育厅保送
张勤民	男	21	安徽巢县	农业经济系一年级	二十八年十月	
舒祥云	男	23	安徽绩溪	农业经济系一年级	二十八年十月	安徽省皖南行署保送

续表

姓名	性别	年龄	籍贯	学系及年级	入学年月	备注
洪语善	男	21	浙江建德	农业经济系一年级	二十八年十月	
何大基	男	24	浙江绍兴	农业经济系一年级	二十八年十月	借读生
王永吉	男	18	浙江黄岩	农业经济系一年级	二十八年十月	
喻国泰	男	18	安徽当涂	农业经济系一年级	二十八年十月	
高德根	男	21	浙江新昌	农业经济系一年级	二十八年十月	
胡守淦	男	21	安徽宁国	农业经济系一年级	二十八年十月	安徽省皖南行署保送
林叔眉	女	23	浙江慈溪	农业经济系一年级	二十八年十月	
熊汉龙	男	21	江西广丰	中国文学系一年级	二十八年十月	江西教育厅保送，因病退学
张世烈	男	23	江西广丰	史地系一年级	二十八年十月	因统一招考录取宜山本校，后退学改入本校师范学院
陈圣勋	男	21	浙江平阳	数学系一年级	二十八年十月	因统一招考录取宜山本校，后退学改入本校工学院
金增义	男	20	浙江临海	化学系一年级	二十八年十月	因统一招考录取宜山本校，后退学改入本校工学院
吴维诚	男	18	浙江永嘉	机械工程系一年级	二十八年十月	因统一招考录取西南联大，后退学改入该校
胡家法	男	19	浙江余姚	化学工程系一年级	二十八年十月	因统一招考录取英大，后退学改入该校

L053-001-4025 卷

浙东分校二十八年度复学生名册
(1939 年)

姓名	性别	年龄	籍贯	学系及年级	入学年月
郑钟英	女	20	浙江海宁	中国语文系一年级	二十八年十月
潘守先	男	25	浙江绍兴	外国语文系一年级	二十八年十月
王汝鑫	男	24	浙江长兴	史地系一年级	二十八年十月
陈鹤山	男	22	江苏无锡	史地系一年级	二十八年十月
方楙曙	男	23	浙江于潜	史地系一年级	二十八年十月
郭本铁	男	21	浙江鄞县	数学系一年级	二十八年十月
叶垂余	男	26	浙江金华	物理系一年级	二十八年十月
余寿绵	男	21	浙江龙游	电机工程系一年级	二十八年十月
王惠亭	男	22	浙江奉化	土木工程系一年级	二十八年十月
郭忠煊	男	24	浙江鄞县	土木工程系一年级	二十八年十月
赵伯鹿	男	20	浙江东阳	机械工程系一年级	二十八年十月
徐绍唐	男	24	浙江衢县	机械工程系一年级	二十八年十月
章肇汉	男	23	浙江衢县	机械工程系一年级	二十八年十月

L053-001-1491 卷

龙泉分校二十八年度大学先修班学生名册
(1940 年 5 月)

姓名	性别	年龄	籍贯	入学年月	备注
邹鸿飞	男	20	江西萍乡	二十八年十二月	教育部分发
徐震生	男	20	江西玉山	二十八年十二月	教育部分发
陈慕欧	男	20	江西南昌	二十八年十二月	教育部分发
蔡道总	男	20	江西永修	二十八年十二月	教育部分发
盛思和	男	20	江西武宁	二十八年十二月	教育部分发
吴舒模	男	20	江西南昌	二十八年十二月	教育部分发
熊大凤	男	19	江西南昌	二十八年十二月	教育部分发
刘逸生	男	21	江西赣县	二十八年十二月	教育部分发

续表

姓名	性别	年龄	籍贯	入学年月	备注
许经纶	男	20	福建晋江	二十八年十二月	教育部分发
林子章	男	21	福建闽侯	二十八年十二月	教育部分发
石完璞	男	20	江西武宁	二十八年十二月	教育部分发
程正尊	男	18	浙江金华	二十八年十二月	备取递补
钟如松	男	28	福建长汀	二十八年十二月	教育部分发(退学)
陈凯百	男	20	湖南湘潭	二十八年十二月	备取递补
许宝德	男	21	浙江丽水	二十八年十二月	教育部分发
黄　鼎	男	21	浙江金华	二十八年十二月	备取递补
沈彰文	男	20	浙江慈溪	二十八年十二月	教育部分发
郑志�	男	19	江西上饶	二十八年十二月	教育部分发
朱植人	男	20	江苏泰兴	二十八年十二月	教育部分发
刘承熙	男	21	江西万安	二十八年十二月	教育部分发
管懋良	男	21	浙江桐乡	二十八年十二月	甄录试验考取
王孟显	男	18	浙江鄞县	二十八年十二月	甄录试验考取
李得心	男	20	浙江鄞县	二十八年十二月	甄录试验考取
徐福云	女	23	湖北汉阳	二十八年十二月	甄录试验考取
应　岳	男	20	浙江缙云	二十八年十二月	甄录试验考取
姜渭泉	男	20	浙江杭县	二十八年十二月	甄录试验考取
陈正志	男	20	浙江永嘉	二十八年十二月	甄录试验考取
叶澄东	男	21	浙江瑞安	二十八年十二月	甄录试验考取
曹风昌	男	20	浙江丽水	二十八年十二月	甄录试验考取
孙堇夫	男	19	浙江杭县	二十八年十二月	甄录试验考取
苏尚景	男	23	浙江平阳	二十八年十二月	甄录试验考取
倪士毅	男	20	浙江乐清	二十八年十二月	甄录试验考取
刘瑞琨	男	18	浙江乐清	二十八年十二月	甄录试验考取
张炳南	男	22	浙江缙云	二十八年十二月	甄录试验考取
王得彬	男	20	浙江缙云	二十八年十二月	甄录试验考取
康兆平	男	21	河北灵寿	二十八年十二月	甄录试验考取
王茂实	男	20	江西安福	二十八年十二月	甄录试验考取(退学)
徐正诗	男	21	浙江衢县	二十八年十二月	甄录试验考取

续表

姓名	性别	年龄	籍贯	入学年月	备注
周锦章	男	19	浙江鄞县	二十八年十二月	甄录试验考取
许粤华	女	27	浙江海盐	二十八年十二月	甄录试验考取
孟秉钺	男	24	江苏阜宁	二十八年十二月	甄录试验考取
张仁福	男	22	湖南华容	二十八年十二月	甄录试验考取
汤禄熙	男	22	安徽泾县	二十九年一月	教育部续录皖南行署考选高中毕业失学学生
潘朝艳	女	19	浙江永康	二十九年一月	备取递补
程国英	男	20	江西婺源	二十九年一月	教育部续录皖南行署考选高中毕业失学学生
何世汉	男	23	安徽怀宁	二十九年一月	教育部续录皖南行署考选高中毕业失学学生
曹良金	男	21	安徽青阳	二十九年一月	教育部续录皖南行署考选高中毕业失学学生
查凌云	男	23	安徽黟县	二十九年一月	教育部续录皖南行署考选高中毕业失学学生(退学)
查学才	男	22	江西婺源	二十九年一月	教育部续录皖南行署考选高中毕业失学学生
杨炳生	男	22	安徽黟县	二十九年一月	教育部续录皖南行署考选高中毕业失学学生
何本极	男	21	安徽巢县	二十九年一月	教育部续录皖南行署考选高中毕业失学学生
章启辉	男	21	安徽休宁	二十九年三月	教育部续录皖南行署考选高中毕业失学学生
程慈晖	女	19	江西婺源	二十九年三月	教育部续录皖南行署考选高中毕业失学学生

续表

姓名	性别	年龄	籍贯	入学年月	备注
江蔼如	男	22	安徽立煌	二十九年三月	大学部退入
胡达泉	男	25	安徽绩溪	二十九年二月	教育部续录皖南行署考选高中毕业失学学生(退学)
章志昌	男	22	安徽绩溪	二十九年四月	大学部退入

L053-001-1493 卷

二十九年度先修班名册
(1941 年 6 月)

姓名	性别	年龄	籍贯
许作楫	男	21	福建闽侯
翁保生	男	24	福建漳浦
王淑贞	女	18	浙江金华
陈建亮	男	22	浙江建德
吴育强	男	23	浙江遂昌
刘昌成	男	22	浙江东阳
吴家顺	男	22	浙江嵊县
吴文达	男	23	浙江义乌
何其达	男	20	浙江诸暨
宓立群	男	22	浙江慈溪
陈　干	男	20	浙江天台
赵震华	男	20	浙江杭县
郑生和	男	23	浙江象山
林　昭	男	20	浙江温岭
胡旭东	男	23	浙江瑞安
曾玉荣	男	21	福建古田
汪张正	男	19	浙江衢县
丁铭镛	男	21	浙江杭县

续表

姓名	性别	年龄	籍贯
程绍懋	男	22	安徽休宁
邵嘉琴	男	20	浙江孝丰

L053-001-4020 卷

龙泉分校二十九年度新生名册
(1941 年 7 月)

姓名	性别	年龄	籍贯	院系及年级	入学年月	备注
王孟显	男	19	浙江鄞县	文学院一年级	二十九年十月	
叶元俊	男	20	安徽歙县	文学院一年级	二十九年十月	
方文惠	男	20	浙江衢县	文学院一年级	二十九年十月	
毛志云	男	19	浙江常山	文学院一年级	二十九年十月	
陈翰钧	男	23	浙江新昌	文学院一年级	二十九年十月	
谢文治	男	23	浙江瑞安	文学院一年级	二十九年十月	
倪士毅	男	22	浙江乐清	文学院一年级	二十九年十月	
吴渭英	男	21	浙江东阳	文学院一年级	二十九年十月	
李禄先	男	21	浙江东阳	文学院一年级	二十九年十月	
蒋季华	男	24	浙江诸暨	文学院一年级	二十九年十月	
汤梦樵	男	22	浙江诸暨	文学院一年级	二十九年十月	
徐乃雍	男	20	浙江金华	文学院一年级	二十九年十月	
邵　盟	男	19	浙江永嘉	文学院一年级	二十九年十月	
程慈晖	女	19	江西婺源	文学院一年级	二十九年十月	
娄嗣昌	男	20	浙江宁海	文学院一年级	二十九年十月	
周孝谊	男	21	安徽歙县	文学院一年级	二十九年十月	
郑保定	男	20	浙江慈溪	文学院一年级	二十九年十月	
巫光亚	男	23	安徽无为	文学院一年级	二十九年十月	
黄　纬	男	19	浙江鄞县	文学院一年级	二十九年十月	
王省吾	男	20	浙江温岭	文学院一年级	二十九年十月	

续表

姓名	性别	年龄	籍贯	院系及年级	入学年月	备注
林美文	男	21	浙江温岭	文学院一年级	二十九年十月	
潘天民	男	22	浙江临海	文学院一年级	二十九年十月	
詹腾孙	男	23	江西玉山	文学院一年级	二十九年十月	
舒渭庭	男	23	江西丰城	文学院一年级	二十九年十月	
汤禄熙	男	22	安徽泾县	文学院一年级	二十九年十月	
翁怀麟	男	19	浙江衢县	文学院一年级	二十九年十月	
叶乃溥	男	25	浙江衢县	文学院一年级	二十九年十月	
徐正诗	男	22	浙江衢县	文学院一年级	二十九年十一月	
徐长春	男	21	安徽青阳	文学院一年级	二十九年十一月	
葛起间	男	20	浙江慈溪	文学院一年级	二十九年十一月	
汪昭才	男	22	安徽当涂	文学院一年级	二十九年十一月	
陈建耕	男	20	浙江富阳	文学院一年级	二十九年十一月	
杨家兴	男	20	安徽东源	文学院一年级	二十九年十一月	
程光裕	男	23	安徽绩溪	文学院一年级	二十九年十一月	
孙励真	女	20	安徽休宁	文学院一年级	二十九年十一月	
俞芬	女	19	浙江杭县	理学院一年级	二十九年十月	
叶彦谦	男	18	浙江兰溪	理学院一年级	二十九年十月	
潘朝艳	女	20	浙江永康	理学院一年级	二十九年十月	
潘柏西	男	19	浙江杭县	理学院一年级	二十九年十月	
汪聚瑛	男	21	浙江江山	理学院一年级	二十九年十月	
冯慈珍	男	18	浙江鄞县	理学院一年级	二十九年十月	
陈福梅	女	19	浙江乐清	理学院一年级	二十九年十月	
王锦光	男	21	浙江永嘉	理学院一年级	二十九年十月	
吴春檀	男	21	浙江义乌	理学院一年级	二十九年十月	
缪京媛	女	20	浙江鄞县	理学院一年级	二十九年十月	
孙堇夫	男	20	浙江杭县	理学院一年级	二十九年十月	
陈景馨	男	23	浙江永康	理学院一年级	二十九年十一月	
方载辉	男	20	浙江金华	理学院一年级	二十九年十月	

续表

姓名	性别	年龄	籍贯	院系及年级	入学年月	备注
章菊明	女	19	浙江嘉兴	理学院一年级	二十九年十月	
陈旭初	男	21	浙江新昌	理学院一年级	二十九年十一月	
周渭昌	男	22	浙江新昌	理学院一年级	二十九年十一月	
叶景江	男	23	浙江金华	理学院一年级	二十九年十一月	
马时芬	女	18	浙江杭县	理学院一年级	二十九年十月	
张仁寿	男	22	安徽桐城	理学院　年级	二十九年十　月	
傅毓衡	男	22	安徽盱眙	理学院一年级	二十九年十一月	
朱济劭	男	22	浙江诸暨	理学院一年级	二十九年十一月	
李得心	男	22	浙江鄞县	工学院一年级	二十九年十月	
吴　真	男	20	福建闽侯	工学院一年级	二十九年十月	
林敦荣	男	20	福建连江	工学院一年级	二十九年十月	
葛维培	男	19	浙江平湖	工学院一年级	二十九年十月	
邱家驹	男	22	浙江衢县	工学院一年级	二十九年十月	
章炎福	男	20	江苏江阴	工学院一年级	二十九年十月	
胡炳良	男	20	安徽黟县	工学院一年级	二十九年十月	
徐正书	男	18	浙江衢县	工学院一年级	二十九年十月	
陈惟照	男	19	浙江衢县	工学院一年级	二十九年十月	
俞洪昌	男	21	浙江宣平	工学院一年级	二十九年十月	
孔庆震	男	20	浙江衢县	工学院一年级	二十九年十月	
张克范	女	18	浙江嘉兴	工学院一年级	二十九年十月	
邵令娴	女	18	浙江余姚	工学院一年级	二十九年十月	
沈慧贤	女	20	浙江嘉兴	工学院一年级	二十九年十月	
许克胜	男	20	浙江东阳	工学院一年级	二十九年十月	
童子锜	男	23	浙江兰溪	工学院一年级	二十九年十月	
马寿鹤	男	22	浙江东阳	工学院一年级	二十九年十月	
吴舒模	男	21	江西南昌	工学院一年级	二十九年十月	
周锦章	男	20	浙江鄞县	工学院一年级	二十九年十月	
袁宗宪	男	21	浙江宁海	工学院一年级	二十九年十月	

续表

姓名	性别	年龄	籍贯	院系及年级	入学年月	备注
施广德	男	18	浙江衢县	工学院一年级	二十九年十月	
寿能安	男	19	浙江诸暨	工学院一年级	二十九年十月	
严子平	男	20	福建闽侯	工学院一年级	二十九年十月	
丁光炎	男	20	浙江绍兴	工学院一年级	二十九年十月	
陈　燊	男	22	浙江瑞安	工学院一年级	二十九年十月	
胡绍觉	男	18	浙江杭县	工学院一年级	二十九年十月	
赵人麟	男	19	江苏常熟	工学院一年级	二十九年十月	
谭大年	男	19	浙江丽水	工学院一年级	二十九年十月	
朱祖培	男	19	安徽休宁	工学院一年级	二十九年十月	
彭以艺	男	20	江西萍乡	工学院一年级	二十九年十月	
刘序俶	男	22	江西南昌	工学院一年级	二十九年十月	
毛维超	男	20	江西峡江	工学院一年级	二十九年十月	
童勤文	男	21	浙江慈溪	工学院一年级	二十九年十月	
朱兆祥	男	20	浙江镇海	工学院一年级	二十九年十月	
高家明	男	21	浙江镇海	工学院一年级	二十九年十月	
陆谊明	男	19	浙江鄞县	工学院一年级	二十九年十月	
申屠光	男	20	浙江东阳	工学院一年级	二十九年十月	
陈俊元	男	18	浙江慈溪	工学院一年级	二十九年十月	
郭忠燿	男	23	浙江鄞县	工学院一年级	二十九年十月	
张永钖	男	18	浙江黄岩	工学院一年级	二十九年十月	
邵荷生	男	18	浙江黄岩	工学院一年级	二十九年十月	
蔡荣煊	男	20	浙江黄岩	工学院一年级	二十九年十月	
朱文彬	男	20	浙江温岭	工学院一年级	二十九年十月	
陈晓光	男	18	福建长乐	工学院一年级	二十九年十月	
吴秉道	男	23	福建平潭	工学院一年级	二十九年十一月	
姜兆望	男	25	浙江安吉	工学院一年级	二十九年十一月	
崔盛钰	男	20	浙江镇海	工学院一年级	二十九年十一月	
严奉玗	男	19	江西莲花	工学院一年级	二十九年十一月	

续表

姓名	性别	年龄	籍贯	院系及年级	入学年月	备注
袁汉杰	男	18	江西宜春	工学院一年级	二十九年十一月	
洪瑞槎	男	19	浙江瑞安	工学院一年级	二十九年十一月	
夏　靖	男	21	江西九江	工学院一年级	二十九年十一月	
花士琳	男	20	江西宜春	工学院一年级	二十九年十一月	
蒋祖荫	男	21	浙江富阳	工学院一年级	二十九年十一月	
谢福秀	女	18	江西兴国	工学院一年级	二十九年十一月	
张廷璐	男	21	江西永修	工学院一年级	二十九年十一月	
章臣楹	男	21	江苏江阴	工学院一年级	三十年二月	
黄　鼎	男	23	浙江金华	农学院一年级	二十九年十月	
程正尊	男	21	浙江金华	农学院一年级	二十九年十月	
张文邦	男	18	浙江衢县	农学院一年级	二十九年十月	
郑志炡	男	20	江西上饶	农学院一年级	二十九年十月	
袁慈良	男	18	浙江鄞县	农学院一年级	二十九年十月	
朱吉礼	男	19	浙江绍兴	农学院一年级	二十九年十月	
谭　渊	男	22	安徽旌德	农学院一年级	二十九年十月	
夏明曜	女	19	浙江嘉善	农学院一年级	二十九年十月	
李文英	女	19	浙江余姚	农学院一年级	二十九年十月	
俞思聪	女	24	江苏江宁	农学院一年级	二十九年十月	
岑卓卿	男	19	浙江余姚	农学院一年级	二十九年十月	
吴维俩	男	19	浙江东阳	农学院一年级	二十九年十月	
应　岳	男	22	浙江缙云	农学院一年级	二十九年十月	
杜尚文	男	22	浙江东阳	农学院一年级	二十九年十月	
朱沛泽	男	21	浙江仙居	农学院一年级	二十九年十一月	
熊迎九	男	23	江西进贤	农学院一年级	二十九年十一月	
顾荣申	男	19	江苏上海	农学院一年级	二十九年十一月	
戴光华	男	22	安徽旌德	农学院一年级	二十九年十一月	
曹荣伍	男	19	安徽太平	农学院一年级	二十九年十二月	
张天定	男	19	江苏川沙	农学院一年级	二十九年十二月	

续表

姓名	性别	年龄	籍贯	院系及年级	入学年月	备注
王得彬	男	22	浙江缙云	理学院一年级	二十九年十月	休学
焦登墀	男	21	安徽太平	工学院一年级	二十九年十月	休学
董孔标	男	20	浙江乐清	工学院一年级	二十九年十月	休学
章家栾	男	21	安徽贵池	工学院一年级	二十九年十月	休学
杨长春	男	21	江苏如皋	工学院一年级	二十九年十月	休学
胡日青	男	21	安徽绩溪	工学院一年级	二十九年十一月	休学
余树槐	男	22	江西鄱阳	工学院一年级	二十九年十一月	休学
陈凯百	男	20	湖南湘潭	农学院一年级	二十九年十月	休学
陈永升	男	22	江苏江阴	农学院一年级	二十九年十月	休学
章福安	男	20	浙江诸暨	农学院一年级	二十九年十月	休学
王嘉祥	男	21	安徽旌德	农学院一年级	二十九年十一月	休学
祝寿荣	男	23	江西上饶	农学院一年级	二十九年十一月	休学
吴海清	男	22	安徽宁国	文学院一年级	二十九年十一月	休学
吕绍充	男	23	安徽旌德	理学院一年级	二十九年十月	休学
姚习纯	男	23	安徽贵池	工学院一年级	二十九年十月	休学
廖应运	男	20	江西宜春	工学院一年级	二十九年十一月	休学

L053-001-1492 卷

龙泉分校三十年度第一学期新生名册
(1942 年 7 月)

姓名	性别	年龄	籍贯	院系及年级	入学年月	备注
严则光	男	21	安徽望江	文学院一年级	三十年十月	考取
李吕泽	男	18	浙江临海	文学院一年级	三十年十月	考取
孙多吉	男	18	浙江青田	文学院一年级	三十年十月	考取
严刘祜	男	20	浙江永嘉	文学院一年级	三十年十月	考取
向克强	男	20	浙江淳安	文学院一年级	三十年十月	考取
方天锡	男	17	浙江淳安	文学院一年级	三十年十月	考取
傅斌炎	男	19	浙江杭市	文学院一年级	三十年十月	考取

续表

姓名	性别	年龄	籍贯	院系及年级	入学年月	备注
罗茂彬	男	19	浙江临海	文学院一年级	三十年十月	考取
吴菡芬	女	18	浙江松阳	文学院一年级	三十年十月	考取
姜拱绅	男	22	浙江金华	文学院一年级	三十年十月	考取
赵昭昞	男	20	浙江东阳	文学院一年级	三十年十月	考取
宋　晞	男	21	浙江丽水	文学院一年级	三十年十月	考取
李鹏远	男	21	浙江永嘉	文学院一年级	三十年十月	考取
吕绍震	男	23	安徽旌德	文学院一年级	三十年十二月	部派
程昌晋	男	20	浙江遂昌	文学院一年级	三十年十月	考取
陈建亮	男	22	浙江建德	文学院一年级	三十年十一月	部派
蒋菊生	男	20	江苏宜兴	文学院一年级	三十年十二月	考取
宁树藩	男	21	安徽青阳	文学院一年级	三十一年一月	部派
周培正	男	18	江苏上海	文学院一年级	三十年十二月	部派
赵　平	男	22	安徽泾县	文学院一年级	三十一年一月	部派
金福临	男	20	江苏淮安	理学院一年级	三十年十月	考取
钱东启	男	22	浙江慈溪	理学院一年级	三十年十月	考取
何英龙	男	23	浙江衢县	理学院一年级	三十年十月	考取
徐廷廉	男	23	浙江鄞县	理学院一年级	三十年十月	同等学力考取
常大涤	男	21	江苏泰兴	理学院一年级	三十年十月	考取
俞茂松	男	20	浙江奉化	理学院一年级	三十年十月	考取
范辅弼	男	20	浙江鄞县	理学院一年级	三十年十月	暨大代招
胡全木	男	20	浙江嵊县	理学院一年级	三十年十月	考取
章朝宗	男	19	浙江永嘉	理学院一年级	三十年十月	考取
李洪江	男	24	浙江金华	理学院一年级	三十年十月	考取
郑乃琪	男	20	浙江乐清	理学院一年级	三十年十月	同等学力考取
高镒明	男	21	浙江上虞	理学院一年级	三十年十月	同等学力考取
樊文洵	女	19	浙江杭县	理学院一年级	三十年十月	考取
张竟能	男	19	浙江开化	理学院一年级	三十年十月	考取
苏兴炎	男	20	福建浦城	理学院一年级	三十年十月	考取

续表

姓名	性别	年龄	籍贯	院系及年级	入学年月	备注
鲍延福	男	22	安徽歙县	理学院一年级	三十年十月	考取
冯平贯	男	18	浙江义乌	理学院一年级	三十年十月	考取
曹思启	男	23	浙江兰溪	理学院一年级	三十年十月	考取
林桐绰	男	21	福建闽侯	理学院一年级	三十年十月	考取
乐秀文	男	20	浙江定海	工学院一年级	三十年十月	考取
曹兆汉	男	22	浙江平阳	工学院一年级	三十年十月	考取
方茂容	男	22	浙江建德	工学院一年级	三十年十月	考取
黎振声	男	22	浙江衢县	工学院一年级	三十年十月	考取
陈仁孝	男	20	浙江鄞县	工学院一年级	三十年十月	考取
宓立群	男	22	浙江慈溪	工学院一年级	三十年十月	部派
刘新翰	男	21	浙江鄞县	工学院一年级	三十年十月	考取
茅及铨	男	19	浙江鄞县	工学院一年级	三十年十月	考取
郑　宠	男	21	浙江绍兴	工学院一年级	三十年十月	暨大代招
张选祜	男	21	浙江鄞县	工学院一年级	三十年十月	考取
蔡乃森	男	21	浙江温岭	工学院一年级	三十年十月	考取
周维祥	男	20	浙江临海	工学院一年级	三十年十月	考取
赵识明	男	18	浙江东阳	工学院一年级	三十年十月	考取
陈祈闻	男	19	浙江余姚	工学院一年级	三十年十月	部派
赵人俊	男	19	浙江金华	工学院一年级	三十年十月	已退学
张文彦	男	22	浙江吴兴	工学院一年级	三十年十月	部派
宋昌几	男	20	浙江松阳	工学院一年级	三十年十月	考取
林云飞	男	20	浙江松阳	工学院一年级	三十年十月	考取
王丰镳	男	22	浙江镇海	工学院一年级	三十年十月	考取
曾守中	男	22	浙江永嘉	工学院一年级	三十年十月	考取
楼　谦	男	22	浙江杭县	工学院一年级	三十年十月	考取
郑咸熙	男	19	浙江黄岩	工学院一年级	三十年十月	考取
杜叶祥	男	20	浙江东阳	工学院一年级	三十年十月	考取
丁铭镛	男	22	浙江嵊县	工学院一年级	三十年十月	部派

续表

姓名	性别	年龄	籍贯	院系及年级	入学年月	备注
王家宠	男	19	浙江萧山	工学院一年级	三十年十月	考取
丁春奎	男	18	浙江义乌	工学院一年级	三十年十月	考取
程尚义	男	22	浙江建德	工学院一年级	三十年十月	考取
丁　儆	男	17	江苏无锡	工学院一年级	三十年十月	考取
王汝霖	男	19	浙江吴兴	工学院一年级	三十年十月	交大代招
钱家欢	男	18	浙江吴兴	工学院一年级	三十年十月	交大代招
陶廷弼	男	25	江苏如皋	工学院一年级	三十年十月	交大代招
吴圣明	男	20	浙江兰溪	工学院一年级	三十年十月	考取
蔡　煜	男	20	浙江瑞安	工学院一年级	三十年十月	考取
黄震欧	男	18	浙江永嘉	工学院一年级	三十年十月	考取
张观澜	男	18	浙江青田	工学院一年级	三十年十月	考取
温邦光	男	20	浙江瑞安	工学院一年级	三十年十月	考取
王祖槐	男	18	浙江诸暨	工学院一年级	三十年十月	考取
富　佩	男	18	浙江青田	工学院一年级	三十年十月	考取
胡旭东	男	23	浙江瑞安	工学院一年级	三十年十月	部派
赵超普	男	20	浙江瑞安	工学院一年级	三十年十月	考取
章学仁	男	20	浙江临海	工学院一年级	三十年十月	考取
楼宝松	男	22	浙江诸暨	工学院一年级	三十年十月	考取
吴家顺	男	20	浙江嵊县	工学院一年级	三十年十月	部派
赵震华	男	20	浙江杭县	工学院一年级	三十年十月	部派
章阜康	男	20	浙江汤溪	工学院一年级	三十年十月	考取
徐鲤庭	男	19	浙江海宁	工学院一年级	三十年十月	考取
王家勋	男	20	浙江杭县	工学院一年级	三十年十月	考取
吴育强	男	23	浙江遂昌	工学院一年级	三十年十月	部派
翁正士	男	19	浙江义乌	工学院一年级	三十年十月	考取
潘　亮	男	21	浙江瑞安	工学院一年级	三十年十月	考取
杜成春	男	20	浙江东阳	工学院一年级	三十年十月	考取
黄　晞	男	20	浙江义乌	工学院一年级	三十年十月	考取

续表

姓名	性别	年龄	籍贯	院系及年级	入学年月	备注
林　昭	男	20	浙江温岭	工学院一年级	三十年十一月	部派
任雨吉	男	24	江苏宜兴	工学院一年级	三十年十二月	考取
贺　倜	男	20	江苏丹阳	工学院一年级	三十年十二月	部派
于用德	男	21	江苏泰兴	工学院一年级	三十一年一月	部派
戴行惠	男	22	浙江鄞县	农学院一年级	三十年十月	考取
熊光斗	男	22	江西贵溪	农学院一年级	三十年十月	考取
张德舆	男	22	浙江杭县	农学院一年级	三十年十月	考取
王　璧	女	19	浙江长兴	农学院一年级	三十年十月	考取
赵清源	男	23	浙江杭县	农学院一年级	三十年十月	考取
郑生和	男	21	浙江象山	农学院一年级	三十年十月	考取
解志廉	男	20	浙江淳安	农学院一年级	三十年十月	考取
刘昌成	男	22	浙江东阳	农学院一年级	三十年十月	考取
沈隆威	男	21	浙江绍兴	农学院一年级	三十年十月	考取
赖秉文	男	24	浙江衢县	农学院一年级	三十年十月	考取
刘宝楚	男	25	江西广丰	农学院一年级	三十年十月	考取
徐拔和	男	20	江苏丹徒	农学院一年级	三十年十月	交大代招
戴朱恒	男	20	浙江嘉兴	农学院一年级	三十年十一月	考取
顾国彦	男	20	江苏无锡	农学院一年级	三十年十一月	考取
卢叔杰	男	20	浙江永康	农学院一年级	三十年十一月	考取
汪亚荪	女	19	安徽旌德	农学院一年级	三十年十二月	部派
卢世昌	男	20	浙江东阳	农学院一年级	三十年十月	考取
秦　特	男	24	安徽桐城	师范学院国文科一年级	三十年十二月	安徽省保送
余一贯	男	22	安徽潜山	师范学院国文科一年级	三十年十二月	安徽省保送
郭佐唐	男	21	浙江东阳	师范学院国文科一年级	三十年十二月	浙江省保送
柯秉铎	男	24	浙江分水	师范学院国文科一年级	三十年十二月	浙江省保送
潘德钧	男	23	浙江绍兴	师范学院国文科一年级	三十年十二月	浙江省保送
叶保汉	男	21	浙江淳安	师范学院国文科一年级	三十年十二月	浙江省保送
王东宝	女	22	浙江海盐	师范学院国文科一年级	三十年十二月	浙江省保送

续表

姓名	性别	年龄	籍贯	院系及年级	入学年月	备注
刘兰芸	男	25	安徽阜阳	师范学院国文科一年级	三十年十二月	安徽省保送
朱观成	男	21	浙江永康	师范学院国文科一年级	三十年十二月	浙江省保送
翁心惠	男	20	浙江慈溪	师范学院国文科一年级	三十年十二月	浙江省保送
王纮光	男	23	浙江缙云	师范学院国文科一年级	三十年十二月	浙江省保送
李施德	男	21	浙江缙云	师范学院国文科一年级	三十年十二月	浙江省保送
黄达晶	男	22	浙江黄岩	师范学院国文科一年级	三十年十二月	浙江省保送
陈　明	男	26	浙江永嘉	师范学院国文科一年级	三十年十二月	浙江省保送
孔志宏	男	20	浙江金华	师范学院国文科一年级	三十年十二月	浙江省保送
罗斯文	女	22	浙江宁海	师范学院国文科一年级	三十年十二月	浙江省保送
何梦兰	女	19	浙江兰溪	师范学院国文科一年级	三十年十二月	浙江省保送
王存璧	男	20	浙江宁海	师范学院国文科一年级	三十年十二月	浙江省保送
骆正深	男	24	浙江义乌	师范学院国文科一年级	三十年十二月	浙江省保送
施亚西	女	19	浙江萧山	师范学院国文科一年级	三十年十二月	浙江省保送
丁景煌	男	24	浙江义乌	师范学院国文科一年级	三十年十二月	浙江省保送
王志一	女	20	浙江诸暨	师范学院国文科一年级	三十年十二月	浙江省保送
王庆国	男	23	江苏涟水	师范学院国文科一年级	三十年十二月	江苏省保送
韩国粹	男	25	江苏涟水	师范学院国文科一年级	三十年十二月	江苏省保送
葛为圣	男	23	江苏泗阳	师范学院国文科一年级	三十年十二月	江苏省保送
袁以乾	男	23	江苏涟水	师范学院国文科一年级	三十年十二月	江苏省保送
钱　浩	男	26	江苏涟水	师范学院国文科一年级	三十年十二月	江苏省保送
李健刚	男	27	江苏淮安	师范学院国文科一年级	三十年十二月	江苏省保送
吴寅官	男	24	江苏盐城	师范学院国文科一年级	三十年十二月	江苏省保送
顾恩义	男	26	江苏高邮	师范学院国文科一年级	三十年十二月	江苏省保送
薛鹤琴	男	24	江苏邳县	师范学院国文科一年级	三十年十二月	江苏省保送
朱寿溥	男	24	江苏淮安	师范学院国文科一年级	三十一年一月	江苏省保送
徐穗英	女	22	江苏无锡	师范学院国文科一年级	三十一年二月	江苏省保送
史雪明	男	22	浙江龙泉	师范学院国文科一年级	三十一年三月	考取
童玉书	男	25	浙江淳安	师范学院国文科一年级	三十一年二月	考取

续表

姓名	性别	年龄	籍贯	院系及年级	入学年月	备注
张本然	男	19	浙江富阳	师范学院国文科一年级	三十一年二月	考取
黄兰生	男	23	浙江诸暨	师范学院国文科一年级	三十一年三月	考取
朱正仕	男	28	浙江金华	师范学院国文科一年级	三十一年三月	考取
盛斯年	男	19	浙江金华	师范学院国文科一年级	三十一年三月	考取
毛振寰	女	26	江苏金山	师范学院国文科一年级	三十一年三月	考取
林祥楣	男	22	浙江瑞安	师范学院国文科一年级	三十一年三月	考取
林巧眉	女	24	浙江平阳	师范学院国文科一年级	三十一年三月	考取
余春华	女	24	浙江遂安	师范学院国文科一年级	三十一年三月	考取
王阜彤	男	26	浙江平阳	师范学院国文科一年级	三十一年三月	考取
黄礼芳	男	22	浙江平阳	师范学院国文科一年级	三十一年三月	考取
沈泽民	男	24	江苏盐城	师范学院国文科一年级	三十一年三月	江苏省保送
朱志仁	男	20	江苏宝应	师范学院国文科一年级	三十一年三月	考取
陶福胜	男	25	浙江龙游	师范学院国文科一年级	三十一年三月	考取
陈奕良	男	21	浙江温岭	师范学院国文科一年级	三十一年三月	考取
周宪英	女	19	浙江黄岩	师范学院国文科一年级	三十一年三月	考取
吕凌娟	女	22	浙江新昌	师范学院国文科一年级	三十一年三月	考取
余冠群	男	22	安徽潜山	师范学院数学科一年级	三十年十一月	安徽省保送
程之璞	男	22	安徽潜山	师范学院数学科一年级	三十年十一月	安徽省保送
凌厚生	男	22	安徽定远	师范学院数学科一年级	三十年十一月	安徽省保送
袁声洒	女	22	浙江杭县	师范学院数学科一年级	三十年十二月	浙江省保送
孙振绂	男	19	浙江富阳	师范学院数学科一年级	三十年十二月	浙江省保送
王裕衡	男	22	浙江东阳	师范学院数学科一年级	三十年十二月	浙江省保送
康应备	男	24	浙江东阳	师范学院数学科一年级	三十年十二月	浙江省保送
程毓粢	女	21	浙江金华	师范学院数学科一年级	三十年十二月	浙江省保送
陈日樵	男	20	浙江龙游	师范学院数学科一年级	三十年十二月	浙江省保送
赵懿翥	男	24	浙江东阳	师范学院数学科一年级	三十年十二月	浙江省保送
程万宜	男	21	浙江遂昌	师范学院数学科一年级	三十年十二月	浙江省保送
方　潞	男	21	安徽桐城	师范学院数学科一年级	三十年十二月	安徽省保送

续表

姓名	性别	年龄	籍贯	院系及年级	入学年月	备注
汪世贤	男	25	江苏淮安	师范学院数学科一年级	三十一年一月	江苏省保送
朱占元	男	23	江苏淮安	师范学院数学科一年级	三十一年一月	江苏省保送
刘传琴	男	22	浙江金华	师范学院数学科一年级	三十一年二月	浙江省保送
金念士	女	22	江苏常熟	师范学院数学科一年级	三十一年二月	江苏省保送
赵霙霞	女	21	浙江诸暨	师范学院数学科一年级	三十一年二月	考取
卢国琛	男	22	浙江东阳	师范学院数学科一年级	三十一年二月	考取
胡余钦	男	26	浙江兰溪	师范学院数学科一年级	三十一年三月	考取
吕长发	男	24	浙江永康	师范学院数学科一年级	三十年十二月	浙江省保送，现已退学
贾文宝	男	24	浙江义乌	师范学院数学科一年级	三十一年三月	考取
王文昭	男	19	浙江萧山	师范学院数学科一年级	三十一年三月	考取
赵文英	女	22	浙江杭县	师范学院数学科一年级	三十一年三月	考取
叶福修	男	22	浙江慈溪	师范学院数学科一年级	三十年十月	一年级在上海大同大学借读
沙志远	男	20	江苏江阴	师范学院数学科一年级	三十年十一月	一年级在上海大同大学借读

L053-001-1491 卷

龙泉分校三十一年度第一学期新生名册
（1943 年 5 月）

姓名	性别	年龄	籍贯	院系及年级	入学年月	备注
林寿朋	男	21	江苏丹阳	文学院一年级	三十一年十一月	同等学力
徐永昭	男	21	浙江嘉兴	文学院一年级	三十一年十一月	
卢祥生	男	22	浙江东阳	文学院一年级	三十一年十一月	
张　屏	男	21	浙江松阳	文学院一年级	三十一年十一月	
裘裕昆	男	22	浙江青田	文学院一年级	三十一年十一月	
刘　敏	男	20	浙江缙云	文学院一年级	三十一年十一月	
余兆文	男	21	浙江嘉兴	文学院一年级	三十一年十一月	

续表

姓名	性别	年龄	籍贯	院系及年级	入学年月	备注
蒋秀庭	男	21	浙江杭县	文学院一年级	三十一年十一月	同等学力
周仁生	男	21	浙江永嘉	文学院一年级	三十一年十一月	
黄怀仁	男	23	江苏常熟	文学院一年级	三十一年十一月	
徐定豹	男	20	浙江永嘉	文学院一年级	三十一年十一月	
李　勉	男	23	浙江缙云	文学院一年级	三十一年十一月	
冯　坚	男	20	浙江永嘉	文学院一年级	三十一年十一月	
尚盈川	男	20	浙江缙云	文学院一年级	三十一年十一月	
赵伯英	男	22	浙江诸暨	文学院一年级	三十一年十一月	
冯秀珍	女	22	浙江鄞县	文学院一年级	三十一年十一月	
张朱瑞	女	21	浙江桐乡	文学院一年级	三十一年十一月	
盛光涛	男	22	浙江临安	文学院一年级	三十一年十一月	
陈兴文	男	25	福建古田	文学院一年级	三十一年十一月	
应祚桢	男	25	福建南平	文学院一年级	三十一年十一月	
朱德元	男	20	江苏宜兴	文学院一年级	三十一年十一月	
汪敬羞	男	21	浙江奉化	文学院一年级	三十一年十一月	
林松祺	男	21	浙江永嘉	文学院一年级	三十一年十一月	
魏　忠	男	23	浙江永嘉	文学院一年级	三十一年十一月	
刘奎官	男	22	江苏泰县	文学院一年级	三十一年十一月	
朱　鹏	男	22	浙江永嘉	文学院一年级	三十一年十一月	
林仲达	男	21	浙江平阳	文学院一年级	三十一年十一月	
钱中民	男	19	浙江杭县	文学院一年级	三十一年十一月	
唐佩兰	女	23	浙江瑞安	文学院一年级	三十一年十一月	
杜梦鱼	女	20	浙江青田	文学院一年级	三十一年十一月	
许　豪	男	27	浙江庆元	文学院一年级	三十一年十一月	
詹　信	男	23	浙江青田	文学院一年级	三十一年十一月	
王祖康	男	20	浙江衢县	理学院一年级	三十一年十一月	
徐有盛	男	21	浙江永康	理学院一年级	三十一年十一月	
康大焜	男	26	福建闽侯	理学院一年级	三十一年十一月	

续表

姓名	性别	年龄	籍贯	院系及年级	入学年月	备注
杨忠道	男	21	浙江平阳	理学院一年级	三十一年十一月	
郑定国	男	23	江西上饶	理学院一年级	三十一年十一月	
朱致熙	男	21	江苏兴化	理学院一年级	三十一年十一月	
刘育孟	男	22	浙江玉环	理学院一年级	三十一年十一月	
庄毓琦	男	20	浙江嘉兴	理学院一年级	三十一年十一月	
陈汉定	男	22	浙江诸暨	理学院一年级	三十一年十一月	
孙烈炘	男	24	江西婺源	理学院一年级	三十一年十一月	
葛维型	男	19	浙江平湖	理学院一年级	三十一年十一月	
孙乃炘	男	23	江苏盐城	理学院一年级	三十一年十一月	
洪秀荣	男	22	浙江乐清	理学院一年级	三十一年十一月	
孙壮猷	男	23	浙江萧山	理学院一年级	三十一年十一月	
金孟达	男	21	浙江诸暨	理学院一年级	三十一年十一月	
缪天成	男	20	浙江瑞安	理学院一年级	三十一年十一月	
高宜男	男	20	浙江萧山	理学院一年级	三十一年十一月	
张文海	男	21	浙江东阳	理学院一年级	三十一年十一月	
陆　桐	女	21	浙江桐乡	理学院一年级	三十一年十一月	
郭桂庭	男	22	浙江东阳	工学院一年级	三十一年十一月	
施　畴	男	22	浙江东阳	工学院一年级	三十一年十一月	
金学姚	男	24	浙江东阳	工学院一年级	三十一年十一月	
吴时梓	男	20	浙江东阳	工学院一年级	三十一年十一月	
金养高	男	22	浙江东阳	工学院一年级	三十一年十一月	
吴福骞	男	21	浙江海盐	工学院一年级	三十一年十一月	
丁子上	男	21	浙江缙云	工学院一年级	三十一年十一月	
蔡立生	男	21	浙江诸暨	工学院一年级	三十一年十一月	
裘维玦	男	21	浙江嵊县	工学院一年级	三十一年十一月	
马文忠	男	19	浙江东阳	工学院一年级	三十一年十一月	
田子文	男	23	浙江上虞	工学院一年级	三十一年十一月	同等学力
吴　京	男	21	浙江杭县	工学院一年级	三十一年十一月	

续表

姓名	性别	年龄	籍贯	院系及年级	入学年月	备注
钟一鹏	男	22	浙江上虞	工学院一年级	三十一年十一月	
崔兆丰	男	22	河北武清	工学院一年级	三十一年十一月	
顾良能	男	21	浙江杭县	工学院一年级	三十一年十一月	
朱　杰	男	21	浙江吴兴	工学院一年级	三十一年十一月	
朱纪法	男	22	浙江鄞县	工学院一年级	三十一年十一月	
王善福	男	24	浙江松阳	工学院一年级	三十一年十一月	
杜念绍	男	23	浙江青田	工学院一年级	三十一年十一月	
潘守中	男	21	浙江新昌	工学院一年级	三十一年十一月	
沈坩卿	男	19	浙江绍兴	工学院一年级	三十一年十一月	
叶春晖	男	20	浙江乐清	工学院一年级	三十一年十一月	
李田义	男	21	浙江玉环	工学院一年级	三十一年十一月	
郑乃森	男	19	浙江杭市	工学院一年级	三十一年十一月	
吴耀昌	男	21	浙江杭市	工学院一年级	三十一年十一月	
寿如岳	男	23	浙江诸暨	工学院一年级	三十一年十一月	
尤　容	男	23	浙江嘉兴	工学院一年级	三十一年十一月	
陈同章	男	23	浙江杭县	工学院一年级	三十一年十一月	
戚殿莱	男	21	江苏宝应	工学院一年级	三十一年十一月	
方开舜	男	23	江苏江都	工学院一年级	三十一年十一月	
屠家镁	男	20	浙江鄞县	工学院一年级	三十一年十一月	
凌明哉	男	19	浙江鄞县	工学院一年级	三十一年十一月	
史秀珠	女	21	浙江余姚	工学院一年级	三十一年十一月	
廖维智	男	19	浙江松阳	工学院一年级	三十一年十一月	
倪式如	男	20	浙江东阳	工学院一年级	三十一年十一月	
郭永龄	男	24	浙江东阳	工学院一年级	三十一年十一月	
吕茂烈	男	20	浙江嵊县	工学院一年级	三十一年十一月	
娄启简	男	19	浙江绍兴	工学院一年级	三十一年十一月	
姚心照	男	22	江苏江阴	工学院一年级	三十一年十一月	
厉　行	男	20	浙江东阳	工学院一年级	三十一年十一月	

续表

姓名	性别	年龄	籍贯	院系及年级	入学年月	备注
王亲来	男	21	浙江象山	工学院一年级	三十一年十一月	
陈　文	男	20	浙江龙游	工学院一年级	三十一年十一月	
周祖忽	男	21	浙江丽水	工学院一年级	三十一年十一月	
陈　霖	男	19	浙江瑞安	工学院一年级	三十一年十一月	
金传贤	男	20	浙江安吉	农学院一年级	三十一年十一月	
樊延龄	男	21	浙江杭县	农学院一年级	三十一年十一月	
李洪潮	男	19	浙江丽水	农学院一年级	三十一年十一月	
沈宝新	男	21	浙江吴兴	农学院一年级	三十一年十一月	同等学力
何大堪	男	21	浙江绍兴	农学院一年级	三十一年十一月	
陈建新	男	24	浙江乐清	农学院一年级	三十一年十一月	
张希珊	男	23	福建闽侯	农学院一年级	三十一年十一月	
高鸿荣	男	23	福建长乐	农学院一年级	三十一年十一月	
牧梅园	男	22	浙江富阳	农学院一年级	三十一年十一月	
沈炳炎	男	23	浙江吴兴	农学院一年级	三十一年十一月	
丁光华	男	19	浙江绍兴	农学院一年级	三十一年十一月	
吴文南	男	20	浙江龙泉	农学院一年级	三十一年十一月	
王文成	男	27	浙江定海	农学院一年级	三十一年十一月	
许孝禧	女	22	浙江杭市	农学院一年级	三十一年十一月	
李世家	男	20	浙江龙泉	农学院一年级	三十一年十一月	
詹士林	男	23	浙江吴兴	农学院一年级	三十一年十一月	
张祯瑞	男	21	浙江嵊县	农学院一年级	三十一年十一月	
胡　腾	男	22	浙江余姚	农学院一年级	三十一年十一月	
赵养性	男	22	浙江乐清	农学院一年级	三十一年十一月	
章宏业	男	21	浙江永嘉	农学院一年级	三十一年十一月	
何炳浪	男	24	浙江诸暨	农学院一年级	三十一年十一月	
马远珍	女	21	浙江东阳	农学院一年级	三十一年十一月	
孙筱祥	男	21	浙江萧山	农学院一年级	三十一年十一月	同等学力
张凤来	男	23	浙江杭县	农学院一年级	三十一年十一月	

续表

姓名	性别	年龄	籍贯	院系及年级	入学年月	备注
陈唯真	男	22	浙江东阳	农学院一年级	三十一年十一月	
陈绍淦	男	20	浙江余姚	农学院一年级	三十一年十一月	
应启祥	男	21	浙江诸暨	农学院一年级	三十一年十一月	
董秉钧	男	21	福建长乐	农学院一年级	三十一年十一月	
孔良曼	女	19	浙江杭县	农学院一年级	三十一年十一月	
罗　岷	男	20	浙江遂昌	农学院一年级	三十一年十一月	
应　珍	男	22	浙江遂昌	农学院一年级	三十一年十一月	
王　邕	男	23	浙江遂安	师范学院一年级	三十一年十一月	
黄增林	男	26	浙江青田	师范学院一年级	三十一年十一月	
萧子明	男	26	江西崇义	师范学院一年级	三十一年十一月	江西保送
刘明生	男	24	江西南康	师范学院一年级	三十一年十一月	江西保送
熊省三	男	25	江西雩都	师范学院一年级	三十一年十一月	江西保送
黄溥泉	男	24	江西崇仁	师范学院一年级	三十一年十一月	江西保送
吴松英	女	21	浙江乐清	师范学院一年级	三十一年十一月	
朱　林	女	20	安徽合肥	师范学院一年级	三十一年十一月	
叶立义	男	22	浙江缙云	师范学院一年级	三十一年十一月	
沈利亚	女	24	浙江海宁	师范学院一年级	三十一年十一月	
金芝山	男	21	浙江天台	师范学院一年级	三十一年十一月	
查治予	男	22	江苏涟水	师范学院一年级	三十一年十一月	江苏保送
马达远	男	23	江苏淮安	师范学院一年级	三十一年十一月	江苏保送
邓克明	男	23	江苏盐城	师范学院一年级	三十一年十一月	江苏保送
李宝辉	女	22	福建古田	师范学院一年级	三十一年十一月	
赵璇宝	女	22	浙江鄞县	师范学院一年级	三十一年十一月	
周起昕	男	22	浙江孝丰	师范学院一年级	三十一年十一月	
楼翼然	男	21	浙江诸暨	师范学院一年级	三十一年十一月	
安一德	男	20	湖南沅江	师范学院一年级	三十一年十一月	
张　䜣	男	22	浙江吴兴	师范学院一年级	三十一年十一月	同等学力
张寿根	男	27	浙江黄岩	师范学院一年级	三十一年十一月	

续表

姓名	性别	年龄	籍贯	院系及年级	入学年月	备注
杨同泽	男	24	江苏泰兴	师范学院一年级	三十一年十一月	
祁　瑗	男	22	江苏宝应	师范学院一年级	三十一年十一月	
吴期扬	男	23	安徽青阳	师范学院一年级	三十一年十一月	安徽保送
钟义旐	男	25	浙江奉化	师范学院一年级	三十一年十一月	
张天籁	男	22	安徽无为	师范学院一年级	三十一年十一月	安徽保送
程绍懋	男	24	安徽休宁	师范学院一年级	三十一年十一月	安徽保送
应　钟	男	26	安徽休宁	师范学院一年级	三十一年十一月	安徽保送
张国风	男	20	浙江永嘉	师范学院一年级	三十一年十一月	
季良锟	男	21	福建浦城	师范学院一年级	三十一年十一月	
季步衡	男	21	浙江龙泉	师范学院一年级	三十一年十一月	
金陈昭	男	21	浙江龙泉	师范学院一年级	三十一年十一月	
周　详	男	20	浙江龙泉	师范学院一年级	三十一年十一月	
胡华璋	男	21	安徽黟县	师范学院一年级	三十一年十一月	安徽保送
陈兰言	女	23	浙江诸暨	师范学院一年级	三十一年十一月	
陈良效	男	24	浙江绍兴	师范学院一年级	三十一年十一月	
林增璋	男	19	浙江宣平	师范学院一年级	三十一年十一月	
杨铭悦	女	22	福建建瓯	师范学院一年级	三十一年十一月	
王用德	男	19	浙江义乌	师范学院一年级	三十一年十一月	
黄志珣	男	23	福建政和	师范学院一年级	三十一年十一月	同等学力
刘永庆	男	23	江苏宝应	师范学院一年级	三十一年十一月	
金祥恒	男	25	浙江海宁	师范学院一年级	三十一年十一月	
叶明权	男	22	浙江永嘉	师范学院一年级	三十一年十一月	
鲍有则	男	27	安徽铜陵	师范学院一年级	三十一年十一月	安徽保送
程其坚	男	24	安徽休宁	师范学院初级部数学科一年级	三十一年四月	该生到校迟达，三十年度未及呈报
叶良玉	男	23	浙江杭县	工学院一年级	三十一年三月	该生到校迟达，三十年度未及呈报

续表

姓名	性别	年龄	籍贯	院系及年级	入学年月	备注
朱家槐	男	20	江苏泰兴	工学院土木系二年级	三十一年四月	该生到校迟达，三十年度未及呈报
周春波	男	20	上海市	工学院机电系二年级	三十一年十月	该生一年级在上海之江大学借读，三十年度未及呈报

L053-001-1491 卷

龙泉分校三十二年度第一学期新生名册
（1945 年 1 月）

姓名	性别	年龄	籍贯	院系及年级	入学年月	备注
王德华	女	19	浙江海宁	文学院一年级	三十二年九月	
李秀实	男	21	湖南湘乡	文学院一年级	三十二年九月	
管希雄	男	22	浙江永嘉	文学院一年级	三十二年九月	
金湘泽	男	23	浙江宁海	文学院一年级	三十二年九月	
许绍棻	男	19	浙江临海	文学院一年级	三十二年九月	
王韵兰	女	20	浙江武义	文学院一年级	三十二年九月	
唐扬和	男	24	浙江永嘉	文学院一年级	三十二年九月	同等学力
黄章权	男	20	浙江义乌	文学院一年级	三十二年九月	
曹玉云	男	26	浙江金华	文学院一年级	三十二年九月	
陈经纲	男	21	浙江定海	文学院一年级	三十二年九月	
黄绍瑗	男	20	浙江龙泉	文学院一年级	三十二年九月	
潘树勋	男	19	浙江青田	文学院一年级	三十二年九月	
邵大成	男	20	浙江杭县	文学院一年级	三十二年九月	
潘绍光	男	19	浙江永嘉	文学院一年级	三十二年十月	
刘耀林	男	19	浙江青田	文学院一年级	三十二年九月	同等学力
林国铭	男	24	浙江永嘉	文学院一年级	三十二年九月	
夏钦瀚	男	18	浙江平阳	文学院一年级	三十二年十月	

续表

姓名	性别	年龄	籍贯	院系及年级	入学年月	备注
郑德昌	男	20	浙江临安	理学院一年级	三十二年九月	
许义生	男	20	浙江临海	理学院一年级	三十二年十月	
商燮尔	男	17	浙江嵊县	理学院一年级	三十二年九月	
陈扬轩	男	21	浙江青田	理学院一年级	三十二年九月	
金猷询	男	20	浙江安吉	理学院一年级	三十二年九月	
范复礼	男	22	浙江义乌	理学院一年级	三十二年九月	
吴美苏	男	23	浙江东阳	理学院一年级	三十二年九月	
谢传堡	男	22	浙江绍兴	理学院一年级	三十二年九月	
吴善德	男	24	浙江衢县	理学院一年级	三十二年十月	
金华棣	男	22	浙江诸暨	理学院一年级	三十二年十月	
金标杰	男	19	浙江东阳	理学院一年级	三十二年九月	同等学力
田志伟	男	19	浙江杭市	理学院一年级	三十二年九月	同等学力
俞思济	男	20	浙江永康	理学院一年级	三十二年九月	
池志强	男	20	浙江黄岩	理学院一年级	三十二年十月	
白锡骅	男	19	浙江永嘉	理学院一年级	三十二年十月	
王乃绪	男	21	浙江平阳	理学院一年级	三十二年十月	
曹维民	男	20	浙江永嘉	理学院一年级	三十二年十月	
沈葭轩	男	18	浙江绍兴	理学院一年级	三十二年九月	
王　栩	女	23	浙江平阳	理学院一年级	三十二年十月	
谷超豪	男	17	浙江永嘉	理学院一年级	三十二年十月	
李永杰	男	19	浙江桐庐	工学院一年级	三十二年九月	
胡德新	男	21	浙江绍兴	工学院一年级	三十二年九月	
余纶扬	男	19	浙江镇海	工学院一年级	三十二年九月	
赵家骞	男	22	浙江绍兴	工学院一年级	三十二年九月	
周震武	男	18	浙江黄岩	工学院一年级	三十二年九月	
秦曾煌	男	20	江苏常熟	工学院一年级	三十二年九月	
沙汉文	男	20	浙江镇海	工学院一年级	三十二年九月	
梅宁远	男	19	浙江嘉兴	工学院一年级	三十二年九月	

续表

姓名	性别	年龄	籍贯	院系及年级	入学年月	备注
裘蔼稼	男	20	浙江绍兴	工学院一年级	三十二年九月	
冯　炀	男	22	浙江永嘉	工学院一年级	三十二年九月	
郑振义	男	20	浙江兰溪	工学院一年级	三十二年十月	
金文华	男	20	浙江诸暨	工学院一年级	三十二年九月	
徐正易	男	21	浙江衢县	工学院一年级	三十二年十月	
吴国钧	男	20	江苏武进	工学院一年级	三十二年九月	
严福英	男	19	浙江汤溪	工学院一年级	三十二年九月	
韩世炜	男	21	浙江余姚	工学院一年级	三十二年十月	
蔡维坤	男	20	浙江兰溪	工学院一年级	三十二年九月	
郭本镩	男	20	浙江鄞县	工学院一年级	三十二年九月	
王　健	男	22	浙江永嘉	工学院一年级	三十二年九月	
周模禄	男	21	浙江海盐	工学院一年级	三十二年九月	
徐元增	男	19	浙江嘉兴	工学院一年级	三十二年九月	
金绍栋	男	21	浙江义乌	工学院一年级	三十二年九月	
孔繁柯	男	20	浙江萧山	工学院一年级	三十二年九月	同等学力
施鸣岐	男	20	浙江金华	工学院一年级	三十二年十一月	
王　祁	男	22	浙江诸暨	工学院一年级	三十二年九月	
陆公谔	男	20	江苏宜兴	工学院一年级	三十二年九月	
蒋协中	男	19	江苏宜兴	工学院一年级	三十二年九月	
高鹤江	男	20	浙江嵊县	工学院一年级	三十二年十月	
许人星	男	21	浙江东阳	工学院一年级	三十二年九月	
潘祖仁	男	18	浙江临海	工学院一年级	三十二年九月	
徐昭苏	男	18	浙江温岭	工学院一年级	三十二年十月	
包树娫	男	20	浙江瑞安	工学院一年级	三十二年九月	同等学力
沈翔高	男	20	浙江奉化	工学院一年级	三十二年九月	
陈时桓	男	21	浙江永嘉	工学院一年级	三十二年十月	
蔡继缰	男	20	浙江鄞县	工学院一年级	三十二年九月	
王震之	男	21	江苏金坛	工学院一年级	三十二年九月	

续表

姓名	性别	年龄	籍贯	院系及年级	入学年月	备注
胡邦定	男	22	福建浦城	工学院一年级	三十二年九月	
孙存耀	男	22	浙江乐清	工学院一年级	三十二年十月	
倪季达	男	18	浙江嵊县	工学院一年级	三十二年十月	
陈培春	男	23	浙江武义	工学院一年级	三十二年十月	教育部分发
王义钊	男	21	浙江鄞县	工学院一年级	三十二年十月	教育部分发
黄仁福	男	21	江苏武进	工学院一年级	三十二年十月	教育部分发
潘书绅	男	19	江西鄱阳	工学院一年级	三十二年十月	江西省教育厅三十二年联考录取分发
朱　恒	男	21	江西临川	工学院一年级	三十二年十一月	江西省教育厅三十二年联考录取分发
潘超霖	男	21	浙江杭市	农学院一年级	三十二年九月	
蔡人宝	男	19	浙江龙泉	农学院一年级	三十二年九月	
管致和	男	22	浙江富阳	农学院一年级	三十二年九月	
陈鸣燕	男	21	浙江永嘉	农学院一年级	三十二年九月	
金国文	男	22	浙江永康	农学院一年级	三十二年十月	
蒋心白	男	20	浙江诸暨	农学院一年级	三十二年十月	
俞茂嘉	男	22	浙江平湖	农学院一年级	三十二年九月	
黄铁夫	男	22	浙江吴兴	农学院一年级	三十二年十月	
刘煜焕	男	19	浙江丽水	农学院一年级	三十二年九月	
徐莘生	男	23	浙江永康	农学院一年级	三十二年九月	
周云通	男	21	浙江永康	农学院一年级	三十二年九月	
杨滔慈	男	21	浙江奉化	农学院一年级	三十二年九月	同等学力
翁祖谦	男	23	浙江寿昌	农学院一年级	三十二年十月	
李剑秋	男	21	浙江金华	农学院一年级	三十二年九月	
苏芳远	男	19	安徽怀宁	农学院一年级	三十二年十月	
楼章标	男	23	浙江诸暨	农学院一年级	三十二年九月	
郑一惠	男	21	福建长乐	农学院一年级	三十二年九月	
刘之驹	男	26	江苏江阴	农学院一年级	三十二年十月	

续表

姓名	性别	年龄	籍贯	院系及年级	入学年月	备注
唐嘉镇	男	20	江苏吴江	师范学院一年级	三十二年九月	
丁启昌	男	21	浙江萧山	师范学院一年级	三十二年九月	
裘孝范	男	21	浙江嵊县	师范学院一年级	三十二年九月	
宋　炎	男	22	浙江瑞安	师范学院一年级	三十二年九月	
王珠翠	女	20	浙江青田	师范学院一年级	三十二年九月	
徐步奎	男	20	浙江东阳	师范学院一年级	三十二年九月	
童泽欧	男	20	浙江宁海	师范学院一年级	三十二年九月	
潘理孚	女	22	浙江绍兴	师范学院一年级	三十二年九月	
朱修白	男	19	浙江临海	师范学院一年级	三十二年十月	
马钖鉴	男	24	浙江平阳	师范学院一年级	三十二年九月	
王忠勤	男	22	浙江温岭	师范学院一年级	三十二年十月	
孙榴花	女	21	浙江青田	师范学院一年级	三十二年九月	
叶志久	男	22	浙江松阳	师范学院一年级	三十二年十月	
沈亨寿	男	23	浙江奉化	师范学院一年级	三十二年九月	
方能熊	男	22	浙江浦江	师范学院一年级	三十二年九月	
邓　垣	男	18	浙江临海	师范学院一年级	三十二年十月	
胡尧明	男	22	浙江东阳	师范学院一年级	三十二年九月	
石秉佳	男	22	安徽绩溪	师范学院一年级	三十二年十月	
江超中	男	18	浙江温岭	师范学院一年级	三十二年九月	
颜依青	男	23	浙江瑞安	师范学院一年级	三十二年九月	
戴之庠	男	22	江苏高邮	师范学院一年级	三十二年九月	
须养忠	男	23	江苏无锡	师范学院一年级	三十二年九月	
方厚芝	男	25	江苏淮阴	师范学院一年级	三十二年十月	
丁则先	男	22	浙江上虞	师范学院一年级	三十二年十月	
叶开元	男	21	浙江兰溪	师范学院一年级	三十二年十月	
杨敬兰	男	24	浙江天台	师范学院一年级	三十二年十月	
沈企华	女	23	浙江慈溪	师范学院一年级	三十二年十月	
沈联奎	男	21	江苏宜兴	师范学院一年级	三十二年十月	

续表

姓名	性别	年龄	籍贯	院系及年级	入学年月	备注
陈韫宜	女	24	浙江绍兴	师范学院一年级	三十二年十月	
张明甫	男	20	浙江鄞县	师范学院一年级	三十二年十月	
张琳生	女	22	江苏泰兴	师范学院一年级	三十二年十月	
施世雄	男	23	浙江永康	师范学院一年级	三十二年十月	
朱国生	男	22	江苏南汇	师范学院一年级	三十二年十月	
马独夙	男	20	浙江嵊县	师范学院一年级	三十二年十月	
杨嗣业	男	30	浙江杭市	师范学院初级部国文科一年级	三十二年十月	浙江省保送
吕秀芳	女	21	浙江永康	师范学院初级部国文科一年级	三十二年十月	浙江省保送
曹平逵	男	20	浙江东阳	师范学院初级部国文科一年级	三十二年十月	浙江省保送
程天沐	男	24	浙江德清	师范学院初级部国文科一年级	三十二年十月	浙江省保送
池志诚	女	24	浙江黄岩	师范学院初级部国文科一年级	三十二年十月	浙江省保送
周锡龄	男	22	浙江遂昌	师范学院初级部国文科一年级	三十二年十月	浙江省保送
徐俊坤	男	26	浙江淳安	师范学院初级部国文科一年级	三十二年十月	浙江省保送
吴广洋	男	27	浙江义乌	师范学院初级部国文科一年级	三十二年十月	浙江省保送
朱素菊	女	20	浙江永康	师范学院初级部国文科一年级	三十二年十月	浙江省保送
黄启芳	女	21	江苏江宁	师范学院初级部国文科一年级	三十二年十月	安徽省保送
谢冠华	女	24	安徽青阳	师范学院初级部国文科一年级	三十二年十月	安徽省保送
胡雨融	男	23	安徽黟县	师范学院初级部国文科一年级	三十二年十月	安徽省保送
苏道明	男	23	安徽太平	师范学院初级部国文科一年级	三十二年十月	安徽省保送

续表

姓名	性别	年龄	籍贯	院系及年级	入学年月	备注
汪泰沐	男	23	安徽旌德	师范学院初级部国文科一年级	三十二年十月	安徽省保送
余菊潭	男	26	安徽潜山	师范学院初级部国文科一年级	三十二年十月	安徽省保送
谢训一	男	22	安徽芜湖	师范学院初级部国文科一年级	三十二年十月	安徽省保送
傅仁	男	20	安徽芜湖	师范学院初级部国文科一年级	三十二年十月	安徽省保送
吴景霖	女	19	安徽歙县	师范学院初级部国文科一年级	三十二年十月	安徽省保送
杨景涛	男	22	安徽宁国	师范学院初级部国文科一年级	三十二年十月	安徽省保送
李景明	男	28	浙江临海	师范学院初级部国文科一年级	三十二年十月	
徐　冲	男	20	浙江永康	师范学院初级部国文科一年级	三十二年十月	福建省保送
黄庆儒	男	25	福建仙游	师范学院初级部国文科一年级	三十二年十月	福建省保送
徐慕华	女	21	浙江永康	师范学院初级部国文科一年级	三十二年十月	福建省保送
陈佩骥	男	23	浙江诸暨	师范学院初级部国文科一年级	三十二年十月	浙江省保送
蔡问松	男	23	浙江松阳	师范学院初级部国文科一年级	三十二年十月	浙江省保送
吕型伟	男	24	浙江新昌	师范学院初级部国文科一年级	三十二年十月	浙江省保送
徐伯光	男	23	浙江青田	师范学院初级部国文科一年级	三十二年十月	浙江省保送
谢可任	男	21	江西雩都	师范学院初级部国文科一年级	三十二年十月	江西省保送
徐　震	男	24	江西鄱阳	师范学院初级部国文科一年级	三十二年十月	江西省保送

续表

姓名	性别	年龄	籍贯	院系及年级	入学年月	备注
卢状材	男	23	安徽怀宁	师范学院初级部国文科一年级	三十二年十月	安徽省保送
潘星慧	女	24	江苏宝山	师范学院初级部国文科一年级	三十二年十月	浙江省保送
潘大坤	男	20	浙江孝丰	师范学院初级部国文科一年级	三十二年十月	浙江省保送
黄绍琼	男	24	浙江龙泉	师范学院初级部国文科一年级	三十二年十月	浙江省保送
蔡文谟	男	24	浙江龙泉	师范学院初级部国文科一年级	三十二年十二月	浙江省保送
吴韵霞	女	19	江苏宜兴	师范学院初级部数学科一年级	三十二年十月	
黄伯勋	男	24	江苏泰兴	师范学院初级部数学科一年级	三十二年十月	
任西城	男	22	江苏宜兴	师范学院初级部数学科一年级	三十二年十月	
王声寰	女	22	江苏海门	师范学院初级部数学科一年级	三十二年十月	
何东凤	女	20	江苏兴化	师范学院初级部数学科一年级	三十二年十月	
冯其森	男	20	广东南海	师范学院初级部数学科一年级	三十二年十月	
余义彰	男	22	江苏宜兴	师范学院初级部数学科一年级	三十二年十月	
张孝达	男	23	浙江新昌	师范学院初级部数学科一年级	三十二年十月	浙江省保送
黄永丰	男	21	安徽黟县	师范学院初级部数学科一年级	三十二年十月	安徽省保送
丁厚培	男	24	安徽合肥	师范学院初级部数学科一年级	三十二年十月	安徽省保送
张德坤	男	21	安徽歙县	师范学院初级部数学科一年级	三十二年十月	安徽省保送

续表

姓名	性别	年龄	籍贯	院系及年级	入学年月	备注
王业华	男	23	江苏泗阳	师范学院初级部数学科一年级	三十二年十月	江苏省保送
张兴城	男	23	江苏盐城	师范学院初级部数学科一年级	三十二年十月	江苏省保送
杨松盛	男	20	江西鄱阳	师范学院初级部数学科一年级	三十二年十月	江西省保送
戴天赐	男	23	江西乐平	师范学院初级部数学科一年级	三十二年十一月	江西省保送

ZD-1900-ZL-172 卷

龙泉分校三十三年度一年级学生名册
(1946 年 4 月)

姓名	性别	籍贯	年龄	系科及年级	入学年月	备注
冯昭玙	男	浙江上虞	19	文学院一年级	三十三年八月	
叶炳炎	男	浙江金华	22	文学院一年级	三十三年八月	
胡蕴钰	女	浙江海宁	22	文学院一年级	三十三年八月	
陈　萼	女	浙江嵊县	22	文学院一年级	三十三年八月	
胡　巩	男	浙江永康	22	文学院一年级	三十三年八月	
华安谷	女	浙江东阳	19	文学院一年级	三十三年八月	
蒋天佑	男	浙江临海	22	文学院一年级	三十三年八月	
倪宝元	男	浙江永康	22	文学院一年级	三十三年八月	
黄文敏	男	浙江永嘉	23	文学院一年级	三十三年八月	
李伯康	男	浙江温岭	19	文学院一年级	三十三年八月	
袁益昌	男	浙江嵊县	22	文学院一年级	三十三年八月	
吴　震	男	浙江浦江	22	文学院一年级	三十三年八月	
段维国	男	浙江温岭	20	文学院一年级	三十三年八月	
张　伟	男	浙江兰溪	20	文学院一年级	三十三年八月	
郭文杰	男	浙江东阳	21	文学院一年级	三十三年八月	
唐梓衍	男	浙江绍兴	24	文学院一年级	三十三年八月	

续表

姓名	性别	籍贯	年龄	系科及年级	入学年月	备注
周元琼	男	浙江宣平	23	文学院一年级	三十三年八月	
傅洪炉	男	浙江义乌	21	文学院一年级	三十三年八月	
陈露娜	女	浙江绍兴	23	文学院一年级	三十三年八月	
曾 正	男	浙江龙泉	23	文学院一年级	三十三年八月	
华阿谱	女	浙江东阳	25	文学院一年级	三十三年九月	
张范园	男	浙江镇海	23	文学院一年级	三十三年九月	
孙贤铭	男	浙江绍兴	19	理学院一年级	三十三年八月	
陈昌生	男	浙江嵊县	22	理学院一年级	三十三年八月	
吴韵霞	女	江苏宜兴	21	理学院一年级	三十三年八月	
邵世槐	男	浙江金华	22	理学院一年级	三十三年八月	
姚品荣	男	浙江青田	22	理学院一年级	三十三年八月	
金驹光	男	江苏南京	21	理学院一年级	三十三年八月	
陈士朝	男	浙江宣平	22	理学院一年级	三十三年八月	
曹桂苏	女	浙江金华	22	理学院一年级	三十三年八月	
何高郎	男	浙江青田	24	理学院一年级	三十三年八月	
方湖宝	男	浙江金华	21	理学院一年级	三十三年八月	
吴洪鳌	男	江苏宜兴	18	理学院一年级	三十三年八月	
任志成	男	江苏宜兴	21	理学院一年级	三十三年八月	
冯和伟	男	浙江鄞县	22	理学院一年级	三十三年八月	
吴士濂	男	浙江新登	22	理学院一年级	三十三年八月	
王勤焕	男	浙江慈溪	21	理学院一年级	三十三年八月	
陈汉灿	男	浙江诸暨	20	理学院一年级	三十三年八月	
王 栩	女	浙江平阳	26	理学院一年级	三十二年九月	复学
白锡骅	男	浙江永嘉	21	理学院一年级	三十二年九月	复学
沈培基	男	浙江杭市	21	理学院一年级	三十三年九月	借读
沈晓青	男	浙江崇德	18	理学院一年级	三十四年二月	借读
谢伯华	男	浙江绍兴	19	理学院一年级	三十四年二月	借读

续表

姓名	性别	籍贯	年龄	系科及年级	入学年月	备注
陈谌闻	男	浙江余姚	20	理学院一年级	三十四年二月	借读
倪季达	男	浙江嵊县	20	工学院一年级	三十二年十月	
潘书绅	男	江西鄱阳	21	工学院一年级	三十二年十月	
刘煜焕	男	浙江丽水	21	工学院一年级	三十三年九月	
徐莘生	男	浙江永康	25	工学院一年级	三十三年九月	
何春涛	男	浙江东阳	23	工学院一年级	三十三年九月	
徐则民	男	浙江上虞	21	工学院一年级	三十三年九月	
王宗祥	男	浙江嵊县	22	工学院一年级	三十三年九月	
杜子林	男	浙江东阳	20	工学院一年级	三十三年九月	
季金水	男	浙江金华	22	工学院一年级	三十三年九月	
赵福桑	男	浙江金华	25	工学院一年级	三十三年九月	
冯树基	男	浙江上虞	19	工学院一年级	三十三年九月	
何　鼒	男	江苏上海	22	工学院一年级	三十三年九月	
王凤楼	男	浙江仙居	21	工学院一年级	三十三年九月	
俞左平	男	浙江诸暨	21	工学院一年级	三十三年九月	
庄尚瑞	男	浙江金华	21	工学院一年级	三十三年九月	
王福寿	男	浙江建德	24	工学院一年级	三十三年九月	
季乐松	男	浙江青田	19	工学院一年级	三十三年九月	
余启文	男	浙江杭县	21	工学院一年级	三十三年九月	
柳　焯	男	浙江象山	19	工学院一年级	三十三年九月	
倪佩衷	男	浙江金华	22	工学院一年级	三十三年八月	
郭人骅	男	浙江兰溪	22	工学院一年级	三十三年八月	
楼宗汉	男	浙江义乌	21	工学院一年级	三十三年八月	
王大年	男	浙江诸暨	20	工学院一年级	三十三年八月	
郑国华	男	浙江镇海	22	工学院一年级	三十三年八月	
厉仁韬	男	浙江青田	21	工学院一年级	三十三年八月	
王愤强	男	浙江海盐	21	工学院一年级	三十三年八月	
陆光汉	男	浙江余姚	21	工学院一年级	三十三年八月	

续表

姓名	性别	籍贯	年龄	系科及年级	入学年月	备注
戚嘉桂	男	浙江余姚	23	工学院一年级	三十三年八月	
潘挺芝	男	江苏宜兴	23	工学院一年级	三十三年八月	
周嘉祥	男	浙江慈溪	22	工学院一年级	三十三年八月	
赵华通	男	浙江诸暨	21	工学院一年级	三十三年八月	
俞文岳	男	浙江杭县	22	工学院一年级	三十三年八月	
工　平	男	浙江兰溪	20	工学院一年级	三十三年八月	
田之夫	男	浙江绍兴	23	工学院一年级	三十三年八月	
朱立培	男	安徽休宁	24	工学院一年级	三十三年八月	
陆　澧	男	江苏常熟	22	工学院一年级	三十三年八月	
蒋乃荷	男	浙江临海	19	工学院一年级	三十三年八月	
谢焕章	男	浙江绍兴	23	工学院一年级	三十三年八月	
陈维寅	男	浙江丽水	22	工学院一年级	三十三年八月	
马顺生	男	浙江宜兴	23	工学院一年级	三十三年八月	
孔庆乐	男	浙江萧山	21	工学院一年级	三十三年八月	
陈荫余	男	浙江诸暨	20	工学院一年级	三十三年八月	
陆超人	男	江苏昆山	19	工学院一年级	三十三年八月	
徐圣仪	男	浙江兰溪	19	工学院一年级	三十三年八月	
王焕藻	男	浙江仙居	20	工学院一年级	三十三年八月	
金如俊	男	浙江丽水	19	工学院一年级	三十三年八月	
金耀泳	男	浙江绍兴	21	工学院一年级	三十三年八月	
杜承舜	男	浙江东阳	21	工学院一年级	三十三年八月	
胡寿延	男	浙江兰溪	23	工学院一年级	三十三年八月	
吴引彪	男	江苏崇明	21	工学院一年级	三十三年八月	
章洪焘	男	浙江衢县	21	工学院一年级	三十三年八月	
宋鸿彝	男	浙江绍兴	21	工学院一年级	三十三年八月	
许昌昆	男	浙江天台	22	工学院一年级	三十三年八月	
徐振声	男	浙江兰溪	23	工学院一年级	三十三年八月	
蔡耀宗	男	浙江乐清	22	工学院一年级	三十三年八月	

续表

姓名	性别	籍贯	年龄	系科及年级	入学年月	备注
周云通	男	浙江永康	23	农学院一年级	三十二年九月	
劳小惠	男	浙江龙游	20	农学院一年级	三十三年八月	
王万里	男	浙江富阳	21	农学院一年级	三十三年八月	
翁祖谦	男	浙江寿昌	25	农学院一年级	三十二年十月	
高鹤娟	女	浙江嵊县	22	农学院一年级	三十三年八月	
楼宇光	男	浙江嵊县	24	农学院一年级	三十三年八月	
屠家骥	男	浙江嘉兴	19	农学院一年级	三十三年八月	
朱寿民	男	浙江绍兴	21	农学院一年级	三十三年八月	
陈福炎	男	浙江汤溪	23	农学院一年级	三十三年八月	
陈韵清	女	浙江杭县	23	农学院一年级	三十三年八月	
李大杭	男	浙江绍兴	23	农学院一年级	三十三年八月	
徐端卿	男	浙江绍兴	21	农学院一年级	三十三年八月	
倪贻泽	男	浙江永康	20	农学院一年级	三十三年八月	
徐明章	男	浙江缙云	24	农学院一年级	三十三年八月	
郑如友	男	浙江青田	22	农学院一年级	三十三年八月	
姜永谦	男	浙江金华	21	农学院一年级	三十三年八月	
沈友芳	男	浙江绍兴	21	农学院一年级	三十三年八月	
张广建	男	浙江黄岩	20	农学院一年级	三十三年八月	
陈启光	男	浙江龙泉	21	农学院一年级	三十三年八月	
沈克夫	男	浙江东阳	25	农学院一年级	三十三年八月	
邵景舜	男	浙江绍兴	23	农学院一年级	三十三年八月	
计士雄	男	浙江嘉兴	20	农学院一年级	三十三年八月	
陆驾宇	男	江苏海门	24	农学院一年级	三十三年八月	
王万仓	男	浙江镇海	21	农学院一年级	三十三年八月	
赵又新	男	浙江富阳	22	农学院一年级	三十三年八月	
傅　仁	男	安徽芜湖	22	农学院一年级	三十三年八月	
唐剑光	男	江苏青浦	19	农学院一年级	三十三年八月	
孙承骞	男	浙江富阳	22	农学院一年级	三十三年八月	

续表

姓名	性别	籍贯	年龄	系科及年级	入学年月	备注
余美扬	男	浙江遂安	24	农学院一年级	三十三年八月	
徐俗新	男	浙江武义	21	农学院一年级	三十三年八月	
徐应生	男	浙江兰溪	20	农学院一年级	三十三年八月	
楼世昌	男	浙江诸暨	22	农学院一年级	三十三年八月	
李樟修	男	浙江义乌	23	农学院一年级	三十三年八月	
仇心冲	男	浙江乐清	22	农学院一年级	三十三年八月	
丰仕禄	男	浙江建德	21	农学院一年级	三十三年八月	
宋　炎	男	浙江瑞安	24	师范学院国文系及英文系一年级	三十二年九月	复学
邵全建	男	浙江临海	20	师范学院国文系及英文系一年级	三十三年八月	
胡宝苏	女	浙江永康	21	师范学院国文系及英文系一年级	三十三年八月	
江　健	男	浙江云和	22	师范学院国文系及英文系一年级	三十三年八月	
方　灿	男	浙江仙居	22	师范学院国文系及英文系一年级	三十三年八月	
徐学恩	男	浙江桐庐	26	师范学院国文系及英文系一年级	三十三年八月	
蔡作民	男	浙江嘉兴	24	师范学院国文系及英文系一年级	三十三年八月	
周瑞芬	女	浙江海宁	23	师范学院国文系及英文系一年级	三十三年八月	
倪三祥	男	浙江宣平	21	师范学院国文系及英文系一年级	三十三年八月	
陈德发	男	浙江松阳	25	师范学院国文系及英文系一年级	三十三年八月	
张　麟	男	江苏宜兴	23	师范学院国文系及英文系一年级	三十三年八月	
陆友松	男	浙江慈溪	22	师范学院国文系及英文系一年级	三十三年八月	

续表

姓名	性别	籍贯	年龄	系科及年级	入学年月	备注
杜　乙	男	浙江余姚	25	师范学院国文系及英文系一年级	三十三年八月	
李美兰	女	浙江青田	24	师范学院国文系及英文系一年级	三十三年八月	
郭士龙	男	浙江东阳	25	师范学院国文系及英文系一年级	三十三年八月	
单政平	男	浙江东阳	25	师范学院国文系及英文系一年级	三十三年八月	
金念椿	男	浙江东阳	26	师范学院国文系及英文系一年级	三十三年八月	
郑佩瑜	女	浙江慈溪	21	师范学院国文系及英文系一年级	三十三年八月	
骆华汉	男	浙江义乌	23	师范学院国文系及英文系一年级	三十三年八月	
陈品衡	男	浙江永康	21	师范学院国文系及英文系一年级	三十三年八月	
陆文卓	男	浙江东阳	27	师范学院国文系及英文系一年级	三十三年八月	
王中和	男	江苏宜兴	25	师范学院国文系及英文系一年级	三十三年八月	
王自强	男	浙江海宁	25	师范学院国文系及英文系一年级	三十三年八月	
黄有种	男	浙江永康	23	师范学院国文系及英文系一年级	三十三年八月	
李发祥	男	浙江松阳	25	师范学院国文系及英文系一年级	三十三年八月	
季松培	男	浙江龙泉	22	师范学院国文系及英文系一年级	三十三年八月	
张传宗	男	浙江鄞县	24	师范学院国文系及英文系一年级	三十三年八月	
王荣初	男	浙江嵊县	23	师范学院国文系及英文系一年级	三十三年八月	

续表

姓名	性别	籍贯	年龄	系科及年级	入学年月	备注
周甫保	男	江苏无锡	24	师范学院国文系及英文系一年级	三十三年八月	
应　珍	男	浙江遂昌	25	师范学院国文系及英文系一年级	三十一年十一月	复学
颜依青	男	浙江瑞安	25	师范学院国文系及英文系一年级	三十二年十月	复学
黄安华	男	江西丰城	24	师范学院国文系及英文系一年级	三十四年三月	借读
胡　雯	男	江苏盐城	25	师范学院国文系及英文系一年级	三十四年三月	借读
裘烈钧	男	浙江嵊县	20	师范学院数学系一年级	三十三年八月	
裘敬熙	男	浙江嵊县	21	师范学院数学系一年级	三十三年八月	
方允中	男	浙江汤溪	22	师范学院数学系一年级	三十三年八月	
郑启良	男	浙江嵊县	23	师范学院数学系一年级	三十三年八月	
姚居正	男	浙江临安	23	师范学院数学系一年级	三十三年八月	
陈　武	女	江苏淮安	24	师范学院数学系一年级	三十三年八月	
徐恭恕	男	浙江乐清	23	师范学院数学系一年级	三十三年八月	
徐俊坤	男	浙江淳安	28	师范国文专修科一年级	三十二年十月	
叶肇增	男	浙江松阳	23	师范国文专修科一年级	三十三年八月	
刘率同	男	浙江分水	22	师范国文专修科一年级	三十三年八月	
王樟禄	男	浙江义乌	25	师范国文专修科一年级	三十三年八月	
陈运鑫	男	浙江义乌	24	师范国文专修科一年级	三十三年八月	
赵云槐	男	浙江诸暨	21	师范国文专修科一年级	三十三年八月	同等学力
黄宗春	男	浙江松阳	24	师范国文专修科一年级	三十三年八月	
陆景涛	女	江苏吴县	23	师范国文专修科一年级	三十三年八月	
宋季杰	男	浙江瑞安	22	师范国文专修科一年级	三十三年八月	
袁鸿顺	男	江苏淮阴	22	师范国文专修科一年级	三十三年八月	
郑人慈	男	江苏淮阴	25	师范国文专修科一年级	三十三年八月	
王　伟	女	江苏淮安	22	师范国文专修科一年级	三十三年八月	

续表

姓名	性别	籍贯	年龄	系科及年级	入学年月	备注
孙世球	男	浙江东阳	24	师范国文专修科一年级	三十三年八月	
王立名	男	浙江遂昌	25	师范国文专修科一年级	三十三年八月	
周华荣	男	浙江义乌	24	师范国文专修科一年级	三十三年八月	
黄允朋	男	浙江义乌	22	师范国文专修科一年级	三十三年八月	
杨韵文	女	江苏海门	20	师范国文专修科一年级	三十三年八月	
杨烈佳	男	浙江松阳	24	师范国文专修科一年级	三十三年八月	
吕岳仙	女	浙江新昌	23	师范国文专修科一年级	三十三年八月	
吴其年	男	江苏宜兴	24	师范国文专修科一年级	三十三年八月	
倪锡能	男	浙江绍兴	22	师范数学专修科一年级	三十三年八月	
吴　澄	男	浙江松阳	25	师范数学专修科一年级	三十三年八月	
程乘鹿	男	浙江丽水	20	师范数学专修科一年级	三十三年八月	休学
左启东	男	江苏盐城	24	师范数学专修科一年级	三十三年八月	
陈汝剑	男	江苏淮安	24	师范数学专修科一年级	三十三年八月	
任卓彦	男	江苏宜兴	22	师范数学专修科一年级	三十三年八月	
林印心	男	浙江永嘉	21	师范数学专修科一年级	三十三年八月	
范国昌	男	浙江余姚	23	师范数学专修科一年级	三十三年八月	

L053-001-1167-1 卷

(4)学程与考试

二十八年度第一学年各院系学程
(1939 年)

全校公共必修(学程下数字指全年学分数)

国文 6　英文 6　体育 4　党义　军训(女生习看护)

文学院各系公同必修

中国通史 6　普通生物学 6　初等数学 4

分系必修

中国文学系——论语孟子 4

外国语文学系——英文名著 4

史地系——西洋近世史 3

又文学院各系更须就“普通物理学”“普通化学”中选一门，共六学分。“论语孟子”“英文名著”“西洋近世史”许本院各系选修。

理学院各系公同必修

初等微积分及微分方程 8（生物系改为初等数学 4）

分系必修

数学系——初等代数方程式 2　物理学 8　无机化学 8

物理系——同上数学系

化学系——同上数学系

生物系——普通化学 6　普通生物学 6

工学院公共必修

初等微积分 6　物理学 8　无机化学 8　机械画 8　工场实习 2　投影几何 2

本院本年级无分系必修

农学院各系公共必修

初等数学 4　普通物理学 6　普通化学 6（农业化学系改读无机化学）　普通动物学 4　普通植物学 4

其中“英文名著”及“西洋近世史”并得许理工学院学生选修。

先修班学程（学程下数目指每周上课时间）

国文 6　英文 6　公民 1　历史 3　初等几何 2　三角 2　体育 2　军训 2（女生改看护 2）

解析几何代数 4　投考理工两院必修

代数 2　投考文农两院及生物系必修

物理、化学、生物各 3（理化——投考理工两院必修，投考文农两院及生物系选修）（生物——投考生物系及农学院必修，投考文学院选修）

L053-001-1802 卷

浙东分校二十八年度上学期各院系上课时间表
(1939 年 10 月—1940 年 1 月)

		星期一	星期二	星期三	星期四	星期五	星期六
第一时	能力分组	英文 A	党义甲	英文 A		英文 A	
			英文 B	党义乙	英文 B		英文 B
		英文 C	党义甲	英文 C		英文 C	
			英文 D		英文 D	党义丙	英文 D
第二时	文,生	初等数学 A	初等数学 A	普通化学	初等数学 A	普通物理学	中国通史
	农	初等数学 B	初等数学 B	普通化学	初等数学 B	普通物理学	国文丁
	理	初等微积分及微分方程	初等微积分及微分方程	初等微积分及微分方程	初等微积分及微分方程	初等微积分及微分方程	中国通史
	工	无机化学 B	无机化学 B		无机化学 B	初等微积分	物理学 B
第三时	文,生	普通生物学	论语孟子	普通生物学	论语孟子	普通生物学	普通化学
	农	普通动物学	普通植物学	普通动物学	普通植物学	作文丁	普通化学
	理		物理学 A	物理学 A	物理学 A	物理学 A	物理学 A
	工	初等微积分	初等微积分	无机化学 B	初等微积分	微积分实习	体育乙
第四时	文,生	纪念周	国文甲	普通物理学	普通化学	国文甲	普通物理学
	农	纪念周	国文丁	普通物理学	普通化学	国文丁	普通物理学
	理	纪念周	初等代数方程式		初等代数方程式	初等代数方程式实习	
	工	纪念周	物理学 B	物理学 B	物理学 B	物理学 B	
午餐							
第五时	文,生	普通生物学实验 A	西洋近世史	国文甲	西洋近世史		西洋近世史
	农	无机化学 A(农化)	无机化学 A(农化)	普通动物学实习 A	无机化学 A(农化)	普通植物学实习 A	无机化学 A(农化)
	理	无机化学 A	无机化学 A		无机化学 A	国文乙	无机化学 A
	工	国文丙		国文丙		国文丙	
第六时	文,生	普通生物学实验 A	普通物理学实验	作文甲	普通化学实习		英文名著
	农	无机化学实验 A	普通物理学实验	普通动物学实习 A	普通化学实习	普通植物学实习 A	

续表

		星期一	星期二	星期三	星期四	星期五	星期六
第六时	理	无机化学实验 A	国文乙		物理学实验 A	初等微积分及微分方程	
	工	作文甲	无机化学实验 B	物理学实验 B	投影几何	工场实习	机械画
第七时	文，生	普通生物学实验 B	普通物理学实验	中国通史	普通化学实习	中国通史	军训丙(讲)
	农	无机化学实验 A	普通物理学实验	普通动物学实验 B	普通化学实习	普通植物学实习 B	军训丙(讲)
	理	无机化学实验 A	军训甲(讲)	中国通史	物理学实验 A	中国通史	国文乙
	工	军训乙(讲)	无机化学实验 B	物理学实验 B	投影几何	工场实习	机械画
第八时	文，生	普通生物学实验 B	普通物理学实验	英文名著	普通化学实习		军训丙
	农	无机化学实验 A	普通物理学实验	普通动物学实习 B	普通化学实习	普通植物学实习 B	军训丙
	理	无机化学实验 A	体育甲		物理学实验 A	体育甲	作文乙
	工	体育乙	无机化学实验 B	物理学实验 B	投影几何	工场实习	机械画
第九时	文，生	普通生物学实习 女生看护学	体育丙	女生体育	看护学 体育丙	女生体育	军训丙
	农	女生看护学	体育丙	女生体育	看护学 体育丙	女生体育	军训丙
	理	女生看护学		女生体育 军训甲	看护学	女生体育 军训甲	
	工	女生看护学		女生体育 军训乙	看护学	女生体育 军训乙	

L053-001-1794 卷

二十八年度第二学期各院系必修学程一览
（1940 年 2 月）

文学院

1. 中国文学系

担任教员	学程	学分	教授期数	每周时数
徐声越	国文甲	3	2	3
林天兰 方本炉	英文	3	2	3
孙正容	中国通史甲	3	2	3
周恒益	初等数学 A	2	2	3
金维坚	普通生物学	3	2	3
陈叔谅	党义		2	1
陈　陵	体育甲		2	2
郑侨文	军训甲		2	3
陈　陵	女生体育		2	2
周用康	看护学		2	2
胡伦清	论语孟子	2	2	2

2. 外国语文学系

担任教员	学程	学分	教授期数	每周时数
徐声越	国文甲	3	2	3
林天兰 方本炉	英文	3	2	3
孙正容	中国通史甲	3	2	3
周恒益	初等数学 A	2	2	3
林天兰	英文名著	2	2	2
金维坚	普通生物学	3	2	3
陈叔谅	党义		2	1
陈　陵	体育甲		2	2
郑侨文	军训甲		2	3
陈　陵	女生体育		2	2
周用康	看护学		2	2

续表

3. 史地学系

担任教员	学程	学分	教授期数	每周时数
徐声越	国文甲	3	2	3
林天兰 方本炉	英文	3	2	3
孙正容	中国通史甲	3	2	3
周恒益	初等数学 A	2	2	3
金维坚	普通生物学	3	2	3
陈叔谅	党义		2	1
陈陵	体育甲		2	2
郑侨文	军训甲		2	3
陈陵	女生体育		2	2
周用康	看护学		2	2

附注：文学院三系，必须就“普通物理学”“普通化学”（各三学分）中选修一门，各计三学分。

理学院

1. 数学系

担任教员	学程	学分	教授期数	每周时数
徐声越	国文乙	3	2	3
林天兰 方本炉	英文	3	2	3
孙正容	中国通史乙	3	2	3
毛信桂	初等微积分 及微分方程	4	2	5
毛信桂	初等代数方程式	1	2	2
郭贻诚	物理学 A	4	2	5
孙玄衔	无机化学	4	2	4
陈叔谅	党义		2	1
陈　陵	体育乙		2	2
郑侨文	军训乙		2	3
陈　陵	女生体育		2	2
周用康	看护学		2	2

续表

2. 物理学系

担任教员	学程	学分	教授期数	每周时数
徐声越	国文乙	3	2	3
林天兰 方本炉	英文	3	2	3
孙正容	中国通史乙	3	2	3
毛信桂	初等微积分及微分方程	4	2	5
郭贻诚	物理学 A	4	2	5
孙玄衔	无机化学	4	2	4
陈叔谅	党义		2	1
陈陵	体育乙		2	2
郑侨文	军训乙		2	3
陈陵	女生体育		2	2
周用康	看护学		2	2

3. 化学系

担任教员	学程	学分	教授期数	每周时数
徐声越	国文乙	3	2	3
林天兰 方本炉	英文	3	2	3
孙正容	中国通史乙	3	2	3
毛信桂	初等微积分及微分方程	4	2	5
郭贻诚	物理学 A	4	2	5
孙玄衔	无机化学	4	2	4
陈叔谅	党义		2	1
陈　陵	体育乙		2	2
郑侨文	军训乙		2	3
陈　陵	女生体育		2	2
周用康	看护学		2	2

续表

4.生物学系				
担任教员	学程	学分	教授期数	每周时数
徐声越	国文甲	3	2	3
林天兰 方本炉	英文	3	2	3
孙正容	中国通史乙	3	2	3
周恒益	初等数学 A	2	2	3
孙玄衔	普通化学	3	2	3
金维坚	普通生物学	3	2	3
陈叔谅	党义		2	1
陈　陵	体育甲		2	2
郑侨文	军训甲		2	3
陈　陵	女生体育		2	2
周用康	看护学		2	2

工学院

1.电机工程学系				
担任教员	学程	学分	教授期数	每周时数
胡伦清	国文丙	3	2	3
林天兰 方本炉	英文	3	2	3
朱叔麟	初等微积分	3	2	4
郭贻诚	物理学 B	4	2	5
孙玄衔	无机化学 B	4	2	4
陈叔谅	党义		2	1
陈　陵	体育丙		2	2
郑侨文	军训丙		2	3
赵仲敏	机械画	1	2	3
赵仲敏	工场实习	1	2	3
赵仲敏	投影几何	1	2	3
周用康	看护学		2	2
陈　陵	女生体育		2	2

续表

2.土木工程学系

担任教员	学程	学分	教授期数	每周时数
胡伦清	国文丙	3	2	3
林天兰 方本炉	英文	3	2	3
朱叔麟	初等微积分	3	2	4
郭贻诚	物理学 B	4	2	5
孙玄衔	无机化学 B	4	2	4
陈叔谅	党义		2	1
陈　陵	体育丙		2	2
郑侨文	军训丙		2	3
赵仲敏	机械画	1	2	3
赵仲敏	工场实习	1	2	3
赵仲敏	投影几何	1	2	3
周用康	看护学		2	2
陈　陵	女生体育		2	2

3.化学工程学系

担任教员	学程	学分	教授期数	每周时数
胡伦清	国文丙	3	2	3
林天兰 方本炉	英文	3	2	3
朱叔麟	初等微积分	3	2	4
郭贻诚	物理学 B	4	2	5
孙玄衔	无机化学 B	4	2	4
陈叔谅	党义		2	1
陈　陵	体育丙		2	2
郑侨文	军训丙		2	3
赵仲敏	机械画	1	2	3
赵仲敏	工场实习	1	2	3
赵仲敏	投影几何	1	2	3
周用康	看护学		2	2
陈　陵	女生体育		2	2

续表

4. 机械工程学系				
担任教员	学程	学分	教授期数	每周时数
胡伦清	国文丙	3	2	3
林天兰 方本炉	英文	3	2	3
朱叔麟	初等微积分	3	2	4
郭贻诚	物理学 B	4	2	5
孙玄衔	无机化学 B	4	2	4
陈叔谅	党义		2	1
陈　陵	体育丙		2	2
郑侨文	军训丙		2	3
赵仲敏	机械画	1	2	3
赵仲敏	工场实习	1	2	3
赵仲敏	投影几何	1	2	3
周用康	看护学		2	2
陈　陵	女生体育		2	2

农学院

1. 农艺学系				
担任教员	学程	学分	教授期数	每周时数
胡伦清	国文丁	3	2	3
林天兰 方本炉	英文	3	2	3
周恒益	初等数学 B	2	2	3
斯何晚	普通物理学	3	2	3
孙玄衔	普通化学	3	2	3
董聿茂	普通动物学	2	2	2
金维坚	普通植物学	2	2	2
陈叔谅	党义		2	1
陈　陵	体育丙		2	2
郑侨文	军训丁		2	3
周用康	看护学		2	2
陈　陵	女生体育		2	2

续表

2.农业化学系

担任教员	学程	学分	教授期数	每周时数
胡伦清	国文丁	3	2	3
林天兰 方本炉	英文	3	2	3
周恒益	初等数学 B	2	2	3
斯何晚	普通物理学	3	2	3
孙玄衔	无机化学 A	3	2	3
董聿茂	普通动物学	2	2	2
金维坚	普通植物学	2	2	2
陈叔谅	党义		2	1
陈　陵	体育丙		2	2
郑侨文	军训丁		2	3
周用康	看护学		2	2
陈　陵	女生体育		2	2

3.园艺学系

担任教员	学程	学分	教授期数	每周时数
胡伦清	国文丁	3	2	3
林天兰 方本炉	英文	3	2	3
周恒益	初等数学 B	2	2	3
斯何晚	普通物理学	3	2	3
孙玄衔	普通化学	3	2	3
董聿茂	普通动物学	2	2	2
金维坚	普通植物学	2	2	2
陈叔谅	党义		2	1
陈　陵	体育丙		2	2
郑侨文	军训丁		2	3
周用康	看护学		2	2
陈　陵	女生体育		2	2

续表

4. 蚕桑学系

担任教员	学程	学分	教授期数	每周时数
胡伦清	国文丁	3	2	3
林天兰 方本炉	英文	3	2	3
周恒益	初等数学 B	2	2	
斯何晚	普通物理学	3	2	3
孙玄衔	普通化学	3	2	3
董聿茂	普通动物学	2	2	2
金维坚	普通植物学	2	2	2
陈叔谅	党义		2	1
陈　陵	体育丁		2	2
郑侨文	军训丁		2	3
周用康	看护学		2	2
陈　陵	女生体育		2	2

5. 农业经济学系

担任教员	学程	学分	教授期数	每周时数
胡伦清	国文丁	3	2	3
林天兰 方本炉	英文	3	2	3
周恒益	初等数学 B	2	2	3
斯何晚	普通物理学	3	2	3
孙玄衔	普通化学	3	2	3
董聿茂	普通动物学	2	2	2
金维坚	普通植物学	2	2	2
陈叔谅	党义		2	1
陈　陵	体育丁		2	2
郑侨文	军训丁		2	3
周用康	看护学		2	2
陈　陵	女生体育		2	2

续表

6.病虫害学系				
担任教员	学程	学分	教授期数	每周时数
胡伦清	国文丁	3	2	3
林天兰 方本炉	英文	3	2	3
周恒益	初等数学 B	2	2	3
斯何晚	普通物理学	3	2	3
孙玄衔	普通化学	3	2	3
董聿茂	普通动物学	2	2	2
金维坚	普通植物学	2	2	2
陈叔谅	党义		2	1
陈　陵	体育丁		2	2
郑侨文	军训丁		2	3
周用康	看护学		2	2
陈　陵	女生体育		2	2

L053-001-1803 卷

二十八年度第二学期各院系必修学分数
（1940 年 2 月）

1. 文学院　中文系、外文系、史地系，以上各 19 学分。

（说明）本院学生，必须选习普通物理或化学任何一门，各 3 学分，兹已计入必修学分。

2. 理学院　数学系 19 学分，物理系 21 学分，化学系 21 学分，生物系 17 学分。

3. 工学院　电机系、土木系、化工系、机械系，以上各 20 学分。

4. 农学院　农艺系、园艺系、蚕桑系、农经系、病虫害系，以上各 18 学分；农化系 19 学分。

L053-001-1799 卷

浙东分校先修班学程一览
(二十八年度第二学期)
(1940 年 2 月)

学程	每周时间	担任教师	修习学生
国文	6	徐声越	全体必修
英文	6	方本炉	全体必修
公民	1	祝雨人	全体必修
历史 前二月本国史 后二月西洋史	3	孙正容	全体必修
解析几何代数	4	周恒益	投考理工两院必修
代数	2	周恒益	投考文农两院及生物系必修
初等几何	2	朱叔麟	全体必修
三角法	2	毛路真	全体必修
物理	3	斯何晚	投考理工两院必修 投考文农两院及生物系选修
化学	3	吴浩青	投考理工两院必修 投考文农两院及生物系选修
生物	3	胡步青	投考及生物系及农学院必修 投考文学院选修
体育	2	陈　陵	全体必修
军训	2	郑侨文	全体必修
看护学	2	周用康	女生必修

注意：
1. 凡投考理工两院者，学程皆系固定，无选修。(生物系除外)
2. 凡投考文学院者，于物理、化学、生物三门中任选一门。
3. 凡投考生物系及农学院者，于物理、化学两门中任选一门。

国立浙江大学浙东分校教务处二十九年二月印

L053-001-1493 卷

龙泉分校一年级课程表(二十九年度)
(1940年)

一、共同必修(一四学分)

国文6。英文6。三民主义2。(体育4,军训或看护4,不计学分)

二、分院必修

(一)文学院(二六学分)

中国通史6。经济学6。(初等数学6,普通化学6,普通生物学6,任选一种)论语孟子4。英文名著4。

(二)理学院(二八—三二学分)

中国通史6。初等微积分及微分方程式8。物理学8。无机化学8。(生物学系改修中国通史6,初等数学6,普通化学6,普通生物学6,普通动物学4)初等代数方程式2(数学系修习)。

(三)工学院(二六学分)

初等微积分6。物理学8。无机化学8。机械画2。工场实习2。

(四)农学院(二六—二八学分)

初等数学6。普通化学6。(农业化学系改修无机化学8)普通动物学4。普通植物学4。经济学6。

L053-001-1591卷

龙泉分校大学先修班课程表(二十九年度)
(1940年)

公民1(每周授课时数)

国文6

英文8(文农)　6(理工)

数学4(文农)　6(理工)

物理3

化学3

生物3

历史3(一学期)

地理3(一学期)

体育2

军训或看护2

L053-001-1591卷

三十一年度第一学期各院系授课时间总表
(1942年)

担任教员	学程	修习院系	星期	时间	教室	备注
徐声越	国文戊	师一	一二三四	三三三三	207	
	历代文选	中文二	二四六	五五二	4	
	各体文习作	中文二	三	一	4	
	诗词曲选	师国二	二五	二二	206	
孙养癯	历代散文选	师国二	一五	四四	206	
	国文专书选读	师国二	一三	五五	206	
	各体文习作	师国二	六	二	206	
夏瞿禅	国文甲	文一	二四六	三三三	211	
	中国文学史	中文一	一三五	三三三	4	
	中国修辞之研究	师国二(选)	三四六	六六六	206	
胡伦清	国文乙	理一	一三五	□□□	203	
	国文丙	工一	一四	四四	202	
	国文丁	农一	二五	四四	204	
吴江冷	伦理学甲	文一	三六	二二	201	
	伦理学乙	文二	二四	四四	4	
	哲学概论	文二	二四六	一一一	4	
王季思	伦理学甲	文一理一	五	四	201	
	伦理学乙	工一	一	三	202	
	伦理学丙	农一师一	四	一	204	
	国文文法	师国二	三	四	206	
郑晓沧	英国文学史	外文二	一三五	二二二	6	
王哲安	英文 B	理一	二四六	四四四	203	
	英文 E	师一	一三四五	二二二二	207	
	英语语音学	外文二	一二三六	四二四二	6	
周有之	英文 A	文一	一二四五	二二二二	201	
	英文 C	工一	二五六	四四四	202	
	英文 D	农一	一三五	三三三	204	
	二年英文	中文二	三五	二一	4	

续表

担任教员	学程	修习院系	星期	时间	教室	备注
窦志义	英文散文选读及作文	外文二	二五	五六、五六	6	
范国昌	法文	外文二	一四	六七、六七	6	
毛路真	方程式论习题	工一	二六	一一	202	
	高等微积分	数理二	一三五	二二二	1	
	方程式论	数理二 师数二	三五	六六	1	
	微分方程	化工二 机电二	一三五	三一一	2	
孙叔平	微积分	师数二	一三四六	一二三六	205	
	高等解析几何	数理二 师数二	二四六	二二二	215	
	高等解析几何实习	数理二 师数二	一	四	205	
楼仁泰	微积分及微分方程	理一	一二三四五	二二二二二	203	
	微积分及微分方程实习	理一	六	二	203	
	高等微积分练习	数理二	四	七	1	
孙志绥	微分方程实习	化工二 机电二	四	三	2	
	普通数学实习	文一(选)	六	五	201	
	微积分实习	师数二	六	三	205	
沈金相	三民主义甲	文一 农一	二 四	六 六	214	
	三民主义乙	理一 共一	一 四	五 五	202	
	三民主义丙	师一	五	四	207	
安明波	经济学甲	文一(选) 理二(选)	一三五	二二五	201	
	经济学乙	工二	二四五	三二二	2	

续表

担任教员	学程	修习院系	星期	时间	教室	备注
阮笃成	政治学甲	文一 师一	一三五	四四三	207	
	政治学乙	文二 理二（选）	一三五	五七四	4	
	公民甲	师国二	一三	二二	206	
	公民乙	师数二	三五	五五	205	
钱逸麈	中国通史	文一 理一	五五六	六七六	201	
张慕骞	中国文化史甲	师一	二三六	一一一	207	
	中国文化史乙	师国二(选)	二四六	三三三	206	
	中国近世史	中文二 师国二	五五	三六	206	
季平子	西洋通史	文二	二四六	三三三	4	
	西洋文化史	师国二(选)	三五六	一一一	206	
周北屏	理论力学	数理二	二四六	四四四	1	
	电磁学	数理二	一四六	六六五	1	
斯何晚	物理学甲	理一	二三四五六	一一一一一	202	
	物理学乙	工一	一二三四五	二二二二二	202	
	物理学实验甲	理一	一	六七八		
	物理学实验乙	工一	三	五六七		
许孝慰	物理学实验甲	理一	一	六七八		
	物理学实验乙	工一	三	五六七		
路季讷	定性分析	化工二	二四六	一一一	2	
	分析化学	农艺二	二四六	三三三	7	
	定性分析实验	化工二	三五	五六七、五六七		
	分析化学实验	农艺二	四	五六七		

续表

担任教员	学程	修习院系	星期	时间	教室	备注
曹元宇	化学	工一 理二	二三四六	三四三三	202	
	普通化学	农一 师数二 文一(选) 师一(选)	二四六	五五五	204	
	化学实验	工一 理一	二	六七八		
	普通化学实验	农一 师数二 文一(选) 师一(选)	一	五六七		
陈嗣虞	有机化学甲	化工二	二三五六	四四三三	2	
	有机化学乙	农艺二	二四六	一一一	7	
	有机化学实验甲	化工二	二	五六七		
	有机化学实验乙	农艺二	一	五六七		
王登明	有机化学实验甲	化工二	二	五六七		
	有机化学实验乙	农艺二	一	五六七		
	普通化学实验	农一、师数二、文一(选)	一	五六七		
黄乃明	化学实验	工一经二	二	六七		
	定性分析实验	化工二	三五	五六七、五六七		
	分析化学实验	农艺二	四	五六七		
董聿茂	普通生物学	文一(选) 师一(选)	二四六	四四四	207	
	动物学	农一	二四六	二二一	204	
	生物学实验	文一(选) 师一(选)	三	五六七		
	动物学实验	农一	五	五六七		
金维坚	植物学	农一	一三五	二二二	204	
	植物学实验	农一	六	二三四		

续表

担任教员	学程	修习院系	星期	时间	教室	备注
王曰玮	植物生理学	农艺二	三五六	四四二	7	
	植物生理学实验	农艺二	一	二三四		
胡步青	普通生物学实验	文一(选) 师一(选)	三	五六七		
	动物学实验	农一	五	五六七		
	植物学实验	农一	六	二三四		
	植物生理实验	农艺二	一	二三四		
朱一洲	投影几何	工一	一五	六七八、六七八	202	
张挺三	平面测量	土木二	一三五	三三三	5	
	最小二乘方	土木二	一三五	四四四	5	
	平面测量实习	土木二	二三	五六七、五六七		
王祖蕴	德文	数理二	二四六	一一一	1	
	德文	化工二	一四五	五五四	2	
	房屋建筑	土木二	二四六	四三三	5	
陈仲和	应用力学甲	土木二 化工二	一二五六	二二二四	2	
	应用力学乙	机电二	一二四六	四一一一	3	
	工程材料	土木二 机电二	四六	四二		
陈崇信	平面测量实习	土木二	二三	五六七、五六七		
张功焕	电工原理	机电二	三六	三四、三四	8	
	热工学	机电二	三六	五五	8	
陆祥伯	金工实习	机电二	二	五六七		
朱如龙	机械画	工二	一四	六七八、六七八	2	
	机动学	机电二	二五	四、三四	8	
	工场实习	工一	六	五六七		
韩雁门	农业概论	农一	二五	一一	204	
	农场实习	农一	三	五六七		
	园艺学	农经二	二四六	二二二	3	

续表

担任教员	学程	修习院系	星期	时间	教室	备注
包伯度	地质学	农一	二四	三三	204	
	土壤学	农二	二三五	四二三	3	
	日文	农二	二四六	五四四	3	
	土壤学实验	农艺二	五	五六七		
徐渊若	农业经济	农经二	六	五六七	3	
夏士宏	普通作物甲	农艺二	二三四	二二二	7	
	普通作物乙	农经二	二四六	三三三	3	
	普通作物实习	农艺二	二	六七八		
汤	统计学	农经二	二五	一一	3	
方	会计学	农经二	一	五六七	3	
程学达	土壤学实验	农艺二	五	五六七		
徐　方	普通作物实习	农艺二	二	六七八		
潘企莘	教育心理甲	师国二	一三五	三三三	206	
	教育心理乙	师数二	二四六	一一一	205	
寿棣绩	教育概论	师一	二四六	二六二	207	
	补习英文	师一(选) 师二(选)	一四六	八七七	206	
屠镇川	二年体育甲	文二	二六	七六		
	二年体育乙	理二 土木二	五六	八八		
	二年体育丙	机电二 化工二	二三	八八		
	二年体育丁	农二	一三	八七		
	二年体育戊	师二	四五	八七		
杨山农	一年体育甲	文一	一四	八七		
	一年体育乙	理一	三六	六七		
	一年体育丙	工一	三六	八八		
	一年体育丁	农一	二六	七六		
	一年体育戊	师一	二五	六八		
	女生体育	全校女生	二四	八八		

续表

担任教员	学程	修习院系	星期	时间	教室	备注
孙同书	二年军训学科甲	文二 农二	三	五	4	
	二年军训术科甲	文二 农二	三	六		
	二年军训学科乙	理二 工二	六	六	2	
	二年军训术科乙	理二 工二	六	七		
	二年军训学科丙	师二	二	六	206	
	二年军训术科丙	师二	二	七		
	一年军训学科甲	文一 农一	六	七	204	
	一年军训术科甲	文一 农一	六	八		
	一年军训学科乙	理一 工一	四	六	202	
	一年军训术科乙	理一 工一	四	七		
	一年军训学科丙	师一	五	六	207	
	一年军训术科丙	师一	五	七		
	看护学	全校女生	三六	八八	206	
	音乐	师一	二六	七六	207	
徐桂芳	初等微积分	工一	一二四五	一三一三	202	
	初等微积分实习	工一	六	二	202	
	普通数学	文一(选)	三五八	一一一	201	
沈德贤	制图助教	工一				

L053-001-1591 卷

龙泉分校师范学院数学学系二年级学程一览表(三十一年度第一学期)(1942年)

学程名称	学分数	每周时数		修习时期	担任教员	备注
		演讲	实习			
公民(乙)	2	2		一学年	阮笃成	
教育心理学(乙)	3	3		一学期	潘企莘	
微积分	4	4	1	一学年	孙叔平	
高等解析几何	3	3	1	一学年	孙叔平	
普通化学	3	3	3	一学年	曹元宇	
方程式论	2	2		一学年	毛路真	
二年体育(戊)			2	一学年	屠镇川	
二年军训(丙)		1	1	一学年	孙同书	男生修习
看护学		2		一学年	王相总	女生修习
补习英文		3		一学年	寿棣绩	
总计	17					

注意:填写修习课程表时各学程之次序必须依照本表之排列次序,不得倒乱。

L053-001-1591 卷

国立浙江大学龙泉分校授课时间表
(1943 年)

理学院 三十二年度第一学期

星期 / 年级及系别 / 科目 / 时间	星期一		星期二	
	一年级	二年级 数理系	一年级	二年级 数理系
第一时	纪念周	纪念周	方程式论	方程式论
第二时	初等微积分及微分方程	高等微积分学	初等微积分及微分方程	
第三时	国文	理论力学	物理学	德文
第四时	化学	电磁学	英文	立体解析几何
第五时	英文		中国通史	
第六时	三民主义		国文	经济学
第七时				经济学
第八时	体育 看护学	看护学	女生体育	女生体育

星期 / 年级及系别 / 科目 / 时间	星期三		星期四	
	一年级	二年级 数理系	一年级	二年级 数理系
第一时	伦理学	理论力学	物理学	德文
第二时	物理学	高等微积分学	微积分及微分方程	高等微积分学
第三时	方程式论	方程式论	化学	高等微积分学练习
第四时	初等微积分及微分方程	电磁学	三民主义	立体解析几何学
第五时	物理实验		中国通史	
第六时	物理实验		军训	经济学
第七时	物理实验		军训	体育
第八时	看护学	看护学		

续表

星期 / 年级及系别 / 科目 / 时间	星期五		星期六	
	一年级	二年级	一年级	二年级
		数理系		数理系
第一时	物理学	立体解析几何	物理学	立体解析几何练习
第二时	微积分及微分方程	电磁学	微积分及微分方程	理论力学
第三时	英文		化学	
第四时	国文		英文	德文
第五时			化学实验	军训
第六时	中国通史		化学实验	军训
第七时	体育		化学实验	体育
第八时			女生体育	女生体育

文学院　　三十二年度第一学期

星期 / 年级及系别 / 科目 / 时间	星期一			星期二		
	一年级	二年级		一年级	二年级	
		中文系	外文系		中文系	外文系
第一时	纪念周	纪念周	纪念周	普通数学	英文	英文散文选读及作文
第二时	经济学	文字学		英文	历代文选	英国文学史
第三时	普通生物学 普通地质学	历代诗选	英诗选读	经济学	中国近世史	
第四时	国文	西洋通史	西洋通史		科学概论	科学概论
第五时		军训	军训	中国通史		英语口音学
第六时		军训	军训	军训	经济学	经济学
第七时	伦理学	体育	体育	军训	经济学	经济学
第八时	看护学	看护学	看护学	体育 女生体育	女生体育	女生体育

续表

星期 年级及系别 科目 时间	星期三			星期四		
	一年级	二年级		一年级	二年级	
		中文系	外文系		中文系	外文系
第一时	普通化学	英文	法文	普通地质学	英文	英文散文选读及作文
第二时	国文	文字学			中国近世史	法文
第三时	普通生物学 普通地质学	历代诗选	英诗选读	经济学		
第四时	英文	西洋通史	西洋通史	英文	各体诗习作	英国文学史
第五时	三民主义	历代文选		中国通史		
第六时	伦理学			化学实验 生物实验	经济学	经济学
第七时	伦理学	体育	体育	化学实验 生物实验		
第八时	看护学	看护学	看护学	化学实验 生物实验		

星期 年级及系别 科目 时间	星期五			星期六		
	一年级	二年级		一年级	二年级	
		中文系	外文系		中文系	外文系
第一时	普通数学	历代诗选	英国文学史	英文	科学概论	科学概论
第二时	国文	科学概论	科学概论	普通数学	历代文选	
第三时	普通生物学	文字学	英文散文选读及作文	普通数学	中国近世史	英诗选读
第四时	普通化学	西洋通史	西洋通史	普通化学	各体文习作	法文
第五时	三民主义		英语口音学			
第六时	中国通史					
第七时						
第八时	体育			女生体育	女生体育	女生体育

师范学院　　三十二年度第一学期

时间＼科目＼年级及系别＼星期	星期一			星期二		
	一年级	二年级		一年级	二年级	
		国文系	英文系		国文系	英文系
第一时	纪念周	纪念周	纪念周		历代文选	英文散文选读及作文
第二时	经济学	西洋文化史	西洋文化史	国文	各体文习作	
第三时	普通生物	哲学概论	哲学概论	经济学	中等教育	中等教育
第四时	中国文化史	中国文学史		体育		英语会话演说及辩论
第五时	音乐			教育概论	经济学	经济学
第六时	英文	体育	体育	军训	英文	
第七时		音乐	音乐	军训		
第八时	看护学	看护学	看护学	女生体育	女生体育	女生体育

时间＼科目＼年级及系别＼星期	星期三			星期四		
	一年级	二年级		一年级	二年级	
		国文系	英文系		国文系	英文系
第一时	普通化学	教育心理	教育心理		历代文选	英文散文选读及作文
第二时	中国文化史	西洋文化史	西洋文化史	国文	中国文学史	
第三时	普通生物	哲学概论	哲学概论	经济学	中等教育	中等教育
第四时	三民主义	中国文学史	英国文学			
第五时	英文	经济学	经济学	教育概论	经济学	经济学
第六时	音乐			化学实验 生物学实验	体育	体育
第七时				化学实验 生物学实验	音乐	音乐
第八时	看护学	看护学	看护学	化学实验 生物学实验	英文	

续表

星期/年级及系别/科目/时间	星期五			星期六		
	一年级	二年级		一年级	二年级	
		国文系	英文系		国文系	英文系
第一时	中国文化史	教育心理	教育心理	国文	历代文选	
第二时	国文	西洋文化史	西洋文化史	英文	教育心理	教育心理
第三时	普通生物		英文散文选读及作文	三民主义	中等教育	中等教育
第四时	普通化学		英文语音学	普通化学		英语会话演说及辩论
第五时	教育概论	军训	军训	伦理学		
第六时	英文	军训	军训			
第七时				体育		
第八时		英文		女生体育	女生体育	女生体育

农学院　　三十二年度第一学期

星期/年级及系别/科目/时间	星期一			星期二		
	一年级	二年级		一年级	二年级	
		农经系	农艺系		农经系	农艺系
第一时	纪念周	纪念周	纪念周			有机化学
第二时	英文	日文	日文	农学概论	经济学及农业经济	经济学及农业经济
第三时	普通地质学	气象学	气象学	国文	统计学	植物生理学
第四时	动物学	经济学及农业经济	经济学及农业经济	体育	气象学	气象学
第五时	植物学		有机化学实验	农场实习		
第六时	植物学		同上	同上		
第七时	伦理学		同上	同上	体育	体育
第八时	看护学	看护学	看护学	女生体育	女生体育	女生体育

续表

时间 \ 科目 \ 年级及系别 \ 星期	星期三			星期四		
	一年级	二年级		一年级	二年级	
		农经系	农艺系		农经系	农艺系
第一时	普通化学	气象学	气象学	普通地质学	经济学及农业经济	经济学及农业经济
第二时	动物学		定性分析			有机化学
第三时	普通地质学	土壤学	土壤学		日文	日文
第四时			有机化学	植物学		植物生理学
第五时	三民主义	作物学	定性分析实验	农学概论		
第六时	军训	同上	同上	化学实验	会计学	土壤实习
第七时	同上	同上	同上	同上	同上	同上
第八时	体育 看护学	看护学	看护学	同上	同上	同上

时间 \ 科目 \ 年级及系别 \ 星期	星期五			星期六		
	一年级	二年级		一年级	二年级	
		农经系	农艺系		农经系	农艺系
第一时			定性分析 作物学	国文	气象学	气象学
第二时	英文	土壤学	土壤学 作物学	英文	统计学	植物生理实验
第三时	动物学	土壤学	土壤学 作物学			同上
第四时	普通化学		植物生理学	普通化学		同上
第五时	三民主义		定性实验 作物试验	植物学实验		
第六时	动物学实验		同上	同上		
第七时	同上		同上	同上	军训	军训
第八时	同上	体育	体育	女生体育	军训 女生体育	军训 女生体育

工学院 三十二年度第一学期

星期 年级及系别 科目 时间	星期一				星期二			
	一年级	二年级			一年级	二年级		
		机电系	化工系	土木系		机电系	化工系	土木系
第一时	纪念周	纪念周	纪念周	纪念周	国文	电工原理	有机化学	最小二乘方
第二时	初等微积分	经济学	经济学	经济学	物理	热工学	德文	
第三时	化学	经济学	经济学	经济学	初等微积分	机动学		平面测量
第四时	物理	微分方程	微分方程		初等微积分	应用力学	应用力学	应用力学
第五时	英文	机械画	有机化学（实验）	平面测量	工厂实习	工厂实习	工厂实习	工厂实习
第六时	三民主义	机械画	有机化学（实验）	平面测量	工厂实习	工厂实习	工厂实习	工厂实习
第七时	体育	机械画	有机化学（实验）	平面测量	工厂实习	工厂实习	工厂实习	工厂实习
第八时	看护学	看护学	看护学	看护学	女生体育	女生体育	女生体育	女生体育

星期 年级及系别 科目 时间	星期三				星期四			
	一年级	二年级			一年级	二年级		
		机电系	化工系	土木系		机电系	化工系	土木系
第一时	伦理学	微分方程	微分方程	最小二乘方	国文	微分方程	微分方程	
第二时	初等微积分	电工原理	定性分析		化学		有机化学	
第三时	物理	应用力学	应用力学	应用力学	物理	机动学	德文	平面测量
第四时	化学	热工学	有机化学	地质学	三民主义	工程材料	工程材料	工程材料
第五时	化学实验	金工	定性分析（实验）	平面测量	投影几何	经济学	经济学	经济学
第六时	化学实验	金工	定性分析（实验）	平面测量	投影几何	微分方程	微分方程	
第七时	化学实验	金工	定性分析（实验）	平面测量	投影几何	体育	体育	体育
第八时	看护学	看护学	看护学	看护学				

续表

时间＼科目＼年级及系别＼星期	星期五				星期六			
	一年级	二年级			一年级	二年级		
		机电系	化工系	土木系		机电系	化工系	土木系
第一时	投影几何	电工原理	定性分析	最小二乘方	化学	应用力学	应用力学	应用力学
第二时	投影几何	电工原理	有机化学（实验）		英文	应用力学	应用力学	应用力学
第三时	投影几何		有机化学（实验）		物理	机动学	德文	平面测量
第四时	英文		有机化学（实验）	地质学	初等微积分	工程材料	工程材料	工程材料
第五时		机械画	定性分析（实验）		物理实验	军训	军训	军训
第六时	军训	机械画	定性分析（实验）		物理实验	军训	军训	军训
第七时	军训	机械画	定性分析（实验）		物理实验	体育	体育	体育
第八时					女生体育	女生体育	女生体育	女生体育

L053-001-1591 卷

国立浙江大学浙东分校考试规则
（1940 年 1 月 22 日）

一、本分校为严格考核学生学业之成绩，举行各种考试，特定订本考试规则。

二、本分校各种考试之试场通则，订定如次：

1. 考试时必须按照规定席次就座。

2. 考试时必须准时入试场，非因必要得教师或监试人员之许可，不得出场。

3. 除某项科目特经规定之表册仪器外，其他书籍文具不准携带入场。

4. 试场内必须保持整齐肃静与良好之纪律。

5. 对试题字迹或涵义，如有不清楚时，得向教师询问，但以教师规定之时刻为限。

6. 考试交卷需照定时，交卷后不得滞留试场内。

7. 在考试时间内，应服从担任教师及监试人员之指导。

8. 违反试场通则者，得由担任教师与训导处、教务处商定惩处办法。

三、各种考试应尽力保持荣誉之观念与严正之精神，绝对不得有任何□□情事，违者予以扣分、试卷无效、记过或除名之处分。

四、本分校每学期结束或学年结束时之学期考试，采会考制。除适用上开二条之规定外，并规定下列之办法：

1. 每一试场内，容纳若干学科考试之学生，其座位席次参互混合编排之。

2. 考试时各科原授课教师须亲自莅场监试。

3. 原授课教师之外，得由主任另行加聘监试人员，协助监试。

五、本分校学期考试请假与补考等事项，除本校学则之规定外，并订定下列之办法：

1. 凡缺课时数超过本学期授课总时数三分之一以上者，不得参与学期考试。

2. 凡确因遭大故或因病经医师证明不能参与学期考试者，经本分校教务主任之核准请假，得于第二学期开学时规定日期补考。

六、关于本分校各种考试之时间、计分及补考各项，为本规则所未定者，概适用本校学则各条之规定。

七、本规则经本分校校务会议通过施行。

L053-001-1168 卷

浙东分校大学部二十八年度第一学期学期试验日程表
（1940 年 1 月）

		文学院及生物系	人数	农学院	人数	理学院	人数	工学院	人数
星期四 1月25日	上午 7—10	普通化学		普通化学 无机化学 A	44	无机化学 A	26	无机化学 B	54
	下午 12—3	党义		党义		党义		党义	136
星期五 1月26日	上午 7—10	初等数学 A	34	初等数学 B	28	物理学 A	20	物理学 B	54
	下午 12—3	普通物理		普通物理	39	初等微积分及微分方程	20		

续表

		文学院及生物系	人数	农学院	人数	理学院	人数	工学院	人数
星期六 1月27日	上午 7—10	英文		英文		英文		英文	136
	下午 12—3	普通生物学	34	普通植物学	28	初等代数方程式	6	机械画	54
星期日 1月28日	上午 7—10	西洋近世史 英文名著	9	西洋近世史	19	国文乙	20	初等微积分	54
	下午 12—3	中国通史		普通动物学	28	中国通史	47	投影几何	54
星期一 1月29日	上午 7—10	国文甲	34	国文丁	28			国文丙	54
	下午 12—2	论语孟子	18						

注意:(一)地点:膳厅

(二)试场座位每次由教务处牌示。

L053-001-3919 卷

分校陈主任函竺校长报告学期考试经过情形
(1940 年 2 月)

查本分校廿八年度第一学期一年级生现经期考完毕,于二月一日开始寒假。兹将学期考试经过情形呈报如左:

1.考试日期　二十九年一月二十五日至三十日举行六天。

2.考试课目　除军训因陈定邦教官于一月份奉调至浙江省军管区政治部供职先行离校,依军管区政治部来函准以平日军训与小考成绩作为学期成绩外,其余课目均照定期举行集中会考方式。

3.考试规则　试前经依照本校新定之四种考试规程,订定严格之规则。考试之日,除由担任该课目教师一律按时到场监试外,并加聘助教及主要职员为监试员会同监试。经过一般情形,严肃良好,规则亦经认真执行。其间有学生罗来安因一科夹带舞弊,已照章予以开除之处分。又有学生一人因场中交谈而予以扣分之处分。

4.考试成绩　一般学生总平均成绩均尚优良。其成绩不及格超过其所修学分五分之二以上者,计有许纬功等六名(详情由教务处于下学期开始时补报),已照学则第二十条之规定令其退学。

除分填成绩单通函各生家长查照外，所有学期考试经过情形，理合先行呈报钧座鉴核。谨呈国立浙江大学校长竺

全衔主任　陈训慈

L053-001-1875 卷

(5)选送优秀学生

郑主任电教育部报学业、操行、体育成绩俱优生(1941 年 8 月 26 日)

重庆教育部钧鉴：奉八月十一日发高字第 26260 号令，知甄选学业、操行、体育成绩俱优学生办法，饬妥慎办理，并依限册报审核等因；遵即依办法第一、二条之规定，加倍甄选共六名，查有李文英、申屠光、吴真、俞思聪、岑卓卿、陈晓光等六名，堪以膺选。理合造册，电呈审核。浙江大学龙泉分校主任郑宗海叩，宥(附名册一份)。

L053-001-1701 卷

分校函总校报学业、操行、体育成绩俱优生(1941 年 8 月 26 日)

总校七月廿九日发遵字第 254 号代电，抄转部颁专科以上学校甄选学业、操行、体育成绩俱优学生办法，并奉教育部直接令同前因，遵即依办法第一、二条之规定，加倍甄选共六名，查有李文英等六名堪以膺选，除造具名册，径行呈部以期迅捷外，相应将名册一份函送备查。谨致

本大学总校

计附送名册一份。

校章启　八月廿六日

附　国立浙江大学龙泉分校甄选学业、操行、体育成绩俱优学生名册

姓名	李文英	申屠光	吴真	俞思聪	岑卓卿	陈晓光
性别	女	男	男	女	男	男
年龄	一九	二〇	二〇	二四	一九	一八

续表

姓名	李文英		申屠光		吴真		俞思聪		岑卓卿		陈晓光	
籍贯	浙江余杭		浙江东阳		福建闽侯		江苏江宁		浙江余姚		福建长乐	
肄业院系	农学院		工学院		工学院		农学院		农学院		工学院	
年级	一年级		一年级		一年级		一年级		一年级		一年级	
入学资格及核准年月及文号	于三十年五月呈部尚未发还		于三十年五月呈部尚未发还		于三十年五月呈部尚未发还		于三十年五月呈部尚未发还		于三十年五月呈部尚未发还		于三十年五月呈部尚未发还	
各学期学业成绩	第一学期	第二学期	第一学期	第二学期	第一学期	第二学期	第一学期	第二学期	第一学期	第二学期	第一学期	第二学期
各学期学业成绩	87.3	88.7	78.6	80.8	79	86.9	85.7	90.3	83.1	82.5	79.1	84.7
学业成绩	89	89	81	81	80	80	84	84	85	85	80	80
操行成绩	65	73	83	94	73	95	66	70	74	80	83	82
体育成绩	83.2	84.6	80.3	84.2	78.5	85.7	80.4	83.7	81.3	82.5	80.3	83.9
平均成绩	83.9		82.3		83.1		82.1		81.9		81.6	
考注	敏而好学,析理至精,体格强健,性行淑均		笃实		聪明活泼尤长数学		学力甚强颇知奋励		老成		聪颖知礼	

L053-001-1701 卷

龙泉分校电教育部报三十年度俱优学生名单
(1942 年 12 月 31 日)

重庆教育部:奉令甄选卅年度学业操行体育成绩俱优学生,遵经教务、训导两组会同慎选,得程毓棨、宋晞两名。理合造册,电呈鉴核。浙大龙泉分校,亥世。

(附名册一份)

国立浙江大学龙泉分校选送三十年度学业操行体育成绩俱优学生名册

姓名	程毓棨	宋晞
性别	女	男
年龄	二十二	二十二
籍贯	浙江金华	浙江丽水

续表

上学期肄业院系及年级	师范学院初级部数学科一年级		文学院一年级	
入学资格核准年月及文号	业经呈部,尚未发还		业经呈部,尚未发还	
三十年度第一学期成绩	学业	八九.九〇	学业	八一.三〇
	操行	八五.〇〇	操行	八三.〇〇
	体育	七五.〇〇	体育	八〇.〇〇
二十年度第二学期成绩	学业	八三.八〇	学业	八七.三〇
	操行	八四.〇〇	操行	八二.〇〇
	体育	七五.〇〇	体育	七五.〇〇
各科平均	学业	八六.九〇	学业	八四.三〇
	操行	八四.五〇	操行	八三.五〇
	体育	七五.〇〇	体育	七七.五〇
总平均	八二.一〇		八一.七〇	
考语	该生天性温厚,态度大方,体格强健,虽家境清寒,赖自小力学不懈,方得逐步升入大学。而胸怀坦□,与一般出身寒族之凌厉有余,□旷不足者异,故与同校诸女生,举能相得无间,盖庶几能敬其业而乐其群者矣。 郑宗海 卅年十二月廿九日		该生待人接物温厚大方,虽在学业上勤奋异常,而遇校方指派工作或社会服务,不但绝不推辞,更常能以身先人,自去冬丧母后,居常沉默寡言,态度似欠活泼,然实亦天性过人使然,正尔是敦薄俗也。 郑宗海 卅年十二月廿九日	

查荣誉学生选定,经职与教务组再三商洽,选出程毓棨、宋晞二名。二生上学年操行成绩,一为84.5,一为83.5,学业、操行、体育三科总平又俱在八十分以上,且平时待人接物温厚大方,实亦是为诸生表率,惟宋生自去冬期丧母后,居常沉默寡言,态度似欠活泼,然实亦天性过人使然,正尔是敦薄俗也。谨呈

郑主任

职　王起

十二月廿六日

其他理工农三院成绩次优者,作为参考:

理学院　冯平贯总平均79.1

工学院　王丰镳总平均 77.2

工学院　王祖槐总平均 81.6

农学院　无人可选

L053-001-1701 卷

国立浙江大学龙泉分校甄选三十一年度林主席中正奖学金学生名册
(1943 年 3 月 3 日)

学号	41085	41098	42316	42204	40405	42308
姓名	王家宠	富佩	朱杰	杨忠道	何大堪	蔡立生
籍贯	浙江萧山	浙江青田	浙江吴兴	浙江平阳	浙江绍兴	浙江诸暨
年龄	21	21	21	21	21	20
性别	男	男	男	男	男	男
系别	机电系	化工系	工	理	农	工
年级	二	二	一	一	一	一
学业	84.3	83.1	80.46		68.66	65.13
操行	80.0	80.0				
体育	75.0	75.0				
备考	申请书家境调查单及证件附呈	申请书家境调查单及证件附呈	申请书家境调查单及证件附呈	该生系部派学生,无入学试验成绩,附呈高中三学年成绩单	申请书家境调查单及证件附呈	申请书家境调查单及证件附呈

L053-001-1735 卷

选送学业、操行、体育俱优学生经过
(1943 年 11 月 25 日)

一、根据教育部规定以学业、操行、体育三项平均最高分数者为准。

二、本校因向无学业、操行、体育三项合并后之平均分数,故选送时先检出其学业成绩最优者,再考察其操行、体育成绩(初次选出者为潘德钧、程毓棨两名,均为师范生),后以前者操行成绩不合,故再就大学部中选出一名,师范生不再选,结果选出宋晞、王祖槐二名,后者又因操行成绩不合落选,故最后决定程毓棨及宋晞二名当选。

三、以上选送办法经教务、训导两组会同决定，是否有当，敬请核示。此上
主任室

教务组
十一月二十五日

L053-001-1701 卷

(6)图书馆

国立浙江大学浙东分校图书馆教职员借书规则
(1939 年 10 月 10 日)

第一条　本分校教职员向本分校图书馆借阅图书，概照本规定办理。

第二条　教职员借书，概凭图书馆所发之借书证，其用法各项规定如下：

(1)教职员借书证由图书馆制发，以后借书还书概凭此证。

(2)借书证如有遗失，应即向图书馆声明，在未声明以前，如有被人拾得，冒借事情，仍归原证人负责。

第三条　借书手续：先查明目录，分别将类码、著者、书名一一填就索书卷上，然后连同借书证交出纳管理员登记，还书时须将借书证同时送交管理员注销。

第四条　如所借之书已被借出，可向管理员填写预约单，俟该书还来时，本馆即行通知，并代为保留二日，逾期如不来借，本馆概不再为保留。

第五条　每人借书册数，以八种为限（其中中文线装书至多以二十册为限）。

第六条　借书期限至多以一个月为限，其中因教学上，专门研究之需要，得由校主任盖章说明，向图书馆另行商定借书期限，但以四种为限。

第七条　借书逾期，应由图书馆函催收回，如连催不还，得暂停其续借新书。

第八条　教职员所借各书虽未到期，但图书馆因必要时得随时通知收回之。

第九条　每届寒暑假开始时，借出图书必须全部缴还，以便清理。

第十条　借阅图书，如有遗失，应照价赔偿；如有长期请假，应将所借图书全部还清。

第十一条　本规则由图书馆提经本分校校务会议通过，送请校长与本分校

主任核准施行。

L053-001-1168 卷

国立浙江大学浙东分校图书馆学生借书规则
(1939 年 12 月 9 日)

第一条　国立浙江大学浙东分校图书馆为办理学生借书特订定本规则。

第二条　学生借书概凭图书馆所发之借书证，其用法各项规定如下：

(1)学生凭注册证向图书馆出纳处领取借书证，以后借还图书概凭此证，于学期结束图书还清时缴还注销之。

(2)借书证如有遗失，须即向图书馆声明，越三日可补领新证，此项补领须纳费二角。

(3)借书证遗失未经声明以前，如有被他人冒用借书情事，概归原领用人负责。

(4)借书证不得转借应用。

第三条　借书手续先向出纳处查明目录，分别将类码、著者、书名填就索书券上，然后连同借书证交出纳管理员登记，还书时须将借书证同时送交管理员，盖章注销。

第四条　如所借之书已被借出，可向管理员填写预约单，俟本书还来时，本馆即行通知，并代为保留二日，逾期如不来借书，本馆概不为保留。

第五条　借书册数，每人以借阅中外文图书共计三种为限(中文线装书最多以十册为限)。

第六条　借书期限，以二星期为限，如无他人需要，得声明续借一次，续借以一星期为限，惟须将原书连同借书证带来登记。

第七条　借出之图书期满即当归还，逾期不还，本馆以其逾期之长短，得暂停其如平日之借书权。

第八条　所借图书虽未到期，但图书馆于必要时得随时通知收回之。

第九条　借阅图书如有毁损或遗失，应照时价赔偿，如遗失其整套之一册，以整套论。

第十条　普通参考书，如字典、辞书、年鉴、地图等经提置阅览室专供公用者，各系指定之课程参考书，旧期刊报章以及向浙馆借来之书籍，以不出借馆外为原则，如因特殊情形，必须携出馆外参考，或经教员指定者，则酌予变通，准予出借，惟时间至多以一日或一星期为限。

第十一条　图书每届学期结束以前，清理全部出借图书一次，学生至迟须于学期考试开始后三日内，将所借图书全部交还，假期中出借办法，另行规定之。

第十二条　借阅图书时间，除星期日外，暂定每日上午十时至十二时，下午三时至五时，晚间暂不开放。惟以季节之改变或其他原因，图书馆得酌定，并商准主任改变之。

第十三条　本规则由本分校图书馆提经本分校校务会议通过，送请校长与本分校主任核准施行，修改时同。

L053-001-1168 卷

浙江省立图书馆调查表和登记表回复
（1941 年 11 月 4 日）

馆名：国立浙江大学龙泉分校图书馆

馆址：龙泉坊下

创办年月：二十八年

馆史

馆长姓名：郑宗海

馆员人数：二人；姓名：虞佩岚、钟国仪

经费：未确定（视需要支出约三千元）

现有藏书册数：中西文共四千余册

有否分类编目：已编

采用何种分类法：杜威十进分类法

每日开放时间：

上午七时至十一时

下午一时至四时

抗战以来有无损失：无

困难问题：图书缺少，不够分配。

浙江省立图书馆协会机关会员登记表

机关名称	馆地	成立月日	馆长	本年经费	图书册数	职员人数
国立浙江大学龙泉分校图书馆	龙泉	廿八年	分校主任郑宗海兼	未确定（约三千元）	四千余册	二人

L053-001-1751 卷

三十一年度第一学期第一次教务会议教务报告 6
(1942 年)

Ⅵ.图书馆情形

(一)藏书册数

甲、中文书籍，共计三九九九册。内卅一年度(一月至十二月)增加六七五册。计自置者：三二五册；捐赠者：三五〇册(内朱重光先生捐赠三三三册，郑主任及西迁同学赠十七册)。

乙、西文书籍，共计八九七册。内卅一年度增加三四四册。

计自置者：一三五册；本校携来者：一〇册；捐赠者：一九九册(内朱重光先生赠一七八册，西迁同学捐赠二一册)。

注：上开各书册数系根据登记簿计算，此项搬移是否有损失，因尚未全部运到，未及清查，或有不确。

(二)报章杂志

已订报纸计六种十二份(《正报》五份、《东南日报》三份、□各一份，《中央日报》、《大公报》、《前线日报》三种尚未寄到)。

已订杂志计四十五种(均未寄到)，朱重光先生捐赠杂志六十七册。

注：旧有报章杂志，上次搬移时未曾运出，因此大部分均已散失，残余部分尚待整理。

(三)图书经费

全年预算额：一〇八〇〇元，每月九百元。计算至九月份止，预算额：八一〇〇元；实支额：五五五八元。

L053-001-1581 卷

三十一年度第二学期教务会议报告事项 2
(1943 年)

Ⅱ、图书馆概况

1.中文书　四三二八册，内本学期新增三一二册。

2.西文书　九二三册，内本学期新增二六册。

3.图表　八一幅，内本学期新增四八幅。

4.期刊　五四种，内有二五种系赠阅。

5.报纸　五种九份，《大公报》、《中央日报》须续订。

L053-001-1581 卷

三十二年度第二次校务会议朱教务主任报告 8
(1944 年 6 月 10 日)

本分校图书馆方面，本学期可资报告者计有三点：

(1)本学期藏书册数共计：

	本校	省图书馆
中文	四七〇六册	六六二七册
西文	八八八册	一〇六五册

(2)本学期定阅报章杂志总数共计：

报章：中文四种

杂志：中文四十三种、西文五种

(3)本学期三至五月间同学借书册数统计如左：

总类：一七五册；文学：四九一册；自然科学：二七六册；哲学：八一册；史地：三〇五册；应用技术：一三〇册；宗教：二册；语文学：三七册；社会科学：二六六册；美术：二二册。共计一七八三册。

L053-001-1172 卷

龙泉分校为借书事由致浙江省立图书馆公函
(1941 年 4 月 4 日)

查本分校自创办以后，海口旋即封锁，采购图书，备极困难。兹向总校拨运，亦以关山迨递，运输维艰。而校中员生，每感参考书缺乏，山陂僻壤，欲借无从。下年度已奉令添办二年级，参考书籍，所需尤亟。夙稔贵馆自杭撤退时，图书多已运出。且有大部分即藏龙泉，爰拟请就近商借，俾资便捷。惟本分校图书馆借用，自与普通借阅有间，拟请订一特约，书籍不限数量，借还不限时间，要以一学期为度，俟每学期结束，即行清还一次，第二学期开始，再行酌借。窃以学术本无国界，况在本国，文化事业尤宜互助，不分畛域。前项特约借书之请，谅荷赞助惠诺。相应函商，即希查照核办，如荷慨允，即希主稿特定条约，见复过校，以便进行。再闻存龙之关于西洋史书籍(英文本)有运丽之说，可否仍予留龙备借本分校之用。并希卓裁为荷。此致

浙江省立图书馆馆长孙

主任　郑宗海

L053-001-1763 卷

国立浙江大学龙泉分校向浙江省立图书馆借阅图书特约简章
(1941年4月)

一、引用团体借书办法,略予便利。

二、借书册数,暂定为中文三百册,西文二百册。

三、借书日期暂定为二月,必要得声明续借延长。

四、递寄方法,须由浙大负责接洽,递寄费用自理。

五、借书手续须向丽水本馆阅览部办理。

六、所借图书本馆有需要时,应立即归还。

L053-001-1763卷

征求方志函
(1942年1月27日)

按本分校奉令注重史地教育,遵照总裁训示:"历史、地理的教育,为革命建国教育的中心科目,尤其在抗战建国时期,对于这两个科目,要广搜教材,充实内容,使学生提高国家民族的意识,及国民自觉的责任心"等语,自应遵办。查本国史地图籍,本分校虽有相应设备,惟关于各省旧府和方志,尚付缺如。此项方志所载,关于各地社会文化之演进,地域经济之变迁,以及山川道里之详,资源蕴藏之富,胥足以启发学子之爱国心及建设兴趣,实为研究史地之重要参考资料。拟恳贵县政府惠赐旧府志及县志各一部(旧府首县用),以便发□图书馆宝藏,备供参考之用。如荷慨允,则全校员生均转嘉惠。相应函达,即希查照见复为荷。此致

〇〇县政府

主任　郑宗海

L053-001-1755卷

函龙泉政府照数配发教科书
(1943年3月26日)

径启者:

敝校与贵政府合办之福泽乡芳野代用中心小学,现拟添办成人班,需要民校教科书一二三四册合订本共一百部,相应函请贵政府照数配发,以资应用,无

任感荷！此致

　　龙泉县政府

主任　郑宗海

民国三十二年三月廿六日

L053-001-1767 卷

三、训育管理

(1)规章

国立浙江大学浙东分校学生通守规约
(1939年12月)

一、本校学生应恪遵中央法纪政令,接受本校之训导方针,共守本分校颁布之各种规程章则。

二、本分校学生应注意养成自治自学之精神,思想行动力求纯正光明,绝对不得为违反国家民族利益之任何活动。

三、学生应本尊师重道之精神,当诚挚接受主任、训导主任暨全体导师之指导。

四、学生必须恪守纪律,在军事训导教官指导下,接受军事管理。军事管理规程另订之。

五、学生之私人生活必须严肃谨细行,重公德,简单朴素,刻苦耐劳,革除一切不良好之习惯与嗜好,以保持发扬本大学之优良学风。

六、本分校规定之经常集会(如纪念周、纪念会、早操等)以及规定全体参加之临时集会,必须参加,不得缺席,缺席者作旷课论。

七、除例假日外,因事欲外出者,必须向训导处请假。请假在若干日以上者必须家长或关系方面有充分之证明信件。

八、无论上课、自修、就膳、集会、就寝期间皆当注意保持公共秩序。

九、各种学生团体,概须由负责人向训导处声请登记,经转陈校长或分校主任核准后,始得组织。各种学生团体开会或其他活动,必须报告训导主任,酌定参加指导。各院系学会之组织,同时并须得本院系教师之同意,开会时请其参加指导。

十、学生团体出版刊物,其文稿须先经训导处审阅。

L053-001-1798卷

国立浙江大学浙东分校军事管理暂行规程
(1939年11月21日)

第一章　总则

第一条　国立浙江大学浙东分校为养成学生生活军队化，行动纪律化，精神团体化起见。遵照中央之规定，对于全校一年级学生实施普遍之军事管理，并施行严格之军事训练。

第二条　本办法依据部颁“高中以上学校军事管理办法”并参照本校之规制与本分校之情形订定之。

第三条　关于军事管理之实施，由军训教官秉承本分校主任并商承训导主任推行，以期适合本分校训导之一贯方针。

第二章　组织

第四条　全校受军事训练之学生，组成军事训练队。

第五条　军事训练队设队长，由本分校军事教官担任。秉承本分校主任，主持全部军训之计划命令及指挥各事宜。

第六条　军事训练队组成系统如左：

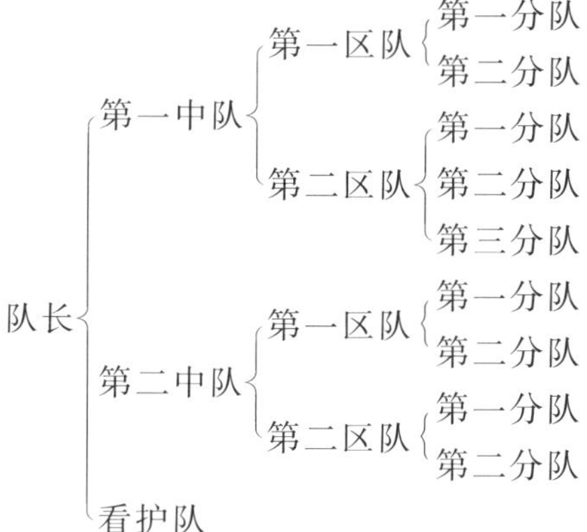

第七条　第一、二中队各设中队长中队附各一人。承队长之命令，负指挥本中队区分队长及负传达命令，报告队务与纠察本中队军风纪之责。

第八条　各区队设区队长一人，承中队长(中队附)之命令，负指挥本区队分队长及传达报告与纠察本区队队员之责。

第九条　各分队设分队长一人，承区队长之命，负督促本分队队员及传达报告之责。

第十条　女生组织看护队，设队长一人，负传达报告队务之责。

第十一条　军事训练队设司书一人，司军事训练军事管理各种文书事宜，由本分校主任指定职员兼任之。设号兵一人,司课操号令及勤务事宜。

第三章　一般规则

第十二条　学生在校生活之各项作息皆须遵守本分校规定之作息时刻。

第十三条　总理纪念周于每周星期一规定时间举行,学生在前一小时下课后,即须齐入礼堂,按规定座次就坐。俟师长进入礼堂时,须由值星中队长呼口令起立,随即恪遵仪式,参与典礼,礼成后俟师长先出礼堂后,方得退出。

第十四条　国旗升旗礼,除星期日及其他例假日外,于每日清晨规定时间举行,学生须一律参加,照规定秩序,敬谨行礼。(注:现因防空通讯设备尚未完成,暂缓举行。)

第十五条　总理纪念周与国旗升旗礼以及其他规定须全体参加之重要集会,概不得无故缺席,违者应予以处分。

第十六条　学生在上课日期内,每晨须一律参加早操。

第十七条　学生上课,一闻铃声,即须先到规定教室,按号就坐,俟教师到教室时,须一齐肃立行礼。

第十八条　学生在规定自修期间,须各自认真修习,不得谈话或从事娱乐。如有学术上切磋问题之处,只得低声交谈,勿妨碍他人自修。

第十九条　受军事训练之学生服装,均须一律遵照学校所规定之货料、颜色、形式。无论在校或外出,须一律穿着制服。

第二十条　学生外出,须保持良好之风纪。途遇师长,皆须行礼。

第二十一条　学生无论在校或外出,一律禁止吸烟,并除绝不良之嗜好习惯。

第四章　食堂规则

第二十二条　学生必须照编定之座次就席,不得随意更动。

第二十三条　闻用膳之号音,方可入膳堂就膳,不得喧扰或争先,俟全桌之同学到齐后,方可开箸。

第二十四条　用膳时不得高声谈话,并不得直接斥责厨役或作其他接洽。如遇饭菜不洁或其他问题时,应报告值星中队长转告管理膳食负责人员处理之。

第五章　宿舍规则

第二十五条　学生如宿舍之铺位一经编号排定后,不得随意变更。

第二十六条　每一寝室,设室长、副室长各一人,主持各项规则命令之实行,并有传达公共意见之义务。

第二十七条　寝室内不准留外人住宿。

第二十八条　寝室内务须按照规定之办法整理，务求合于整齐清洁之标准。

第二十九条　寝室内须保持严肃习惯，就寝以后，不得谈话。

第三十条　寝室点灯熄灯，均有定时，不得私燃灯烛。

第三十一条　遇有教职员或参观视察人员进入寝室时，在寝室之学生，宜即起立，不得仍自坐卧。

第三十二条　女生宿舍除照二十六条之规定，设立室长与副室长外，其内务整理及规律执行，女生指导员秉承训导主任并商同军训教官，督导并处理之。

第六章　请假规则

第三十三条　学生无论事假病假，概须详述事由，向训导处请假，俟准许后，再行填写请假单，方得缺课或离校。

第三十四条　告假者除呈请训导处准假外，并须同时将请假通知单按级转呈军训教官。

第三十五条　学生对于军事训练学科或术科之请假缺课，须先将确实事由缮具报告单按级转呈军训教官请求准假，一面取得通知单，呈送训导处汇核。

第三十六条　关于因缺课或旷课而扣分等办法，依照本校学则第八章缺席各条之规定，惟军训科缺课或旷课之扣分，依照部颁“学生军事训练成绩核算法”所规定者办理。

第三十七条　学生因事请假，在一天以上者，须有家长或保证人之证明文件，由训导处审核属实，方可准假。

第三十八条　学生因病请假，须有校医之切实证明书，经审核属实，方准缺席或离校。

第七章　操场规则

第三十九条　学生闻军事训练上操之预备号音时，按照规定之服装及其应带物件，预为准备。

第四十条　闻上操号音，各生应迅速赴指定地点集合，由值星学生检查人数，俟教官莅场时，由执星队长综合各区队人数，报告教官。

第四十一条　凡学生在已整顿队伍后，方至操场者，作为迟到论。

第四十二条　下达课目及训话时，须立正听受，非有命令不得稍息，及随便动作。稍息时仍须保持适宜姿势，不准相互谈笑。

第四十三条　上操时不得借故退场，如有不得已事故欲离操场，须候稍息时，先呼“报告”，再向教官申叙理由，得教官许可后，始得离场。

第四十四条　如教官指派学生充当指挥或其他勤务时，须尽力担任，不得违却或推诿。

第四十五条　闻解散口令后应行敬礼，俟答礼后方得解散。离场时仍须保持严肃，迅速离场，不得喧哗。

第四十六条　上操时如有不守纪律或不听命令者，按其情节轻重，由教官惩罚，或报告主任处分之。

第八章　野外规则

第四十七条　野外演习时，须严守一切军风纪，不得中途落伍或逃避。

第四十八条　野外演习之其他规则，概照操场规则遵守。

第九章　惩奖规则

第四十九条　学生如违反本规程之规定，或发生其他过失，依其情节之轻重，照下列规定惩处之：(一)警告；(二)禁假；(三)扣减成绩总分；(四)记过；(五)休学；(六)开除。其执行应依其轻重由军训教官会同训导主任执行，或呈报主任核定，或更由主任召集会议处理之。

第五十条　学生能恪守纪律学业或品行特别优良或履行公众服务卓著成绩者，得照下列各种方式予以褒奖：(一)口头嘉奖；(二)发褒奖状；(三)赠与奖品；(四)记功。

第十章　附则

第五十一条　本规程由校务会议通过后公布施行，修正时同。

L053-001-1798卷

龙泉分校三十年度第一学期新生入学训练施行细则
(1941年10月)

(一)本细则系根据教育部颁发高中以上学校新生入学训练实施纲要并参照本分校实际情形订定之。

(二)本届各学院一年级新生在正式上课以前，概须受入学训练一星期，其日期自三十年十月十五日起至十月廿一日止。

(三)入学训练之目标在使新生对于国家民族有正确之观念，对于三民主义有坚定之信仰，而于学校之历史性质规章及内容得有深切之了解，并使学校方面亦得因此而明了新生之个性。

(四)训练之组织依照高中以上学校军事管理办法之规定将受训新生编制为一中队隶属于本分校军事训练队，中队长一人由队长(本分校主任)兼任，中队附二人，由队附(训导主任与军事教官)兼任。

(五)中队以下分为二区队，每区队分为三分队，各设队长一人，就受训学生中选择品学优良者派充之。

（六）每分队各设指导员一人，由本分校主任聘请教授、副教授、讲师担任之，负各该队新生思想生活修业等指导之责。

（七）训练科目依照部颁纲要，分政治训练、修学指导、道德修养、小组讨论、校史章则、军训、音乐、体育等科，其细目与教材由任课教师遵照部颁大纲订定之。

（八）训练开始及期满时，各举行仪式。期满时并须宣誓，其誓词由受训学生签名后存校备查。

（九）训练期内应举行新生训练会议二次，于训练开始及结束时行之，是项会议以中队长、中队附及各分队指导员组织之，由中队长主席讨论关于新生训练一切事宜，区队长分队长亦得列席。

（十）小组之划分，以分队为单位，小组讨论暂定二次，每次以二小时为限，题材依照部颁大纲之规定，由各该分队指导员出席指导。

（十一）训练开始时，受训新生每人须作自述一篇，详述家庭环境，过去经历，并对自身作一个性分析，列举过去优点弱点及今后努力之方针，受训完毕时须作受训后之感想一篇，此项自述与感想，由指导员核阅后，存校备查。

（十二）受训新生对于演讲笔记、阅读笔记、小组记录及日记等，均须按时递送指导员核阅。

（十三）为明了受训学生个性计，于训练开始时举行个性调查一次，个性调查表由队部拟定印发各指导员，指导学生逐一填写后，存校备查。

（十四）在训练期内如发现新生之思想行为确有不堪造就者，得按其情节之轻重，令其退学或编为试读生，经一学期之考核确有改悟之表现，可由其本组导师提出，训导会议核准为正式生。

（十五）本届新生训练完毕后，应将经过情形专案呈报本校转报教育部备查。

（十六）本细则倘有未尽事宜，于训练会议时修改之。

（十七）本细则经训练会议通过后，呈报本校转呈教育部备案施行。

L053-001-1894 卷

国立浙江大学浙东分校导师制实施办法大纲
（1939 年 11 月）

一、本分校遵照教育部之规定施行导师制，并依据部颁“中等以上导师制纲要”与本校导师制办法，拟定本办法大纲。本大纲未定事项，仍以部颁纲要规定为依据。

二、本分校教授、讲师皆为本分校导师，各处主任亦得由主任聘请担任之。

三、各导师应与训导主任随时作密切之联络。

四、每一导师指导学生以五人至十五人为度。

五、导师对于学生之思想行为、学业及身心摄卫，均应体察个性，施以严密之指导，使得正常之发展，以养成健全之人格。

六、导师除注重个别指导外，并应充分利用课余及例假时间，集合所指导学生举行谈话会、讨论会、远足会等作团体生活之指导。

七、导师会议每月举行一次，全体导师出席，报告并研究训导实施情形与问题，由主任主席，主任不能出席时，由训导主任主席。

八、导师对学生之性行、思想、学业、身体状况各项，应于每学期结束时，造具报告，由训导处汇集整理，送交主任查核呈报本校校长，并酌量通知各学生家长。其报告项目内容另定之。

九、本分校训导纲要与导师会议细则另订之。

十、本办法大纲由本分校校务会议通过施行，修正时同。

L053-001-1893 卷

导师会议暂行细则
(1939 年 12 月)

一、本细则依据本分校导师制实施办法大纲第九条之规定拟订之。

二、本会议之出席人员为本分校主任、训导主任与全体导师。

三、军训教官、总务主任、训导员、女生指导员或其他不兼导师之教师与各部分主管职员，得因主任之邀请而列席。

四、本会议由本分校主任为主席，主任不能出席时，由训导主任担任会议主席。

五、本会议之职务如左：

1.审议本分校训导方针；

2.审议各学期训导进行计划；

3.听取各导师对学生实施指导之报告；

4.研讨训导实施时之各项问题。

六、导师会议于开学期间每月举行一次，有必要时得由主席召集临时会议。

七、本办法由本分校校务会议通过施行，修正时同。

L053-001-1797 卷

国立浙江大学龙泉分校导师制施行细则
(1943年2月15日)

一、本分校遵照教育部之规定施行导师制，并依据部颁“中等以上学校导师制纲要”第十一条之规定，订立本细则。

二、本分校教授、副教授、讲师及各组主任均有担任导师之义务，由主任径聘之。必要时并得聘定一人为主任导师。

三、每届学期开始，教务组应将各系各年级注册学生名单开送训导组，以凭分组并支配导师。

四、训导组根据注册学生名单妥为分组，各组以五人至十五人为度。

五、每组导师之分配，以本系教授、副教授、讲师担任为原则，如因限于人数无法分配时得酌量变通，但以选有学程之教授、副教授或讲师为限。

六、训导组将导师、学生分组完后送请本校主任核定，后分函各导师，并通告全体学生知照。

七、训导组应将学生请假、奖惩及其他突发事情随时通知各该导师，以供施训时之参考。

八、教务组应将学生上一学期学业成绩或入学试验成绩于开学之初，及学程试验成绩于考试结束后一星期内通知训导导师，使知受训学生之学业概况，而施行适当之引导。

九、卫生室应将学生参加健康活动情形及体格检查的结果随时通知该组导师，以便予以适当之指导与纠正。

十、各组导师对于受训学生之思想行为及思想、学业及身心摄卫事项，均应体察个性，施以严密之训导，并随时详细记叙于导师手册(由学校制备分发)，俾使查考。

十一、各组导师对于受训学生之思想行为，应随时注意各点：

1. 注意受训学生平素之言论与其所表现之思想，如有偏激、浮薄、萎靡或悲观等倾向，用积渐善导，潜移默化之方式，予以暗示、鼓励或指正。

2. 鼓舞受训学生之国家观念、民族思想，与抗战意识，培养其关切时事之习惯，与急公好义之精神。

3. 鼓励受训学生之公共服务精神，指导其参加各项课外活动与自治组织。

4. 对于受训学生日常之礼貌、态度与生活习惯，予以适当之指示或纠正。

5. 注意受训学生之交友与待人接物之道，纠正其孤僻自囿之习惯，提倡乐群互动之精神。

6. 介绍受训学生关于砥砺德性，激发志气与正常政治意识之书籍，俾使阅读。

7.对于受训学生之家庭状况，应调查明确，如有经济困难或其他问题者应予以同情安慰或鼓励，于可能范围内参与意见，以辅助其解决。

8.对于受训学生之不知自爱，不守纪律者，与训导组取得联系，予以警告或督责其改正。

十二、各组导师对于受训学生之学业，应随时注意下列各点：

1.留意受训学生之课业程度及其课外自修情形。

2.查询受训学生关于各学科考试成绩，如有不及格功课，推究其原因并指导其补救办法。

3.指示受训学生课业之外之自修工作，并提倡各生之适当课外阅读。

4.指示受训学生假期作业之读物与计划。

十三、各组导师对于受训学生之身心摄卫，应随时注意下列各点：

1.注意受训学生之健康状况。

2.指导受训学生普遍平均参加运动，惟须注意各个体格之适应。

3.对于受训学生之用功过度者，应劝其多作运动、休息与有益之娱乐。

4.对于受训学生体格较弱者，应指示其注意卫生、运动、休息与营养，以增进其健康。

十四、训导形式不拘一种。除个别训导随时举行外，应充分利用课余及例假时间，集合全组举行谈话会、讨论会、远足会等作团体生活之指导。

十五、各组导师为取得训导组之联络并商讨各种实际问题，每月举行导师会议一次，由本分校主任为主席，主任有事不能出席时，由主任导师代理之，不设主任导师时，由训导主任代理之。

十六、凡导师对于所分配学生如有认为与其所习学科及志愿兴趣各不相谋，难于指导时，得于分配后两星期内向训导组要求调换他生，以资适应。

十七、凡学生对于所分配之导师，与其所习学科及志愿兴趣不相吻合时，得于分配后两星期内向训导组请求改换，但以一次为限。

十八、凡导师认为学生不堪训导时，当遵照“中等以上学校导师制纲要”第八条之规定，请求本分校主任准予退训，但此种请求须在受训后两个月以上，方可提出。

十九、凡经过受训之学生，得就本分校导师中自选一人受其训导，但选择时不得违背细则第五条所规定。

二十、凡导师在指导学生期间内因事或因病请假在一个月以上者，须由导师本人自行委托其他导师（不限一人）代为指导，一面将应用表册交付被托导师代为应用，一面用书面通知训导组备查。

廿一、导师对于受训学生之性行、思想、学业、身体状况各项应予每学期结束时依照规定格式(由训导组拟定分发)造具报告,由训导组汇集整理,送交本分校主任查核后,呈本校校长,并酌量通知各学生家长。

廿二、各导师应与训导主任随时作密切之联络,以利训导之进行。

廿三、本细则经本分校校务会议通过后,呈请主任核准公布施行,修正时同。

L053-001-1776 卷

(2)计划

分校三十一年度校务行政计划(三)训导部分
(1943 年 1 月 6 日)

一、关于思想善导者

1.于国父纪念周及各种纪念会时讲演国父遗教及总裁言论。

2.添购党义书刊,充实中山室。

3.遵行部颁中等以上学校、党务、团务、训导、军训会报办法。

4.悬挂历朝先哲及党国先烈像于大礼堂及其他校内重要处所。

二、关于学术研究者

1.敦请校内外教授学者作学术演讲。

2.辅导学生组织各种学术研究团体。

3.出版有关学术研究之刊物。

4.与国内其他大学取得学术研究上之联系。

三、关于日常生活者

1.遵照部颁中等以上学校学生礼节切实执行。

2.厉行军事管理切实检查内务。

3.订定教室、寝室、膳厩规则切实执行。

4.举行教室、寝室整洁竞赛。

四、关于课外活动者

1.举办各种社会服务如民众学校、民众壁报、农业推广合作组织等。

2.提倡体育活动,举行各种运动竞赛。

3.利用机会参加战时工作,如协助政府宣传政令、慰问出征军人家属、慰劳荣誉军人等。

4.增辟娱乐室,提倡正当娱乐如歌咏、戏剧、野宴、郊游等活动。

L053-001-1776 卷

三十二年度训导实施计划
(1944年1月7日)

一、注重精神训练

目今我国对日抗战捷音频传,国际情势于我盖有利,最后胜利为期不远。但胜利愈近,则诸事进行必艰苦逾恒,所谓行百里者半九十。吾人际兹非有非常之精神,势难克服,此种艰苦日常训导,宜振奋学生精神,坚定其意志,精神讲话向机举行。蒋主席所昭示之建国目标曰心理、伦理、社会、政治、经济诸端随时揭示,使学生自知将来使命之重大,而更愿为之发奋图强也。

二、整饬学生生活,切实实施中央训练团各校院长会议议决关于训导上应行注意之点

1.清洁:校舍、校园、厨房、食堂、厕所均须经常保持绝对之整洁,宿舍内务亦须尽量做到清洁整齐。

2.纪律:着重团体训练,养成守时习惯,集会时恪守民权初步。

3.体育:极力提倡体育,以养成文武合一之精神。

4.乐育:组织音乐队,时常举行音乐会,设歌咏课程。

5.礼节:严格实行部颁学校礼节。

三、添置训导设备

拟就本校经济可能范围内遵照部颁《中等以上学校训导设备要规》添置下列各项设备以利工作进行:

1.关于行政设备者:设导师办公室(训导人员有个别谈话须召学生时亦可于此室中行之)内置备足供应之各项训导表册,并陈列有关训导法规以备参考。

2.关于图书设备者:尽量购备有关训导图书以供全校员生研读并陈列国父遗教、总裁言论及有关阐扬三民主义之书刊。

3.关于卫生设备者:建设治疗室、调养室,并购备足以治疗普通疾病之医务用品。膳堂厨房应有防蝇及其他有关清洁卫生之设备,厕所应经常置备石灰及洒扫用具。

4.关于娱乐设备者:辟设娱乐室或游艺室,并酌备乐器、棋具及其他游艺用品。

5.关于服务设备者:劳动服务及兼办社会教育所需场所及用具,依学生人数酌量配备。

L053-001-1776卷

三十三年度训导实施计划草案
（1944年）

一、注意精神训练

1. 国父纪念周、各种集会及升旗礼时由分校主任、训导主任、军训教官作临时精神讲话。

2. 各组导师利用课余及例假日与各该组学生作生活指导之谈话。

3. 于各公共场所张贴部颁训导标语。

4. 礼节：严格实行部颁学校礼节。

5. 各教授、讲师于授课时随时训示学生注意德性修养。

二、继续实施中央训练团各校院长会议议决各要项

1. 清洁：校舍、校园、厨房、食堂、厕所、寝室内保持清洁整齐。

2. 纪律：着重团体训练，养成守时习惯，集会时恪守民教初步。

3. 体育：极力提倡体育以养成文武合一之精神。

4. 乐育：组织音乐队，时常举行音乐会，添设歌咏课程。

三、与党部、团部、军训部密切联络，协同推进训导工作

1. 遵照部颁中等以上学校党务、团务、训导、军训会报办法之规定举行工作会报，以便商讨各部分工作之改进并策定工作之方针与联系。

2. 遵照部颁全国中等以上学校党团务、军训、训导统辖推进办法之规定，加强青年训练并三民主义之教学。

四、添置训导设备

1. 关于行政设备者，设个别谈话室，训导人员或导师有个别谈话须召学生时即可于是室行之。

2. 关于图书设备者，添置有关训导图书供全校员生研读并陈列国父遗教、蒋主席言论及有关阐扬三民主义之书刊。

3. 关于卫生设备者，医务室添置治疗普通疾病之医药用品，膳堂、厨房、厕所应经常置备消防药品及洒扫用具，增辟浴室。

五、策动学生从军

1. 会同党部、团部鼓励学生踊跃从军。

2. 指导学生自治会推定人员劝导同学志愿从军。

3. 请各组导师随时劝勉学生从军。

六、指导学生研究宪政

1. 于国父纪念周时讲解有关宪政实施之法规。

2. 介绍并指导学生阅读宪政书报。

3.学生自治会出版刊物仅先登载有关宪政研究之文字。

L053-001-1583卷

(3)工作总结

三十年度第一次校务会议训导组工作报告
(1941年12月8日)

一、拟定各项章则

(1)业经主任核定公布者：

a.导师制施行细则

b.学生请假规则

c.新生入学训练施行细则

d.贷金学生服务规则

e.学生课外活动团体组织规则

f.学生刊物审查规则

g.各院系设置服务生办法

(2)尚未经主任核定者：

a.训导组办事细则

(3)正在拟定中者：

a.训导实施纲要及本年度训导计划

b.学生操行成绩考查规则

c.学生奖惩规则

二、办理学生请求贷金事宜

本年八、九月间奉教育部颁发学生贷金暂行规则及学生贷金审查委员会组织简章。当由主任室依照规定组织贷金审查委员会，除郑主任自任主任委员外，遴选路季讷、林天兰、王育三、毛路真、屠镇川、李子翰、陆子桐、沈金相、姚寿臣诸先生为委员报部核聘，并指定本组主办其事。学生先后来组请求贷金者，计战区生九三人，自费生一〇三人，于十月廿四日召开第一次贷金审查委员会决定审查办法，除由各委员分组调查外，并定期举行学生投票。于十一月二日召开第二次会议，根据调查及投票的结果决定审查标准。于十一月八日接开第三次会议，拟给贷金学生名单审查通过。兹将请求人数及审查结果统计如下：

类别		请求人数	发给人数
膳食贷金	甲	87	65
	乙	6	27
特种贷金	甲	65	9
	乙	4	3
	丙	0	1
辅助膳食贷金	甲	99	75
	乙	4	23

三、分派贷金学生服务

依照贷金规则得有贷金学生□□□服务，故贷金学生审查确定后当即依照各人意愿至各室处服务，现在业经派定者计有：

主任室四人、训导组三人、教务组二九人、总务组一二人、医务室一三人、图书馆一三人、会计室五人、化学实验室一六人、物理实验室一六人、生物实验室六人、军训队部三人、区分部六人；未定派定者尚有六四人。

四、分定导师及受训学生组别

本分校遵照部颁导师制纲要实施导师制，本学期文理工农四学院学生导师业已分配确定，师范学院则拟俟人数到齐后再行分定。兹将各组导师姓名及受训学生人数列表如左：

组别	导师姓名	受训人数
1	徐声越	10
2	孙养癯	10
3	林天兰	6
4	张其春	6
5	毛路真	9
6	路季讷	10
7	陈仲和	10
8	安明波	7
9	张挺三	10
10	文佑彦	6
11	郑侨文	6

续表

组别	导师姓名	受训人数
12	陈劲仲	6
13	王育三	9
14	金维坚	9
15	夏士宏	10
16	韩雁门	7
17	胡伦清	13
18	王季思	7
19	徐宝山	12
20	周恒益	8
21	周北屏	10
22	斯何晚	10
23	朱叔麟	9
24	沈金相	12
25	屠镇川	11
26	陈之受	10
27	董聿茂	11

五、办理新生入学训练

本届文理工农四学院一年级新生遵照部颁新生入学训练实施纲要举行新生入学训练一星期，兹将办理概况表示如下：

训练日期	卅年十月十五日至廿一日
训练地点	二部新校舍
训练科目	政治训练、校史草则、修学指导、道德修养、军事训练、体育、小组讨论
编制	依照军训编制编组为一中队、二区队、六分队
中队长	郑主任
中队附	沈金相、郑侨文
分队指导员	郑侨文、张其春、汤冠英、沈金相、胡伦清、屠镇川
教师	郑主任、林天兰、王育三、路季讷、陆子桐、沈金相、郑侨文、胡伦清、张其春、屠镇川、张慕骞、汤冠英、宋修华(龙泉县党部书记长)

续表

受训学生人数	100 人
附注	本届一年级新生共 114 人，其时共有 14 人未到，故受训学生数 100 人。

六、举行个别谈话

大学生年龄较大，习气较深，生活习惯不易纠正。现拟从个别谈话入手，至目前止计先后召来谈话者共七十人。

L053-001-1581 卷

三十一年度第一次校务会议训导组工作报告
(1943 年 1 月 6 日)

(一)各院系服务生之派定：本分校为增进学校与学生间之联系，辅助同学之进德修业并培养学生之服务精神，每学期均设置院系服务生。实施以来，尚著成效，本学期开始，即经分别重行派定，继续实施。

(二)学生贷金之申请与审查：本学期学生贷金奉部令，凡旧生已准贷金者，毋庸重办申请手续，新生另照规定办理，手续节省不少。经布告限期申请后，旧生声请继续贷金者计八十六人，新生或新请贷金者计一百十五人。除将续请各生列表将来提贷金审查会报告外，新请各生业经分组送请各贷金审查委员，先行考询该生家境概况，以便将来汇集开会审定之。惟贷金申请截止以后，二次续招新生纷纷来校，是项青年多有来自战区，经济困难特甚，申请贷金未便拒绝，故新生之补请贷金者，仍有络续而来。

(三)公免费之申请与审核：查本分校公免费学额，除新生由招生委员会核定外，旧生之请求递补公免费学额者向归本组办理。本学期公免费学额申请递补事宜，照章于上学期结束前办理完后，计申请递补公费学额者有冯平贯等八人，而无申请递补免费学额者，现已将原有公免费生及请求递补公免费生各项成绩查明列表，候提行政谈话会核定之。

(四)学生奖惩事项：本学期开学较迟，学生惩戒事项仅有两起。一为工二学生王祖槐于二次续招新生时以纸团抛入试场与考生舞弊，经监考人员查获，予以记大过二次，留校察看并褫夺公费待遇。一为农二学生王得彬，在课室内与同学陈旭初口角，竟至动武，以砚子掷伤陈生手部并推翻室内课桌，性情暴躁，行为粗野，予以记大过一次，以此惩戒。

(五)最近进行重要工作：

1. 训导实施计划之拟订；

2.分配各组导师及受训学生；

3.贷金公免费学生之核定；

4.贷金学生服务工作之支配。

L053-001-1599 卷

三十一年度第二学期校务会议陆代理生活指导组主任报告
(1943 年 7 月 15 日)

1.派送参加夏令营学生经过。

2.出席学生会，说明入黔旅费辅助分配办法经过。

L053-001-1599 卷

三十一年度校务报告训导部分
(1943 年)

一、关于思想善导者

1.于每次国父纪念周及各种纪念会时讲演国父遗教，如“孙文学说”、“实业计划”及总裁言论，如“三民主义体系及其程序”、“国民精神总动员纲领”、“新生活运动纲要”、“国民经济建设运动”等，以资启迪。

2.添置《中国之命运》及《中国国民党党报社论类编》各集及其他有关抗战建国之优良书报杂志多种供学生阅读，同时严密检查学生课外读物以防学生涉猎内容不纯正之读物而发生思想之错误。

3.布置党化环境于大礼堂及其他会集场所，悬挂革命先烈和先哲肖像及各种标语、格言供学生于耳濡目染之余油然起钦慕景仰之思。

4.遵照部颁“中等以上学校党务、团务、军训会报办法”之规定训导工作与党务、团务及军训取得密切联系。四部主管人员常举行会议，藉谋增进善导学生思想之效能。平日鼓励优秀学生入党入团，暑期内保送学生参加三民主义青年团东南夏令营，俾学生深受本党的训练。

二、关于学术研究者

1.举行学术演讲。曾敦请教育部陈部长、浙江省黄主席、英国军事代表团伦敦医师、浙江省阮厅长、本校教授朱重光、潘企莘、夏瞿禅、徐声越、任心叔等各作学术演讲一次，学生反映颇为佳良。

2.辅导学生组织各种学术研究团体。业经组织者成立有农经学会、天文学会、文艺研究社。各该会于开学时除作有计划之研究外，复分别邀请内外专家指导。

3.指导出版有关学术研究之刊物，由学生自治会主编《春雷》旬刊。每旬除在本校发刊外，在《正报》副刊出版，同时每月由各级级会轮流主编壁报，一般请由各科导师指导。凡此刊物均为选登学生之平日研究心得及著作，本拟于本年度终了时出版《浙大龙泉分校学生》，稿已征齐，惟因经济能力不及未果付梓，引为憾事。

三、关于日常生活者

本校遵照部颁“中等以上学校学生礼节”、“军事管理规程”及“新生活运动纲要”并参照本校实际情形订定学生通守规约一种。平日学生饮食起居礼节等训练悉照通守规约规定。训导处会同军训总队部对于学生生活随时予以积极指导，使学生生活日趋整饬，渐入正轨。又为生活得以调剂计，体育活动亦多提倡，故学生日常生活当严肃而又生气。

四、关于课外活动者

本校学风朴实，师生教学一本“求是”精神，平时孜孜于书本，对于课外活动向多忽视。一年来加以积极鼓励与辅导学生自治会学术团体，次第成立各种体育活动，如球类锦标、爬山越野等陆续举行；娱乐活动，如音乐、歌咏、戏剧、郊游等，刁奏不时演出；社会服务，如办理民教、推广合作组织、为民众打防鼠疫苗针、策动乡村清洁运动、协助政府宣传粮政役政、慰问出征军人家属、慰劳荣誉军人等项亦随时举行。

L053-001-1776 卷

三十二年度第一学期校务会[议]陆训导主任报告
(1944 年 1 月 15 日)

1.本年度导师分组情形。

2.精神训练实施办法。

3.生活指导注意事项。

4.各项球类比赛经过。

5.现有课外活动项目。

L053-001-1599 卷

三十二年度第二学期校务会议陆训导主任报告
(1944 年 6 月 10 日)

本年来训导组之日常工作约有下列各项：

1.关于生活指导者

a. 注重勤劳节约;b. 倡导适度之休闲活动;c. 男女问题之注意与指导。

2. 关于体育卫生者

a. 指导学生自治会社会服务部协助民众消毒及大扫除;b. 强迫施射防疫针;c. 提倡课外运动。

3. 关于精神训练者

a. 国父纪念周切实点名;b. 升旗早操严格实施;c. 于国父纪念周时,讲习部颁讲习大纲。

4. 关于军训党国联系者

a. 宣传并介绍学生加入党团;b. 参加党团各项活动;c. 鼓励学生从军。

5. 其他关于公费生贷金生名册之造报,各项奖学金及救济费之分配,均会同有关各组一一办理。

L053-001-1172 卷

三十三年度第一学期校务会议训导组报告
(1945 年 1 月 20 日)

1. 导师分组情形。

2. 办理公费生申请事宜。

3. 各种集会及团体活动之指导事项。

4. 整洁检查及早操升旗、纪念周时学生出缺席之督导事项。

5. 劝导学生加入党团情形。

6. 指导学生参加康乐活动情形。

L053-001-1172 卷

教务、训导、总务、军训主管同人联席谈话会记录
(1943 年 6 月 8 日)

日期:三十二年六月八日

时间:下午六时

地点:本校

出席者:孙同书　杨景桢　屠镇川　朱重光　董独鹤　汤冠英　戴咏雪
　　　杨山农　钟景文　陆永福

列席者:丁　儆　程绍懋　韩国粹　程其坚　张德舆　沈宝新　尤　容
　　　汤禄熙　程毓棨　王　璧

行礼如仪：

(一)报告事项(略)

(1)各室及其他公共场所之整洁应如何改进案

议决：a. 关于教室，由各级服务生主持进行，教务、训导、总务三处加以督导。添设痰盂及字簏。

b. 关于寝室，由各该室服务生主持进行，军训、训导两处督导。学生零星物件，一律置床下，或空铺上。

c. 关于浴室、厨房、厕所、盥洗所，由总务处督工清理修筑，训导处指导学生注意整洁。浴室顶装外门。

(2)学生服装应如何使之整齐案

议决：如有会集时，学生穿着制服与穿着校服者各集一起，以免掺杂。

(3)一部升旗礼应如何举行案

议决：照二部办法，由总务处制备旗杆，添设号兵。

(4)礼堂应如何布置案

议决：添挂总裁主席肖像，加悬对联两副，置备新生活标帜、标语，四壁加以修理。

(5)礼节应如何注意案

议决：如视察者由主任引进教室时，经主任介绍与教授及学生，学生即起立礼以表敬意。

(6)请决定整洁事宜之实施步骤案

议决：

(一)关于一部

a. 九日上午十时至十一时召集全体学生说明进行要项。

b. 九日上午十二时至下午一时召集服务生谈话，指示服务时应行注意事项。

c. 下午全体参加大扫除工作。

(二)关于二部

a. 九日下午四时至五时召集全体学生说明进行要项。

b. 九日下午六时至七时召集各室服务生谈话。

c. 十日上午七时起全体参加大扫除工作。

主席　朱重光

记录　陆永福

L053-001-1581 卷

(4)奖惩通告

布告
(1941 年)

查本分校为奖励学生服公起见,经嘱训导组查明一学期来为公服务努力各生姓名,除酌加操行成绩外,合行择尤开列名单,布告嘉奖,以资激励!此布

主任　郑宗海

名单附后

朱祖培　明事理,负责任,任本届学生自治会主席干练有为,同学颇多信服。

丁光炎　任一部膳食委员会主席热心负责,且能注意节约,不特同学,翕服学校,亦深资臂助。

徐正诗　任一部膳食委员会监察股长克尽厥职,贷金服务亦努力认真。

周锦章　任一部膳食委员会粮食股长,平时管理粮食颇严密负责,大考时各生均忙于功课,该生不惜牺牲仍自愿继续为公众服务,尤堪嘉许。

蒋祖荫　任学生自治会庶务股长,于此庆祝元旦游艺会时筹备导具、布置会场,颇着劳绩。

陶廷弼　任二部膳食委员会主席,处事严正,不辞劳怨。

乐秀文　任二部膳食委员会总务股长,计虑周详,管理有方。

徐拔和　任二部膳食委员会保管股股员,平日核算及收发粮食颇仔细周密,且能历久不懈,数月如一日。

顾乃仁、沈隆威、范辅弼　平日监督厨工颇严密认真,去岁除夕全校师生聚餐时,该生等亲送盘飧,不辞劳瘁,先人后己亦属难能可贵。

L053-001-1898 卷

布告
(1941 年 12 月 16 日)

查本月十日晚,一部有少数学生,忽发口号,侮慢师长,此喧彼嚷,行动越乎常轨。本当从重惩处,以肃纲纪,次经本主任严于申诫,复由各生具呈表示悔过,念系初犯应予从宽免究。沈主任自来分校,矢勤矢慎,克尽厥职,不能以若

干人之好恶，听其离去。校务行政谈话会也决议挽留在案。又经本主任敦劝，已暂允复职。该生等务各自爱，以后应以励学敦品为重，设若再有相类情事发生，则本主任为维持纪律起见，不得不忍痛尽法惩治。特此布告。

L053-001-1898 卷

布告
（1942 年 2 月 18 日）

顷奉教育部丑青高第 05127 号电开“该分校文学院学生电请归并东南联大，擅自渎事，应予申斥”等因，特此布告。

郑宗海

卅一年二月十八日

L053-001-1898 卷

布告
（1944 年 1 月 14 日）

兹据本校学生自治会一月十四日报告，……查学生黄铁夫、贺倜、方开舜、赵家骞、李景明、周仁生、袁以乾等工作努力，应予嘉奖，以励来兹。特此布告，希各知照。

主任　路季讷

一月十四日

附学生自治会报告

谨呈者“本会第五次全体大会议决，本会职员黄铁夫、贺倜、方开舜、赵家骞、李景明、周仁生、袁以乾七君本届工作努力，应呈请主任奖励”记录在卷，理合呈请鉴核。此呈

主任路

国立浙江大学龙泉分校学生自治会　谨呈

一月十四日

L053-001-1179 卷

四、总务工作

(1)计划和报告

第三次校务会议总务处报告(包括会计报告)
(1939年12月9日)

1. 校舍添造绘制图样与添租民房情形。赵总务主任报告:添建校舍,为打图样事几费周折。初绘草图,恐实际工作不能适用,查有学生张明显、欧宜生二人,曾习测绘,因嘱该二生测绘成一平面图。但据称未能绘制[平]面图,乃又向浙赣路新村建筑工程师沈先生处就正。据云:本人实无暇晷,只允担任设计指导,可嘱原绘二生到该处绘图,以便随时指正。随嘱张、欧二生前往沈工程师处习绘,现已完成,时已十二月七日矣。此外,招工包建等手续,尚未进行。据沈工程师预计,此项房屋,非三个月内可以完工,则本学期实验室及先修班用屋,决不能待,只可先租民房,暂作过渡之计。兹拟借庆恩寺大殿与山门作实验室;另租曾开菜馆之中堂及前博物馆所借民房等为工场与先修班用屋。不过临时租用,有多不适宜处,尚希各位教师原谅。

2. 本分校之呈送预算分配数。

3. 开办以来本分校实领经费与经临各费实支大概情形。

L053-001-1168卷

二十九学年第一学期第一次校务会议任总务主任报告
(1940年11月18日)

八九月份开支,仅就薪工一项而言,计月许五千三百余元,较原预算之薪工项应增支一千四百余元,故原预算每月六千元之总数早已超过。现奉准每月追加预算二千元,每月虽可用八千元,除开支薪工及原预算之办公费外,约可余五百元之谱。若酌加办公费,则无盈余可言。本会计年度八至十二月,共收总校汇发经费四万元,八、九、十三个月已支二万一千余元。又垫付谷米款一万余元,目前结存现金连收回米款仅一万另三百余元,不足十一、十二两个月之开支矣。至每月详细预算,须俟会计室编就分发查阅。

L053-001-4009卷

三十年度第一次校务会议总务组报告
(1941年12月8日)

一、购储粮食数目及分设仓库情形

查本年龙泉县新谷登场之时:米价为每元一斤二两,间亦有每元一斤三四两者,为时共及一月,即近此增时候每元只有一斤一两,本组鉴于上年粮荒之严重□呈主任向就近农户及八都等处收购,并向中茶公司、联高转让积谷,除已应付开学至今食粮外,现尚存有谷子四一一〇八斤,米一四三三七斤,以现下人口计算,约能维持至明年三月底为止。嗣后食粮已函向省粮政局提先发给学米供应凭单,一俟允准指定拨给之公仓后,拟即派员购运。但目下运输万分困难,运费激增,是否能得到较廉之粮食,尚须视省粮政局所指定之公仓处所远近而定。又本组为疏散粮食起见,曾在大沙村、础石村、石坑垅之庆恩寺、坊下之民房及一部校舍内,分设仓库五处,虽管理挑运不便,然较谨慎。

二、建筑新校舍及校舍支配情形

本年三、四月间奉部令增设二年级,因经费不敷,原拟向浙赣铁路管理处租用金沙寺新村房屋,曾订有草约,适其时浙局骤紧,各机关分迁龙泉,该区房屋为盐务管理局购去,乃不得不重行计划,组织建筑委员会设计自行建筑,招商承办,于七月十日计有六家匠商估单提会决定,以最低估价之匠商赵永利木厂承办。当于是月十五日订立合同,即日兴工,计建有学生宿舍二座(每座五大间,容一百六十人),教室二座(一座七间,一座三间),共计造价一万三千二百元,又在庆恩寺内修理办公室,搭建厨房及临时饭所等房屋,计修缮费一千四百五十元,为隐蔽及观瞻起见,多数房屋均在山上开掘土方建造,故土方费竟在三千二百元之谱。总计增级营造费一万七千八百五十元。又九月间奉令增设师范班,亟须筹备,于九月二十日计有三家匠商估单提会决定,以最低估价之匠商赵永利木厂承办,即于二十五日订立合同兴工,计造学生宿舍一座(计五大间,容八十人),教室一座(计五大间),大礼堂兼饭堂一座(计五大间,容五百余人),教职员宿舍一座(计五楼五底),总计造价二万元,另造疗养室、厕所、号房、警亭、小厨房、教职员浴室等房屋,计造价三千五百余元,又在庆恩寺附近山上建造女生宿舍一座(计三大间,容四十八人),计造价三千五百余元。总计师范班营造费二万六千三百余元,现下各处房屋先后均已落成,虽尚不敷,大致勉可应用矣。

三、创办消费合作社

暑假中曾由路季讷教授发起组织消费合作社,召集大会一次,推举筹备委员,计收社股一千零五元,另向校方借款二千元,托丁祖炎先生赴金兰一带购办大批食品、日用品及文具等,因无房屋存储迟延迄今,尚未开幕。目下房屋落成，拟请委员会开会决定进行步骤，即可于最短期内开张矣。

四、雇用请愿警

本校地处乡间，冬防堪虑，已函请饬政府派警三名驻校防守。

五、防空设备

本组奉防空委员会之指示，在一部校舍附近山上开掘防空壕十一个，每个约容十余人，二部附近山上开掘防空壕四个，拟仍继续开掘，各处防空壕均立有疏散指路牌，又修造防空储藏室一座，不日亦可完成。另在各处草房上加盖青草树枝，以资隐蔽。防空设备需费浩大，本校预算有限，势难应付，已草拟预算呈部拨发矣。

L053-001-1581 卷

三十一年度校务行政计划(四)总务部分
(1943 年 1 月 6 日)

一、充实内部组织以增工作效率。本分校于民国廿八年秋初成立时仅办一年级及先修班，学生总数不过百余人，其时事务简单，故职员亦少。现班级增加，学生总数已在四百人以上，教职员亦由三四十人增至九十余人。各部分事务增繁数倍，现拟依照部颁行政组织规程将总务组改为总务处，下设文书、庶务、出纳三组，各置主任一人，俾专责成组下设股，分层负责，庶几权限，划请责任分明，对于行政效率之增加实有裨益。

二、请部拨发临时建筑专款添造校舍。现在员生增多，部分亦时有加添，旧有校舍不敷应用，且一部分校舍原系租用民房，光线、装摺均不合学科之用，且宿舍、教室、膳厅分作两部，非特行动费时，即开支亦属巨大。本年度内如时局稳定，拟请拨专款添造校舍以应需要。

三、添置消防设备及交通工具以备万一。自金兰沦陷后，本校住处前哨，空袭堪虑，且时局变幻无定，应变工具不得不预为准备，现拟将上次应变费余款及本年度经常费内购置项下指定一部，尽量添置消防设备及交通工具，以备万一之需。

四、改善灯火以便夜读。本分校灯火使用煤油，本学期因煤油来源缺乏，购置为难，改用桐油，惟经试用，结果烟气甚重，有碍呼吸，灯光不足，有损目力，且易结灯花，易于爆炸，危险堪虞，现拟设法改善，如煤油能照平价购到或改用汽灯，至春假后白昼时间渐长，或将夜自修酌量减短，以节油费。

五、严密管理物资以免散失。物资种类繁多，而本校舍又分散各处，浪费散失，容有未免。现拟一方[案]将购置及保管人员绝对划分，同时组织物资审查委员会，随时严密检核，以防散失。

L053-001-1776 卷

三十一年度第一次校务会议总务组报告
（1943 年 1 月 6 日）

一、粮食

查三十一年一月份起，曾先后向龙泉县政府供销处订购食米二万五千斤，粮食公店订购食米二万五千斤，又地行借谷子四千一百九十斤，折米二千八百四十九斤（内有千斤归还，价款由粮食公店代收转账，故共实收转让一千八百四十九斤），以上总计五万一千八百四十九斤，均照评价每元一斤计算，共应付款五万一千八百四十九元（现尚欠粮食公店六千余元）。又由浙省粮政局价拨龙游食米二万八千七百三十一斤，连运力砻工等共付款二万六千二百九十六元七角，下合价每斤九角二分以上，均系向粮政机关购得，总计八万另五百余斤（曾在三十一年五月二十二日第二次校务会议报告在案）。又先后收购联高谷子二万五千一百十四斤，折米一万七千五百七十九斤，础石、八都等处收购一万一千另五十八斤，共计二万八千六百三十七斤（价格不一，单据存会计室）。合计共购办十万另九千一百三十七斤，除员生工役及家属逐月耗粮外，至十月五日止，尚存谷子二千四百另四斤。自校迁回后，即向龙泉行家先后收购食米二万四千二百七十六斤，连运力付款四万一千三百七十元（单据存会计室）。又向供销处商购糙米二万六千斤，付款四万另二百元，总共进米五万另二百七十六斤，付款约八万五千三百八十七元以上，系本分校采购食粮之大致情形。现在除逐月耗粮外，尚存食谷二千二百余斤，食米一万一千斤（内存竹口七千斤）又向温州订购约三万斤（汇款六万元），就地收到谷子老秤一万斤，食米约可收万斤。最近接粮政局发来食谷一百石，计可折米七千六百余斤，总计尚约可有六万五千余斤，勉敷三月之粮（校款窘极，款大部未付）。

二、应变工作

三十一年八月初，敌侵云和附近，龙局益危，本分校员生十三日起陆续撤退，派桐留守抢运。计自三日起至十六日，共运出图书仪器及用品木箱二百另四箱，约重三万斤左右；教职员学生行李先后运出八百余件，约重二万五千斤左右；散置各处木器家具大小二千四百九十四件，员生之丙种行李一百五十余件；各部办公室之文具纸张等均收集分别辟室汇存储藏室。又向山后觅定民房约十余处，其时亦利用疏散油类谷子等物品。幸浙局渐平，丽水敌退，乃于是月二十八日起程赴松溪报告，九月底复奉派回龙筹备开校，并办理运输事务。但房屋校具因受军队之驻扎，颇多损坏及散失，当向各方收集布置，并赶速修理置办，现大致已能勉强应付，运输亦可于本月中旬完全运毕。

L053-001-1599 卷

三十一年度第二学期校务会议杨代理总务主任报告
(1943 年 7 月 15 日)

最近经费收支、教部欠发及实际存垫情形。

L053-001-1599 卷

三十一年度校务报告总务部分
(1943 年)

一、充实内部组织以增工作效率

自本年度起，依照计划总务组下分设文书、庶务、出纳三股。每股设主任一人，惟改为总务处一节以别于总校，未曾实行。

二、请部拨发临时建筑专款，添造校舍

本年度原拟请部拨发建筑专款将一部校舍全部改建，俾合实用，嗣因经费困难，只由国库拨到建设费十万元。现以之建筑手车路一条，自校门口通至城内龙敦庙以便装运米粮及杂物等，计长三公里半，建筑费共一六五二四元，又添建畜舍两座、牛栏一座，为畜牧场饲养牲畜之用，共用去建筑费一七三六六元。

三、添置消防设备及交通工具

此事后因应变费所余无几，而经常费内亦无余款可以腾支，故未曾实行。惟交通工具曾于三十一年浙东事变本校迁移至闽北松溪时购有手车几辆尚堪应用。

四、改善灯火案

自本年度第二学期起依照计划所定改用汽灯，燃点樟脑油，惟夜自修时间酌量减短以节油费。

五、严密管理物资以免散失

遵照计划所定，校具保管专设人员负责。物资审查委员会亦经组织成立，自实施以来当著成效。

L053-001-1776 卷

三十二年度校务进行计划(总务部分)
(1944年)

1.建筑医务室及调养室。本校原在一部辟有医务室一间，而在二部设一外科分诊室，惟分成两处后人手设备均感不敷。现学生来往求诊亦感不便，而调养室因无相当房屋迄未设置尤觉欠妥，现拟在一、二部适中地点建筑平屋五间作为医务室及调养室之用。经费即在本年度建设费用内拨支。

2.整理校具。本校自卅一年八月间敌寇窜扰浙东迁徙至闽北松溪后，校舍曾一度被军队占住，因此校具散失甚多，而历年财产目录又迄未编造，查点至感困难，现拟在本年度内将全部校具重行彻底整理后造具清册，俾便查考。以后新置校具，指定负责人员随时登录以免散失。

3.节省消耗。物价高涨无已而经费预算有限，此后如不注意节省势必有不敷之虞，现拟自四月至九月遵照部令停止学生夜自修，并试用冷水洗脸以节灯油薪炭。此外，教职员领取课业及办公用品亦严加限制以资节约。

4.训练校工。抗战以来，社会经济畸形发展，校工工资所入常不及一贩夫走卒，因之原有熟练校工或年富力强者往往见异思迁，另谋发展，而留校工人遂尽为面黄肌瘦愚呆无知者流。优秀校工一时既不易招雇，自惟有就原有者勤加训练以资补救。现拟成立校工补习班，每夜上课一小时或间日上课一小时，授以识字教育、公民常识、卫生知识、勤务须知等，由总务组职员会同社会教育推行委员会办理之。

5.实施防疫。近来浙南一带鼠疫流行甚盛，本校员生众多，一经染及，其危险不堪设想。现除全校员生校工普遍注射防疫针外，并拟每周会同训导组举行大扫除一次，同时进行消毒灭蚤工作以资预防。

6.调整工作。本组现分庶务、出纳、文书三股。而庶务股包括购置、保管、人事、工修、庶务各部门，各股及各部门工作分配间有畸轻畸重，或不甚妥善之处，现拟重加调整以求尽善。

L053-001-1776卷

三十二年度第一学期校务会[议]丁祖炎先生代表杨总务主任报告
(1944年1月15日)

卅二年八月份至十二月份经费收支概况。

L053-001-1599卷

三十二年度第一学期校务会[议]施晋昭先生代表会计室报告
(1944年1月15日)

1.注意各项预算数以防超溢。

2.会计室人手不敷,主办会计又久未派定,工作进行迟缓。

L053-001-1599卷

三十二年度第二学期校务会议杨总务主任报告
(1944年6月10日)

1.校中各项经费存垫情形。

2.员工公粮最近向龙泉县田粮管理处洽领情形。

L053-001-1172卷

三十三年度第一学期校务会议总务组报告
(1945年1月20日)

1.经常费全年度预算为一六四〇〇〇〇元支出,支出共二一〇三〇八五元,计超溢四六三〇八五元,而至目前止实收仅一一三七〇〇〇元。(教部拨来五〇〇〇〇〇元,总校拨来四三七〇〇〇元,浙省府拨来二〇〇〇〇〇元),上项超溢数如以添班费一五〇〇〇〇元,追加办公费九一〇〇〇元弥补之,尚短少二二二〇八五元。

2.建设费历年结余一六六一一〇元,本年收入一〇〇〇〇〇元,共二六六一一〇元,建筑医务室用去七二六四四元,教室用去一九九五三三元,计不敷六〇六七元。

3.生活补助费共收九八〇一〇〇元,共支一〇一二〇九四元,计超支三一九九四元。(另收到部款一三三二〇〇元,未说明用途,如系生补费则结余一〇一二〇六元)

4.员工公粮卅三年九月份以前业已领清,十月份尚有一二五三斤未领到,十一、十二月份则全未领到。

5.公利互助社事业概况。

L053-001-1172卷

(2)分校经费

二十八年度建置费预算分配(摘录)
(1939 年 7 月 20 日)

Ⅱ、浙东分校建设费　　共 40,000(元)

理化仪器　30,000

生物仪器　4,000

数学书籍　2,000

史地书籍　4,000

L053-001-1809 卷

浙东分校经常费概算
(1939 年 8 月—12 月)

二十八年八月至十二月支出经常费概算	50,560.00(元)
Ⅰ.俸给费	31,860
俸薪	30,100(每月 6,020 元)
饷项工资	1,760(每月 352 元)
Ⅱ.办公费	6,650(每月 1,330 元)
文具	1,100
邮电	500
消耗	2,650
印刷	300
租赋	800
修缮	300
旅运	500
杂支	500
Ⅲ.购置费	600(每月 120 元)
器具	600

续表

Ⅳ.营造费	2,300(每月460元)
房屋	2,000
场圃	300
Ⅴ.学术研究费	7,650(每月1,530元)
图仪	7,000
研究调查辅助	400
军训体育	250
Ⅵ.特别费	1,500(每月300元)
汇兑	200
医药	300
举办社教	400
其他	600

L053-001-1809卷

二十九年度概算
(1939年6月16日)

第三款浙东分校经费　69,720(元)

　第一项俸给费　51,600

　　第一目俸薪　48,000(每月4000元)

　　第二目饷项工资　3600(每月300元)

　第二项办公费　8400(每月700元)

　　第一目文具　600

　　第二目邮电　480

　　第三目消耗　3000

　　第四目印刷　420

　　第五目租赋　1800

　　第六目修缮　600

　　第七目旅运费　900

　　第八目旅费　600

　第三项购置费　600(每月50元)

　　第一目器具费　600

第四项学术研究费　6600(每月 550 元)

第一目图书仪器　6000

第二目军训体育　600

第五项特别费　2520(每月 210 元)

第一目师范学生膳费　1920

第二目医药费　300

第三目其他　300

L053-001-1809 卷

分校致教育部公函告知三十一年分校概算草案
(1941 年 10 月 27 日)

查本分校三十一年度概算,业经总校拟编六十二万余元呈送钧部核编在案。惟原书只列一二年级经费,本分校学生多系浙籍子弟,亦有来自苏皖闽赣诸省者,值此交通顿阻,如修了二年级后,就地无可升学,困难必多。本分校爰拟报校:总校答复浙省参议会请设二年级一案,逐年予以增级之决定,于卅一年度第一学期增设三年级以副各方之期望。

又东南各省初中国文、英文、数学、博物等科师资,均感缺乏。三十年度第一学期奉令开办师范初级部国文、数学各一班,即经遵办设之立案。为拟于三十一年度第一学期仍照部定保送办法,增设英文、博物各一班以应需要。

依此实施,则本分校文理工农四院八个学系至卅一年度第一学期,计有一年级五班(工学院人数众多,分作两班),二年级八班,三年级八班,师范学院初级部一年级两班,二年级两班,共有二十五班之多。建筑设备均须扩充。原列经费实难应付。除报总校外,谨拟具本分校卅一年度整个概算(共列一〇七四九六〇元)送备参核。敬祈转陈部长请予顾念本分校事实上之需要,将卅一年度经费酌量宽列,以免日后追加困难,而利进行,实纫公谊。谨致

教育部高等教育司

附三十一年度概算草案三份。

附　三十一年度概算草案

科目	本年度预算数(元)
国立浙江大学龙泉分校经费	1074960
第一项　俸给费	332160
第一目　教职员俸薪	294010
第二目　会计人员俸	7550
第三目　饷项工资	30600
第二项　办公费	181800
第一目　文具	21600
第二目　邮电	9600
第三目　消耗	54000
第四目　印刷	9600
第五目　租赋	4800
第六目　修缮	14400
第七目　旅运费	60000
第八目　杂支	7800
第三项　购置费	33600
第一目　器具	24000
第二目　舟车牲畜	2400
第三目　服装械弹	7200
第四项　营造费	132000
第一目　房屋	120000
第二目　场圃	12000
第五项　学术研究费	354000
第一目　图书仪器	300000
第二目　研究调查辅助	3600
第三目　军训体育	7200
第四目　实验消耗	43200

续表

科目	本年度预算数(元)
第六项　特别费	41400
第一目　特别办公费	2400
第二目　汇兑	6000
第三目　医药费	12000
第四目　社教经费	3000
第五目　其他	16000

L053-001-1616 卷

三十一年度经临费收支约计报告表
(1943 年 1 月 5 日)

经临费科目	收入金额		支出金额		存或欠	余额		备改
应领经费：经常费	376,900	00	412,000	00	欠	35,100	00	本表以现金核算为原则，“欠”表示资产，“存”表示负债
添班费	50,000	00			存	50,000	00	
暂付款			93,000	00	欠	93,000	00	
积米			149,000	00	欠	149,000	00	
借入其他机关款，银行透支	120,000	00			存	120,000	00	
经费剩余——待解部分	39,415	76			存	39,415	76	
应解缴款	14,800	00			存	14,800	00	
代收款	21,000	00			存	21,000	00	
暂收款	31,000	00			存	31,000	00	
保管款	430	00			存	430	00	
应变费	250,000	00	171,100	00	存	78,900	00	
员工米贴	131,000	00	216,000	00	欠	85,000	00	至本年 11 月上旬校方应给款
生活补助费	82,000	00	78,000	00	存	4,000	00	

续表

经临费科目	收入金额		支出金额		存或欠	余额		备改
特别生活补助费	1,500	00	13,500	00	欠	12,000	00	
贷金	62,627	80	131,473	56	欠	68,845	76	
入黔旅费	150,000	00	111,200	00	存	38,800	00	
师范建设费	40,000	00	31,100	00	存	8,900	00	
沪港救济费	20,000	00	15,300	00	存	4,700	00	
学术研究补助费	21,000	00	18,000	00	存	3,000	00	
现金	28,000	00			存	28,000	00	本月底现金结存约计数
合计	1439,673	56	1439,673	56				

L053-001-1599 卷

教育部欠发及未发经费清单
(1943 年 8 月 18 日)

三十一年各月份教育部欠发款:

教职员生活补助费　　24,143.50

师范生膳费　　12,527.80

公费　　12,270

计 48,941.30(元)

三十二年 1—7 月份教育部欠发款:

增班费　　200,000

教职员生活补助费　　80,181

员生食粮代金　　154,419.10

学生膳食贷金　　44,471.01

师范生膳费　　139,501.47

师范生公费　　10,800

七月份经常费　　60,000

计 689,372.58(元)

共欠:738,313.88(元)

三十二年 8 月份起应领各费:

8—12 月份

经常费	300,000
教职员生活补助费	130,000
员工食粮代金	500,000
学生膳食贷金	300,000
师范生膳费	135,000
师范生公费	15,000
10—12 月师范部经费	45,000
下学期师范部增班费	180,000

计 1,605,000(元)

L053-001-1628 卷

三十二年度一月至十二月份补助费收支对照表
(1944 年)

摘要	收入		支出		结余
四月十九日到直字五六八号通知书,收国库直拨一至三月份生活补助费	二一,一二〇	〇〇			
六月廿四日到直字〇二七一五号通知书,收国库直拨四至五月份生活补助费	一四,〇八〇	〇〇			
六月二十六日到直字二六三一号通知书,收国库直拨六至七月份生活补助费	一四,〇八〇	〇〇			
十月十九日到特函字〇三四七四号通知书,收国库拨一至七月份补发生活补助费	七五,四九五	〇〇			
同前 收国库拨五月份支领办公费人员补领加成生活补助费	一,八六六	〇〇			
同前 收国库拨八至九月份生活补助费	五二,二六八	〇〇			

续表

摘要	收入		支出		结余
十月十五日到拨字八二五号通知书，收国库拨十至十一月份生活补助费	五二，〇〇〇	〇〇			
卅三年一月廿日到拨字九四□□号通知书，收国库拨十二月份生活补助费	二〇，六五五	〇〇			
支一至五月份基本数			四七，九六〇	〇〇	
支六至九月份基本数			七一，二七〇	八〇	
支十至十二月份基本数			九三，一四	九〇	
支一至五月份薪俸加成数			二八，二八一	二〇	
支六至九月份薪俸加成数			二八，一三五	五六	
支十至十二月份薪俸加成数			三〇，二一六	三一	
合计	三四一，五四四	〇〇	三一八，六七八	五七	二二，八六五

L053-001-0752 卷

国立浙江大学龙泉分校三十三年度经常费分配概算书
（1944 年）

款	项	目	科目	全年度预算数	月份分配数 十二月份分配数	备考
一			本校添班费	一五〇，〇〇〇	一五〇，〇〇〇	
	一		俸给费			
	二		办公费	一五〇，〇〇〇	一五〇，〇〇〇	
		一	文具	一三〇，〇〇〇	一三〇，〇〇〇	
		二	邮电			
		三	消耗	一〇，〇〇〇	一〇，〇〇〇	
		四	印刷			
		五	租赋			
		六	修缮			

续表

款	项	目	科目	全年度预算数	月份分配数 十二月份分配数	备考
		七	旅运费			
		八	杂支	一〇,〇〇〇	一〇,〇〇〇	

L053-001-0742 卷

国立浙江大学龙泉分校三十三年度经常费追加分配概算书
(1944 年 4 月)

款	项	目	科目	全年度预算数	月份分配数 十二月份分配数	备考
一			本校追加经费	九一,〇〇〇	九一,〇〇〇	
	一		俸给费			
	二		办公费	九一,〇〇〇	九一,〇〇〇	
		一	文具	五〇,〇〇〇	五〇,〇〇〇	
		二	邮电			
		三	消耗	二〇,〇〇〇	二〇,〇〇〇	
		四	印刷			
		五	租赋			
		六	修缮	一五,〇〇〇	一五,〇〇〇	
		七	旅运费			
		八	杂支	六,〇〇〇	六,〇〇〇	

L053-001-0742 卷

(3)预算委员会会议

预算委员会第一次会议
(1942 年 11 月 26 日)

日期:卅一年十一月廿六日下午二时

地点:一部三楼

出席者:路季讷　王季思　姚寿臣　朱重光　陆子桐　沈金相　潘　渊

主席:路季讷

记录:王季思

讨论:

一、师范学院添级费十万元预算如何支配案

议决:自本年八月份起至十二月份共五个月,每班每月经常费五千元,二班每月计一万元,五个月共计五万元,余五万元暂定实验仪器一万元、图书二万元、器具一万元、医药用具一万元,合计十万元。

二、追加三十二年度添设实验附中预算案

议决:推定潘陆沈三委员起草,提下次会议讨论。

三、部拨建设费十万元预算如何支配案

议决:筑路费一万元(自龙灯殿至坊下)学生宿舍及教室建筑费五万元,设备费四万元(机电系分配应较多),合计十万元。

四、部拨应变经费二十五万元余款如何支配案

议决:尽量购买交通工具,以备紧急之需。

五、推定本会主席案

议决:推路委员为本会主席。

路季讷

L053-001-1625 卷

预算委员会第二次会议
(1942 年 12 月 31 日)

日期:卅一年十二月卅一日下午一时

地点:一部三楼

出席者:路季讷　姚寿臣　朱重光　陆子桐　王季思

主席:路季讷

记录:王季思

讨论:

一、部拨建设费十万元预算重行分配案

议决:根据十月十儿日本校呈部㕛电分配如左:

机电简单设备　　四万元

图书　　二万元

化学药品　　二万元

营建设备　　　　二万元

并请主任速通知有关部分编具概算汇转。

二、部拨应变经费余款应否留一部分备作其他用费用案。

议决：应变余款恐部不许留作他用，应尽速购置交通工具。

三、部拨追加经常费十万零八千元，膳食费二万元，应如何支配案。

议决：临时食费二万元作为自城中至坊下筑路费，追加经常费十万零八千元照实在支付情形分配。

路季讷

L053-001-1625 卷

预算委员会第三次会议
(1943 年 1 月 21 日)

日期：卅二年一月廿一日下午一时

地点：一部院系办公室

出席者：路季讷　周北屏　陆子桐　朱重光　沈金相　郑宗海　孙同书　王季思

主席：路季讷

一、拟定本分校本年度预算概数案

议决：本分校本年度预算概数依照左列各项分配。

(一)俸给　　　　三十六万

(二)办公费　　　三十万

(三)购置　　　　十五万

(四)学术研究费　五十五万

(五)特别费　　　二十四万

以上共计一百六十万。

二、学术研究费五十五万如何分配案

(一)图书十万元，由十四单位(级)平均分配。

(二)仪器二十万，分配工学院十万元，理学院七万元，农学院二万五千元，师范学院五千元。

(三)实习费十万元，分配物理四千元，化学六万元，金工场二万元，土木七千元，农学七千元，生物二千元。

(四)调查费五万。

（五）体育及军事设备费十万元。

路季讷

L053-001-1625 卷

（4）要求增加经费的函电往来

郑主任致电竺校长要求追加二十九年度八至十二月预算
（1940 年 10 月 30 日）

遵义浙大竺校长：查本分校廿九年度因浙东物价，日涨月高，暑期后较之暑期前，涨一二倍，较之去冬涨四五倍不等，低薪教职员，虽有生活费之津贴，生活仍日见困难，爰自廿九年八月份起，将教职员校工等薪工酌予增加。又奉令将原薪七折改八折支给。分校经费支出骤增。兼之本年度学生数增加，教职员人数不敷支配，不特减无可减，反因事业上之需要，不得不添聘教员数人，总计自八月份起，每月实支薪工数已超过原预算一千数百元。一面因物价飞涨，百物昂贵，办公应用物品虽竭力樽节，而开支数目，亦反较前增加。以是每月六千元之原预算，万难敷用。

查六月间本分校有鉴及此，曾拟具廿九年八至十二月追加预算，于六月廿八日以代电送请追加在案。惟嗣因情形变动，师院生不收，此项预算，自应撤消。兹查会计年度三十年度本分校经费，已奉通知，除添办二年级另加预算十五万余元外，核定为九万八千元，计平均每月八千余元，具征分校经费之应增加，早在校长洞鉴之中。惟分校今年下半年八至十二月每月一切应支之款，已与明年上半年一至七月每月应支数目相同，如亦改定预算为每月八千元，则于竭力节省之情形下，或亦差可敷用。现在按月实支既已超过六千之原预算，而追加之数，未奉明文核定，不特将来超过之数，无从赔累，即目前会计报销，亦难编办。

复查前奉总校汇到四万元，除原预算八至十二月五个月经费三万元外，尚余一万元，倘即以之作追加经费，适符每月八千元之数，不必再行加汇，只须另汇学生贷金及教职员之生活津贴专款，则本会计年度可以度过。除通知会计室依照八千元总数详编预算另文呈送外，理合详叙情由电呈鉴核，伏乞迅赐复电照准，以便会计室办理报销，实为公便。龙泉分校主任郑宗海卅印。

L053-001-1614 卷

竺校长呈教育部要求增拨分校费用
(1941年1月8日)

窃查本大学龙泉分校,自三十年度起增设二年级,以后逐年增级,业经呈奉钧部核准在案。依此计划,该分校学生自本年度起,势必逐渐增加,须添筑校舍,以资容纳,且目下上海一隅,已入伪组织势力范围,闻有接收各大学之说,于是上海学生以来西南内地入学费用过大,必有就近纷入龙泉分校之势。则为救济此项学生计,扩充龙泉分校,似不容缓。又况本大学展转迁徙,抗战结束以后,一时亦难回杭复课,应逐步先迁龙泉,则为本校计,龙泉之增加建筑,亦不可少。以目前工料时价计算,约需建筑费三十万元,虽为数颇巨,然属实际需要,拟请钧部筹拨龙泉分校上项建筑费三十万元,又经常费二十万元,以为开办二年级之用。是否有当,理合呈请鉴核指示只遵,实为公便。谨呈

教育部

国立浙江大学校长　竺可桢

L053-001-0726卷

郑主任致函教部拨防空设备专款
(1941年12月)

查本分校防空设备,向以经费预算,极度紧缩,无力兴办。溯自廿八年创校伊始,更以校址在乡,(距城七八华里)竟不注意及此,城内警报无从闻知,幸其时尚无敌机到境。迨廿九年始间,有敌机侵入龙邑上空。校中一闻机声,群集奔避,目标甚大,危险堪虞。乃亟腾挪微款,于县城距离线中设警报站三处,派工专守,接递警报,俾可从容预避;并于四周山谷,挖掘防空小洞数十处,每洞约可容二三人,为员生疏散暂避之所。事皆因陋就简,计费不多,固未足以言设备。

本年春间,龙城曾遭一度轰炸,夏秋以来,警报频繁,敌机亦辄过境,有时竟盘旋良久,状似侦察。本分校又适增设二年级及师院初级部,人数加多,校产增益。鉴于各大学之屡被摧残,前车宜戒;深维本分校之绸缪牖户,未雨宜筹。四五百人生命之安全,数十万元资产之保障,胥惟防空设备是赖,实觉不容再缓。

兹谨就最低限度,拟为防空之设备如左:

一、设警报对讲电话机。查警报站传递消息,殊嫌不灵。现准龙泉县府以

奉浙江省防空司令部电，为谋各机关学校与当地防空机关随时直接联络警报情况起见，订发各机关团体学校装置警报灯（铃）或对讲电话机办法，抄转函送到校。其办法中规定电话由请求机关设话机二具，一置本机关，一置防空机关，其间连以电线接通，不经过电话局总机。遇有警报时，即可将情报逐一传达，如发现地点、飞机架数、飞行方向等等均可告知等语。查本分校距城内防空机关约八九华里，有电杆可以利用，无庸特设。话机仅缴押机费，不必实支。惟铜丝价购，现颇奇贵，连工估计，约需万元。倘蒙准予装置，则较警报铃更为方便详确。况装警报铃亦须另用专线，仅省押机费而已。至警报时固未装电灯，根本无从装置。

二、添筑防空壕。查前设防空小洞，因陋就简，日久倾圮者多，人避其中，殊虑震坍。欲免此弊，须支以巨木，计费不赀。今拟四散择地筑曲线防空壕二三十条，每条约一二十人，起沟出水，底铺碎石，计费较省，每条工价约百元已足。

三、筑防空储藏室。查校中图书仪器价值已达数十万，且目前购办为难。又有会计单据及重要案卷证件表册等项，遇警报时均难随带奔避，设有不测，不特图仪无以为继，即单据等件亦属无凭报销。兹拟就校舍左近，筑防空储藏室二处，仿普通砖圹之式，计费较省，每个约需千元，为临时暂储要件之用。除垂直中弹无效外，他如延烧及横飞弹片，似均可避免。

四、购置消防器具药品。查本分校廿八年已购有灭火机六具、水枪六支，现灭火药已失效能。兹拟添配灭火药品，制备水桶及麻袋沙包，并添购帮浦水龙一具，以为万一之备，计费约需四千元。

五、设备防毒器具药品。查防毒设备，种类繁多，如防毒室之建筑，防毒衣之购置，恐均非目前财力所能办到。兹拟仅就口罩一项，略事设备，制口罩数百，加以消毒药品，人发一枚，俾作万一之防，计费约需二千元。

以上五项，均系仲体。国家现时财力，仅就最低限度计划设备，总计约需二万元之谱。以本分校之预算紧缩，各款均有指定用途，实属无可腾挪。而鉴于浙东现时情势，委实事不容缓。再四筹思，惟有仰恳钧部特拨专款二万元，电汇来浙，俾便赶办。所有本分校防空设备，拟请特拨专款缘由。除分报贵州总校外，理合附具概算。呈请钧部鉴核俯予照准，电复遵行。谨呈

教育部

计附呈防空设备概算书一份。

国立浙江大学龙泉分校主任　郑宗海

附　国立浙江大学龙泉分校中华民国30年度报教育部防空设备费 30年8月1日起至30年12月31日止

科目	本年度概算数							说明
	万	千	百	十	元	角	分	
第一款　国立浙江大学龙泉分校防空设备经费	2	0	0	0	0	0	0	①
第一项　营造费		4	0	0	0	0	0	
第一目　防空壕		2	0	0	0	0	0	②
第二目　防空储藏室		2	0	0	0	0	0	③
第二项　购置费	1	6	0	0	0	0	0	
第一目　警报专线电话	1	0	0	0	0	0	0	④
第二目　消防器具药品		4	0	0	0	0	0	⑤
第三目　防毒器具药品		2	0	0	0	0	0	⑥

说明：

①三十年度本分校奉教育部令增设二年级及师范初级班，本学期师生人数骤增，学校资产亦倍增，原挖防空小洞，既感不敷应用，又以经费拮据因陋就简，且以时久倾圮，不堪再用。近以敌机屡炸浙东，文化机关尤属敌方侧目。兹鉴于各大学之屡被蹂躏，本分校为未雨绸缪，策师生生命之安全，避免校产之无谓损失计，拟完善各种设备，谨就最低限度估计需经费如左数。

②拟建防空壕二十个，每个容二十人左右，每个需费100.00元，合计如左数。

③拟建储藏重要图仪文件单据等类储藏室二个，每个需费1000.00元，合计如左数。

④由龙泉县防空机关直接专线至本分校，装置及材料如左数。

⑤购帮浦水龙一具及灭火机器、药品等需费如左数。

⑥购防空口罩500个及防毒药品、杠床等合计需费如左数。

二档全宗号五，案卷号：3525(2)

教育部分电分校和总校关于汇防空设备费事
(1942年1月14日)

龙泉浙江大学分校：亥歌呈件均悉。电汇防空费15000元，款收寄据。教育部。

国立浙江大学：据该校龙泉分校30年12月5日呈拟赶办防空设备，恳特拨专款等情，经核定准发一万五千元。除将上款径汇该分校具领外，仰即知照。

转知补送预算呈核。教育部。

二档全宗号五，案卷号：3525(2)

分校电总校汇款以添置设备安排沪生
(1942 年 2 月 25 日)

青木关〈5148〉，迭奉子效总〈02560〉丑真各电，敬查沪生已准入学者近 30 人。恐继续来多，校舍设备不敷，拟添建置及垫付该生等费均乏款，恳先拨汇 40000 元，俾赶筹再借读生请就本分校现有年级系别分发，统祈电复示遵。〈7808〉丑有。

L053-001-1702 卷

分校电教育部关于沪生和拨建设费事
(1942 年 3 月 5 日)

教育部：沪生纷至，工二约十人，工一连旧生已逾 50 人，势须增班；机电一无设备，拟购车床、引撑等，恳拨建设费 24 万元，以慰学子。7808 微。

二档全宗号五，案卷号：3525(2)

分校电教育部沪生不断到达急待汇款
(1942 年 3 月 10 日)

5148 青木关，丑有电计达。沪生到 60 人，继续不断，日到一二十人，急待汇款，名册另行呈报。〈7808〉蒸。

L053-001-1702 卷

郑主任致电竺校长盼速定拨分校十万元
(1942 年 3 月 25 日)

3051 北碚竺校长：现每月薪 14,000 元、津 5,000 元、米贴 16,000 元、膳贷 15,000 元，连必要办公费月共需 65,000 元。今日止，除挪移外已透支 35,000 元。部拨款月有短欠，此后借无可借，二三月米贴未发，同人惶急，二年八系、一年四院五班，凡十三班，每班三万，年需经常卅九万来源。盼速定即拨 100,000 元归垫，否则无法维持，弟海，有。

L053-001-1619 卷

教育部电分校郑主任告知学生贷金已加汇
(1942 年 3 月 31 日)

国立浙江大学龙泉分校郑主任:文电敬悉。学生贷金已加汇,二三四月份共一万二千元。收容沪生款已由部专案核示。教职员薪津由国库直拨。弟蒋志澄,世。

二档全宗号五,案卷号:3525(2)

教育部函郑主任和竺校长关于分校经费事
(1942 年 4 月)

司函(一)

晓沧先生惠鉴:

三月十九日大函敬悉,兹分别奉答于下:

(一)部中另行支拨浙大分校之款为:(1)添班费二十万元;(2)初级部经费六万元;(3)建设费十万元,均已函请国库径拨,至总校拨给分校之款,似以转拨为宜,款额亦由总校自行决定,顷已函请竺校长对分校经费酌予增加。

(二)分校只能设一会计佐理员。

(三)关于收容沪生所需款项及机电班设备费,已另有部令饬知。

特复。并颂大安

弟蒋志澄敬复

司函(二)

藕舫先生惠鉴:

顷接浙大分校郑晓沧先生三月十九日函,略谓"现三十一年已届三月中旬,自一月一日至今,已用去十二万元,而总校汇来之款,乃只四万五千元,二月份未贴,迄未能达,教职员有断炊之虞,……总校定分校经费为三十六万元,内二十万为添班费,由部径拨,由总校转汇之款,仅十六万元,为数过少,致分校感受无限困难"云云,查该分校经费困难情形,想早在先生体察之中,拟请酌予增加,俾资维持,不胜同感。端此奉恳,并颂大安

吴俊升、蒋志澄敬启

二档全宗号五,案卷号:3525(2)

分校致教育部函关于沪港学生入黔费用
(1942年4月)

案本分校于本年四月十七日奉钧部吴司长及本校竺校长删电略开:三年级绝不办,学生每人发给川旅费一千元遣送入黔,奉此,自应遵办。惟本分校自奉令收容沪港退出学生以来,截止目前止,计收有二年级生三十人,一年级生八十三人。三年级停办后,现在二年级借读之沪港退出各生,自应一并资送入贵州本校肄业。其旅费津贴办法,是否与正式生同样办理,抑更予优待,业经于本月十九日,电请钧部核示在案。兹据该生等呈称,"窃自全沪沦陷,租界治安不保,寇气猖獗,群民杌棿不安,进而学思不宁,生等不甘屈辱,愤而来归,沿途披荆斩棘,历尽艰辛困顿辗转,始克离彼虎口,重睹故国山河,并蒙教部俯念生等求学心切,分发来校借读,复得申请贷金,正喜学业得以继续而生活暂得无虞,自此不受敌寇之辱,不为傀儡胁迫矣。不意消息传来,本校下年度决不增办三年级,此间原有同学闻此咸欣然色喜庆,今后可入总校之门墙,睹黔桂之风光矣。而生等则怆然如失怙恃,盖生等自沪退出之初,道路不熟,详况不明,既凛敌卫之森严,复惑流言之骇人,不得已酌减行囊,轻装就道,而敌伪界内炫惑者有之、欺诈者有之,以阅历之不深,恐乔装之败露,唯有任彼宰割,填彼欲壑而已。迨抵内地,复以物价昂贵、交通不畅,候车则苦逆旅流连,欲步行则掮担之值又高。当是时川资告竭,莫不翻箱倒箧,将凡可变卖之物化为盘费。然而非沿途官警之关怀,时给膳宿,犹无力以安达也。故来校之同学类多行箧破裂,衣履不全,而目下回家路断,汇兑难通,此怆惶困苦之情,非此间原有同学可安心埋首所能想象。而生等学业不容朝秦慕楚,咸切盼随群内迁,然以此衣履不全之身,曷克致此千里迢迢之路。为此怆惶具呈申请,尚望俯念生等处境困难、失学堪虞,准代转呈教部,全费资遣总校借读、籍维学业而辑流迁实为德便"等情;据此,查该生等不甘为敌伪顺民千里来归,其志趣至堪嘉许;途中备尝艰苦,亦确系实情,所请准予全费资送一节,是否可行?理合备文转呈,仰祈核示!谨呈

教育部部长陈

国立浙江大学龙泉分校主任郑宗海

二档全宗号五,案卷号:3525(2)

教育部电复分校关于应变经费和二年级入黔费用
(1942年7月15日)

龙泉浙江大学分校:感电、教职员歌电、二年级生冬电均悉。应变费及入黔旅

费，共拨 27 万元。二年级生入黔，原定每人一千元，如不敷，由校酌办。教(育)部，午咸高。

二档全宗号五，案卷号：3525(2)

分校电教育部关于龙泉物价狂涨请求救济事
(1942 年 10 月 17 日)

重庆教育部钧鉴：龙泉物价近月非理狂涨，如青菜斤三元，豆腐斤二元，猪肉斤十二元，米高价时斤二元；日用品如十张练习簿五元，雨伞十五元，毛巾二十元，余类此。每人日食青菜豆腐，加油盐柴，约需四元，即月需 120 元。现教职员月食达一百五六十元；学生达九十元，而无菜可吃。查学生膳贷，前奉定每月米二斗一升价外，加菜资廿元。学生食米尚系早购，每斤价一元余，合计贷金数，仅应六十余元，与实际食用数，相差过巨，而大都经济来源断绝，难自补贴，群求学校救济，校中又无余款可贴。拟恳自九月份起，再予酌加佐膳费月廿五元，连前共佐膳费为四十五元。又教职员亦多日薪素，清苦万分，仰恳并予酌加生活津贴。除分报总校转呈外，理合附具龙泉最近物价单，电呈鉴核。伏念钧部近年救济员生不遗余力，务祈俯准电复，以恤寒暖，实为德便！浙大龙泉分校叩，筱。

(附物价单一纸)

龙泉最近物价单

品名	单位	单价	品名	单位	单价
米	斤	二元	猪肉	斤	十二元
麦	斤	二元	猪油	斤	十二元
茶油	斤	八元	牛肉	斤	七元
黄豆	斤	三元五角	香菇	斤	十六至四十元
小白菜	斤	三元	白鲞	斤	十二元八角
萝卜菜	斤	二元	柴	百斤	十元
盐菜	斤	四元	辣茄	斤	二元
豆腐	斤	二元	白糖	斤	九元
豆腐干	块	二角	练习簿	十张本	五元
粉干	斤	十元	鸡牌铅笔	支	八元
萝菔	斤	二元	魁克墨水	瓶	五十元

续表

品名	单位	单价	品名	单位	单价
芋艿	斤	一元八角	新民自来笔	支	一百四十元
韭菜	斤		派克自来笔	支	一千五百元
南瓜	斤	一元	亦政堂墨	锭	五元
笋干	斤	四元	纸雨伞	柄	十五元
起码布	尺	十二元	起码信封	个	三角

L053-001-1724 卷

分校电请总校增拨追加费并速汇
(1945 年 5 月 9 日)

遵义〈3181〉,□电奉悉。按部发分校师院经费本年增百分之五九,总校应月拨 151050 元。本年 1—4 月照此标准尚超支甚多,务请照增,上半年办公费除部拨追加费外,尚亏廿余万,总校应拨追加费,请速汇。〈7808〉辰佳。

L053-001-0640 卷

分校电总校请示师院经费员额如何划拨
(1945 年 7 月 6 日)

遵义〈3181〉,部电自八月份起改为浙江大学师范学院,并添招数学、史地、理化、教育四系,总校师院停办,经费、员额划拨分校。奉此,下半年文理工农二年级当续办,此四院新生已准备招考,拟仍进行。师院应否增系,经费员额如何划拨,乞速电示。〈7808〉午鱼。

L053-001-0640 卷

总校电分校关于经费增拨事
(1945 年 7 月 30 日)

浙大分校:午鱼电悉。分校改师院后,自八月份起可增员八人。经费增拨六万元,共三十二万元。总校,午陷。

L053-001-0638 卷

分校电教育部请求每月增拨四万元
(1945年9月17日)

青木关〈5148〉，申天电奉悉。师院增系应增教职员13人，校工4人，经常费月10万元。除总校拨6万元外，请部每月增拨四万元。〈7808〉申筱。

L053-001-0638卷

(5)学生膳食贷金和制服津贴

分校关于对部颁膳食补助办法解释的意见致总校函
(1941年5月7日)

顷奉竺校长微电复，市石合140市斤。同人等均尚有疑，因遍查关于膳费补助之文件未能见其根据所至也。此项问题，在当地米价向以石斗论者本不发生。因龙泉米价向以市斤计算，故欲知每市石之价，必先知每市石应合若干市斤？方可折算。

查本年二月初，奉总校遵字第170号子真代电，抄送教育部戌寒电一件，又第41683号部令一件，此即细读办法，与同人共同讨论，以戌寒电中办法，系指每市担五十元以上时；而41683号令颁办法，系指每市石五十元以上时；每市担照新度量衡制为一百市斤，每市石决不止一百市斤；是每市担与每市石已属两歧。又第41683号令颁办法，规定一律依照昆明之办法；而所附修正昆明之办法，仅指每石五十元以上，并无“市”字，惟用括弧注明“昆明每石一百四十旧斤，每旧斤计六百格拉姆”字样亦颇有研究之处。

同人等研究结果：对于市担与市石问题，合以规定市担之戌寒电，系上年十一月十四日所发；规定市石之第41683号部令，系上年十二月十三日所发；即其转奉行政院之训令，系上年十一月十五日所发，应在戌寒电之后；凡同一法令，先后有歧异者，依照普通法例，后法胜于前法，自应以后法为准。（即指每市石之办法）

对于每市石合若干市斤问题，苦无确切根据。若照普通一市石米秤之，大抵为一百五十市斤左右。惟米有优劣重轻，故或为148市斤，或为145市斤，或为150余市斤，或为160市斤。若照二斗一升为三十市斤计之，则每市石均为一百四十三市斤。同人等研究结果：佥以第41683号令颁办法第一条规定“一律依照行政院核定之昆明国立各院校发职员津贴米价办法办理”，而附颁之修正昆明国立各大学教职员特别救济办法第一条，昆明之石，虽不指明是否市石，但经特别注明“昆明每石一百四十旧斤，每旧斤计六百格拉姆”，已可计算折合市斤之数。既曰“一律依照昆明”字样，又于修正昆明办法中特别注明昆明每石之重量，即是明示计算之标准，则依昆明每石计算似属合理。

昆明每石既为一百四十旧斤，每旧斤六百格拉姆，则每石即为八万四千格拉姆。今一公斤为一千格拉姆，亦即为二市斤，则每市斤为五百格拉姆。以五百格拉姆除八万四千格拉姆，则得一百六十八市斤，即等于昆明每石之重量。换言之，昆明之每石，即合一百六十八市斤；办法既规定一律依照昆明之办法办理，即应依照昆明之每石合市斤数计算。例如目今龙泉米价每市斤八角，合昆明一百六十八市斤，一石之价，已达一百三十四元四角，其超过数为八十四元四角，以每月每人食米二斗一升计，应由政府津贴每人每月十七元七角二分四。

兹奉电前因，依照每市石 140 市斤计算，核与部令办法，相差颇巨，关于同人之利益出入重大。相应再行详函，即希查照部颁办法，准予备案为幸。此致

本大学总校

校章启　五月七日

L053-001-1640 卷

分校函送总校请求补助膳食贷金自费学生名单等
（1941 年 5 月 12 日）

查国立各学校教职员学生膳食费用补助办法第三条开：“国立各学校自费学生每人月需膳食费超过十八元以上时，在同地贷金生膳费核定标准以内所超出之数，如家庭无力负担得由家长请求学校发给补助膳食贷金，经学校审查呈部核定后，酌予贷给超出数之全数或半数，由部按实支数呈请增拨”等语业经公布在案。旋据自费学生家长来函请求者共计八十一人，经贷委会严格审查核定为七十五人。查三月份本分校贷金生膳费核定标准为二十三元，其自费生超过十八元之数为五元。四月份本分校贷金生膳费核定标准为二十五元，其自费生超过十八元之数为七元。相应先行开具请求补助之学生名单，检同各该生家长来函一并备文函送查核，转呈核定酌予贷给超出数之全数或半数通知发给为荷。此致

本大学总校

计送请求补助膳食贷金自费学生名单一纸。

各生家长来函七十五件。

校章启　五月十二日

L053-001-1720 卷

教育部复告半额膳贷计算方法

(1941 年 12 月 11 日)

准贵校本年十一月二十四日九二一号函询龙泉分校一至六月份学生半额膳食贷金计算方法等由，查半额膳贷之计算，全额膳贷每名超过二十四元时，除减去自缴十二元外，余数悉即贷给，如未超过二十四元，半额即为减去全额膳贷之半数部中核发。龙泉分校一至六月学生半额膳贷即按此规定办理，相应函复查照，转知为荷。此致

国立浙江大学

教育部高等教育司

总务司启

十二月十一日　第四八一五八号

L053-001-1724 卷

教育部电告分校师范生制服津贴及公费可造册请领

高字第 00459 号

(1942 年 12 月 4 日)

国立浙江大学龙泉分校：三十一年发字第五三〇号代电悉，师范生准年给制服津贴八十元，月给公费十五元，可造具请领清册，呈部核发，仰知照。教育部。

L053-001-1598 卷

分校复电告教育部请领师范生制服津贴清册

(1943 年 2 月 17 日)

重庆教育部钧鉴：奉亥支高 00459 代电开：师范生准年给制服津贴八十元，月给公费十五元，可造具请领清册，呈部核发等因；遵即查造师范生请领制服津贴名册，计五年制师院一年级生共四十六人，师范初级部二年级生共五十七人，共需款八千二百四十元。除请领公费清册另文呈送外，理合将请领制服津贴名册电呈核发。浙大龙泉分校叩，丑筱。

L053-001-1598 卷

(6)粮盐等物品采购

本分校事务员赴乐清一带采购食粮证明
(1942年11月)

兹派有本分校事务员杨其泳先生前往温州平阳、乐清一带地区采办谷米，运回龙泉本校备供员生食粮，即希沿途经过军警及检查机关查验放行，特此证明。

主任　郑宗海
民国卅一年十一月

L053-001-1748卷

本校人员前往大港头提运物品证明
(1943年2月)

兹派余云考、赵宝康带领本分校自备手车二六辆前往大港头、云和提运化学药品、茶油。希经过沿途军警关卡查验放行，特此证明。

主任　郑宗海
卅二年二月

L053-001-1748卷

分校主任函龙泉县政府关于寄稻谷款并催政府供谷提单
(1943年6月19日)

径复者：顷准贵政府公函癸计字第一一九六号，节开"查贵校曾向本府价拨稻谷六百十八石，兹依照省粮政局核定价格，每石以二五〇元计算，合计国币一五四五〇〇元，即希克日惠解过府，以凭汇转为荷！"等由；准此，查前项稻谷，除拨天平乡一百五十石及城区一百五十石业已提到外，其余三百八十石尚未经贵政府开发提单。兹准函催，先将全部价款一五四五〇〇元如数缴奉，即希查收未拨之谷三百十八石，并祈迅予就近拨给，以清手续，再谷价闻文化机关可照七五折计算，现已径电省粮政局询问，如蒙裁可，则多缴之款应请退还，并希台洽！此致

龙泉县政府

附送国币十五万四千五百元整。

主任　郑宗海

代,行

卅二年六月十九日

L053-001-1653 卷

郑主任就约盐证致龙泉食盐秤放处函
(1941 年 5 月 19 日)

顷准龙泉县加额食盐公卖处函开:"本处奉令组织云云函达查照"等由,查本分校员生暨教职员家属每月需盐约计三百市斤,现存食盐不足半月之需。相应函达,即希查照。务祈设法按月配备供给,俾免食淡之虞,至纫公谊!仍希见复为荷。此致

浙江省龙泉县食盐秤放处

主任　郑宗海

L053-001-1646 卷

(7)校舍

校舍租约
(1939 年 6 月 20 日)

立草约人曾玉如代表吴文苑、李藩,兹将坐落坊下楼房一座(内经双方商定出租人留作自住一部分外)、后面平房三间、围墙内水田作为浙东分校校舍之用,言明每月月租国币一百二十元正,自接收修缮之日起租并换取正式租约,恐口无凭,立此草约为证。

订约人:吴文苑

　　　　李　藩

证明人:求良儒

中华民国二十八年六月二十日

立草约人:国立浙江大学代表李絜非

兹租到曾玉如先生坐落坊下楼房一座(内经双方商定,业主作自住一部除

外)、后面三间、围墙内水田作为浙东分校校舍之用,言明每月月租一百二十元正。自校收修缮之日起租并换正式租约,恐口无凭,立此草约为证。

立合同租约:浙江大学校长、曾玉如:今向(将)曾玉如君租得坐落龙泉东乡坊下地方坐南朝北新式楼房一座,计前后两进楼房两层全部并楼下东西横厢及内外正中堂及外堂偏间左右四大植以及西首仓房一并租来(与)开设大学场所,当日三面言定每月作租金法币一百五十十元正,每年以十二个月计算,按月支给租金,自立租约之后,任凭大学主管人修缮作用迁入开学,曾主并无异言,其余条件另附于后,恐口无凭,立合同租约各持存照。计开条件列后:

——本屋除抽东首旧灶房,楼上楼下全植,概正中堂、两旁梯弄左右正屋四植及屋旁水田,抽与曾自住居作用耕植收益。其西首仓房屋如遇收冬时,得由曾自掮稻上仓。

——本屋如要修缮,须由大学主管人自行出资经理,不干曾主之事,但须商同曾主同意,退租之后,该新建各处应归曾主所有。

——本屋如有意外损失,应由大学负责当局修理完好或赔偿。

——本屋租金自大学开始修理之日起算。

——东连屋后另有小房屋三植,其中央一植亦由大学作用。

L053-001-1860 卷

租赁房屋调查表
(1940 年 11 月)

租赁房屋种类	地点	间数	业主姓名住址	每月所支房租金额	备注
瓦屋楼房	福泽乡坊下	五十	曾玉如,坊下	壹佰廿元	
瓦屋楼房	福泽乡坊下	一大间	曾邦能,坊下	十元	楼上未租用
平屋	福泽乡坊下	二大间	曾世康,坊下	十元	系曾氏祠堂
平屋	福泽乡坊下	三中间	戚宝泰,坊下	五元五角	
平屋	福泽乡坊下	二小间	曾世英,坊下	四元五角	
平屋	福泽乡坊下	九间	僧法果,坊下	十五元	系寺庙
平屋	福泽乡坊下	二间	曾玉如等	十元	

L053-001-1749 卷

专科以上学校实习场所调查表
(1941 年 12 月)

浙江大学龙泉分校　　　　　　　　　　　　　　　三十年十二月填

木工场	翻沙工场	生物实验室	化学实验室	物理实验室
工院一年级	工院一年级	农院一二年级 文院一部	化工系二年级 工院一年级 文院一年级 农院一年级	工院一二年级 农院一部
8.5 公尺×5 公尺＝42.5 平方公尺	4 公尺×9 公尺＝36 平方公尺	5 公尺×8.5 公尺＝42.5 平方公尺	6 公尺×16 公尺＝96 平方公尺	4.5 公尺×6 公尺＝27 平方公尺
二间	二间	二间	三间	二间
钳桌八张，木形柜两只，工具 31 付，木型约 50 件	砂箱 30 只，工具箱 30 付	研究显微镜一架，学生显微镜十一架，零件 60 把	实验桌 44 桌。药品□柜、仪器两柜	仪器约二百件
技工一人				
三十一人	三十人	四十一人	八十八人	三十人
现价＄2540.00	现价＄590.00	现价＄45000.00	现价＄24000.00	现价＄25880.00

L053-001-1751 卷

郑主任函请浙江省审计处查核建筑合同等
(1942 年)

案奉校本部抄转教育部指令，本大学呈报本分校师院初级部校舍工竣，请派员验收由，奉令呈案。兹派该校会计室云云，仰转饬遵照等因，相应十所建筑合同图说、估价单等件函请贵处查核，派员定期来校监验，并希见复为荷。此致

浙江省审计处

计送建筑合同图说、估价单各一份。

主任　郑宗海

L053-001-1496 卷

(8)防疫工作及其他事务

分校函省医疗防疫队柯队长请派员来校协助指导
(1943年9月22日)

径启者:查龙泉城区近来鼠疫猖獗,人口死亡甚多。敝校所在地坊下与城区相距伊弥,蔓延堪虞。兹为防患未然计,相应函请贵队派员并随带消毒药品及用具,莅校协助消毒并指导灭鼠灭蚤等方法,消耗药品费用敝校当可照价偿还。事关防疫,至祈惠允,见复为荷。此致

浙江省医疗防疫队队长柯

L053-001-1669卷

布告
(1943年11月)

查本分校附近石坑垅地方近来发现死鼠颇多,疫势渐盛!兹为防患蔓延本校起见,业经本月一日下午六时召开第六十次行政谈话会议提出讨论,除议决各点,分别由各组办理外,合将会议记录公布于后,希各知照。

此布

附贴会议记录一份(摘录)。

主任　路季讷

附　第六十次行政谈话会议记录(摘录)

日期:卅二年十一月一日下午六时

地点:二部教员宿舍膳厅

主席:路主任

记录:沈金相

报告事项:

1.主席报告石坑垅一带发现死鼠情形。

2.颜医师报告姚会计病况及检验经过。

讨论事项:

(1)石坑垅一带疫势渐盛,应如何防其蔓延及于本校案

议决：

1. 将疫情报告县政府及防疫队。

2. 断绝本校与石坑垅交通一星期。

a. 住居石坑垅之教职员准予请假一星期；

b. 禁止学生至石坑垅；

c. 请转政府派警禁止乡民来往。

3. 前项断绝交通事宜，由在校教职员学生共同组织纠察队负责查察。教职员由主任室编定，学生由训导组与军训总队部会同编配。

4. 前项断绝交通自十一月三日（星期三）起实行。

（2）疫势如延及坊下或本校时应如何处理案

议决：疫势再严重时，应迁地暂避。地点即日派员至四乡择定，必要时得停课疏散。

（3）对于住居石坑垅各教职员应如何处理案

议决：

1. 强迫注射防疫针。

2. 劝令迁居他处，迁移费用由学校酌量津贴，迁移地点并得由学校协助找觅。

3. 消毒用石灰等可向学校领取。

4. 在断绝交通期内，由学校派一校工常驻二部后面警亭，以便传递两方消息。

5. 在断绝交通期内，住居石坑垅教职员之信件于每日午后十二时由学校派一负责校工送交暨阳馆转送。

L053-001-1669 卷

路主任致省第一医疗队函
（1945 年 3 月 10 日）

接准贵队本年三月二日大函祈悉。查本校员工学生共六百余人，前来贵队注射，恐有未便，拟请发给鼠疫苗 100CC 廿五瓶，由本校医务室分别注射，以省手续，而资便捷。至注射员工学生名册，当俟注射完毕，另行造送备查，相应函复，即请查照见复为荷。此致

浙江省第一医疗防疫队

主任路季讷　三月十日

L053-001-0755 卷

省医疗队长复电路主任
(1945年3月15日)

浙江大学龙泉分校路主任勋鉴:浙字第二五号公函祈悉。鼠疫苗本队领存有限,兹先酌发100CC五瓶,请派员据领。奉省处规定,每瓶须缴押瓶费六十元,俟空瓶缴还时退还。准函前由相应电复,至祈查照为荷。浙江省第一医疗防疫队队长洪天遂寅删。

L053-001-0755卷

改进学生生活谈话会关于事务部分讨论议决摘录
(1941年10月22日)

1.改良厕所,加添马桶。

(决定)厕所已在另建,马桶已大批添置。

2.教室及寝室间加盖走廊。

(决定)暂缓。

3.饮水不洁,请设法改良。

(决定)以后饮水用水规定均在小井内提取,大井水俟改造后再用。淘米应须远离水井,以防污水流入井内,以上各项厨工如有不遵,由总务组查明处罚。

4.改良膳食,注意营养。

(决定)稀饭加厚,粥菜酌量加多,菜谱应在可能范围内使多变化。

5.文工理三学院教室相毗连,声浪冲突,请用纸将板壁糊裱。

(决定)先行试糊一间,如声浪确可减低不少,再一律糊裱。

6.教室内请添置隔板。

(决定)已在装置。

7.请设置娱乐室、浴室及理发室。

(决定)理发室已在接洽,地点拟暂在庆恩寺后殿,娱乐室及浴室须俟大饭厅建就后,再行设法辟置。

8.请设置信箱。

(决定)已在装置。

9.请设置医务室及疗养室。

(决定)医务室已设置,诊治时间亦经规定,上午为外科,下午一时至二时为内科,疗养室决另行辟设。

10.调整校工职务，注意患病学生之照料。

(决定)请总务组办理。

11.门窗请速糊纸。

(决定)已饬校工赶糊。

12.注意治安。

(决定)寝室在夜自修时加锁，校警室移至寝室后，校警应随时赶赴，请总务组处理并须知校警。

L053-001-1581卷

发给灯油办法

(1942年11月14日)

兹据训导组、总务组会订发给各学生灯油办法如下：

一、每人领灯一盏，油筒一只。

二、灯油定于每月一日、十六日各领半个月数量。依照总校规定，数量如下：

八月十六日至十二月十五日，每人每半月十六两、灯草一束

十二月十六日至二月十五日，每人每半月十八两、灯草一束

二月十六日至四月十五日，每人每半月十六两、灯草一束

四月十六日至八月十五日，每人每半月十四两、灯草一束

三、前条油量如有急用不敷，概由各人自行购补。

四、油灯之收拾及每晚添油概归自理，每隔五日由校工洗涤油灯一次，以期清洁。

五、自修室内油灯俟退班后务各自置本人名下架位上。

六、本办法自十一月十六日起施行。

以上各条希诸生遵照准期向保管处领用为要。特此通告。

主任室

卅一年十一月十四日

L053-001-1678卷

五、校园生活

(1)社团及其活动

两周来学生自治会工作举要
(1939 年 12 月 11 日)

学生自治会自成立以来,代表会、干事会分工进行。战时服务团并议定分组办法,征求全体同学参加一组,并推定组长分别进行。今将二周来本会之工作动态举要于次:

(一)成立民众夜校:十二月四日成立,六日上课(参见另篇)。

(二)办理消费合作社:因离城较远购买不便,久有此议。学校总务处方面以事繁人少,故由本会委员王惠亭同学筹备,暂用包商办理,设于厨房左端,出售文具、纸张与食物等。文具方面现由校中代学生会向宁波批购到到校,由会办理分售。

(三)排演话剧:战时服务团话剧组现正在排名剧本《一年间》,系林教授选定,预元旦日先在本校公演。

(四)参加青年联谊会:十一月四日本会代表章志昌、徐绍唐、何大基、叶垂余四同学赴民教馆参加龙泉青年联谊会。

(五)干事会学术组出版《求是》半月刊。

(六)服务团文字组编印《剑锋》周报,用油印分发。

《国立浙江大学浙东分校周刊》第六期

[1940 届]学生自治会简况
(1941 年 1 月 1 日)

本届学生自治会系由各学院及先修班推选代表五人筹备组织之,在十月卅十日召开第一次代表大会,推定主席一名,秘书二名,干事八名及候补干事四名,关于学生自治会会章,系遵照教部之颁布,其组织大纲,系遵照上届自治会,无甚更改,在十一月四日举行成立大会,由训导吴主任,及三民主义讲师方正海先生致训词,阐述学生自治会在历史上之演进及其意义,并祝本届自治会应本已往服务之精神,继续努力,以培养自治之能力。

《国立浙江大学龙泉分校校刊》第一期

[1940届]学生自治会简况(续)
(1941年1月16日)

本会之组织:内共设文书、会计、庶务,学术、宣传、体育、游艺及卫生等八股,各设股长一人,掌理各股事务,并由干事中推定常务干事一人,掌理日常会务,兹将各股各部分已进行之事,择要记载于后:

(一)学术股——现已组织成立各学术学会:如中国文学会、外文学会、数理化学会及生物学会等,各学会得敦聘导师,学术讲演及研究,并记载公布,此外仍继续编辑《求是》壁报,业已出版二期,并将举行英语演讲竞赛会,以提高同学对于研究英语之兴趣。

(二)宣传股——在十一月十二日,总理诞辰纪念日,宣传股全体上城宣传,贴标语,参加全县民众大会,并宣讲寒衣捐,在元旦日拟举行扩大化装宣传。

(三)游艺股——今已组织成立歌咏队,口琴队及剧团等,规定时间,从事练习,各队员在课毕后,欢欣地在队长指挥下,唱练歌曲,口琴队员手执着口琴,歪着头,大声吹奏,以调节一日紧张疲乏之精神,曾负责举办一次师生联欢会,最近拟在元旦日筹办元旦同学会,届时必有一番盛况。

(四)体育股——为增进同学对于课外活动之兴趣起见,业已组织各种球队:如篮球队,排球队及乒乓球队等,并已举行篮球院际比赛,下周起举行排球院际比赛。

膳食自理会——为主办全校膳食事宜现已实行"分食制",均感便利,每一同学在一学期中,至少轮值一次采买或监厨,一切尚能顺利进行。

消费合作社——系由师生集股创设,以减除中间人佣金上之损失之弊。成立后,咸感便利。

兹将自治会现任各职员分载于于左:

代表会主席:朱祖培

秘书:周锦章　方文惠

常务干事:王孟显(兼)

干事:

孙廑夫(文书股)　朱吉礼(庶务股)　陈凯白(体育股)　吴舒模(游艺股)

王孟显(学术股)　李得心(会计股)　陈翰钧(卫生股)　王得彬(宣传股)

膳食会主席:张恩泽

膳食会委员,由每桌选派代表一人充任之,下设会计监察等股。

消费合作社社长:朱吉礼　经理:王相枢,下设文书、会计、采办、广告、营业、调查等各股。

《国立浙江大学龙泉分校校刊》第二期

学生自治会最近动态调查表
(1941年11月5日)

团体名称	组织成立年月日	组织成立会员数	组织成立负责人	改选改组年月日	会员数	负责人
国立浙江大学学生自治会龙泉分会	民国廿八年十月	一四五	章志昌	民廿九年二月, 民廿九年十月, 民卅年二月, 民卅年十月	二三四	沈维道 朱祖培 朱祖培 朱祖培

L053-001-1570卷

数理化学会的工作概况
(1941年2月1日)

高家明

真实的学问除书本上去求得外,更应有课外共同研究的必要。在大学里读书,根本要自己去探求真实的学问,不能专在书本上用死功夫。因此数理化学会在我们大学里,为了上述的需要而成立了。关于数理化学会的经过大略让我来报告如左:

工作纲领　我们的学会是在十一月中旬成立的,这时会员只三十余人,而现在已增至五十余人,其中以理工二院同学为多,当时即推选负责人员,及讨论工作大纲及方针,其要点为:

一、约定了几位先生,来做我们的导师。

二、决定每二周举行一次讨论会,其讨论中心题目,在前一次讨论会中预先由导师指定。其性质无疑的是关于数理化范围之内,每个会员在讨论会时,将其对于此题的意见或解答尽量发表出来,结果采取其中最切当最圆满者作为解答,再经导师作最后的批评。

三、其次主要工作就是决定每周或每二周须请一位导师来对我们作一次学术讲演,而在每次讲演中会员须负扎记之责,以作参考。

四、此外如各种科学杂志之介绍,科学新闻之传播,甚而至于有关于抗战新兵器之探讨,都是我们学会中的重要任务。

工作检讨　我们自组织这个学会后,实际上所做到的是些什么呢?现在让我来检讨一下。导师的聘请与科学杂志的介绍,当然是比较容易做到的事。然关于每二周举行一次讨论会.由于校中功课的繁重,不易抽出空闲时间来举行,第一次中心题已由郭贻诚先生指定是“能”及“向量”,我们总尽力的做去,还算有点成绩。至于请导师对我们作学术讲演的事，过去业已举行二次。在这二次可贵的讲演中，我们实在得到不少的知识。第一次是请郭贻诚先生讲“最近物理学之发展”，除本会会员外，参加旁听者亦甚踊跃。第二次是请毛路真先生讲“代数学之基本定理”，内容颇重要，听者亦颇多。第三次已预备请路季讷先生，对我们作一次宝贵的学术讲演呢！

这两个月间，我们的数理化学会的工作大体如此。以后我们还要积极求其发展，使在课外获得更丰富的学术上的知识，来完成我们组织这个学会的使命。

《国立浙江大学龙泉分校校刊》第三期

浙大龙泉分校史地学会纪略
（1941 年 3 月 1 日—1942 年 7 月 15 日）

倪士毅

一九四一年

3 月 1 日，二十九年度第二学期开始。

3 月 15 日，举行龙泉分校史地学会筹备会，并草拟简章。

3 月 20 日，举行龙泉分校史地学会成立大会，会员计王省吾、倪士毅、徐正诗、毛志云、谢文治、舒渭庭、娄嗣昌、吴渭英、徐乃雍、蒋季华、徐长春、程光裕、汤禄熙、邵盟共十四人。通过简章，并推王省吾为主席，毛志云为文书、倪士毅为总务。

3 月 25 日，举行第一次干事会。

4 月 1 日，苏毓棻教授率领本会会员往础石，参观浙江省立图书馆藏书库。

4 月 12 日，苏毓棻教授为本会讲“黄梨洲之生平”。

4 月 20 日，郊游棋盘山，并野餐。

4 月 26 日，浙东时局紧张，学校改五日为一周。

5 月 3 日，接总校史地学会来函，并调查表一份。

5 月 5 日，复总校史地学会，报告本会工作情况，并附本会简章、会员名单各一纸。

5 月 11 日，函竺校长请求设置分校史地系二年级。

6 月 4 日，举行学期结束会，并聚餐、摄影。

6 月 19 日，二十九年度第二学期结束。

10 月，分校奉部令添设二年级，史地系历史组附入中国文学系。

10 月 11 日，三十年度第一学期开始。

11 月 11 日，举行史地学会[会议]，更名本会为国立浙江大学史地学会龙泉分会。

11 月 16 日，欢迎新会员，并举行本学期第一次大会，会员计王省吾、毛志云、徐正诗、吴渭英、程光裕、蒋季华、徐乃雍、舒渭庭、陈福绥、罗伟、柳泽萃、陈翰钧等二十一人。（倪士毅、谢文治入总校本系，徐长春转农经系，汤禄熙、娄嗣昌休学。）通过本会会章，并推王省吾为主席，毛志云为文书，徐正诗为事务，罗伟为调查，陈翰钧为研究，舒渭庭为出版。

11 月 20 日，函竺校长，请解释中国文学系附历史组之性质，并请正名为文史系等事。

11 月 28 日，函总校张其昀系主任及史地学会，报告本分会工作情况。

一九四二年

1 月 1 日，年假开始。

1 月 2 日，年假终止。

1 月 4 日，举行第一次读书报告会。报告者及题目如下：王省吾：我国古代婚姻史略述。陈翰钧：春秋战国时代的兵。舒渭庭：（题佚）

1 月 11 日，举行第二次读书报告会。报告者及题目如下：

徐乃雍：（题佚）。陈福绥：鸦片战争始末。柳泽萃：克鲁泡特金的互助论。

1 月 25 日，举行学期结束会，并第三次读书报告会，报告者及题目如下：

程光裕：清代的文字狱。罗伟：我国历代宦官之祸。徐正诗：（题佚）

2 月 12 日，三十年度第一学期结束。

3 月 9 日，三十年度第二学期开始。

3 月 12 日，举行本学期第一次大会。会员名单同第一学期。改选柳泽萃为主席，毛志云为文书，徐正诗为事务，罗伟为出版，舒渭庭为调查，王省吾为研究。

3 月 16 日，函总校史地学会，报告本分会工作情况。

3 月 26 日，安明波教授为本会讲："抗日的历史意义"。

5 月 3 日，郑晓沧教授为本会讲："史地教育"。

5 月 10 日，举行"中国现阶段社会结构"座谈会。

6 月 14 日，浙东时局紧张，学校提前结束。暑假开始。

6 月 15 日，学校公布"入总校及借读他校办法"。

6 月 23 日，丽水失守。

6 月 26 日，学校宣布暂迁福建松溪。

7 月 11 日，首批西迁同学起行。

7 月 15 日，二批西迁同学起行。

《龙泉文史资料》第九辑，第 130—134 页

农经分会半年来的工作报告
(1943 年 12 月)

樊延龄

半年来分校原有学术研究组织多半因经费拮据而不能开展工作，本会之所以能继续工作，则前届主席吴文南同学之功也。

本届中心工作，原定除出刊《农经通讯》外，为举行农村调查，但终因经费与人力不足，及时间关系而未克实现。然仍有具重要工作事项，是资报告者，兹略述如下：

(一)演讲股方面，因适应本届中心工作题材之需要，曾请安明波教授讲“农村调查的理论”，其时除本会员全体出席外，其余慕安先生之名而旁听者甚伙，资料已由何君大堪记录，刊于本期通讯。

(二)研究股方面，曾向浙江省立图书馆及本校图书馆借得中文本、原文本经济书籍及各种有关农业及经济方面杂志多种，总计有二百余册，由研究股编制目录保存，供给诸会员阅读。故会员之阅读与研究资料颇完善。

(三)在出版股方面，《农经通讯》第三期虽早由出版股方面征集材料，然几乎流产，乃经多方面接洽，而得校方与自治会各股之赞助、拨款赞助，才能进行编印问世。

(四)会员们个别研究情绪十分热烈，本期登载的论文即是各会员之研究心得。

(五)本届对农村调查未实现，但种种调查前之工作准备，已做者颇多，如培养各会员对农村调查之兴趣与基本知识，又如研究股方面，已收集到农村调查方面表格十数种，故下届调查工作进行时，当便利多多。

本届工作荦荦大者，有其种种，则以篇幅有限，恕不一一详述矣。

本届工作人员

主席：樊延龄

总务：黄铁夫

出版股：章宏业　汪敬羞

研究股：何大堪

演讲股：詹士林

□□股：沈宝新

《农经通讯》第三期

分校天文学术会拟组织赴浦城观察九月二十一日日蚀的报道稿
（1941年9月12日）

本年九月廿一日日蚀，据中央研究院天文研究所报告，浙南庆元及闽北浦城、松溪、政和诸县均在全蚀带内。浙大龙泉分校天文学术会同学鉴于机会之难得，更欲探求实际知识，现已组织日蚀观察团即将步行赴浦，并请郑主任、林馨候、路季讷教授予以导引，一面已电永安气象所石所长派员前往相助。

L053-001-1570 卷

公利互助社实施办法
（1943年11月30日）

（一）本办法遵照部颁各学校公利互助社办法暨贫苦学生及教职员子弟求学救济办法要点订定之。

（二）本社定名为国立浙江大学龙泉分校公利互助社。

（三）本分校教职员、学生、工友均为本社社员，但极贫苦学生及工友得免缴基金。

（四）本社任务为办理生产事业，藉以减轻全校员生工友之生活负担，并得办理信用贷款，以协助教职员子女及贫苦学生之求学。

（五）本社所办生产事业暂以下列各项为限：1. 合作社；2. 合作农场；3. 手工业；4. 其他。

（六）本社所办信用贷款性质，暂有下列三种：

1. 贫苦学生患重大疾病之医药费；

2. 极贫学生之制服及书籍费；

3. 在校教职员子女三人以上入中等以上学校者之制服及书籍费。

（七）本社基金由教职员学生认缴约五分之一，四行贷款约五分之四，其数目规定如左：

1. 教职员每人每年认缴二百元，学生除极贫苦者外，每人每年认缴五十元。

2. 中、中、交、农四行每年贷款八万元。

（八）本社设理事九人，由全体社员就教职员及学生中各选四人，四行代表一人组织理事会，主持社务，并互推理事长一人综理一切。

（九）本社设监事五人，由全体社员就教职员及学生中各选二人，四行代表一人，组织监事会，负监督推行社务，及审查账目之责，并互推监事长一人，主持属于监事会方面一切事宜。

（十）本社设会计、出纳各一人，由理事会就学校原有会计、出纳人员中聘请兼任之，均为无给职。

（十一）本社为便利业务之进行，各项职务，除选由原有教职员及学生分任外，得设有给职员若干人。由理事会聘用之。

（十二）本社社员大会，每半年举行一次，由理事会召集之。

（十三）理监事会每月各开会一次，分别由理事长及监事长召集之，必要时得开联席会议，由理、监事长召集之。

（十四）本社所办各项生产事业之详细办法暨贷款及偿还手续另定之。

（十五）本办法经社员大会通过后施行。

十一，卅

十二月十日公布

L053-001-4012 卷

公利互助社理事会办事细则
（1944 年 1 月 12 日）

第一条　本细则根据本校公利互助社实施办法第八、第十、第十三及第十四各条订定之。

第二条　本理事会设理事九人，其中教职员代表四人，学生代表四人，四行代表一人，除四行代表由四行选派外，其余由全体社员选举之。

第三条　本理事会设理事长一人，由全体理事互推担任之。

第四条　本理事会之职权如左：

1. 召开社员大会；

2. 规划社务进行；

3. 通过预算决算；

4. 审定各部分业务计划；

5. 审核并接受各部分业务报告及会计报告；

6. 编造社务年度报告；

7. 会同监事会审定得免缴社费学生；

8. 聘请本社会计及出纳及其他职员；

9. 执行社员大会决议交办事务并处理之监事及社员提请事项；

10. 重议关于本社其他一切重大事项。

第五条　本理事会理事任期一年，连选得连任。

第六条　本理事会每月开会一次，由理事长召集并为其主席，由各理事轮流担任记录。

第七条　本理事会开会时以理事三分之二以上之出席为足法定人数，出席人数二分之一以上之同意为可决。

第八条　本细则如有未尽事宜由本理事会三分之二多数修正之。

第九条　本细则经本理事会通过后施行。

L053-001-4012 卷

公利互助社配分学生耕地办法

（1943 年 12 月）

一、本社配分学生耕地依照本办法之规定。

二、所需耕地由学校向附近农民租借，大致按照各院系年级人数比例分配。

三、耕地上各项工作除由耕牛代犁外，其余概由学生自任。

四、所需各项应用农具得向本校农场借用，由各级负责人在农场特备之农具借用簿上签名盖章后向农场管理员领取，当日归还。如有遗失及不必要之损坏，生须照价赔偿。

五、所需各项种子、秧苗由各级先期填具请领清单，向本校农场请领，必要时并须缴纳相当代价。

六、所需肥料除人粪由学校供给外，其余概由各级自行采购。

七、所得收益归各级学生自有，惟有地租时，由各级自缴。

八、领取耕地种子、秧苗后如不勤力操作，任其荒芜，除请学校取消其公费待遇及在社应享之各种权利外，并责令缴纳相当于地租及种子、秧苗价款之罚金。

九、本办法经本社理事会通过后施行。

L053-001-4012 卷

（2）学校刊物

《国立浙江大学浙东分校周刊》弁言

（1939 年 11 月 6 日）

陈叔谅

国立浙江大学有渊源甚久之校刊，二十五年九月后改为日刊，日出一张，历时一年，于传达校闻，切磋学术，收效甚著。廿六年十一月，校迁建德，曾出《浙大日报》，兼登收音所得之战讯，偶以校闻附丽之。廿七年三月，在泰和上课，以乡村于新闻纸供应维难，日报更为重要，然以油印，日为一张，不足充分兼容校闻。是秋迁桂之宜山，为传达校闻与保存校史之需，始于十二月恢复校刊，每周铅印一张，专登时事新闻之油印日报相并行，至今继续无间，已出四十余期。浙大西迁入桂，东南各省与全国各地所藉以窥见本校之动态者，颇资赖于此刊。

浙东分校为浙江大学之一部，其进行情形，自宜絜要恳之本校校刊，然邮递迟延，其在分校之作用，即自不同。故分校初设，即曾与同事另筹校刊，期对内传递消息，对外广通声气，但以此刊多艰，恐不易以时出版，且于观摩学术，保存校史，止另筹半年一次之刊物，故迁延未决。旋念吾同事同学，虽朝夕相处，而以分工治事，或不免不能尽知重要之校务，且为沟通情意，及备□□要见存省之资，亦不可不假一纸之传达与保存。值此时艰，为备□□虽简亦正无妨，故与诸同仁商议，自本周起，布为油印之校刊，周为一次，以发校内师生为原则，而以编事请李絜非先生主持之，若夫揭载学术文字，厚载重要校闻与规程，则期之另谋编印之半年刊。

本校校刊复刊，竺校长序引中有谓愿假此刊“益以发挥全校之通（共）力合作与爱校报国之精神”，而不仅以传达校况自限，斯刊虽小，于此义嘱愿心向往之。出刊之初，既叙原委，并引此意，以与同人相期勉。

《国立浙江大学浙东分校周刊》第一期

《国立浙江大学龙泉分校校刊》前引
（1941 年 1 月 1 日）

郑宗海

本刊之所由刊发，有与它校校刊同者，有与它校校刊异者，兹分别陈之。

试分析校刊之功用，当为：（一）校内消息之传递，（二）对于学生家属及关心校务者校闻之报道，（三）校史之记录，（四）师生短篇文字之发表，（五）学生对于新闻编辑事业之认识或练习。凡此种种，殆为各校刊之所从同。特本校刊之发生，除上述数端外，更有为以上所未能包举者。

溯自芦沟衅起，歇浦灰飞，北自平津，南逮江浙，各大学莫不率其子弟，迁其重器，迤逦以入于川陕滇黔之大后方，期有以保全国家之元气，而为抗建久远之图维。自廿七年秋季以后，粤汉路以东，舍仍留孤岛之交大、暨大外，其余公立大学，不过移入闽西之国立厦门大学一校而已。东南学子，其有不能负笈内地者，则皇皇焉维失学之是虑。浙大在杭州时，江浙学生居十之六七。浙大既西移，同人回念故乡子弟求学之不便，教育部亦以东南子弟失学为深忧，爰于廿八年秋季，虽当经费竭蹶之际，犹自勉力建设分校于浙东。两年以来，所便利于浙苏皖赣闽各省子弟者已自不少，社会人士喁喁向望，对于其设施之情形，发展之途径，未尝不切切于怀。此尤不能不时加搜辑，量为报告，以求正于乡党父老者也。

总校以寇氛侵逼，远移礼器于千峰之外，转徙流离备历艰苦，牂牁夜郎，天涯地角。虽亦有校刊之编印，而云程杳缈，雁使常稽。本刊对于总校之消息，亦拟酌择要闻，以时发表，而慰乡邦人士之悬系。

又总校自西迁后，毕业生之仍留东南各地，参加各种社会工作者，有如赤子之失其慈母，眷慕瞻依，每怀靡及，又未尝不时时祝其康宁贞吉，愿与国运同其亨泰。对于母校之状况，系思至切，既不能亲承色笑，则已视分校为母校，总校分校，谊固一体也。慈母见子女想念之殷，又岂能忽然置之，漠然视之，而不一动于心。本刊既期有以聊慰各毕业生之眷系，并拟设校友通讯一栏。凡关于校友会之活动及校友之重要消息，亦当酌量甄录，庶凭传布，相与慰藉，益励精诚。

以上三点，殆为本校刊所特具，故不惮烦缕而敷陈之如此。

更有言者，浙大龙泉分校之成立，于兹一年有半矣。前陈教授训慈主任校务时，亦尝有油印周刊之编纂。今春中辍，盖已半载有余。兹同人中有感编印校刊之必要者，询谋佥同，爰亟从事，而龙泉近已有铅印之便利，估价亦尚合预算，因改排印，以期醒目。特编者于课暇事此，挂漏差失，宁能尽免，爱护本校诸君子时加督教，本刊之幸，亦浙大龙泉分校之幸也。

《国立浙江大学龙泉分校校刊》第一期

《求是》与《剑锋》
（1939 年 12 月 11 日）

学生自治会干事会早定出版壁报一栏。经代表筹备，第一期已于十二月一日出版，定名《求是》，内容丰富，定每半月出版一次，系学术股干事萧学均君主编，何大基君任副编辑，二期已在征稿中，盼各同学踊跃投稿。

又战时服务团文字组筹出通俗宣传刊物一种，定名为《剑锋周报》，创刊号于星期日油印，今日出版（规定每周油印二张），内容门类颇多，兼有漫画以宏宣传效力。该刊系张恭同学主编，抄写皆由该组同学于星期例假分任义务，闻将分赠本邑乡镇张贴云。

《国立浙江大学浙东分校周刊》第六期

(3)各类竞赛

分校函呈竺校长参加第一届全国学业竞试初选生名册
(1940年6月)

职校遵照本校转发部颁第一届学业竞试办法，业于五月廿七至廿九三日内分别举行国文、英文、数学三科竞试。参加者五十三人，评定结果，录取初选生张恭等十二名(每科每院一名)，又备取冯宗道等二名，共计十四名。理合造具名册两份连同试题一份，初选生试卷十四本送呈钧长，伏乞鉴核，并恳转呈教育部以凭复选。谨呈　竺校长

衔主任　陈训慈
郑宗海代

计呈送学业竞试初选生名册二本。

附　学业竞试初选生名册

国文科

院别	姓名	性别	年龄	籍贯	弥封号	成绩
文学院	张　恭	男	二三	浙江开化	10	72
理学院	管佩韦	男	二一	浙江黄岩	8	65
工学院	张如藩	男	一九	浙江金华	4	78
工学院备取	冯宗道	男	二〇	浙江绍兴	5	75
农学院	高德根	男	二二	浙江新昌	2	50

英文科

院别	姓名	性别	年龄	籍贯	弥封号	成绩
文学院	洪　珊	男	二三	浙江松阳	17	77
文学院备取	吴肇衍	男	二一	浙江诸暨	16	72
理学院	张理京	男	二〇	浙江绍兴	12	78
工学院	洪孝伦	男	二二	浙江杭县	9	70
农学院	洪语善	男	二一	浙江建德	3	57

数学科

院别	姓名	性别	年龄	籍贯	弥封号	成绩
文学院	洪　珊	男	二三	浙江松阳	23	70
理学院	郭本铁	男	二二	浙江鄞县	18	80
工学院	周森沧	男	二〇	浙江鄞县	14	77
农学院	高德根	男	二二	浙江新昌	4	85

L053-001-1876 卷

第一届全国专科以上学校学生学业竞试决选生名单(摘录)
(1941 年 3 月)

一、甲类竞试决选生三十一名

(一)国文科十名

第一名　张如藩(国文浙江大学龙泉分校),奖给书券三百元。

L053-001-1018 卷

郑宗海主任函送竞试初试优胜生名册
(1941 年 7 月 14 日)

查部颁第二届学业竞试要点第三条开,甲乙两类学业竞试之初试即以各生本年学期试验代替其初试,优胜名单各校应缮具名册,于本年六月底以前报部并应连同各生相片一张,函送复试区,其名册式样另订之等语。兹选取初试优胜学生李禄先等十六名参加复试,依式造具名册并检取相片,相应函送查照为荷,除报部外,此致

第二届全国专科以上学校学生学业竞试龙泉区复试委员会

计送名册一份,相片十二张。

主任　郑宗海

附　国立浙江大学龙泉分校学生学业竞试初选优胜学生名册

姓名	性别	年龄	籍贯	肄业学院	肄业年级	应加复试科目	备注
李禄先	男	二二	浙江东阳	文学院	一	国文	
张恩泽	男	二二	安徽贵池	农学院	一	国文	回家,照片不缴
傅毓衡	男	二三	安徽盱眙	理学院	一	国文	
朱兆祥	男	二一	浙江宁海	工学院	一	国文、数学	
葛起间	男	二一	浙江慈溪	文学院	一	国文	
张天定	男	二〇	江苏川沙	农学院	一	英文	
冯慈珍	男	一九	浙江鄞县	理学院	一	英文	
申屠光	男	二一	浙江东阳	工学院	一	英文	回家,照片不缴
陈建耕	男	二一	浙江富阳	文学院	一	英文	回家,照片不缴
王孟显	男	二〇	浙江鄞县	文学院	一	英文	
戴锦霞	女	二一	安徽旌德	农学院	一	英文	
郑保定	男	二一	浙江慈溪	文学院	一	英文	
袁慈良	男	一八	浙江鄞县	农学院	一	英文	
叶彦谦	男	二〇	浙江龙县	理学院	一	数学	
吴　真	男	二〇	福建闽侯	工学院	一	数学	回家,照片不缴
陆谊明	男	二〇	浙江鄞县	工学院	一	数学	

L053-001-1698 卷

参加竞试复试记功
(1941 年 8 月 22 日)

王孟显、郑保定冒雨自丽水步行达龙泉参与学业竞试复试,奋勇可嘉,应各记功一次。

海

八月廿二日

L053-001-1898 卷

公布本分校参加第二届全国学业竞试决选膺选学生名单
(1942 年 5 月)

案准教育部高等教育司函送第二届全国专科以上学校学生学业竞试甲乙类决选生名单到校,兹摘录本分校膺选学生名单公布如左:

一、甲类竞试决选生三十二名

(一)国文科十名

第三名:李禄先,奖给书券二百五十元

第四名:朱兆祥,奖给书券二百五十元

(二)英文科十名

第二名:张天定,奖给书券二百五十元

二、乙类竞试决选生五十九名

以上甲乙类竞试决选生共计九十一名。

此布。

主任　郑宗海

L053-001-1700 卷

分校电告总校为第三届全国学生竞试复试决选生名单事
(1945 年 6 月 23 日)

为奉令发分校参加第三届学业竞赛优胜学生应得奖券、奖状名单饬分别转发等因,查单列张文彦等四名现在总校肄业,特抄附名单连同奖状等,电请誊收查照,分别转给由。

遵义本大学总校:案奉教育部本年四月廿六日高字第 21483 号训令开:“查第三届全国专科以上学校学生学业竞试甲乙类竞试初选生复试试卷暨丙类竞选初选生毕业论文,前经本部分别聘请阅卷委员及毕业论文评选委员评阅,并已复核完竣。甲乙类竞试决选生、丙类竞选决选生及成绩次优特予奖励学生名单业经公布,除分令外,合亟检发该项名单并发给该项得奖学生书券,共计国币一千三百元,奖状四张(另附清单)。仰即转发并填具印收,呈部备查,合令知照,此令”等因;附发第三届全国专科以上学校学生学业竞试决选生及成绩次优学生名单一份,清单一纸,奖状四张下拨,并另由浙江地方银行汇本国币一千三百元整,奉此,查单列应得是项奖金、奖状学生张文彦等四名现均在总校肄业。用特抄附发给书券及奖状名单一份,连同奖状四张,一并电请察收,即烦查照,分别代为转给具领,应付奖金共一千三百元请为垫发,其款已收入总校账,所有该生等印领收据，祈径送教部并示复为荷。龙泉分校巳漾。

附件：发给书券及奖状清单

校名：国立浙江大学龙泉分校

奖给书券学生姓名及金额：张文彦　四百元；丁　儆　四百元
梁耀瓒　三百元；王家宠　二百元

合计金额：一千三百元

发给奖状张数：四

备注：英文科

第一名：张文彦，奖书券四百元

第三名：梁耀瓒，奖书券三百元

第七名：丁　儆，奖书券二百元

第八名：王家宠，奖书券二百元

三民主义科

第十名：丁　儆，奖书券二百元

L053-001-1019 卷

英语演说比赛办法
(1940 年 4 月)

一、凡本分校一年级暨先修班学生，均可自由报名参加。

二、愿参加比赛者，应于四月七日以前向方本炉先生报名。

三、英语演说比赛，定四月二十日下午六时举行，地点临时决定之。

四、演说题目，由参加者于报名时自定(能具有适应时代性或富有教育文艺意义者为宜)。惟此项命题，亦得请林先生、方先生之指导而定之。

五、每人演说时间，规定以八分钟为限。

六、评判请本分校教授及校外名人共同担任之。

七、优胜学生第一名奖书券五元，第二名书券三元，第三名书券二元(或同价之书籍文具)，第四名以下均给奖品。前三名并得加给名誉奖状。如有教职员特定，赠奖得加奖之。

八、参加比赛学生过多时，得由英文教授决定先举行初赛，选取若干人举行复赛。

九、若办法有未尽事宜，随时公布之。

L053-001-1794 卷

国语演说比赛办法
(1940年4月29日)

一、凡本分校大学一年级暨先修班学生,均可自由报名参加。

二、愿参加比赛者,应于五月七日以前向训导组报名。

三、国语演说比赛,定五月十九日(星期日)上午七时举行,地点在本分校礼堂。

四、演说题目,由参加者于报名时自定。(能具有适应时代性或富有教育文艺意义者为宜。)惟此项命题,亦得请徐声越先生、胡伦清先生之指导而定之。

五、每人演说时间,规定以八分钟为限。

六、评判请本分校教授及校外名人共同担任之。

七、优胜学生奖品由学校酌量置备。

八、参加比赛学生过多时,得由国文教授决定先举行预赛,选取若干人举行复赛。

九、本办法有未尽事宜,适时公布之。

L053-001-1794卷

龙泉分校第一届春季运动会大会开会秩序及运动项目
(1940年4月24日)

上午(九时起)

(一)五十公尺决赛(女)　(二)百公尺预赛(男)

(三)急行跳远(男女)　(四)四百公尺决赛

(五)推铅球(男女)　(六)百公尺决赛(女)

(七)手榴弹掷远决赛　(八)八百公尺决赛(男)

(九)一千五百公尺决赛　(十)急行跳高(男女)

(十一)二百公尺预赛　(十二)四百公尺接力决赛

下午(一时起)

(十三)八百公尺决赛　(十四)三级跳远

(十五)撑杆跳高　(十六)二百公尺决赛

(十七)掷铁饼(男女)　(十八)一千六百公尺接力决赛

(十九)掷标枪　(二十)教职员一百公尺赛跑

(廿一)五千公尺决赛　(廿二)给奖

（廿三）闭幕

附　本届（五月四日）龙泉全县运动大会标准记录

（一）径赛

五十公尺 八秒　　百公尺（女）十六秒　　百公尺 十二秒五

二百公尺 二十六秒　　四百公尺 六十秒　　八百公尺 二分三十秒

一千五百公尺 五分十秒　　五千公尺 二十一分

（二）田赛

急行跳远（男）五公尺八十　　（女）四公尺

急行跳高（男）一公尺五十　　（女）一公尺二十

三级跳远　十二公尺

撑杆跳高　二公尺八十

掷铅球（男）九公尺　　（女）八公尺

掷铁饼（男）二十五公尺　　（女）二十公尺

掷标枪 四十公尺

手榴弹掷远 四十五公尺

（三）接力

四百公尺 五十秒

一千六百公尺 五分

L053-001-1857 卷

布告
（1943 年 4 月 24 日）

兹奉教育部令知，本年度继续举办联合国日中英文论文比赛，并颁发办法一份，合将奉颁办法公布如左，希诸生踊跃参加，并将论文于五月五日以前送交教务处听候甄选。特送此布。

主任　郑宗海

L053-001-1775 卷

(4)科学化运动宣传

郑主任函教育部报告学校于元旦提倡科学运动情形
(1941年11月)

本年十月二十八日奉钧部十月四日发社字第三八〇八四号训令,规定每年双十节扩大科学化运动宣传,订定各校举办事项,令饬遵照办理具报等因,自应遵办。惟奉文已在双十以后,本年双十节未及办理,以后自当遵照。查本年元旦,本分校曾以龙邑地处山陬,民风浑噩,为实施社会教育,提倡科学运动起见,利用岁首,开放全校及各实验室,招待民众参观。上午任人游览,各实验室派有指导员随时指导讲解。下午开民众联欢大会,并邀请本县官绅参加,当场讲演科学对于建国之重要,激发民众对于科学之热情;又表演物理、化学等有兴趣之实验,藉以引起观众之信仰。是日到会农民及官绅等数百人,颇极一时之感,曾当场摄影,藉留纪念。兹奉前因,理合将元旦提倡科学运动情形附带具报检同影片呈送钧部鉴核备查。谨呈

教育部

计附呈影片二帧。

(全衔)主任　郑宗海

L053-001-1767卷

分校主任室函总校文书室报告举办科学化运动情形
(1943年3月4日)

前奉令举办科学化运动,兹将办理各项列后请备文呈报。此致

文书组

1.绘制天文常识挂图五十余幅,于卅二年元旦在龙泉坊下本校举行展览。

2.本年元旦晚上表演科学剧本,观众二千余人极感兴趣。

3.于《正报》上出版伽利略逝世及牛顿诞生三百年纪念特刊。

主任室启

三、四

L053-001-1767卷

郑主任呈函教育部关于补行科学化运动情形
（1943年3月）

案前奉钧部卅年十二月二十日发社字第四九六一四号指令，为本分校呈复双十节扩大科学化运动宣传，奉文已迟，未及举办。请鉴核由，内开“呈件均悉，准予备查，仰于明年双十节前及早准备。并逐年切实举办具报为要，件存，此令”等因；遵奉在案。

追卅一年双十节，本分校正因浙东事发播迁福建松溪，无法举办，是以延至卅二年元旦，补行科学化运动。时值伽利略逝世及牛顿诞生三百年纪念，遵以天文常识为宣传主要资料，俾民众略得天文轮廓，益藉以纪念科学大哲，使在校学生亦知所景慕。本分校诸生中原有爱好研习天文者多人，曾成立天文学习会，因由该会绘制天文常识挂图五十余幅，于元旦起在校内举行展览三日，又于正报发表伽利略逝世及牛顿诞生三百年纪念会特刊。元旦晚上，由学生表演本人所编科学剧本，但复旦兮大考，即只两天。观众不下二千人，颇感兴趣。所有元旦补行科学运动情形，理合检同《正报》二纸，呈报钧部鉴核备查。谨呈

教育部

计呈送《正报》二纸。

（全衔）郑宗海

L053-001-1767卷

（5）联谊活动

师生联欢会志盛
（1941年1月1日）

学生自治会所主办之师生联欢会，经旬日之筹备，于十二月二日晚六时在膳厅举行，教职员、同学殆全体出席，备有丰盛之糖果茶点，游艺计有数十则，如唱歌、音乐、谐谈、故事等，均由师生共同参加，脱略教室授课时之严肃，融洩欢乐如家人，最后殿以谜语，由猜中者向大家说明原由，至饶兴趣，直至九时，始尽欢而散。

《国立浙江大学龙泉分校校刊》第一期

地方联欢大会
(1941年1月16日)

本校成立一年余来,种种方面获得当地各机关及士绅之助益甚多。又校址僻处乡间,受农村民众之协助处亦不少。此次校中乘元旦令节招待地方各机关、士绅及民众,举行地方联欢大会,用意在使本校平素所努力者,更与社会人士以充分之理解,此后可进一步发生紧密之联系及相互之合作。

是日,龙泉各机关人士及本地绅耆到者,如县府崔县长及潘、李两秘书,法院金院长及何首席检察官,浙赣路秦、钱两科长以及绅耆吴梓培、程振鹏、柳子青、徐均甫等诸先生约三四十人,由金维坚先生等任招待,陪同至教室、寝室、自修室、图书馆及物理、化学、生物等实验室、工场等处参观,各实验室均派有学生管理并随时加以说明,如生物实验室方面,十余架显微镜,实验之各种装置,甚感兴趣。诸来宾在校共进午餐,遵新生活习惯,未备烟酒。午后一时,联欢会开会,民众前来参加者,约有四五百人,会场设于校门前早操场内,首全体起立唱党歌,次为郑主任主席致开会辞,说明举行此种集会之意义,谓系本校与当地民众合作之开始,语至纯挚。再次龙泉崔履堃县长演讲,大意就龙泉县政之推行及文化之传布各方面,对本分校致其殷切之期望与勖勉。

嗣后若干节目,再分述于左:

(甲)劝农演讲　事先请龙泉县农场胡德安场长担任。大意为抗战时期增加粮食生产及发挥劳力效能之重要,加以阐述;并对于如何增产及择种方面知识,有所指示。最后就所主持之农场中试验已获有成功之优良种子,如十号稻等若干种,如农民愿行试种,可具备手续向该场借领种子,农场并可在技术上予以指导。当场并将若干种优良样稻种子传观,使民众获得明晰之印象。

(乙)科学表演　首为物理表演,由斯何晚先生指挥冯慈珍、吴春檀、潘朝艳诸生作以下种种表演:(一)飞机原理表演(飞机模型、推进机、纸鹰、降落伞),(二)电的功用(电灯、电铃、电磁力之表演),(三)蒸汽机,(四)牛顿七色板,(五)消防水龙。次为化学表演,由吴浩青先生指挥祝修恒、周锦章、高家明、张恩泽诸生以下种种表演:(一)无形炸弹与轻便手榴弹,(二)粉画速成,(三)化学戏法,全场深感兴趣。

(丙)游艺娱乐　是日校中歌咏队、口琴队各队员均参加表演外,来宾中辅助医院副官吴士超先生之昆曲,县商会主席刘子明先生之平曲,范国昌先生之西洋歌曲均甚佳妙。最后为龙泉戏,所演如昆仑关(狄青)足以激忠义之气,如武当山足以励坚贞之操。尤符合于持久抗战之意旨,附近村庄来观剧者约有四百人。

《国立浙江大学龙泉分校校刊》第二期

六、服务社会

(1)办学

民众夜校成立
(1939 年 12 月 11 日)

学生自治会战时服务团鉴于坊下民众知识低下，为抗日提高识字程度与推广抗战意义起见，特决定举办民众夜校。由教育组积极筹备，于十二月四日成立。是晚七时，在坊下初小举行开学典礼，到者有陈主任、曾乡长，服务团长徐绍唐，教育组全体同学及坊下就学民众共计七十余人。行礼如仪后由主席季立君报告筹备经过与办理意义。继请陈主任训话，讲述识字与不识字之利害(经徐时骝同学用本地方言重述)，词意通俗，民众们全得了解。次福泽乡曾玉如乡长、本村督导员蒋克伦君及叶垂余同学等相继演说，词多勖勉及举办民校之主要，为说明同学系课程忙碌中分时来办民校，劝导入民校后应每日来校，不得间断，九时礼成。至六日晚间正式开课，学生经甄别后尚有四十余人。闻课程内容有识字、常识、算术、写字、唱歌等，第一期暂定二个月。应用课本已与龙泉县政府接洽，允照章赠送。未领到以前，各科材料暂由教育组同学暂行选编施教。民校经费本分校以大学兼办社教，教部已有明令，陈主任已允予补助，并自己捐十元以表赞助云。

《国立浙江大学浙东分校周刊》第六期

郑主任函龙泉县政府关于筹设求是暑假补习学校事
(1943 年 5 月 27 日)

径启者：案据本校学生张德舆、郑生和、吴肇衍等呈称"窃维为学首贵有恒，一暴十寒，鲜克有成。查龙泉一隅，中学肄业学生，为数极伙，暑假期内如无适当补习学校，则学业荒废，实深痛惜。生等有鉴于此，愿乘暑期暇日，本己立立人之微意，筹设求是补习学校。以为中学程度学生修补学业之一助。理合检附组织规程、招生简章、预算表呈请鉴核，并转报龙泉县政府备案"等情，并附送组织规程、招生简章及预算表各一份前来；据此，查该生等拟乘暑期余暇，办理补习学校，于习练办事经验之中，兼寓服务社会之意，旨趣尚属可嘉。相应抄送组织规

程、招生简章及预算表各一份，请准于备案，并随时赐予指导，无任感荷。此致

龙泉县政府

附送求是暑期补习学校组织规程、招生简章及预算表各一份。

主任　郑宗海

龙档 12-2-176 卷

附 1　求是暑期补习学校组织规程

(一)总则

一、定名：本校定名："求是暑期补习学校"。

二、宗旨：利用暑期闲暇为高初中程度学生补习并进修学业。

(二)组织

三、本校组织系统如后：

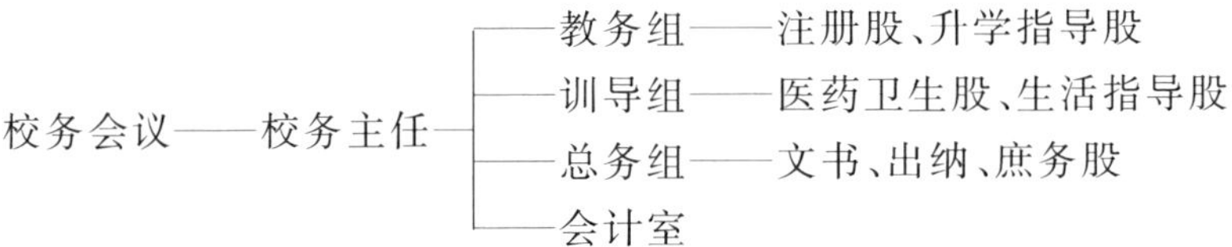

四、本校得聘当地教育知名人士及行政长官担任正副名誉校长，并请具有教育经验人士若干人为顾问。

五、本校以"校务会议"为最高权力机关，由校务主任暨各组室主任并教职员代表四人组织之，由校务主任召集之。

六、校务主任总理全校校务。

七、教务组设主任一人，下设注册、升学指导二股。

八、训导组设主任一人，下设生活指导及医药卫生二股。

九、总务组设主任一人，下设文书、出纳、庶务三股。

十、会计室设主任一人，会计员一人。

(三)学制

十一、本校分设高中、初中及升学三班。

十二、高中班课程相当于高中程度，补习科日暂定英文、国文、数学、物理、化学等五门。

十三、初中班课程相当于普通初中程度，补习科目暂定英文、国文、数学、物理、化学等五门。

十四、升学班分(甲)高中毕业准备升入大学者，

(乙)初中毕业准备升入高中者，

(丙)小学毕业准备升入初中者。

十五、各班学程采选课制。

十六、本校于学生补习期满考核合格后发给证明书。

(四)教职员

十七、本校教职员除会计主任及会计员由校务会议推选外，余由校务主任聘任之。

(五)附则

十八、本校定于七月十日开学，八月二十日结束。

十九、本校校址设于龙泉城内。

二十、本规程有未书妥善处得由校务会议修正之。

廿一、本规程经学校核定后转报龙泉县政府备案施行。

附2　求是暑期补习学校招生简章

一、班次名额　高中班——一百名，

初中班——一百二十名，

升学班——八十名。

二、入学资格　高中班——高中肄业程度，

初中班——初中肄业程度，

升学班——高小、初中、高中毕业准备升学者。

三、各班科目　高中班——国文、英文、数学、物理、化学诸课程，

初中班——国文、英文、数学、物理、化学诸课程，

升学班——部颁规定各级学校入学试验应试学科。

各班科目均于报名时由学生依其程度自行选定之。

四、报名日期地点及手续　日期——七月五日至八日，

地点——

手续——报名时填写报名单暨入学志愿书，并随纳各项规定费用，领取入学证。

五、开学日期——七月十日即日上课。

六、修学期限——七月十日至八月二十日。

七、缴纳费用　学费：高中班——十四元，

初中班——十元，

升学班——十四元，

杂费——四十元，

讲义费——高中班、升学班——廿元，

初中班——十五元。

中途退学，以上各费概不发还。

八、附则　（一）茶水等由校供给。

（二）膳宿自理，如远道学生在龙泉无处设法者得于报名时声请校方代为设法。

（三）详细办法请径向本校询问。

附3　求是暑期补习学校收支预算表

科目	金额	备考
第一款　支出预算		
第一项　生活补助费 9340.00		
第一目　职教员	7200.00	本校预计职教员18人，每人月支300.00元，四十天计约总左数。
第二目　工饷伙食	2140.00	厨工预定四人，每人月计400.00元，四十天计约总左数。
第二项　办公费 5500.00		
第一目　文具	1500.00	纸张、粉笔、油墨约计总左数。
第二目　消耗	2200.00	薪类、茶水、灯火约计总左数。
第三目　修缮	600.00	
第四目　杂支	1200.00	广告、报纸、杂费等约计总左数。
第三项　特别费 880.00		
第一目　社教费	600.00	
第二目　其他	280.00	
总计	15720.00	
第一款　收入预算		
第一项　学杂费 15720.00		
第一目　学费	3720.00	本校学额暂定300名；初中班120人，每人酌收学费10元，高中班暨升学班计共180人，每人酌收学费14元，合计总左数。

续表

科目	金额	备考
第二目　杂费	12000.00	每生每日以一元计，四十日合计如左数（300 人）。
总计	15720.00	

龙档 12-2-176 卷

代办芳野代用中心学校三十一年度第二学期校务报告书
（1943 年 7 月 1 日）

一、筹备经过

1. 筹备情形　本年一月间本分校主任室函聘董聿茂、王祖蕴、陈嗣虞、余择生、寿棣绩五人为附属小学筹备委员，并指定寿棣绩为召集人，经召开筹备会议二次，草拟计划及预算书，因本学期筹设附小时间上已不可能，乃就原有福泽乡第五保国民学校改组为代用中心学校，一学期后，再行筹设附小。是项计划经与县府数度磋商，遂正式议定：（甲）学校名称定为芳野代用中心学校；（乙）校长由本分校保荐寿棣绩兼任；（丙）学校经费除原有保国民学校经费外由本分校拨补。

2. 小学成立　二月十四日县府派国民教育指导员一人前来会商接收问题，经会同保校前任校长曾沂当面交代定当，即行点验校具，缮具清册，报请县府备案。二月十七日福泽乡芳野代用中心学校正式成立，即日开学，并办理学生报名及校舍修理事宜。

3. 学级教师　小学分设三学级：计一二复式，三四复式，五六复式各一级。教师除原有保国民学校教师曾沂仍加续聘外，另由本分校聘请潘星聪、王襄文二人共同担任教学。学生报名者一时颇为踊跃，计：一（下）年级 37 人，二（下）年级 22 人，三（下）年级 10 人，四（下）年级 11 人，五（上）年级 14 人，六（上）年级 7 人，共计 101 人。远者家庭距校数里，高级学生有达二十岁左右者，纷纷前来报名入学；晨曦初上，郇中即闻群儿歌呼雀跃，相将入校，一时景况甚为热烈。又县府对于中心学校合格教师，有薪给补助，计师范毕业者月六十元，检定合格者月二十元，芳野小学月应得补助二百元，除二十元应给教师曾沂作为补助外，余数一百八十元另聘教师孙士方一人帮同任教，教师连前合计四人，虽较规定尚属不敷，但已差堪分配矣。

二、校务设施

1. 组织概况　小学因规模较小，组织方面暂设教务、训导、总务三部，由教师潘星聪、王襄文、曾沂三人分别担任；又高（五六）年级，中（三四）年级，低（一二）年级各设级任导师，由教师潘、曾、王三人兼任。

2. 会议种类　校务计划设施事项由校务会议商决之，该项会议本学期共开二次。此外关于教务方面，曾开教务会议二次，训导方面曾开训导会议二次。又每星期一、四上午课前，均开课前会议，商决零星事务。上列各项会议校长及全体教师均出席。

3. 小学校历　芳野小学校历参照实际情形及规定办理，本学期二月十七日开学，三月一日上课，七月十四、十五学期考试，十七日举行休业式，十八日暑假开始。三月卅日至四月五日因防御鼠疫停课一周。

三、教导设施

1. 排定课表　芳野小学课程系遵照部颁修正小学课程标准办理，课表时间即依此排定，本学期虽开学较迟，中间又遇警报频仍，但各项功课，尚能按照预定，如期授毕。

2. 周会活动　芳野小学为训练儿童课外活动，并提高教学效率起见，每周举行周会活动一次，计已举行者有习字比赛、演讲比赛、小游艺会、小音乐会、故事会、大整理、大扫除等。

3. 中心训练　芳野小学每周均有中心训练项目规定，由训导部公布施行。

四、其他设施

1. 图书设备　芳野小学本学期计购置教本一套，教学法数册。订阅儿童刊物二种，《东南日报》一份；向县府索得民众文库数册，供给儿童阅览。其他教具方面曾由担任教师自制数种，藉资应用。

2. 教室扩充　本校原有教室仅一间，本学期添租民房二间，充作教室。又隔筑板壁数道，将原有房屋划分为礼堂、办公室及教室等，因陋就简，勉强足敷支配。

3. 器具修理　本校原有儿童活动器具若干种，因驻军损毁，本学期均加以修复，以供儿童游玩。

兼校长　寿棣绩

七月一日

L053-001-1786 卷

龙泉分校创办附属中学及附属小学计划
（1943 年 6 月 13 日）

（一）创办旨趣　稽诸近代教育史，如裴斯塔、落齐、福禄培尔、来印等皆自创学校，以实验其学说；即现代如杜威与蒙特梭利二氏、亦曾各在芝加哥、罗马创设试验学校。盖欲求学说对于社会有贡献，非专设学校加以实验不可，此就个人言者。至于师范大学或师范学校，采此意设附属学校，由藉此可以试验教育上之各种学说，亦所以供师范生实习之用，如美国哥伦比亚、芝加哥二大学教育科之设附中、附小，英国曼谦斯德大学之设菲尔登模范学校 Fielden Demonstration School 其著例也。近观吾国，如前国立北平师范大学，现蓝田国立师范学院亦办有附中；即遵义浙大师院亦办附中有年；吾国现重视师范教育，本分校既办师范学院，担任教育与心理之教师，对于教学之法则原理与训导，时有意见，思得附校以资试验；又三年制国文、数学二科下学年学生即须实习，而龙泉地处浙南，比较安全，近年来人民自沦陷区来此避难者日众，青年及儿童渴欲得一国立中小学进而肄业。故本分校附中、附小之设，固可供实验实习之用，亦可适应外界社会此种之需要也。

（二）创办计划

甲、组织部分　本分校附属中学（以下简称附中）之组织系统拟订如次：

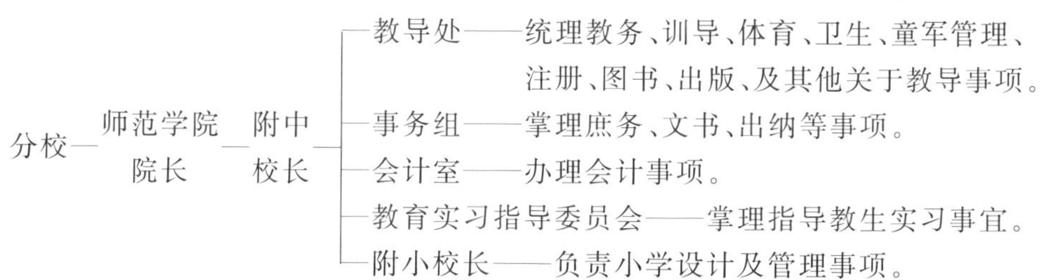

按大学各学院独立学院及专科学校，附设中小学或职业学校暂行办法大纲，附小本直隶大学，惟本分校附小规模既小，且行政事务多由附中兼办，为办事便利，故属于附中。

乙、教导部分

1. 班级——附中创办伊始。本年拟招初中一年级二班。（如女生人数较多，分设男女生班级各一）每班最多五〇人，最少二五人。

2. 教学——拟暂照普通班级教学制度办理，但国、英、算等课程酌量采取能力分组制；如经济人才可能，并拟采用道尔顿制教学。

3. 训育——依照修正中学规程之所定：陶融“忠孝、仁爱、信义、和平”之国民道德，注重善良品格、勇毅精神之培育，国家民族意识之激励，并由日常生活之指导，及礼乐教育之灌输，劳动习惯之养成，强健体格之锻炼，公民训练之设施，以造成高尚健全之国民。

4. 课程——遵照部颁最近修正之中学课程标准施教。

5. 童军管理——注意生活训练，以期造成知、仁、勇三者兼备之青年。

6. 体育及课外活动——利用环境及自然设备，提倡爬山、远足等游戏活动，以锻炼强健之体魄。

丙、建筑及设备部分　拟在学校附近空地，建筑校舍；建筑之设备之详细情形与所需经费之预算，详另编之预算表，兹将拟建各室及未列该预算中之事项条述于后：

1. 教室——拟先建中学教室三间（内特别教室一间），小学教室四间，自修室与教室合并，不另建筑。

2. 寝室——拟建学生寝室十间，教职员寝室七间，工役寝室一间。

3. 膳厅——拟建膳厅四间，并供中小学纪念集会之用，礼堂不另建筑。

4. 图书室——拟建图书室三间，购置图书陈列，以供教职员学生参考阅览。

5. 仪器室——拟建仪器室二间，购置及制造仪器及标本若干种，供博物、理化、仪器标本储藏及实验之应用。

6. 医药及公共卫生之设备——拟建调养室二间，设置公共卫生之用具若干，并聘请校医一人，专司计划及指导卫生清洁事宜。

7. 办公室——拟建办公室四间，设置简单办公用具若干，充中小学办公之用。

8. 娱乐室、阅报室——拟建娱乐室、阅报室各一间，供学生娱乐及阅报之用。

9. 储藏室及会客室——拟建储藏室及会客室各一间，供储藏什物及会客之用。

10. 生产计划——拟租赁民田若干亩，开垦荒山若干亩，种植农作物，饲养家畜，为以补助员生工役营养之不足。

11. 其他设备——拟利用学生课外活动，提倡造林、筑路等事项，藉以布置优美之学校环境。

丁、事务部分　除通常校中行政事务，照定章与通例办理外，拟注意下列数项：

1. 学生贷金——拟设置附中学生贷金名额若干，遵照部定规程，办理各种贷金，藉以救济清寒及优秀学生。

2. 劳动服务——凡校内整理清洁等事项，可酌量分配学生担任。即其他日常事务，如可由学生自行处理者，亦尽量指导学生处理，并由校订定奖惩办法切实推行。

3. 校工管理——校工拟尽量减少，并严密管训，资克人尽其才。

4. 校舍布置——校舍建筑完成后，拟积极布置，俾达整齐、清洁、简单、朴素之标准。

戊、附属小学部分

1. 组织——附小设校长一人,秉承中学校长,处理附小校务。校长下设教务、训导、总务各部,及各级级任,分掌各项事务。

2. 班级——附小拟设一上下、二上下、三四、五六复式班级各一班,合计四学级。

3. 经费——附小经费暂与中学合并开支,不另划分。

4. 教导——附小兼理国民教育实验,及辅导事宜与本地县政府酌量合作,藉资利便。

5. 设备——附小除设备应用简单教具及校具外,并得商借中学一部分设备,以供教学及应用。

己、其他部分

1. 试验研究——如在前创办旨趣中所言,附中附小均拟从事教学方法及训导之试验研究,其详细计划另订之。

2. 社教活动——附中附小均拟兼办社会教育事业。其计划另订之。

师范学院拟
卅二、六、十三

L053-001-1583 卷

(2)助耕助收

龙泉分校员生助耕助收实施细则
(1943 年 3 月)

(一)本分校为遵照部令实施下乡助耕助收,并参照部颁"修正中等以上学校员生助耕助收实施办法"特订定本细则。

(二)本分校员生助耕助收区域,以龙泉县属福泽乡之坊下、大沙、石坑垅、张山头四村镇附近田亩为工作、实施区域,并以尽先协助出征军人家属为原则。

(三)春季助收工作,以收获大麦、小麦、油菜三种为主;助耕工作,以秧苗移植为主;秋季助收工作,以收获稻作为主;助耕工作,则以扩种冬季作物为主。

(四)由本分校全体员生组织助耕助收队,每十人为小队,每十人拨农学院教师一人为技术指导员,其编队名单另定之。

(五)本分校根据农家历,助耕助收队定于三月终编制完成,四月初开始工作。春季以四月上旬至中旬为助收期间，四月下旬至五月下旬为协助插秧期间；秋季以九月上旬至中旬为协助割稻期间，十月下旬至十一月上旬为助种冬作期间，必要时得助耕助收同时举行（例如割麦插秧等）。

（六）充分利用乡镇代表大会及保民大会说明助耕助收之意义，确实查明所在地田亩种类面积以及需要劳力人数，妥为规划，以备届时实施合作。

（七）本分校助耕助收队各队工作区域之规则，工作起讫时间以及工作种类，均由本分校依于前条调查之结果，并事先与所在地区内之乡保长商洽订定，与编队名单同时公布之。

（八）关于耕种收获之方法技术及一切应注意事项，均由本分校农学院制定刊印，分发各队员随带以备参考，工作时并应由技术指导员指导进行。

（九）助耕助收应需农具及一切设备，均由本分校事先与当地乡保甲长接洽，妥为准备应用。

（十）各小队助耕助收工作成绩，应逐日记载，至工作告一段落，应列表层转，每月由本分校汇呈教育部查核。

（十一）各小队工作区域及工作种类，既经指定，不得自行更换或请求改变，各队员应严守纪律，不得妨碍农民工作及毁坏农民产品，如有违反者严办。

（十二）各队员应接受队长及技术指导员之指导，各队长指导员亦应切实负责执行。

（十三）助耕助收队队员之膳食，应行自理，不得受农民之招待。

（十四）各队员每日助耕助收以外时间，仍照常上课与自习。

（十五）本细则如有未尽事项，得依照部颁“修正中等以上学校员生助耕助收实施办法”办理之。

（十六）本细则及助耕助收队编制名单给有关各院组拟定，送由本分校主任核定施行，并呈请教育部备案。

L053-001-1768 卷

（3）各类捐款

分校主任室、会计室报文书股关于赠寒衣捐事
（1940 年 11 月 16 日）

径启者：本分校职教员及学生捐赠之寒衣捐业已结算清楚，职教员计郑宗海先生等三十六人，合计一日所得国币一百四十四元正。学生计汪泰洲、程绍懋等

一百七十四人，每人二角，合计国币三十四元八角正。两共合计国币一百七十八元八角正。兹附龙泉地方银行支票一纸（A0172874 号），职教员名单一纸，请贵股备文送解，并盼于回文后将收据交至本室为荷。此致

文书股

主任室、会计室同启

二九年十一月十六日上午九时

L053-001-1760 卷

两次捐款一次储金之筹集
（1941 年 1 月 1 日）

本分校对于有利抗日战之捐献，无不力为倡导，未敢后人。上学年举办义卖献金，演剧筹捐及募集寒衣捐等，不下三四次，所筹之款，汇寄前方。暑假期间，留校师生寥寥无几，尤能解囊捐助月饼捐共计六十五元，由主任室汇送龙泉慰劳出征军人家属大会，数虽不多，聊以藉表同人之微意。本学期开学后，教职员同人即响应献一日所得充寒衣捐，益以同学之乐捐，计得一百七十八元八角，已由会计室解送于龙泉动员委员会分会汇交前方，此两次捐款之略情也。至节约建国储蓄，中央提倡于前，各省响应于后，本分校亦自当努力追随，此事前经校务会议讨论，决依照总校所规定之标准，请各教职员认储。全体教职员莫不踊跃签认，共计有五百八十五元，业由出纳股汇解矣。

《国立浙江大学龙泉分校校刊》第一期

郑主任函龙泉县动员委员会
（1941 年 3 月）

案查前准贵会二月六日发济字第 4 号公函，为奉令发动春节劳军运动附抄竞赛办法及补充办法请查照办理等由，并附抄件，准此。当请本分校路教授敏行为筹备人向同人及学生劝募，现得同人方面乐捐共计国币二百二十八元整，学生方面乐捐共计国币八十八元，两共计国币三百十六元整。除依竞赛办法第四条，由筹备人开列捐款者名单并注明捐款总数于参加竞赛时一并送交竞赛大会外，相应将捐款开同名单，函送贵会查收转县，并依补充办法第六条由县分别给予收据，以便转发各捐款人为荷。此致

龙泉县动员委员会

计函送　捐款国币三百十六元整。

捐款人名单一本。

主任　郑宗海

L053-001-1760 卷

郑主任函龙泉县出征抗敌军人家属优待委员会
(1941 年 3 月)

案准贵会总字第 5 号公函检送三十年份公宴捐收据请广为劝募等由，并附收据一册计八十张，准此。查最近春节劳军竞赛一案，甫经劝募，本分校员生踊跃轮将，总数达数百元。当此米珠薪桂，生活困难之际，已竭其急公好义之诚，今再劝募公宴捐，势等强弩之末，委实为难。准函前由，致由本分校捐助八十元，藉襄盛举。相应将捐款检同原收据册一并函送贵会查收。希即填制收据一联送校为荷。此致

龙泉县出征抗敌军人家属优待委员会

计函送捐款八十元。

原收据一册计八十张。

主任　郑宗海

L053-001-1760 卷

郑主任函龙泉县动员委员会
(1941 年 10 月 8 日)

径复者：昨接贵会陈文宝先生致敝校郑主任函，为劝募秋节劳军款，并附捐册两本；查敝校尚未开学，师生大部分未到。兹谨由敝校捐助伍拾元，又郑主任个人捐助拾元，藉表微意。除制给收据第 401、451 号两张外，相应将捐册连同捐款函送贵会查收，见复为荷。此致

龙泉县动员委员会

计函送原捐册两本。

捐款六十元。

(校戳)启 十月八日

L053-001-1760 卷

(4)兵役宣传和志愿从军

郑主任和军训教官代电浙江省军管区黄司令
(1941年3月22日)

浙江省军管区司令黄：前接政治部29年12月政一第10491号令，发寒暑假兵役宣传名册，嘱于假期内按各生籍贯妥为支配，一律参加兵役宣传，并于第二学期开学后，将编组及宣传结果报部核备。查本分校寒假期短，除册上外圈系同学省亲去外，其余学生不返原籍，因即就在校员生组织兵役宣传队，并向县党部索取标语数十张，分途在福泽乡坊下、大沙、石坑垅及至城区各村分别张贴标语，演讲兵役重要意义。理合填具寒假兵役宣传名册，送请核备。

国立浙江大学龙泉分校军训队队长郑宗海，军训教官郑侨文叩，祃。附名册一本。

L053-001-1715卷

投考空军学生报名表
(1942年1月)

姓名	年龄	籍贯	学历	操行	住址	通信地址
陈惟照	廿	浙江衢县	本分校工学院二年级	80	本分校	同上
潘柏西	廿	浙江杭县	本分校工学院二年级	71	本分校	同上
俞茂松	廿	浙江奉化	本分校理学院一年级	80	本分校	同上
常大涤	廿一	江苏泰兴	本分校理学院一年级	80	本分校	同上
胡全木	廿	浙江嵊县	本分校农学院一年级	82	本分校	同上
章臣楹	廿一	江苏江阴	本分校工学院二年级	81	本分校	同上

L053-001-1772卷

分校电告教育部作为翻译人员赴部队服务之学生名册
(1942年4月25日)

重庆教育部钧鉴：奉三月十九日教高字第10078号令发派遣翻译人员赴部队服

务办法及调查册格式，遂即通告征求，兹据外国语文学系二年级学生张义棠等六名报名志愿前往，理合造册，电呈鉴核汇转征用。浙大龙泉分校叩，卯有（附调查册二份）。

附 国立浙江大学龙泉分校堪任英语翻译志愿赴部队服务人员调查册

校别	现在职务（或学生）	姓名	备考
国立浙江大学龙泉分校	学生	张义棠	国立本分校文学院外国文学系二年级肄业，应于三十三年七月毕业
同前	同前	葛起间	同前
同前	同前	程鸿林	同前
同前	同前	莫企萃	同前
同前	同前	刘国瑞	同前
同前	同前	黄　纬	同前
附记：如系学生，请将其肄业时间及毕业日期于备考栏内说明。			

L053-001-1773 卷

国立浙江大学龙泉分校知识青年从军员生名册
（1944 年 12 月 29 日）

姓名	年龄	籍贯	学历
何苗生	26	浙江义乌	温州中学毕业
陈经纲	22	浙江定海	文学院外文系二年级
沈晓峰	22	浙江临海	文学院一年级
梁朝曦	22	浙江乐清	理学院一年级
徐元增	21	浙江嘉兴	工学院机电系二年级
包洪枢	20	浙江永嘉	理学院一年级
许武健	19	浙江余姚	理学院一年级
许殿英	21	江苏上海	理学院一年级
林希茂	18	浙江黄岩	理学院一年级
方恒正	20	浙江浦江	理学院一年级
陈超元	20	浙江永嘉	工学院一年级
施鸣岐	21	浙江金华	工学院一年级

续表

姓名	年龄	籍贯	学历
许有根	21	浙江诸暨	工学院一年级
周起昕	24	浙江孝里	师范学院英文系三年级
谢训一	22	安徽芜湖	师范学院国文专修科二年级
丁启昌	22	浙江萧山	师范学院国文系二年级
张　沂	23	浙江安吉	师范学院英文系三年级
董海春	20	浙江绍兴	师范学院一年级
沈联奎	23	江苏宜兴	师范学院数学系二年级
竹景焕	21	浙江嵊州	一年级旁听生
汤学震	21	浙江嵊县	一年级旁听生
谢西陆	19	浙江象山	一年级旁听生
王愤强	20	浙江海盐	工学院一年级
宋　玉	23	江苏宜兴	师范学院数学专修科一年级
路古香	23	江苏宜兴	师范学院国文专修科一年级
黄启芳	22	江苏江宁	师范学院国文专修科二年级
李雪衡	21	江苏泰兴	师范学院数学系一年级
王季德	22	江苏常熟	师范学院英文系一年级
谢冠华	25	安徽青阳	师范学院专修科二年级
鲍有则	26	安徽铜陵	师范学院三年级

L053-001-0654 卷

龙泉分校知识青年志愿从军征集委员会工作经过
（1945 年）

本学年始，中央发动知识青年志愿从军运动后不久，是项运动即广泛展开，各地知识青年投袂奋起请缨者至为踊跃。……本分校于此种运动发动之始，即着手策动，迨奉全国知识青年指导委员会之命令后，遂依照规定办法实切推进，始终如一。征集结束，全校应征员生之数超过中央定额近乎二倍。以言成绩与东南各大学相较，尚不落后，兹将征集工作经过简述如下：

一、成立征集会

本分校于十一月四日由路主任聘定杨次廉、沈金相、胡伦清、潘企莘、毛路真、董聿茂、韩雁门、屠镇川、姚镇定、陈嗣虞、陆永福等十二人为委员，即日召开第一次会议，推选路主任为主任，委员陆永福、沈金相二人为副主任委员，姚镇定为总干事，杨次廉为总务主任，董聿茂、陈嗣虞二人为总务委员，胡伦清为宣传主任，潘企莘、韩雁门二人为宣传委员，开始进行征集工作。

二、工作进行：

A. 宣传号召：①于国父纪念周时请校内外人士讲演；②将从军办法及有关从军宣传文字陆续公布；③指导学生自治会推定人员，鼓励劝导同学踊跃自动从军；④请各组导师随时勉励学生从军；⑤指导学生于刊物发表或戏剧表演时以从军运动为中心。

B. 办理登记：自征集会成立之日起至三月十二日止举行登记，员生登记者共三十三人。

C. 体格检查：十二月十四日举行体格初检，及格者计有何苗生等三十人，不及格者计有徐振声等三人。

D. 集中训练：从军员生体格初检合格者，使其集中住宿、集中用膳，定期施行精神讲话，授以军用英语，并参观本地军事机关及各种武器，以增军事常识，规定寒假内从军员生以不回家为原则。

三、优待办法

A. 改善膳食：将中央指导委员会所拨膳费按月发给，以增补食料营养。

B. 赠送物品：由全校师生募款三万八千五百七十元以制备卫生衫每人各一件，纪念册每人一本。

C. 摄影留念：全体征集委员与全体从军员生合摄一影，以资留念。

D. 筹备欢送：原定由校方会同学生自治会、本分校三民主义青年团、本分校区党部及芳野剧艺社准备各种游艺节目，于从军员生出发前举行盛大的欢送会，惟后因从军者出发时间分为多次，且本次出发为迁就交通工具，行色匆忙，致欢送大会未及从容举行。

四、分批出发

A. 二月廿日　陈经纲、徐元增、丁启昌、张訢、沈联奎、鲍有则等六人由浙江省党部保送至横峰青年远征军政工训练班东南分班受训。

B. 三月三日　周起昕、谢训一两人由三民主义青年团中央直属本校分团部保送至横峰政工分班受训。

C. 三月十四日　女生宋玉、路古香、黄启芳、李雪衡、王季德、谢冠华等六人准入横峰政工分班，保送至该班受训。

D. 三月廿六日，本校职员何苗生、学生沈晓峰、梁朝曦、许武健、许殿英、方恒正、施鸣岐、许有根、董海春、竹景焕、汤学震等十一人出发至瑞金 209 师师部受训，每次出发时均欢送，情况相当热烈。至建阳后，因瑞金 209 师尚未成立，改至黎川 208 师入营。

五、各项统计

A. 男性 19 人。

B. 女性 6 人。

C. 年龄：十八至廿三 22 人，廿四至廿九 3 人。

D. 籍贯：浙江 15 人，江苏 7 人，安徽 3 人。

E. 学历：专科以上 21 人，中学 4 人。

F. 职业：公务员 1 人，学生 24 人。

G. 受训地点：至黎川 208 师 11 人，至横峰政工分班 14 人。

附注：初应征登记员生计三十三人，经体格初检及格者三十人，及出发入营时又因疾病等故，其中五人未能入营受训，故结束入营者实数共计二十五人。

L053-001-0648 卷

路主任函国军第二〇九师关于从军员生报到事
（1945 年 3 月 23 日）

径启者：兹有本校从军员生何苗生等十二名，遂令持证至贵师报到入伍，相应开具名单一份，函请查照为荷。此致

国军第二〇九师

附件

主任　路季讷

三月廿三日

附　国立浙江大学龙泉分校志愿从军员生名单

姓名	年龄	籍贯	学历	备注
何苗生	26	浙江义乌	温州中学毕业	职员
沈晓峰	22	浙江镇海	文学院一年级	学生
梁朝曦	22	浙江乐清	理学院一年级	学生
许武健	19	浙江余姚	同右	学生
许殿英	21	江苏上海	同右	学生
方恒正	20	浙江浦江	同右	学生
施鸣岐	21	浙江金华	工学院一年级	学生
许有根	21	浙江诸暨	同右	学生
董海春	20	浙江绍兴	师院一年级	学生
竹景焕	21	浙江嵊县	一年级旁听生	学生
汤学震	21	浙江嵊县	同右	学生
王愤强	20	浙江海盐	工学院一年级	学生

L053-001-0647 卷

附　录

（一）

国立浙江大学龙泉分校各院系处组所馆抗战损失暨复原经费调查表（1942年8月）

损失、复原物名称	损失、复原地点	损失年月	损失价值（美金）	复原费用（美金）	备项
方旗十二面	损失及复原地点均为龙泉	三十一年八月	〇.五二	二.六〇	
幕布二幅	损失及复原地点均为龙泉	三十一年八月	一〇.〇〇	五〇.〇〇	
蓝布门帘一条	损失及复原地点均为龙泉	三十一年八月	一.二五	六.二五	
白毯一条	损失及复原地点均为龙泉	三十一年八月	四.〇〇	二〇.〇〇	
麻袋四十二只	损失及复原地点均为龙泉	三十一年八月	三三.六〇	一六八.〇〇	
[公]文皮包一只	损失及复原地点均为龙泉	三十一年八月	一.五〇	七.五〇	
手车轮胎二十只	损失及复原地点均为龙泉	三十一年八月	七五.〇〇	三七五.〇〇	
手车四辆	损失及复原地点均为龙泉	三十一年八月	三二〇.〇〇	一六〇〇.〇〇	
衣架三个	损失及复原地点均为龙泉	三十一年八月	一.五〇	七.五〇	
杂志架一个	损失及复原地点均为龙泉	三十一年八月	一.六〇	八.〇〇	
靠手课椅八十三只	损失及复原地点均为龙泉	三十一年八月	四一.五〇	二〇七.五〇	
诊察床一张	损失及复原地点均为龙泉	三十一年八月	二.〇〇	一〇.〇〇	

续表

损失、复原物名称	损失、复原地点	损失年月	损失价值（美金）	复原费用（美金）	备项
二斗写字台六张	损失及复原地点均为龙泉	三十一年八月	三.〇〇	一五.〇〇	
二斗桌二十三张	损失及复原地点均为龙泉	三十一年八月	二三.〇〇	一一五.〇〇	
木工工具箱六十只	损失及复原地点均为龙泉	三十一年八月	九.二四	四六.二〇	
面盆架八个	损失及复原地点均为龙泉	三十一年八月	七.二〇	三六.〇〇	
珠算盘四个	损失及复原地点均为龙泉	三十一年八月	四.〇〇	二〇.〇〇	
双人床二十四付	损失及复原地点均为龙泉	三十一年八月	三六.〇〇	一八〇.〇〇	
单人床四付	损失及复原地点均为龙泉	三十一年八月	二.〇〇	一〇.〇〇	
双门二斗橱一个	损失及复原地点均为龙泉	三十一年八月	二.五〇	一二.五〇	
手提箱二只	损失及复原地点均为龙泉	三十一年八月	一.〇〇	五.〇〇	
低栏十只	损失及复原地点均为龙泉	三十一年八月	三.〇〇	一五.〇〇	
黄靠背椅二十三只	损失及复原地点均为龙泉	三十一年八月	一一.五〇	五七.五〇	
黑靠背椅十只	损失及复原地点均为龙泉	三十一年八月	五.〇〇	二五.〇〇	
化学实验桌六张	损失及复原地点均为龙泉	三十一年八月	六.六〇	三三.〇〇	
油印机二具	损失及复原地点均为龙泉	三十一年八月	一〇.〇〇	五〇.〇〇	
浴凳六根	损失及复原地点均为龙泉	三十一年八月	七.八〇	三九.〇〇	
大秤一杆	损失及复原地点均为龙泉	三十一年八月	三.〇〇	一五.〇〇	

续表

损失、复原物名称	损失、复原地点	损失年月	损失价值（美金）	复原费用（美金）	备项
自修桌三十一张	损失及复原地点均为龙泉	三十一年八月	一八.六〇	九三.〇〇	
茶几十二只	损失及复原地点均为龙泉	三十一年八月	六.〇〇	三〇.〇〇	
排球架二对	损失及复原地点均为龙泉	三十一年八月	三.二〇	一六.〇〇	
瞄准靶八只	损失及复原地点均为龙泉	三十一年八月	一.〇〇	五.〇〇	
瞄准架五只	损失及复原地点均为龙泉	三十一年八月	一.〇〇	五.〇〇	
四斗长课桌五张	损失及复原地点均为龙泉	三十一年八月	七.五〇	三七.五〇	
黑圆凳十五只	损失及复原地点均为龙泉	三十一年八月	二.五〇	一二.五〇	
长凳四十二条	损失及复原地点均为龙泉	三十一年八月	五.二〇	二六.〇〇	
黑骨牌凳三十七只	损失及复原地点均为龙泉	三十一年八月	一八.五〇	九二.五〇	
黄骨牌凳四十六只	损失及复原地点均为龙泉	三十一年八月	二三.〇〇	一一五.〇〇	
小市秤二只	损失及复原地点均为龙泉	三十一年八月	四.〇〇	二〇.〇〇	
籐柳箱五只	损失及复原地点均为龙泉	三十一年八月	一.五〇	七.五〇	
饭罩十二只	损失及复原地点均为龙泉	三十一年八月	四.八〇	二四.〇〇	
谷箩十二只	损失及复原地点均为龙泉	三十一年八月	一五.〇〇	七五.〇〇	
水池二十只	损失及复原地点均为龙泉	三十一年八月	一.六〇	八.〇〇	
茶杯三十二只	损失及复原地点均为龙泉	三十一年八月	一六.〇〇	八〇.〇〇	

续表

损失、复原物名称	损失、复原地点	损失年月	损失价值（美金）	复原费用（美金）	备项
痰盂十只	损失及复原地点均为龙泉	三十一年八月	一.〇〇	五.〇〇	
记事牌九块	损失及复原地点均为龙泉	三十一年八月	〇.五四	二.七〇	
桅灯二十四只	损失及复原地点均为龙泉	三十一年八月	三.六〇	一八.〇〇	
二磅热水瓶十二只	损失及复原地点均为龙泉	三十一年八月	二四.〇〇	一二〇.〇〇	
三百尺手电灯十一个	损失及复原地点均为龙泉	三十一年八月	一一.〇〇	五五.〇〇	
西刨刀五把	损失及复原地点均为龙泉	三十一年八月	〇.九〇	四.五〇	
丙式灯六只	损失及复原地点均为龙泉	三十一年八月	一.五〇	七.五〇	
白铜台灯六只	损失及复原地点均为龙泉	三十一年八月	二.四〇	一二.〇〇	
桑剪二把	损失及复原地点均为龙泉	三十一年八月	〇.五〇	二.五〇	
手锯二把	损失及复原地点均为龙泉	三十一年八月	〇.八〇	四.〇〇	
保险箱一只	损失及复原地点均为龙泉	三十一年八月	二〇.〇〇	一〇〇.〇〇	
汽油炉二只	损失及复原地点均为龙泉	三十一年八月	二.〇〇	一〇.〇〇	
发条叫人铃三只	损失及复原地点均为龙泉	三十一年八月	〇.九〇	四.五〇	
胶棍三个	损失及复原地点均为龙泉	三十一年八月	三.〇〇	一五.〇〇	
汤锅八只	损失及复原地点均为龙泉	三十一年八月	三.六〇	一八.〇〇	
铁锅六只	损失及复原地点均为龙泉	三十一年八月	二四.〇〇	一二〇.〇〇	
洋铅路灯二十只	损失及复原地点均为龙泉	三十一年八月	六.〇〇	三〇.〇〇	

续表

损失、复原物名称	损失、复原地点	损失年月	损失价值（美金）	复原费用（美金）	备项
大号黄铜壶四把	损失及复原地点均为龙泉	三十一年八月	八.○○	四○.○○	
洋锹八把	损失及复原地点均为龙泉	三十一年八月	八.○○	四○.○○	
打洞机二只	损失及复原地点均为龙泉	三十一年八月	一.○○	五.○○	
指南针二具	损失及复原地点均为龙泉	三十一年八月	一.二○	六.○○	
铁丝钳三只	损失及复原地点均为龙泉	三十一年八月	三.○○	一五.○○	
铁箱一只	损失及复原地点均为龙泉	三十一年八月	三.○○	一五.○○	
铸工场工具三付	损失及复原地点均为龙泉	三十一年八月	一.二○	六.○○	
钢板九块	损失及复原地点均为龙泉	三十一年八月	九○.○○	四五○.○○	
铜铃四个	损失及复原地点均为龙泉	三十一年八月	四.○○	二○.○○	
汽灯火酒盘六只	损失及复原地点均为龙泉	三十一年八月	一.二○	六.○○	
卷笔机一只	损失及复原地点均为龙泉	三十一年八月	二.○○	一○.○○	
灯台二十三只	损失及复原地点均为龙泉	三十一年八月	一二.五○	六二.五○	
物理实验桌三张	损失及复原地点均为龙泉	三十一年八月	三.○○	一五.○○	以上系家具之部
体温表二只	损失及复原地点均为龙泉	三十一年八月	三.○○	一五.○○	
生物实验箱一只	损失及复原地点均为龙泉	三十一年八月	一.二○	六.○○	
昆虫箱二只	损失及复原地点均为龙泉	三十一年八月	一.○○	五.○○	

续表

损失、复原物名称	损失、复原地点	损失年月	损失价值（美金）	复原费用（美金）	备项
采集刀六把	损失及复原地点均为龙泉	三十一年八月	一.〇〇	五.〇〇	
容积量测定器一具	损失及复原地点均为龙泉	三十一年八月	三.〇〇	一五.〇〇	
大实验木盘三个	损失及复原地点均为龙泉	三十一年八月	一.一〇	五.五〇	
调桨二把	损失及复原地点均为龙泉	三十一年八月	〇.六〇	三.〇〇	以上系仪器之部
《对数表新论》一册	损失及复原地点均为龙泉	三十一年八月	〇.八〇	四.〇〇	
《中国文学史简编》一册	损失及复原地点均为龙泉	三十一年八月	〇.八〇	四.〇〇	
《性的知识》一册	损失及复原地点均为龙泉	三十一年八月	〇.七〇	三.五〇	
《中国分省图》一册	损失及复原地点均为龙泉	三十一年八月	一.七〇	八.五〇	
《英文文法大全》一册	损失及复原地点均为龙泉	三十一年八月	二.四〇	一二.〇〇	
《经济学原论》一册	损失及复原地点均为龙泉	三十一年八月	一.二〇	六.〇〇	
《本国史》下册一册	损失及复原地点均为龙泉	三十一年八月	〇.八〇	四.〇〇	
《历代白话诗选》一册	损失及复原地点均为龙泉	三十一年八月	〇.五〇	二.五〇	
《第二次世界大战画报》一册	损失及复原地点均为龙泉	三十一年八月	〇.八〇	四.〇〇	
《蒋总裁战时画集》一册	损失及复原地点均为龙泉	三十一年八月	二.五〇	一二.五〇	
《增订本国分省精图》一册	损失及复原地点均为龙泉	三十一年八月	四.五〇	二二.五〇	

续表

损失、复原物名称	损失、复原地点	损失年月	损失价值（美金）	复原费用（美金）	备项
《交流电机》一册	损失及复原地点均为龙泉	三十一年八月	○.五○	二.五○	
《高中外国史》一册	损失及复原地点均为龙泉	三十一年八月	一.九○	八.五○	
《普通物理学》下册之一一册	损失及复原地点均为龙泉	三十一年八月	四.○○	二○.○○	
《高中本国史》二册	损失及复原地点均为龙泉	三十一年八月	一.三六	六.八○	
《中国分省详图》一册	损失及复原地点均为龙泉	三十一年八月	三.○○	一五.○○	
《谈明普通化学》一册	损失及复原地点均为龙泉	三十一年八月	五.○○	二五.○○	
《实验电池式收音机路线集》一册	损失及复原地点均为龙泉	三十一年八月	一.四○	七.○○	
《爱的教育》一册	损失及复原地点均为龙泉	三十一年八月	○.七○	三.五○	
《最新世界地图集》一册	损失及复原地点均为龙泉	三十一年八月	二.五○	一二.五○	
《第二次世界大战》一册	损失及复原地点均为龙泉	三十一年八月	○.九○	四.五○	
《火车集》一册	损失及复原地点均为龙泉	三十一年八月	○.九○	四.五○	
《达夫物理学》上册一册	损失及复原地点均为龙泉	三十一年八月	三.二○	一六.○○	
《英语每月日记》一册	损失及复原地点均为龙泉	三十一年八月	一.五○	七.五○	
《国防教育与各科教育》一册	损失及复原地点均为龙泉	三十一年八月	○.三五	一.七五	
《微生物学》一册	损失及复原地点均为龙泉	三十一年八月	○.二○	一.○○	
《茅盾短篇小说集 2》一册	损失及复原地点均为龙泉	三十一年八月	一.四○	七.○○	

续表

损失、复原物名称	损失、复原地点	损失年月	损失价值（美金）	复原费用（美金）	备项
《世界民间故事》一册	损失及复原地点均为龙泉	三十一年八月	〇.四〇	二.〇〇	
《理化辞典》一册	损失及复原地点均为龙泉	三十一年八月	一.五〇	七.五〇	
《英汉模范辞典》一册	损失及复原地点均为龙泉	三十一年八月	三.〇〇	一五.〇〇	
《通货与其价值》一册	损失及复原地点均为龙泉	三十一年八月	〇.六〇	三.〇〇	
《教育大辞典》一册	损失及复原地点均为龙泉	三十一年八月	八.〇〇	四〇.〇〇	
《白话本国史》二册	损失及复原地点均为龙泉	三十一年八月	四.四〇	二二.〇〇	
《美国诗文研究集》一册	损失及复原地点均为龙泉	三十一年八月	一.二〇	六.〇〇	
《全国专科以上党校近况》一册	损失及复原地点均为龙泉	三十一年八月	一.二〇	六.〇〇	
《全面战术论》一册	损失及复原地点均为龙泉	三十一年八月	〇.四五	二.二五	
《英文论说选》一册	损失及复原地点均为龙泉	三十一年八月	〇.八〇	四.〇〇	
Analytic Chemistry V.1	损失及复原地点均为龙泉	三十一年八月	四.五〇	二二.五〇	
The China Yearbook (1939)	损失及复原地点均为龙泉	三十一年八月	二〇.〇〇	一〇〇.〇〇	
The Sea Gull	损失及复原地点均为龙泉	三十一年八月	〇.五〇	二.五〇	
Course de Francise Elimentasie	损失及复原地点均为龙泉	三十一年八月	二.二〇	一一.〇〇	
The Pocket Oxford Dictionary Correct English	损失及复原地点均为龙泉	三十一年八月	一〇.〇〇	五〇.〇〇	
Peckin and Kipping's Organic Chemistry	损失及复原地点均为龙泉	三十一年八月	五.五〇	二七.五〇	

续表

损失、复原物名称	损失、复原地点	损失年月	损失价值（美金）	复原费用（美金）	备项
Freshman English Readings	损失及复原地点均为龙泉	三十一年八月	二.五〇	一二.五〇	
总计			一一三九.七一	五六九八.五五	

L053-001-1683 卷

（二）

《龙渊日记》摘录

倪士毅

一九四〇年

10 月 21 日（星期一）

今日为本学期正式上课的第一天。上午第一节英语，为孟宪承教授讲学习英语之方法及其性质，他说：学习英语的方法有四：①听、②说、③看、④写，四者不可缺一。但我们因环境的关系，前二者已失去，所以单从看、写二方面下工夫。养成阅读能力，以吸收外国文化，养成写作能力，以发表自己的意见。培养好这两方面，为今后求高深学问的根基。至于大学一年级英语，首重思想，次及文艺。故其所选的文章多为论文，渐及文艺（包括诗歌、戏剧、小说）。论文则表达意思，即思想，此为初步的工作。文学院的“英文名著”，则涉及文学，为爱好外国文学者所阅读。至于入理工科的同学，仅学习能以英语表达思想则足矣。本学期共选文章十八篇，内容按步就班，极有层次，我们能得孟先生的热心教导，想于英语一科当有很快的进步。

10 月 22 日（星期二）

龙泉分校本学期学生名额计：文学院四十五人，理学院三十人，工学院七十人，农学院二十五人，先修班五十人，共二百二十人，教职员共三十八人。

10 月 25 日（星期五）

上午第一节课英语，孟宪承先生发来两张讲义，文章题目为“The Wall For Democracy”和本文作者传略。要求我们将生字、词句、每段大意先自学，然后默写练习,这样学习英语方有进步。

“论孟”课胡伦清先生讲学《论语》、《孟子》两书的意义。又说:孔子的楷木像,相传为其弟子子贡所刻。南宋时,南宗奉祀官携像避难来浙,抗战期间由衢州迁往龙泉的八都。

10 月 28 日(星期一)

第一节英语课,孟宪承先生将“The Wall For Democracy”一篇用中文解释一番,并要求我们将文中难句提出,下次加以讨论。又发补充教材一份,题目为邱吉尔首相在英国国会上之演说辞。

第四节举行本学期第二次总理纪念周,郑晓沧主任报告本校简史说:本校清季为求是书院,后改名浙江大学堂,浙江高等学堂。至民国十六年(1927)试行大学区制,定名为国立第三中山大学,合并前工专、农专为工学院和农学院(先为劳农学院,后改农学院)。十七年(1928)始称国立浙江大学。二十六年(1937)(全面)抗日战争爆发,杭州失陷,本校奉令西迁,由杭州而建德,而吉安,而泰和,而宜山,最后迁至黔北之遵义,而于湄潭、永兴设分校。二十八年(1939)八月,设立浙东分校于龙泉,此为本校的简史。并说大学之教,《礼记》有曰:“藏也,修也,游也,息也。”就是包含修学和涵养两方面的意义。惟值兹抗战时期,我们当以刻苦为先,举孟子语:“天降大任于斯人也,必先苦其心志,劳其筋骨。”以相勉励。又说美国哲学家康纳亦以刻苦为尚,最后说我们当遵守校训的求是精神。

11 月 4 日(星期一)

纪念周郑晓沧主任报告两件事:1. 林天兰(英文教授)、徐声越(国文副教授)、郭贻诚(物理副教授)三位先生今日可由浦城到校。2. 伙食事,应由校方与同学合作进行。膳食委员会亦于今日成立。

据悉,杭州、萧山敌有撤退模样。

11 月 7 日(星期四)

上午第三节英文名著为林天兰教授上课,他说:今后学习英语,当注意三项:①扩充字汇;②明了句子构造;③增强阅读速度。因英语为研究学问之工具,须有良好的基础,则将来研究学术始能应付裕如。又说普通英语与英文名著略有不同,英文名著在乎养成了解和欣赏文学的能力,此与普通英语养成阅读能力有所不同。

下午徐声越教授上国文课,徐先生说大学普通国文,往往为人们所忽视,国文亦仅为一工具而已，我们无良好的工具，必无良善的效果。语调温和，发人深省，听者莫不肃然。

11 月 11 日(星期一)

纪念周郑晓沧主任报告后，继请本校前劳农学院毕业同学王先生讲演。王先生现任浙江农业改进所技正，以前在校习森林学，其讲演内容：①本校农学院的历史和现状；②浙江农业改进所的组织及工作；③个人简历。

英语课孟先生说：今后听写须注意二点：1. 正确；2. 清楚。

11 月 13 日(星期三)

上午仅上一节英语课，二、三两节抄讲义，四节本为论孟课，因有警报暂停。

下午第五节上党义后，在阅览室阅杂志报纸两小时，第八节体育，打排球。

11 月 14 日(星期四)

上午经济学、生物两课，两位先生因病请假。第三节英文名著，林天兰先生讲文学有广狭两义。广义包括科学语文，为表达事理为目的。狭义者仅属表达情感方面，如诗歌等，我国文学中之《诗经》，可说极富感情的作品。西洋文学亦如此，莎士比亚为伟大诗人，诗比文富有意味。

下午，国文课讲“晋公子重耳之及于难”，选自《左传》。

11 月 16 日(星期六)

中国通史教师苏叔岳先生已到校，但未上课。

下午，文学院与农学院比赛篮球，结果文学院失败。

11 月 18 日(星期一)

纪念周胡伦清先生讲“龙泉的天地人”。他说：龙泉的天时，是指历史上的天，如一年有春夏秋冬的变化。而时代也有春夏秋冬的景象，龙泉自唐代置县后，五代无多记载，宋代文化极盛，南宋龙泉举进士者竟达二百余人，可谓全盛时期，如春夏之生长勃兴一般。至元明清时代，渐次衰落，入于秋冬气象。据民国二十六年调查，龙泉全县专科以上毕业者仅十三人，文化的低落，可想而知。地利方面，西南乡产竹木及木炭，道泰乡银、铜、煤矿蕴藏丰富，他如陶瓷业允为著名。人文方面，人民的生活较贫苦，而妇女尤甚。附近亦有堕民，自成系统。总之，龙泉县地大物博，亟待开发。

11 月 21 日(星期四)

一星期中要算星期二和星期四功课最忙。上午四节课是连贯的,这似乎很有好处,使我们不致浪费时间。假使中间有一节没有课,我们仍然是荒废了的。所以我还希望上午都有课,那末对我们学习很有好处。

下午国文课是作文,有二个题目:一是“我和中国文学的缘分”,一是“评抗战文艺”。

11 月 22 日(星期五)

上午英语课,孟先生上半节讲英语文法,下半节练习,为翻译句子。

阅报近来米价川北一斗法币三十五元,西北二十七、八元。某学校学生每天仅供应三顿稀饭。接章志松兄来信,贵州粗袜二元一双,牙膏一元一只,比浙江昂贵。

11 月 30 日(星期六)

黔中浙大同学来信说:湄潭物价甚低,他们在校伙食每月仅十二元。鸭蛋一元可买三十只,鸡蛋二十六只,较之龙泉相去甚远。大家都说内地物价较浙江昂贵,谁料湄潭的物价如此低廉,亦属稀罕。

12 月 2 日(星期一)

今晚举行本学期师生联欢会,由学生自治会组织发起。晚饭后五时开始,全校师生二百余人,济济一堂,亦空前盛举。每人茶点一包,先由主席报告,继请郑宗海主任演说,然后开始余兴,文艺节目有林天兰先生、陈楚淮先生讲笑话,博得满座哄堂大笑。此外,还有郭贻诚先生的游戏数学,苏叔岳先生的讲故事,张××先生的唱绍兴戏等。同学中有奏口琴、唱京戏、歌咏、讲笑话等,亦颇多动听。另有猜谜语,射中者有奖,谜语多为林天兰先生所制,辞语精彩,至七时欢尽而散。

12 月 3 日(星期二)

导师名单已公布,我等十二人的导师为苏叔岳先生,其中史地系同学十人,其他系二人。

12 月 5 日(星期四)

日来惟英语课孟先生每周必来一次练习。所以我们对英语一课,花费了大半时间。

下午，国文课徐声越先生发还上次作文，并告以作文应注意之点。本周作文题目不定，以中学时代的生活为范围，文体不拘，定下周交卷。

12 月 9 日（星期一）

英语课孟先生讲中国大学的文科未成为科学，不能与理工科比拟。而人们都认为学文科容易，实错误观点。中国文科之所以不进步，原因是读者未能花工夫去研究。长此以往，文科会被淘汰。所以我们学习文科，应当以学习科学的精神从事，俾其成为科学。其实文理不可分割，文科较理工科为难，中国所以造成文科衰退，实由教育者未能彻底明了文科意义，而没有把文科成为科学的缘故。故我们从事文科教育者，必须从精密、确实着手。

12 月 13 日（星期五）

今日第一节考试英语，共三题：一为听写，二为翻译和分析句子，三为课文大意。

接蒋以明兄来信得悉浙大总校史地系二年级分史组和地组。史组课程有中国上古史、中国中古史、西洋近世史、国史教材研究等六七门。地组有地学通论、普通地质学、气象学、中国气候、历史地质学、地理研究法等六七门。此外选修课有政治学、经济学、哲学概论。公共必修课有论理学、普通英文、国文、第二外语等。

12 月 16 日（星期一）

纪念周郑主任报告本校本学期粮食购办的经过后，继请陈楚淮先生讲“抗战文学”，甚博得听众的欢心。

12 月 17 日（星期二）

今日上午第一节考经济学。

苏叔岳先生定本星期日召集导生第一次谈话。

12 月 18 日（星期三）

上午第四节论孟考试。

丽龙汽车因汽油来源缺乏，行驶时间不定，有间二日或三日开一次，近日信件、报纸也不能到。

12 月 19 日（星期四）

接朱正兄来信知道他已到贵州湄潭永兴场浙大总校分部，因校中建筑校舍，定十二月一日开学，十日还举行能力分组试验。湄潭生活费用较低，每月膳费仅十二元，伙食尚可。

下午第一节考国文。

阅报永嘉、瑞安于十三日又遭敌机轰炸。

12 月 20 日(星期五)

孟先生说，思想的态度有二种：一为信，一为疑。中古时代的思想态度为信，一切带有宗教色彩。现代的思想态度为疑，疑者即起于科学的兴起。科学实宗教之大敌，所以疑的思想态度是进步的。

12 月 22 日(星期日)

下午导师苏叔岳先生偕同学九人赴棋盘山茶会。山离校约二里光景。是日天高气爽，日丽风和，登高山远望峰峦耸起，万壑争流，梯田层层，屋舍比比，游目骋怀，心旷神怡。抵云庵后，憩息片刻，即召开茶话会。先由苏先生询问各同学的家庭情况，然后征求对学校的意见，最后谈及时事问题。至三时半茶会结束，步行返校，抵达后即进晚餐。

12 月 26 日(星期四)

下午，国文作文，题目有三：

①现代大学生应有之抱负与气概。

②文人之气节。

③士大夫之无耻是谓国耻。

12 月 28 日(星期六)

今日体育考试篮球和五十米跑步。我的成绩是——篮球：分投 11 枚，得 65 分；50 米跑步：7 秒 8，得 74 分。

新年快到了，校中筹备元旦民众同乐会，届时当有一番盛况。

12 月 29 日(星期日)

今日中午陈楚淮、苏叔岳二先生请温州同学聚餐。师生共十人。各以家乡语言相谈，酒席间，笑语频传，极一时之乐。宴毕，散步返校已下午四时。

12 月 30 日(星期一)

纪念周苏叔岳先生讲："历史家应有的修养"，内容分二点：①恭敬；②见解；

引证颇详。

12 月 31 日(星期二)

今天是 1940 年的最后一天,也是本分校成立的第二年。抗日战争迄今也已有三年多了。为了庆祝新年,庆祝抗战胜利的来临,我校准备举行盛大的元旦民众同乐会,是具有重要意义的。今晚全校师生聚餐,张灯结彩,呈现出一番新气象,热烈庆祝民国三十年(1941)新年的来临。

《龙泉文史资料》第八辑,第 202—213 页

(三)

《毛路真日记》摘抄

毛昭晰摘录

一九四二年

5 月 17 日(旧历壬年四月初三日)　星期日　晴雨无常

自前月十八日美机轰炸日本东京后,敌以该机出没我国境内,且以浙东衢州、丽水二机场距日本本土最近,乃日以机队狂炸丽、衢,声言欲取衢州以灭同盟国在浙东之空军根据地,以致月来浙东风云突紧。我方严予防范,勒令金华、永康一带机关、居民于本月二十日以内疏散完毕。龙泉为浙南小邑,军事上无何重要,避难者乃纷纷奔集于斯,而警报亦无日无之。云以行将临产,行走不便,余乃觅屋于石坑垅。村傍浙大分校,离城约七八里,旬日前云率维、绵二儿暂迁于斯。余为康、莹二儿求学便利计,则仍住城厢西堂社巷旧寓,而常奔走于城乡之间。……乡寓一切用具及佣妇均由同事陆君代为部署。陆君名子桐,为余在浙大十余年之老友,现方主持分校总务,对余相帮之处良多,心甚德之。

今晨二时半,宜儿生于石坑垅。

5 月 18 日(壬午四月初四日)　星期一　雨

……盛传嵊县失守,心殊抑抑。傍午康、莹二儿自校归,时天大雨。二儿无套鞋,只得跣足而归,衣襟尽湿,状极狼狈。套鞋每双涨至七八十元,余诚无力为诸儿购用之也。……

5月19日(四月初五日)　星期二　雨

……至坊下浙大分校一部,为数理系二年级讲高等微积分变分法,又为化工系二年级授微积分方程式,凡二小时。下课后急至二部为叔麟先生代授初等微积分一小时。课毕返石坑垅寓所弄儿自娱。午饭后至风雨龙吟楼(教员宿舍)午睡,而警报大鸣矣,且继以紧急警报。余仍伏案为诸生批阅习题,事毕阅报,知滇边被敌侵入百数十里,浙东风云似颇紧张,溯自去年十二月八日敌向英美宣战,袭上海、攻香港、英美节节失利,香港、菲岛、星洲、爪哇、缅甸等处相继弃守。我军远征缅甸,卒以众寡悬殊,武器不足,退守滇边,深可痛也。晚饭后同乡学生凌孟华、俞茂松、张选祜三人至寓闲谈,并争观宜儿,谓甚似余。迨暮色苍茫,彼等辞去,余始改穿草鞋,于月光微明中步返城寓,时康、莹二儿正在桐油灯下温习功课也。

5月20日(四月初六日)　星期三　晴

闻嵊县长乐、东阳、义乌、天台等处均告失守,不知确否。

5月21日(四月初七日)　星期四　晴

早餐后,天渐曙,……跣足草鞋步行赴浙大授课,……六时至宿舍,即闻警钟齐鸣,旋闻紧急警报,直至傍晚始行解除,闻今日敌机百数架飞绕浙东各地,到处投弹。龙泉幸无机影,然吾校已终日不能上课矣。……近日避难龙泉者日众,物价日涨,为生实大不易。闻普通线袜每双涨至十六七元,布鞋每双廿余元,校中同事多已改穿草鞋矣。

5月22日(四月初八日)　星期五　阴雨

……晨六时许赴乡,将至石坑垅,即闻警钟大鸣,余至寓略坐,……即至坊下授课。校中原定警报期间停课,近因各课均感时间不足,故各教员于空袭警报时仍照常上课,而于紧急警报时停课焉。今日授至第三课时约半小时,始闻紧急警报,乃即停止讲授。午后闻永康亦已失守,余心颇不之信。夜七时举行校务会议,亦无要案足记。

5月25日(四月十一日)　星期一　晴

晨三时起床,烧水煮饭,饭后,天渐曙,乃取昨日所购菜蔬及米,分置二篮,肩之而赴石坑垅。久未挑负,肩力不胜,虽仅卅斤许,颇觉不支,到乡寓时,右肩颇痛,汗流浃背矣。时云与诸儿均未醒,女佣曾媪亦未起也。稍憩,诸儿均醒。宜儿举目视余,嫣然微笑,似知阿父为渠等而作牛马,藉以慰之者。……午后至宿舍，略睡片时，醒即编写高等微积分讲稿。

5月26日(四月十二日) 星期二 晴

……闻金华、兰溪、宣平等处均于昨日失守，局势日紧，心中颇觉不快，敌于本月十七日发动攻势，分三路进窥金、衢，由肖山沿浙赣铁路陷诸暨、义乌而达金华为其主力；右翼则由富阳而桐庐、建德、兰溪；左翼则由绍兴、上虞，越嵊县、东阳、永康、武义、宣平以夹击金华。我军于旬日间连弃十余县，失地千里，似与敌军未相接触而即败退，如此抗战，胜利何待？呜呼，已矣！余贤则为齐夷，不肖则将沦为亡国奴唉！呜呼，痛哉！

校中组织应变委员会，郑主任晓沧聘余为委员之一，余自问力薄能鲜，应变乏术，去函婉辞之。

5月27日(四月十三日) 星期三 阴雨

……

午后小睡。醒，大雨如注，俄而雨霁，康、莹二儿拟赴校受课……余拟赴石坑垅，乃与康儿同行。余手提一篮，内置米及杂物，康儿为余提携一程，至树范中学附近，与康儿别，余嘱伊兄妹夜间返寓，如腹饿，可购饼饵充饥，并叮咛小心火烛。别后回首，见康儿俯首入校，似颇戚戚，余亦颇觉悲怅。二儿年幼，而令伊等独处城寓，余殊未能放怀……

5月28日(四月十四日) 星期四 晴雨

晨赴校授课二小时，十时许，忽闻警报，继以紧急钟声，第四小时因而停课。午后警报解除，乃为补课一小时。

5月29日(四月十五日) 星期五 雨

……自今日起，龙城每日清晨发疏散警报，傍晚始行解除。在疏散警报中，任何人不准入城。空袭警报因电话线多毁，从此不发，惟有敌机近龙城时始发紧急警报，居民忙于谋生作事，无暇终日疏散在外，万一敌机来袭，仓惶奔避，龙城或将发生大惨剧欤。康、莹二儿学业未能荒废，从此不能于日间赴乡暂避，因若赴乡，即不能于傍晚前入城赴校受课也。

5月30日(四月十六日) 星期六 雨阴

……夜，同乡单能春女士偕其夫孙君来访，坐谈良久。……渠夫妇于日前由永康避难来龙，生活亦颇艰苦云。

6 月 2 日(四月十九日)　星期二　阴

微明即起,未几即闻警报,余仍赴校为数理系二年级授高等微积分一小时,第二节为工二微分方程,甫入教室即闻紧急警报,乃即停课,下午本拟补授高等微积分,亦因紧急警报未果。

近日谣传衢州失陷,江山吃紧,龙游敌南窜,似有进犯遂昌企图。校中为防万一,决定提早举行学期试验,本周金曜日停课,下周考试,考后如时局无大变化,仍照常上课。日前校方派员赴闽边松溪察勘校址,如龙泉吃紧拟赴松暂避,教部、总校复电未到,分校前途如何,殊难意断。……晚返城寓,安康已至,谓于昨晚到龙云云。

6 月 6 日(四月二十三日)　星期六　阴

……午饭后子桐告我,谓适由叔麟先生电话通知云,余城寓被兵占住。余即归城寓,则士兵数十人住于楼上空屋。据康儿报告谓队长一人拟于今晚借住余之书室,明晨即开往他处,诸儿为该队长收拾斯室以待焉,而该所谓队长者卒未来住余室。

6 月 8 日(四月二十五日)　星期一　阴

……分校今日起举行学期试验。

6 月 9 日(四月二十六日)　星期二　晴

久雨新晴,天气颇畅。上午开始读 Pierpont 著之复变数函数论,拟于暑中译述之。

6 月 10 日(四月二十七日)　星期三　晴

日来警报频繁,时局似更转紧。……傍午老友蔡竹屏君来访…畅谈甚欢……夜监考师范学院高等数学。今日敌机二架飞越龙城,未投弹。

6 月 13 日(四月三十日)　星期六　晴

日来天气酷热,警报频传。今晨敌机五架飞绕龙泉侦察,幸未投弹。

6 月 14 日(五月初一日)　星期日　晴

批阅各课试卷,并结算成绩。高等微积分成绩均佳,微分方程式不及格者五人。师范学院数学科成绩较逊,不及格者颇多。

6 月 16 日(五月初三日)　星期二　晴

微分方程式不及格者五人予以例外补考,结果仅一人及格。译复变数函数论若干页。

谣传敌由江山南下,越仙霞岭而达闽浙赣三省交界处二十八都,距龙泉仅百余公里,人心颇为震动,佣妇曾媪今晚辞去。

6 月 17 日(五月四日)　星期三　晴

今日起树范中学举行学期试验,……早餐后二儿赴校受试。余为整理寓室后至街上理发。理发价亦飞涨,每人需五元,每理发匠月入可得千数百,较诸大学教授所入高二三倍。近来菜蔬极昂,茄每斤三元余,购长豇豆一元仅四五两耳。小贩日可获利二三十元以上,所苦者仅为吾侪薪水阶级而已。……

6 月 22 日(五月初九日)　星期一　晴

译复变数函数论第二章完。校中今日起继续上课。传永康、武义又失守,浙东局势又转紧矣。

6 月 24 日(五月十一日)　星期三　晴

传闻丽水于昨夜失守,一说丽城仍在我手,究竟如何,无从探悉。余拟于必要时退避山中。校方定于明日起停课,七月一日放假。学生要求迁校,校方拟于闽北松溪设办事处,收容撤退学生,而分校本部则仍在龙泉,图书仪器今已开始运入山中矣。

6 月 26 日(五月十三日)　星期五　雨

晨三时起床即造饭,饭后冒雨入城,先至叔麟先生处,坐谈良久。叔麟先生拟困守城中,因年老体弱,无力入山也。……返乡过大桥时,见江水大涨,桥墩颇危。龙城似较萧条,商店多已停业,大桥上旧货摊颇多,均为即拟避难他处以作脱售者也。

6 月 28 日(五月十五日)　星期日　阴

……传闻丽水敌向南进攻青田,已达海口,碧湖尚通电话,前途如何,未可意料。余日坐愁城,一筹莫展。午后与康儿同赴城寓,雇人搬取行李一担,余亦自携若干,薄暮返乡,途遇学生多人,均系赴城设摊售物者也。

6 月 30 日(五月十七日)　星期二　晴雨

晨与聿茂兄、曾乡长及学生李得心君同赴陈村觅屋。陈村离龙城四十里，余等于八时许出发，至础石休息约半小时，至瞿源午餐。饭后天雨，二时许至陈村，由该处保长陪同觅屋，共租屋十一间，每间价约十元十二元不等。余亦租得一间以备万一。四时余离陈村，七时过础石岭，天忽大雨，黑夜中冒雨踯躅山径田塍，衣衫尽湿，苦甚。九时余返石坑垅，十一时就寝。

7 月 2 日(五月十九日)　星期四　雨阴

晨赴城寓，付房租卅元(七、八、九三月房租)，房东季老太太颇客气，未有加租表示——龙城近来房租极贵，每间约四五十元，余所租之屋以时价计之，月租当在百元以上——惟有此屋近未住人，常有军队去相扰，余由安康介绍，此屋暂让其师高君居住。

7 月 3 日(五月二十日)　星期五　晴

与同事诸人谈及校事，佥谓战局紧迫，校方究作如何计划，迄无明白表示，且同人间平时散漫而无联络，应亦有所组织，爰与同事数人发起召集教职员工全体大会，以资讨论一切。迨此通知发出后，接主任室通知，谓定于今晚开校务会议，嗣由某君报告，谓今晚校务会议关系分校根本大计，闻某方拟提议暂行解散教职员，给资三月遣散等语。余闻此讯，愤不可遏，乃即走访各教职员，告以此讯，并请主持公道，以维持学校生命。余更另函朱老雇轿邀渠参与会议。晚六时举行校务会议，某博士提议，分校进退无路，应暂停办。余与朱老及诸同事以为分校尚未至此地步，群起反对，并提议迁校以维护数百青年及学生生命。结果迁校之议通过。某博士乃谓倘途中发生危险，应负全责，言时声色俱厉，盛气凌人。而斥余等为鲁莽。余与韩雁门教授起而反驳之时，余火性突发，言辞亦颇激昂，足见涵养尚未足也。

7 月 7 日(五月二十四日)　星期二　晴

午后入城，往访朱老及蔡竹屏君。朱老因其长公子现在衡阳任某厂长，来电并汇路费五千，坚请赴衡休养，拟于日内候车首途，现在整理行装。晚返乡，饭后开教职员大会。……

7 月 8 日(五月二十五日)　星期三　晴

上午敌机九架两次飞越龙城，幸未投弹。数理系学生叶彦谦、钱东启二君拟于明日首途赴黔入本校数学系肆业，余为作书致建师以介绍云。

7 月 10 日(五月二十七日)　星期五　晴

上午敌机一架飞绕龙城上空,往返侦察,未投弹。

7 月 11 日(五月二十八日)星期六　晴

晨敌机二架又飞龙侦察。闻赣局势颇紧,樟树失守。

午后入城购物,街上行人甚众,商店多闭户停止营业。因龙泉迩来货源断绝,凡可供食品者多已绝迹市上矣。盐米已无购处,闻暗盘盐每斤八九元,米每元五六两,……今晚与子桐兄等六七人为叔麟先生饯行,走遍各街,无酒可沽,后谢君由某处购得土酒五斤,每斤六元,席间仅鸡、肉之类,……龙泉人口激增,食物奇缺,来日大难,诚不堪设想也。

7 月 14 日(六月初二日)　星期二　阴雨

闻瑞安、永嘉敌又登陆,沦陷区中自本月四日起不用法币云。

7 月 18 日(六月初六日)　星期六　晴

晨,紧急警报大鸣,云与诸儿即出避山中,余仍留寓,旋闻机声轧轧,由远而近,乃即离寓走避。未及数百步,仰见敌机三架飞临龙城上空,忽闻轰然一响,继以机枪之声,余即伏小树下。未几,又闻炸弹爆发数声,而机枪密如连珠,敌机盘旋数匝,施虐后即离去。……晚饭后与康儿同赴城中,街上热闹如恒,闻今日敌机来龙施虐,我方毫无损失云,走访叔麟先生于其旧寓,则已人去楼空,询知今晨举家乘车西行,余为怅然久之。夜十时许返寓。

7 月 19 日(六月初七日)　星期日　晴

傍午闻叔麟先生偕眷又返龙城,询知昨晨车过八都后,忽遇敌机追袭。车中人弃车走避,敌机投弹六七枚,幸未命中,而叔麟先生幼子浩祖被弹片擦过,略受微伤,一家六人受惊过度,乃于昨晚改乘客车返龙休养云云。余以日间警报频繁,因于晚饭后入城往访叔麟先生,籍致慰问。叔老惊魂初定,为言昨晨遇险事,历历如绘。夜乘月色独行返乡。

7 月 27 日(六月十五日)　星期一　晴

译函数论若干页。

近来龙泉人口激增,物价日涨,……薪水阶级莫不叫苦连天,长此以往,诚不知何以为生。此次浙东战事发动后,由前线退至龙泉或被调遣过往斯地之军队为数颇众。前者坊下、石坑垅一带亦常驻兵,军纪颇劣,小民畏之如虎。今有某师拟退守于此，部队尚未开到，先遣副官前来觅屋，闯入校中，竟欲强住，迫令居民迁出而由彼等居住。同事虞君甫于前日成婚，赁居石坑垅，与余为邻，竟亦被迫迁出。余寓甚窄，中堂三家公用，且为余与俞君作厨房，亦被荷枪士兵嘱令让出。与之理论，置若罔闻。前线队伍，遇敌即退，甚至不见敌人闻风而逃，抢劫掳掠，无所不为。退至后方，则又欺逼人民而使民不聊生。呜呼，此其所谓抗战之士兵乎？已耳，已耳，吾侪其将死无日矣！

7 月 28 日（六月十六日） 星期二 晴

译函数论第三章完。……

第一批出发赴黔学生廿七人，至闽北政和附近被劫一空。

8 月 1 日（六月二十日） 星期六 晴

早餐后本拟整理衣箱，以便寄存他处，奈紧急警报骤鸣，爰即提携抱负，率云及诸儿同往附近山林中暂避。旋闻机声，乃即避入防空壕内。时敌机一架，飞绕龙城侦察而逸。未几又闻机声，细听之，知为轰炸机，迨其飞近，见敌机六架，由丽水方面飞来，绕城一匝，即向浦城飞去。半小时后又见轰炸机三架飞临龙城上空，盘旋久之，即闻轰然数声，时余紧抱宜儿，躲于一小洞内，儿方熟睡，并未惊觉。敌机投弹后飞绕数匝，向东逸去。余出洞见黑烟弥天，知龙城大火矣。傍午返寓执炊，云与诸儿亦均归来共进午膳。饭后，余仍小睡。及醒，北望龙城，硝烟未消，后据城内逃来者云，城内自小菜场起，以至县政府前大街，复沿北河街至西平街，均已一片焦土，死伤十数人。傍晚率安康侄、祖康儿同赴城内，果见大街小巷均已变为瓦砾场矣，余火熊熊，犹未熄灭，身经火场，两旁热气逼人，煞是难当，而电线纵横，绕脚难行，龙城精华，悉付一炬，被焚民房约数百幢，惨哉！余至西堂社巷旧寓及叔麟先生处略坐，并致慰问，该处离火场未及数步，叔麟先生拟于明晨暂迁坊下小住，择日西行。闻遂昌失守，局势转紧。余以家室之累，进退两难，瞻念前途，实堪寒心也。夜十时返石坑垅。

8 月 2 日（六月十一日） 星期日 晴

晨醒，天色大明，即起造饭，饭后紧急警报忽又大鸣，并隐闻机声旋周炸声数十响，约在数十里外，未悉何处又遭灾矣。

夜闻松阳、遂昌失守，敌军数千犯大港头，似有进攻云和、龙泉企图。四行漏夜撤退，消息骤紧。校方开紧急会议决定即日撤退松溪，再行迁往连城附近之文亨镇。余亦决定随校前进。……今夜整理衣箱，夜半始就寝。

8月3日(六月廿二日)　星期一　晴

今日忙于整理行装，午后以行李七件送交校中运输组代运松溪。一年级学生大部定于明晨离龙，康儿欲与同行，余以此儿托同乡学生俞茂松沿途照看。……

晨，敌机一架飞龙侦察，并投弹数枚。……

8月4日(六月廿三日)　星期二　晴

晨三时许，康儿随茂松等出发。七时许，敌机又飞龙侦察，盘旋数匝而逸。傍晚闻敌军已进占离赤石廿里之某山(离龙泉约百里)，甫于昨日来此驻节之某总司令部即行撤退，满城居民星夜奔避，秩序混乱。余亦决于明晨率眷离龙。夜遣校工至龙城雇人力车一辆，言明至庆元县属竹口镇(距龙六十公里)索价三百元。终夜未睡，夜半后唤醒诸儿，于月色朦胧中仓惶就道，时莹儿患寒热尚未退凉也。

8月5日(六月廿四日)　星期三　晴

晨三时许率眷匆匆就道，随带小包裹二，均系夏日替换衣服。……是夜月光暗淡……云抱宜儿先行，至棋盘山脚，因城内居民纷纷逃避乡间，途为之塞。略为避让，忽失足跌入田中。田垦高丈余，母子陷入泥中，儿致无法脱身。迨余闻趋视，云已爬起，僵立道左，衣履尽湿，幸未受伤，即入路亭更衣。比至龙城南站，天色微曙，人力车候于路侧，莹与维、绵三儿不能远行，乃命乘车先行。余拟与云抱宜儿步行前进，后遇学生凌、张二君，谓有某手车队队长拟开赴小梅，即为设法附车同行，余乃令云抱宜儿乘手车前进，已即追赶莹儿等所乘之人力车。时天已大明，沿途提携抱负，手车人力车，以及担夫走卒，途塞难行，迨余追及莹儿，已离龙泉十余里矣。……六时至查田镇，投宿浙大办事处(在查川小学)，乃入街购米，并购南瓜一个，聊以佐餐。夜与莹等三儿同睡桌上，蚊蚋如蝗，余为诸儿驱蚊，以致终夜未得合睫。……

8月6日(六月廿五日)　星期四　晴

未明即起，略进稀饭即就道，六时半至小梅，至浙大办事处(在中心小学)……迄晚云尚未至，余恐途中或有意外，决于明晨返小查田等处查询下落。

8月7日(六月廿六日)　星期五　晴

昨晚睡眠尚佳，三时梦醒，即起行。……离查田十里许，见云抱宜儿坐于路傍竹林内，……途中由手车队某队附招待，尚无不适，惟车价颇昂，由龙至小梅，计二百余，……晚抵小梅。

8月8日(六月廿七日)　星期六　晴

晨离小梅……晚至竹口，投宿浙大办事处。……

8月9日(六月廿八日)　星期日　晴

在竹口休息一天，天气酷热，心绪恶劣。……

8月10日(六月二十九日)　星期一　晴阴

晨离竹口，与诸同事眷属等共乘四筏。天旱水涸，筏行甚慢，且常搁浅，不得已下水推筏，……午刻筏过新窑，……晚抵松溪县之大�镇，即至罗汉寺浙大办事处，师生数百人咸居斯寺。余于破楼一隅，觅一空室以安置余之一家。在此生活殊苦，无桌椅等物，席地而卧，不啻一群难民也。

8月12日(七月初一日)　星期三　阴雨

晨起颇觉凉爽，离龙时匆促成行，未及携带初秋衣服，且在龙未了事宜尚多，乃决返龙一行，九时离大埄，时半抵竹口，宿浙大办事处。

8月13日(七月初二日)　星期四　晴

黎明离竹口，八时至小梅，至浙大办事处休息半日，午后二时前进，夜宿小查田浙大办事处。

8月14日(七月初三日)　星期五　晴

清晨离小查田，午前十时抵龙泉。……至西堂社巷旧寓，则已被兵驻扎，所留零物荡然无存。……四时许至坊下，晤及子桐、安康在及诸同事等，相谈甚欢。龙泉经此变乱，迁避他处者约在十万以上。幸敌军未抵龙泉，秩序已渐恢复，今虽商店均已关门，而小摊颇多，街上行人绝少，浙大新校舍亦均封锔，颇感凄凉。子桐兄留守分校，临危不惧，镇静如恒，殊足钦佩也。

8月15日(七月初四日)　星期六　晴

子桐兄为分校雇汽车一辆，装运图书仪器至竹口，并至沿途各处视察。余即挟衣包二，附车同行。午离龙城，晚达竹口，投宿浙大办事处。

8 月 21 日(七月初十日)　星期五　晴

叔麟先生及同事数人日前赴松溪,拟于明日搭舟赴建瓯,余往送别。午,叔老招饮于松城某酒家。晚回罗汉寺,闻学生傅君今日失足落水,以致不救,余甚惜之。

8 月 22 日(七月十一日)　星期六　晴

大埔日来发生鼠疫,心殊畏之。敌机一架飞越松溪。

8 月 29 日(七月十八日)　星期六　晴

日来消息好转,闻上饶、玉山、江山等处均告克复,衢、丽之敌亦有撤退模样,校中意见纷歧,有主张迁回龙泉者,亦有主张前进者,不知究竟将如何耶。

8 月 31 日(七月二十一日)　星期一　晴

……校中举行行政谈话会,对于学校大计方针拟候教部复电再定进退。大埔近日鼠疫流行,闻附近民家今日死者四人,师生均甚恐慌。

……

9 月 2 日(七月二十三日)　星期三　晴

近日大埔镇鼠疫盛行,闻今日死者十余人,校中师生均感不安,罗汉寺中今又发现死鼠,大有谈鼠色变之慨。

9 月 3 日(七月二十四日)　星期四　晴

同事、学生因避鼠疫多有迁往他处者,余以校中进退未定,颇觉踌躕。子桐今晚到大埔。

9 月 4 日(七月二十五日)　星期五　晴

晨赴松溪,午后返大埔。闻教部来电谓"如闽局不紧张,不必迁连城"。校中因即决定迁回龙泉,明日即开始行动。

9 月 5 日(七月二十六日)　星期六　晴

晚闻金华敌未撤退,且又增兵,校中拟于明日派校工赴竹口电话局探听消息。

9 月 6 日(七月二十七日)　星期日　晴

晨与同事十人赴松溪,午聚宴于南星菜馆,尽醉而归。赴竹口校工返校,携来中央社电，知金华城郊正在激战中。

9月9日（七月三十日）　星期三　晴

据各处情报，敌我正在金、兰、武义、永康间激战。分校迁回龙泉事实上为不可能，而校中举棋不定，行政系统紊乱，前途暗淡殊甚。晚与路、韩二教授谈及，拟向郑主任进一言焉。

9月10日（八月初一日）　星期四　晴

与路、韩二教授致函住松城诸教授，拟联合向郑主任商谈校事，函中有云："校务紊乱，于斯已极，见危不言，君子所耻"云云。

9月11日（八月初二日）　星期五　晴

住城诸教授晨来大坾共商校事，……

9月12日（八月初三日）　星期六　雨

竺校长及数学系主任苏步青先生联名电致郑主任，拟调余回本校任课。余以此间数学缺人，且以家眷不易安置，颇觉踌躕，……

9月14日（八月初五日）　星期一　阴晴

晨与郑主任商及本校调聘事，郑坚留，余亦首肯，郑即去电辞之。

9月17日（八月初八日）　星期四　雨

……致建功、步青先生快函一件，告以近况及不能赴黔原因。……

9月19日（八月初十日）　星期六　晴

近日天气渐凉，颇有寒意。敌军尚未退出金茀，不知如何了局，愁绪满怀，生活不宁，瞻念前途，实觉寒心也。

9月20日（八月十一日）　星期日　晴

与同事数人入城觅屋，废然而返。

9月22日（八月十三日）　星期二　晴

闻树范中学定于廿五日开课，余曾去函为康、莹二儿请假十天。

9月23日(八月十四日)　星期三　晴

据情报,金华敌又蠢动,流窜武义,分校当局拟于后日开行政谈话会,决定学校方针。

9月24日(八月十五日)　星期四　晴

今日为旧历中秋,旅中无聊,无兴赏月。

9月25日(八月十六日)　星期五　晴

……午后行政谈话会议决,大学一、二年级仍回龙泉上课,师范学院留驻松溪。

9月30日(八月二十一日)　星期三　晴

闻浙局又紧,武义又陷敌手,丽水吃紧,郑主任因之颇为焦急,迁龙计划又将作罢,学校始终举棋不定,……

10月1日(八月二十二日)　星期四　晴

日前竺校长又来电调余入黔任课,郑主任已去电辞之……

10月6日(八月二十七日)　星期二　晴雨

晨闻同事江忠靖先生昨夜病故,一时人心大乱。江先生在罗汉寺患病四日,似系鼠疫,因之同人学生纷纷迁避。余……即决定率眷赴竹口。迨行李整理完毕,雇筏离大埯,时已中午矣。午后四时,距新窑十里许,忽遇大雨,行李衣衫尽湿。雨霁,至一小村,借宿于某保长家,席地而卧,湿衣未换,致受风寒。

10月7日(八月二十八日)　星期五　雨阴

晨离小村,云等仍乘筏,余则步行,午前至新窑,……忽患寒热甚苦。

10月8日(八月二十九日)　星期四　晴

晨抱病步行至竹口,体力颇感不支,在办事处卧病终日,入晚热度始退。

10月9日(八月三十日)　星期五　阴

热度虽退而极疲乏,终日卧床不起。

10 月 10 日(九月初一日)　星期六　阴

小病初愈,已能起床,惟尚感疲劳耳。

10 月 12 日(九月初三日)　星期一　晴

路季讷先生及留竹诸同事今日出发赴龙泉,余仍留居竹口,病体虽愈而甚疲乏。

10 月 15 日(九月初六日)　星期四　阴

竹口办事处冯、茅二君今日离竹赴龙,所遗图、仪廿七箱、杂物及其他一切由余暂为代理。

10 月 16 日(九月初七日)　星期五　阴雨

晨赴新窑,午后返竹口。南平招生试卷今午过竹,由郁君押运赴龙,闻留松溪同事数家拟于明日启程赴龙。

10 月 18 日(九月初九日)　星期日　晴

……午后姚寿臣君家眷及丁师母由松溪到竹口,姚、丁二家于余等离大坜后同迁松溪城中,后数日以鼠疫各丧一女,乃均迁避来竹,候车返龙。

10 月 19 日(九月初十日)　星期一　晴

同事周北屏、夏士宏、韩雁门三教授过竹赴龙,未停留,许孝慰女士母女三人同行离竹返龙。

10 月 21 日(九月十二日)　星期三　晴

闻松溪分部有取消之势。余拟后日返龙。

《龙泉文史资料》第九辑,第 100—129 页

（四）

龙泉迁校日记

刘春和

一九四二年

6 月 25 日　阴雨

也许我又将开始一个新的历程，也许这一新的历程，可能决定我的前途。在几度考虑之后，我立意从今天起写下这一历程的个人记录。鼓起了勇气，排除了万难，把生命放在未知的命运里，我已经历了一个可纪念的路程，我没有用笔把它记下来，这是懒，这是客观的困难。然而新的历程，也许比旧的历程更能决定我的将来。我将不吝惜每天一二小时的时间，记下我所要记的。

昨天的一个临时二年级同学大会，决定了把学校迁到松溪，这自然比迁到凤阳山为佳。于是今天开始行李登记，每人并纳费二十元。从路程的远近方面看来，这数目并不多，然而对于我，这是一笔不小的费用，这占了我全部数目的五分之一强。将来的费用是不能预算的，松溪也不是最后迁移地，以这一点数目，怎么能够应付无穷的费用，这真使我急煞。上海信不通，康光华的信又见不到，这真是困难之至，而且又听说暨大已向连城迁了，那末请姑夫汇款到建阳去的事，又不可能了，而我的希望又少了一个。

整日心情在焦急中，我从未对于自己的前途如此地茫然过。我有自信力。相信决可以找出一条生路。然而这仅是一点信心，我看不出一条实际的路，因此这更不能不使我焦急了。想写一封信给顺兄，完全写出我的心情，然而提起笔来却又写不出什么，写了一半我掼去了它。

饭后在无可奈何中，纳了廿元行李费再讲。

消息混沌得很，丽水失守的消息有，丽水未失守的消息也有。人们似乎有这样的看法，丽水的失守与否，可以决定此地的安危。然而，丽水的失守仅是时间的问题，龙泉的危急命运是逃不了的。我们不应该把全部注意力集中在探听消息，现在主要的问题，是在准备一切“逃”的问题。

晚间传来了一个重要消息，黄绍竑召集各机关谈话，其要点劝中央机关迁出本省，省县机关迁到乡下，对于学校则希望迁到松溪。这一来惊坏了许多人，级会代表立即与郑主任谈话，商讨迁的问题。

张义棠决回上海，匆忙中写了几个字，请他带回上海，给祥兄一个平安的消息。

6 月 26 日　阴雨

行李过了磅，这算是带到松溪去的。

光华兄寄了一封信来，内附有汇款回单一纸，说是在这封信之前半小时，已寄出一封快信，并有一百元汇票一纸，可是快信却并未收到，真奇怪。这笔款子对于我不无小补，然而却不能应付我将来的需要。可是在这样的情形里，他还尽力帮我的忙，却不能不叫我感激。

快信还没有来，不知在这封信里会带给我什么消息。我请他向绳祖的父亲想方法的事，不知道有什么结果吗？打开地图看了一看莆田，位于闽海边岸，离开松溪有很远的路，又无公路可达，想到松溪直接向他设法，又不可能了。

昨晚的一个消息，使得学校也不得不积极准备迁到松溪去了。昨天还只是学生搬到松溪，今天才真是学校迁到松溪。可是通松溪的一座大桥被大水冲断了，原意用手车运行李去的方法，当然成问题。现在又接洽船运的事，据云可以有希望。

6 月 27 日　阴雨

连日的阴雨，真叫人难过，看了这阴沉的天，更使人感到兴趣索然。运行李的车也因为大雨而不能开始。雨固然把公路淹没了，大水又冲断了几处公路上的桥，船也不能逆水而上，于是交通全停。

决定迁了，不管时局怎样，心倒平静些了，焦急的是雨却延长了迁的日期。

光华的快信仍未收到，不知明天会来吗？

昨晚写好给光华的信今天发出，告诉他决定迁到松溪的事，问他暨大是否有迁往连城的事，如收到款子，仍请他代为保存。

课不上，连日阴雨，学校不能着手迁，反感到整日无聊。吃、睡，简单的生活，比忙还苦，楼上跑到楼下，什么书也不高兴看。布告板上的告示看了又看，索然无味，随便乱谈，在混着时光。

6 月 28 日　晴

手车、船，到今天还没有接洽成功，于是交通组为了抢救同学的行李，想雇挑夫挑到松溪。这一来运费当然增加了，愿意先运的人，又得再纳费二十五元，这就是说连前得纳费四十五元。这还是一个约数，假使不够的话，还得再纳。我身边所余不足八十元，再纳二十五元，那末所剩的不足五十元，这怎么叫我吃得消。接济到现在一个也没有，我想，只得等一等再说，看手车、船的方法还有没有希望。

学校真太不负责，到现在紧急的时候想搬了，交通工具却一点方法也没有了；在未紧急的时候，却一点方法也不想，只一味敷衍。

早晨，开始写一封信给永康，却还没有写好，明天再把它续完。

6 月 29 日　晴

没有蚊帐，夜里真感到非常的苦恼，嗡嗡嗡的声音，固然叫得你睡不着觉；而且一觉醒来，全身到处却痒得你难受，两只手都不足应付抓痒的工作，心里想睡，却又不敢睡，精神上真是颇受打击。

老康的快信来了，他告诉我何炳松先生已有电至教育部，请示关于收容其他学校借读生的事，他也告诉我向李晓白商量的事，恐难有希望。我真感谢他在这样困难的情形下，还如此地关心我。

写给永康的信不预备寄出了，我想，不应该随便发泄自己的热情。

6 月 30 日　晴

昨晚八时后的消息，盐务局允许借给我们十辆手车，在今天早晨就得运出。于是大家忙了起来，因为我们的行李必定要在昨夜运到城里，检查行李，搬运行李，雇挑夫等等，是相当麻烦的事，一直到九时许才把行李运出。

今天为值日采买，晨六时到城，却见一辆辆的手车，停在公路上，还未运出。同时并知道他仅到二辆，因此有一部分的行李，在这一次还不能运出。

城里多了一批从金丽逃来的难民，热闹是热闹了，却也给龙泉带来了麻烦。首先，粮食蔬菜发生了恐慌，各样东西也跟着涨了起来，早日菜摊满地的一段街上，今天去一看，却寥寥无几，早被人们抢买完了。跑来跑去，好容易才买了一些茄子和一些笋干线粉，从前从城里挑回来的菜，总有三四担；现在是一担就可挑完了。钱是多了，菜却少了，长此下去，同学们的身体，将一天一天瘦弱下去。

大桥上也多了一批租不起房子的难民，看了他们那种样子，真使我难受，靠着边藉着桥的柱子，用布挡起了一块地方，地上放了一些本来放在床上的褥单之类，或是一条席子，人们就躺在上面，旁边凌乱地放着一些包袱碗筷之类，每个脸上都带着痛苦的表情，有一个女人却痛苦地呻吟着。

唉，以后的日子还多哩，他们怎么过得下去？龙泉的物价这么高涨，他们将如何维持生活呢？

7 月 1 日　阴

晚饭后的消息，明日有五辆手车至小梅，于是征求押车的人，沙志远、汪自申与徐拔和三君他们本来预备先行去总校，现在手续既已办了差不多，就决定押车至松溪。我在几方面考虑之后，也决定与沙徐二人同行，我先行的原因是：

(1)现在我最重要的事,是用什么方法,可以将汇到建阳的钱弄到手,这必定要很快的。龙泉与建阳无长途电话可通,松溪既与建阳同省,或有电话可通,那我很快知道款事消息,可以请康兄立即汇来。如果需要的话,我还可以从松溪乘船至建阳。(2)押手车去也无所谓苦些,自己的随身行李却可带去。

终于我决定去了,明天我又开始旅行的生活,这次的旅行生活将于何时为止,我自己也不能预料,一切都顺利的话,一月后我可过比较安定的生活。

同学们发起徒步至总校的事,我迟疑着也参加了。虽然旅费还得二千多,虽然我的钱还无着落,但我决定了,我想尽我的能力试试看。

理一理东西,把平日的来信都撕了,我留下了一封衡的信,昏然地困倦地睡上了床。

7月2日　雨

夜二时半即醒,沙亦醒,想再睡一歇,却不能入眠,于是只得起来。外面雨声并不小,级会里人说决定今天走,我同沙便去整理行李。

本来说今天一早就动身。谁知我们跑到城里去,公路上却一辆手车也看不见,问朱祖培说等一会就到。我便和沙到街上去跑跑,吃了一些东西,回到公路上车仍没有来,说车夫在吃早饭,于是我们只得坐在行李上闲谈。

和一个盐务局里的人闲谈,他告诉了我几句动听的话:

"……现在打仗嘛,上面的人不知下面的人的苦,所以仗就打不好。兵又不训练,机关枪还不知道怎样做,看见敌人来了心先怕,哪能打得了仗,……凑凑数就算了……"

车到十时才来,装好等运单,一直到快十二时才开行,临时还增加了一辆。

一路上都是雨,黄昏时雨停了,赶了四十里路,今夜宿在砝湖。

中午借一位农人家里烧了烧,这农妇倒很客气,帮我们烧菜弄饭。我并未动过手,只在一旁帮帮忙,然而饭菜吃得都蛮好。

砝湖给水分成两半,靠公路的人家因兵来了,都搬到对岸去住。我们在一个空屋里,(屋里停放一具灵柩,实在无法)拆下门板,就糊乱地睡了一夜。

7月3日　晴后阴

早晴,过后变阴,然而并无雨,这天气最适宜于旅行,虽然热天,却不感热。

晨四时许即行,行十一时许达查田,共行三十二里。查田有本校办事处,遂往投。在我们的预料中,以为办事处至少要给我们相当的招待,谁知到了那里,他们适吃饭,见了我们除点了点头而外,竟一句话也不说,这却使我们非常气恼,我们辛苦地押行李押到这里,身体也疲倦了,肚皮也饿了,不谈他们是负办事的责任了，就是同学也得给我们相当的招待，他们竟不知事理到如此，这种办事处要它何用。

手车至此任务已终。

午后二时再行，四时许达小梅，行十五里。即往见小梅区长汤君接洽，请其帮忙。此君官僚气十足，说了许多话，一句不着正文。结果承他情派了一位警长，给我们找到一个旅馆住下。至于明天雇挑夫的事，他还不肯给我们一个肯定的答复。说是此处来往机关很多，派出去了许多挑夫，到现在回来的很少，明天还得有一百二十名挑夫出发，我们的事恐怕难办，叫我们等一天，后天一定有办法。我们见他话多，也不愿强求他答应明天有挑夫，只得先去旅馆住一夜，明天再去设法。

7 月 4 日　晴

一清早就有挑夫来问我们要不要挑夫，我们因原请区署雇挑夫，只有十五元一人；自己雇也许较贵，所以没有接洽，便径见区长镇长设法。结果镇长说是今天临时雇来不及，只有等明天。费了许多唇舌，经过了许多周折，仍是无用，于是便自己去雇人。人是有的，价钱先索十八元一担，后来讲妥十六元一担，有一斤算一斤。

事情算是我们弄妥了，区长却又来阻止我们，说我们不可以自己雇人，因为这样一来，挑夫自己去找好生意做，将来派到苦差事时，他们就不肯去，对于将来保长的职权有妨碍。我又和他们费了很多唇舌，结果问了一个什么镇公所办事员，说是这些挑夫，今天并没有派到他们，假使明天派到他们，他们当然一定还得去，对于保长职权并无妨碍，于是这位区长才答应，并承他的情，派了三个弟兄护送。

小梅到竹口的公路，比以前的还难行，于下午二时许抵竹口。

沿途受热受凉，今天早上又吃了一些荤，行不多里头就有点昏痛。一路行来，又是太热的太阳，到了竹口，简直有点支持不住，中晚皆未吃，即睡。

7 月 5 日

为了等竹筏，今日未行，先我二日走的同学也留于此，他们在路上比我们多行一日。

早晨较清楚，入午又昏痛如初。早晨不小心吃了二个鸡蛋，二碗半粥，中晚未吃，睡了一整天。

午后试出外一游，竹口大似小梅，却不如小梅热闹，店亦较少。房屋大多旧颓，农民率多贫苦。

自己素负很能吃苦，谁知这一次来，处处都感到不快。沙徐二君倒很好，自己却也奇怪，当然，我并不是要过舒服的生活，然而，一路来农民的不清洁，却是使我不快的主要原因。

晚，竹排雇好九只，决于明日一同前往松溪。

7月6日　阴

头痛未愈，只得勉强启行，幸乘竹筏尚好。

因让竹筏两只给盐务局，我们的九只竹筏便只有七只，不够装载，留一部分在此又不好，商量结果，沙徐两君先行至离竹口十五里之新窑，再雇筏二，我们及行李先载至新窑，再行分配。

我乘竹筏此为第二次。第一次为从后陈附近之某村至章家埠。彼时所行之河道，平坦无碍，河底仅为细沙，无大石参杂其间，两岸多平原。此行则不然，河流于夹山间，河床尽头高低不平之石块，每有大石露面于水上，舟子非老于此道者不易驾驶。且农人因欲利用水力，故使河道多高下，益增竹筏前行之困难。我因头痛常卧其上，目紧闭。

晨八时行，中休息数次，午二时达大㘵。大㘵属松溪县，距城约十余里，校方即于罗汉寺设一办事处。由路季讷教授负责，行李向路教授交接，押运行李事算完了。寺颓废已久，佛金剥落，佛身多残缺，余见之，颇有不洁不快之感，无何，只得暂住。

晚与沙同宿于后殿中，以一木牌为床，尚佳。

7月7日

余因不惯居于乡间，且欲至城办预定之事，遂与沙君于午后同赴城区。本拟城间即行，因挑夫未雇着，遂延至午后方行。

城内办事处，设于县政府旁一大房间内，适前数日抵此之十二位同学未行，房内行李杂陈，颇形紊乱。且房内一天井内，杂草丛生，余颇感不惯。天井两旁为县政府职员之宿舍，何彼等熟视无睹耳？余颇思明日回大㘵，沙等则言既来之则安之，余亦无可奈何，只得宿下再说。

晚与沙君宿于前面礼堂之地上，此为余抗战后逃难，第一次睡于地上。

今日为七七纪念日，县政府晚有游艺会，并邀同学出席表演，余因倦甚，未去参观。

7月8日　晴

松溪四周有城，此则不同于龙泉，街道亦较龙泉者长而阔，然而两旁店家，则不如龙泉之大，且类皆无多物，松溪仅为一偏僻小城市耳。

余本拟来此打长途电话至建阳，以接洽款事。孰知此间并无长途电话，余之原意只得打消。思打一电报至建阳，然此间既无电台，恐亦费时甚长，遂改书快函给康兄。

晚，前十二人所雇之舟已得，徐君决与彼等同行，且彼欲往建阳一行，余即托其带信给康兄。如款已到，即请徐君带至永安林天兰先生处，俾余至永安领取，如此可较其他方法均佳。然余所虑者，为款宗并未汇至建阳，或已至建阳汇至龙泉，而章君十日即来，则此款颇有流落途中之虞。然事已至此，只得做到那里说到那里。

今日头痛已痊[愈]，余为此焦急者数日，因来此后，闻同学言，小梅现有鼠疫，且余等宿处即近疫区，余恐染有此疫，今日心方定。

7月9日　晴

同学多去，仅余四人，室内较空而净洁，余宿此心中较为安定。

无事，与沙君同赴县图书馆。馆内有报纸数种，藏书不多，有万有文库。所陈杂志，均已过时，无甚价值，稍作浏览即回。

与徐君借得象棋谱一，终日以此消闲，午后与沙君同赴城旁河中打浴，兼洗衣服。

7月10日　晴

余此行颇多可记述者。同行有押手车之班长者，行伍出身，曾参加八一三上海之战。彼言参加上海之战者均为老兵，多者十数年，五年者即称新兵，现在则：

"现在嘛，三个月就称老兵。"

彼言当时兵个个皆愿打仗，因为一方面民众慰劳多，同时伤兵待遇好，又尽是些久经沙场的老兵。现在呢：

"现在嘛，伤兵待遇同死人差不多。"

谈到上海之战，他很感叹地说：

"民众不帮忙打仗，真真没办法。"

《龙泉文史资料》第八辑，第127—141页

后记

国立浙江大学龙泉分校诞生于80年前抗日战争的艰难岁月，那时我们两人都未出生，这一时间和心理上的差距，通过我们九个月来持续不断地和有关龙泉分校各类史料的接触，在不知不觉中缩短甚至消除了，现在龙泉分校已如同我们自己就读的母校那样熟悉和亲近。

回想从去年的金秋十月到当下的七月酷暑200余天的编纂工作，不能不说是一个艰辛的过程。因为史料都是各种笔迹的手写稿，且分散在不同的卷册之中，加上许多卷册没有确切的标注，需要耐心地逐个搜寻。在初步汇集后是精心的筛选和梳理，然后是全书架构的设计和各类史料妥适的安排。为充分利用时间，我们在初步汇集史料的同时，较早启动了抄录史料的工作，这一部分中最难的是辨认一些字迹模糊、潦草甚至笔划短缺的字体。在全书编纂完毕交给出版社后，我们又和出版社编辑室的同志一起对照史料原稿进行细致的校对工作，以减少差错，保证质量。然而，这个艰辛的编纂工作也为我们提供了一次愉快的学习经历，特别是每当我们发现一个新的有用的史料，或者成功辨释出一个几乎已经想放弃识别的单字的时候，那高兴的心情是难于言表的。

现在全书的三校工作已经结束，一本较为完整地呈现国立浙江大学龙泉分校历史的史料集正式出版指日可待。在这一时刻，我们要向史料的原创者——龙泉分校的教职员工们致以最崇高的敬意。我们衷心感谢多次认真审阅全书架构和目录的田正平总主编以及始终关心本书编纂工作的马景娣馆长，感谢出版社宋旭华编辑和其他编辑同志，感谢参加部分总校工作的张卓群老师，感谢参加史料抄录工作的陈晓月校友和蒋天铮、王国轩同学，感谢浙大档案馆查档阅览室的各位老师以及在校史中心从事服务工作的高泽辉同学。

我们衷心期望本书的出版能引起大家对国立浙江大学龙泉分校历史的更多关注，出现更多有关龙泉分校的研究。对于本书的不足之处也恳请各位读者予以批评指正。